365 Pasta

日めくりパスタ
プロのパスタアイデア **12**ヵ月

柴田書店

目次

1月 January

1月1日
スパゲッティ・アッラ・プッタネスカ ……… 12

1月2日
ペンネ・リガーテ
牛尾の煮込み ソース・ヴァチナーラ ……… 13

1月3日
リゾット　イゾラーナ ……… 14

1月4日
スパゲッティーニ
アーリオ・オーリオ・ペペロンチーノ ……… 15

1月5日
地の魚介のラグーと庭のバジルのピーチ ……… 16

1月6日
トルテリーニ・イン・ブロード ……… 17

1月7日
セリのアーリオ・オーリオ ……… 18

1月8日
鮑とその肝で和えたスパゲッティーニ、
ケイパー風味 ……… 19

1月9日
セダニーニのボロネーゼ ……… 20

1月10日
ファルファッレ
リコッタチーズと小エビのソース ……… 21

1月11日
自家製サルシッチャと
黒オリーブのスパゲトーニ ……… 22

1月12日
カーチョ・エ・ペペ ……… 23

1月13日
ニョケッティ・サルディ 信州和牛のミートソース ……… 24

1月14日
リゾーニ サフランのリゾット仕立て
牛の脊髄添え サルサ・グレモラータ ……… 25

1月15日
リングイネのジェノヴェーゼ ……… 26

1月16日
ウサギとサルシッチャのトルテッリ　黒トリュフ添え ……… 27

1月17日
ヤリイカのスミ煮のスパゲッティーニ、
北海道産生ウニ添え ……… 28

1月18日
スパゲッティ・アッラ・カッレッティエラ ……… 29

1月19日
ホロホロ鳥の内臓のスパゲッティ ……… 30

1月20日
リコッタチーズのトルテッリ
オマール海老の香り高いクリームソース ……… 31

1月21日
ラルドでソテーした葉ブロッコリーと
短く折ったリングイーネのミネストラ ……… 32

1月22日
ビーゴリ、ホロホロ鳥の内臓とうずら豆のラグー ……… 33

1月23日
カラマーリの田舎風 ……… 34

1月24日
ブカティーニ・アマトリチャーナ
モダンなスタイル ……… 35

1月25日
いんちきジェノヴェーゼ ……… 36

1月26日
クリスタイアーテ
兎腿肉とタジャスカオリーヴのソース ……… 37

1月27日
マッケローニ アッラ カルボナーラ ……… 38

1月28日
白子と九条ねぎのバヴェッテ、黄ゆずの香り ……… 39

1月29日
和牛牛頬肉の赤ワイン煮とクリーミーな
自家製リコッタを詰めたドッピオラヴィオリ、
百合根、パルメザンチーズとカヌレの旨味と苦味 ……… 40

1月30日
スパゲッティ
松の実とトレヴィスのアンチョビバターソース ……… 41

1月31日
スパゲティーニ
ンドゥヤ、白インゲンのトマトソース ……… 42

2月 February

2月1日
ガルガネッリ、キャベツと豚バラ肉のラグー ……… 44

2月2日
ペンネ リッシェ ペンネアラビアータのイメージで ……… 45

2月3日
4種の豆のロッリ　モディカ風 ……… 46

2月4日
温かい海老芋のソースと冷たい春菊のパウダー、
カラスミ、北寄貝と芽キャベツのキタッラ ……… 47

2月5日
フォアグラの脂でソテーした黒キャベツのピーゴリ ……… 48

2月6日
ピーチのオリーブオイルとペコリーノ・トスカーノ ……… 49

2月7日
マッコと和えたルンゲッティ うにのマリネのせ ……… 50

2月8日
ヒイカのリングイーネ ……… 51

2月9日
パーネフラッタウ ……… 52

2月10日
クロワゼ鴨のラグー和えキタッラ
軽いじゃがいものクレマ ……… 53

2月11日
スパゲッティ、フレッシュのトマトソース ……… 54

2月12日
大鰐シャモロックとジャージー乳
自家製モッツァレラのクレスペッレ ……… 55

2月13日
松原河内鴨もも肉と河内蓮根のラグー
カカオ風味のパッパルデッレ ……… 56

2月14日
三田牛テールのチョコレート煮込みを
パッケリに合わせて ……57

2月15日
カカオ風味のガルガネッリ仔羊のラグーソース ……58

2月16日
鮑と海老を詰めたラヴィオリ ……59

2月17日
近江牛赤センマイのカザレッチ ……60

2月18日
ドライトマトのもどし汁と
E.V.オリーブオイルで和えたジリ ……61

2月19日
豚バラと芽キャベツのウンブリチェッリ ……62

2月20日
青とうがらしのアーリオオーリオ
ペペロンチーノ スパゲッティーニ ……63

2月21日
ヴァンデ産仔鳩の煮込みのタヤリン トリュフ風味 ……64

2月22日
ピーチのフィノッキオーナのソース ……65

2月23日
イベリコ豚スペアリブの塩漬け
黒豚豚足のマファルデ ……66

2月24日
リッチョリ・アッラ・エガディ ……67

2月25日
リングイーネ 生ハムのクリームソース ……68

2月26日
フジッローネ 鴨とオレンジのラグー ……69

2月27日
赤ワインを練り込んだオンプリケッリ
浅利とトレヴィスの軽いラグー ……70

2月28日
ラカン産鳩のラグーボロネーゼ ガルガネッリ ……71

3月 March

3月1日
カーニバルのラザニア ……74

3月2日
アマトリチャーナ・ヴェルデ ……75

3月3日
蛤、春野菜、サルディーニャ産
ボッタルガのカサレッチェ ……76

3月4日
マッケロンチーニ
春の野菜と蒸しアワビ、その肝のソース ……77

3月5日
トマトソースのスパゲッティ ……78

3月6日
アワビとふきのとうのタリオリーニ ……79

3月7日
スカンピとペコリーノであわせたマッケロンチーニ
イカスミのグリッシーニ添え ……80

3月8日
ジャガ芋生地の菜の花詰め カッペレッティ
えんどう豆のスープ アサリと緑野菜 ……81

3月9日
ホタルイカと菜の花のニョッキ ……82

3月10日
マグロとミントのリガトーニ ……83

3月11日
メバルとオカヒジキ、菜花のスパゲッティーニ ……84

3月12日
鯵のマリネと天然クレソン ボッタルガの
スパゲッティーニ ヴェルガモットの香り ……85

3月13日
オレッキエッテ、高杉馬肉サルスィッチャと菜の花、
自家製リコッタ・アッフミカータ風味 ……86

3月14日
イカスミのオリジナル縮れ麺と生のアオリイカ、菜花 ……87

3月15日
リングイネ、ケイパーと黒オリーブ入り
トマトソース、イワシのパン粉焼き添え ……88

3月16日
イワシ・ウイキョウ・みかん・
カラスミ・ペコリーノの冷製パスタ ……89

3月17日
バジルを練り込んだトロフィエッテ
活け鯵とドライトマト タジャスカのソース ……90

3月18日
カリアータを詰めたトルテッリと
グリーンアスパラガス、ヘーゼルナッツ風味 ……91

3月19日
ラ パスタ ビコローレ "バリア フィエーノ"
グリーンピースと生ハムのクリームソース ……92

3月20日
活〆オニオコゼと花ワサビのスパゲッティーニ ……93

3月21日
スパゲッティ ふきのとうとドゥイヤのプッタネスカ ……94

3月22日
カリフラワーのリングイネッテ ……95

3月23日
アーリオ・オーリオをちがった表現で ……96

3月24日
ホワイトアスパラのクリームを詰めた
全粒粉のカッペレッティ ヨモギ風味のスープ 筍と芹 ……97

3月25日
ホタルイカとグリルしたタケノコの
冷製フェデリーニ、木の芽のペースト和え ……98

3月26日
ビーツのシュペッツリ、アンチョビのクレーマ、
卵黄の燻製、シュペックのパウダー ……99

3月27日
ピーチ、馬ハラミと山葵のラグー ……100

3月28日
鯵ヶ沢ジャージー仔牛レヴァーと
ジャージー乳自家製チーズのWラヴィオリ ……101

3月29日
タイの白子のカルボナーラ ……102

3月30日
穴子の焼きリゾッティーニ、
グリーンピースのラグー ------103

3月31日
冷製パスタ ホタルイカと春野菜のパッパルデッレ
新玉ネギのエキス ------104

4月 April

4月1日
秋田産仔ウサギを詰めたアニョロッティ
セージバターの香り ------106

4月2日
ガーリック・アンチョヴィーオイルで和えた
冷たいビーチ 桜海老のフリット
フレッシュトマトと赤ピーマンのパッサート ------107

4月3日
タヤリンのスカンピと空豆のソース、カラスミ和え ------108

4月4日
丹波産イノシシのラグー
吉野産ヨモギのマルタリアーティ ------109

4月5日
地ハマグリとふきのとうのリングイネ ------110

4月6日
レモンを練り込んだフェットチーネ
スカンピのレモンバター風味 ------111

4月7日
鳩と筍のトルテッリ ------112

4月8日
サザエさんとふきのとうのタリオリーニ ------113

4月9日
春野菜の"タヤリン" ------114

4月10日
イカスミを練り込んだタリオリーニ、
〜サクラエビとカチュッコ和え ------115

4月11日
スパゲッティ・アル・ポモドーロ ------116

4月12日
ソラマメとペコリーノで和えた
タリオリーニ タルト仕立て ------117

4月13日
ガルガネッリのウサギもも肉と春野菜のラグー和え ------118

4月14日
甘エビとオレンジのバヴェッティーニ ------119

4月15日
キタッラ "ロ・スコーリオ" ------120

4月16日
シガリーニ 乳飲み仔羊と
チーマ・ディ・ラーパのラグー ------121

4月17日
ロリギッタス サルシッチャとナスのトマトソース ------122

4月18日
グラミーニャ 仔羊ラグーとアーティチョーク ------123

4月19日
イワシとウイキョウのペンネ ------124

4月20日
モエナ風チャロンチェ ラーナのフリット
"白神山地より" 山菜の香り ------125

4月21日
カラマレッティとチーマ・ディ・ラーパ、
ガシラ、オリーブ、サフラン風味 ------126

4月22日
農民風パスタ・エ・パターテ ------127

4月23日
プーリア州サレントの螺旋形パスタ サーニェ
ンカンヌラーテ 豚と内臓のラグーと春の豆 ------128

4月24日
手長海老とアーティーチョークのパッケリ
リコッタチーズのクレマ ------129

4月25日
タヤリンのチーズフォンデュ仕立て
バッサーノのホワイトアスパラガス ------130

4月26日
クルルジョネス ------131

4月27日
ビーゴリの玉ネギとアンチョビのソース ------132

4月28日
カチョ・エ・ペペ ------133

4月29日
カサレッチェ 仔羊肉のボロネーズ
ゴルゴンゾーラ風味 ------134

4月30日
カラマレッティ、ジロール茸のクリームソース、
鴨の燻製とモストコット、
グリュイエールのパスタ添え ------135

5月 May

5月1日
スモークしたメカジキのタリオリーニ ------138

5月2日
新じゃがのラヴィオリ
鳩の煮込みとカルチョフィのソース ------139

5月3日
近海でとれた海老と
マスカルポーネチーズのフェットチーネ ------140

5月4日
生しらすの冷たいカペッリーニ
葉山の夏みかんと新生姜の香り ------141

5月5日
キタッラの仔羊のラグー ------142

5月6日
タヤリンのカルチョフィソース ------143

5月7日
コンキリオーニ、尾鷲産サザエのバジリコソース ------144

5月8日
蝦夷豚サルシッチャと
ホワイトアスパラのビチ 黒トリュフ添え ------145

5月9日
タリオリーニ 野生のアスパラガス
ゴルゴンゾーラとピスタチオのピュレ和え ------146

5月10日
オレキエッテ タコのラグーソース セロリのせ ------147

5月11日
生ウニと葉ニンニクの
アーリオ・オーリオ・エ・ペペロンチーノ ------148

5月12日
ウンブリチェッリ アーティチョークと空豆のソース ----149

5月13日
ロートロ 花ズッキーニ、プロシュット・コット、
プロヴォローネ 花ズッキーニのフリットを添えて ----150

5月14日
リングイネ、シコイワシの
アリオ・エ・オーリオ ペコリーノ風味 ----151

5月15日
白エビとチコリのタリオリーニ ----152

5月16日
アマトリチャーナソースを詰めこんだパッケリ
ペコリーノロマーノの泡
自家製ラルドの塩気とともに ----153

5月17日
ブシャーテ タコラグーとセロリ風味 ----154

5月18日
タヤリンとホワイトアスパラガス、モリーユ茸 ----155

5月19日
キタッラ マーレ エ モンテ風 ----156

5月20日
ガルガネッリ、ナスとグリーンアスパラの
アーリオ・オーリオ風、リコッタを添えて ----157

5月21日
ホロホロ鳥のパッパルデッレ ----158

5月22日
カチョ・エ・ペペのスパゲッティ 温泉玉子のせ ----159

5月23日
フェットチーネ カルチョーフィのコンフィと
ボッタルガ ピスタチオの香り ----160

5月24日
ジャガイモのニョッキ 小柱とフォンドゥータのソース
ビアンケット・トリフ添え ----161

5月25日
キタッラ スーゴ・フィント ----162

5月26日
佐島のウニと庭のカルチョーフィの
ニョケッティサルディ オリスターノ風 ----163

5月27日
カサレッチェ
山田さんが育てた濃厚卵のカルボナーラ
石井さんのカルチョーフィのフリット添え ----164

5月28日
中国の香りのするキタッラ、
スパゲッティ アッラ カルボナーラのイメージで ----165

5月29日
セロリを練り込んだガルガネッリ 牛テールの煮込み ---166

5月30日
タヤリンのカルボナーラ、野生のアスパラガス添え ----167

5月31日
季節のグリーン野菜のソース オレキエッテ ----168

6月 June

6月1日
塩漬け鮎のオイルコンフィと茴香のキタッラ
茴香の花とうるかを添えて ----170

6月2日
ブロデットを詰めたラビオリ
尾鷲産魚介とバジリコのソース ----171

6月3日
スパゲッティ、小柱と甘長トウガラシの
アーリオ・オーリオ・ペペロンチーノ、からすみがけ ---172

6月4日
トロフィエ マグロのボッタルガ・
ムシャーメ・心臓の塩漬けと
アーティチョーク・アマドコロ・レモン ----173

6月5日
鴨とフォアグラのトルテッリーニ
大和肉鶏とアミガサ茸のブロード仕立て ----174

6月6日
タヤリンパスタ カエルのブロード
ういきょうピュレ添え ----175

6月7日
自家製ソーセージ、サフランと
軽いトマトソースのマロレッドゥス ----176

6月8日
野菜のタヤリン ----177

6月9日
マッケロンチーニのカルボナーラ ローマ風 ----178

6月10日
ピサレイ カルチョーフィのピュレとフリット添え ----179

6月11日
イカスミのフィデワ ----180

6月12日
タッコーニ マーレ・エ・モンテ ----181

6月13日
鮎と獅子唐、茗荷のカヴァテッリ カラスミ添え ----182

6月14日
しっかりと味を含ませたトゥベッティ
本マグロと2種類の空豆
自家製本マグロ節を削って ----183

6月15日
フェンネルとチボロッティの鰯、
オリーブのコルツェッティ ----184

6月16日
黒鯛のカマ肉とズッキーニのマファルディーネ、
バジリコ風味 ----185

6月17日
紅さやかと二色のバラ
佐渡産南蛮エビのスパゲッティーニ ----186

6月18日
カサゴとナスのパッケリ ----187

6月19日
干し草の香りで包んだ
アニョロッティ・ダル・プリン ----188

6月20日
パッションフルーツのスパッツェレ
サルシッチャのラグー、ミント風味 ----189

6月21日
セロリとタコのトロフィエ セロリのジェノベーゼ ----190

6月22日
毛ガニと茨城県産柔甘ねぎの
冷製カッペリーニ 毛ガニの泡 ----191

6月23日
アブルッツォ風キタッラ、
仔羊と赤ピーマンのラグー和え ……192

6月24日
ルマコーニ　カタツムリのラグーとインカのめざめ ……193

6月25日
貝類とチェリートマトのフレーグラ ……194

6月26日
海の幸とフルーツトマトの冷製スパゲッティーニ ……195

6月27日
夏野菜のラザーニャ ……196

6月28日
濃厚卵で練ったパッパルデッレ
丹波黒地鶏のラグーソース
炭火焼き内臓と湯河原産天然クレソン添え ……197

6月29日
スパゲッティ・アル・ポモドーロ ……198

6月30日
淡路産鱧と鱧子、夏野菜のビーチ ……199

7月 July

7月1日
真鯵のスパゲッティ ……202

7月2日
タリオリーニ 砕いたグリーンピースと
明石ダコのラグーソース ……203

7月3日
"潮"のスパゲッティ ……204

7月4日
カペッリーニ 冷たいトマトソースとブッラータ ……205

7月5日
穴子と枝豆のアマトリチャーナ リングイネ ……206

7月6日
キタッラの菜園風 ……207

7月7日
鱧をタリアテッレで、紫蘇をタリアテッレに ……208

7月8日
牛トリッパのトマト煮込みとゴーヤのファルファッレ ……209

7月9日
イカスミを練り込んだタリオリーニ
甲殻類のラグー和え ……210

7月10日
魚介のスープで炊いたリゾット ……211

7月11日
ペペロンチーノを練り込んだピーゴリ
仔羊と夏野菜のラグーソース ……212

7月12日
ガルガネッリ、但馬牛の生ハムとインゲン豆のソース ……213

7月13日
バベッティ 千倉産房州海老と
斎藤さんのフルーツトマトのソース ……214

7月14日
かぼちゃのニョッキ
白桃のズッパとピーチティーのジュレ添え ……215

7月15日
宮崎マンゴーと鴨の冷たいスパゲッティーニ ……216

7月16日
スパゲッティ・アッラ・マーレ・エ・モンテ ……217

7月17日
鮎のコンフィと蝦夷豚サラミ
胡瓜入りジェノベーゼのトレネッテ ……218

7月18日
赤エビとルッコラのスパゲッティ ……219

7月19日
白桃とグリーントマトの冷製スパゲッティーニ ……220

7月20日
天然うなぎのオレキエッテ ……221

7月21日
アニョロッティ ダル プリン ……222

7月22日
ブロンテ産ピスタチオと海老のマッケローニ ……223

7月23日
夏ピーマンと唐辛子を練り込んだタリオリーニ ……224

7月24日
千葉県柏産米粉で練ったトロフィエ
石井さんのハーブとドライトマトのソース
鮑とサザエ、サマーポルチーニ茸のソテー添え ……225

7月25日
毛ガニのカペッリーニ、ガスパチョ仕立て ……226

7月26日
ウイキョウを詰めたラヴィオリ
鮎とそのインテリオーラソース ……227

7月27日
タヤリン、白桃とレモンのクリームソース ……228

7月28日
キタッラ風マカロニ、アンチョビとチリメンキャベツ、
イベリコ豚の舌、サマートリュフがけ ……229

7月29日
リングイネ
やりイカとドライトマトのペペロンチーノ ……230

7月30日
ジャガイモのラヴィオリ
豚のラグー添え　サマートリュフの香り ……231

7月31日
タヤリン、鮎とクレソンのソース ……232

8月 August

8月1日
ビーゴリ　伊勢海老、イカ、岩ガキ、
ムール貝、アサリとポルチーニで ……234

8月2日
キャベツ畑のスパゲッティ ……235

8月3日
フルーツトマトと桃のカッペリーニ、焼き鱧添え ……236

8月4日
熟成ポテトのピューレを詰めたカペッレッティ
オーヴォリ茸のソース ……237

8月5日
フジッリプカーティ　ムール貝とアサリのラグー ……238

8月6日
ガルガネッリ　生ハムとイチジク、フルーツトマト ……239

8月7日
オクラのパッケリ ……240

8月8日
昔のカルボナーラ ……241

8月9日
海の幸たっぷりの冷たいフェデリーニ ……242

8月10日
フェットゥチーネ、トウモロコシのソースと
馬肉のラグー、自家製ブルーチーズ添え ……243

8月11日
スパゲッティ とかちマッシュルームのクリームソース
燻製をかけたフォワグラを削りかけて ……244

8月12日
海鞘とアサリのボンゴレ・ビアンコ ……245

8月13日
桃のスパゲッティーニ ……246

8月14日
焼きなすと丸さやオクラの冷たい米粉スパゲッティ ……247

8月15日
ローストトマトと赤ピーマン、
雲丹を詰めたラヴィオリ
ブルターニュ産オマール海老のソースとレンズ豆 ……248

8月16日
積丹産海水うにのカルボナーラ仕立て ……249

8月17日
幻のトマトの冷製カペッリーニ ……250

8月18日
カルナローリ米を使った赤玉葱のリゾット
ニノヴェルジェーゼ風 ……251

8月19日
万願寺唐辛子と天然鮎のキタッラ ……252

8月20日
オリーブを練り込んだコルツェッティ
帆立とフレッシュトマトのソース リグーリアの思い出 ……253

8月21日
フレッシュポルチーニと毛がにのラザニエッテ ……254

8月22日
イカスミを練り込んだタリオリーニ
オマール海老入りズッキーニのペースト ……255

8月23日
ヴィチドーミニの長いスパゲッティの冷製
うにとスカンピのアーリオ・オーリオ ペペロンチーノ ……256

8月24日
タヤリンの夏トリュフがけ ……257

8月25日
スパゲッティ ムール貝のラグー
シシリア産マグロのからすみ添え ……258

8月26日
香草を打ち込んだタリオリーニ
ムギイカとズッキーニ和え ……259

8月27日
いろいろトマトの冷製カペッリーニ ……260

8月28日
山山椒を練り込んだタヤリンに鰻と胡瓜を合わせて ……261

8月29日
夏トリュフのバヴェッティーニ ……262

8月30日
ジャガ芋のニョッキとトマト ……263

8月31日
鬼怒川の鮎と農園野菜のペペロンチーノ
サルディーニャ仕込みの自家製カラスミがけ ……264

9月 September

9月1日
セダニーニ 伊勢海老 ボッタルガ オレンジ ……266

9月2日
フェデリーニ 蛸のミンチソース ……267

9月3日
岩城のレモンのスパゲッティ ……268

9月4日
タヤリン 干し草の香り ……269

9月5日
ガルガネッリ、牛ほほ肉のラグー ……270

9月6日
イカ墨のスパゲッティ ……271

9月7日
赤タマネギのタリオリーニ
パルミジャーノのクロッカンテ ……272

9月8日
鶏肉とパプリカのローマ風煮込みのマファルデ ……273

9月9日
タリアテッレ 仔牛の内臓のマルサラ風味 ……274

9月10日
サルデーニャ風湘南豚とフィリンデゥのスープ ……275

9月11日
ビーゴリのカッソ・ピーパ ……276

9月12日
トマトソーススパゲッティのナス包み オーブン焼き ……277

9月13日
シソを練り込んだジャガイモのニョッキ
活け鱧と焼きもろこしのソース 茗荷のアクセントで ……278

9月14日
アワビと肝、アンチョビとケイパーのスパゲッティ ……279

9月15日
ガルガネッリ、焼きナスのピュレ和え ……280

9月16日
ズワイ蟹のタリアテッレ
旨味たっぷりのトマトソース ……281

9月17日
新鮮なうにのスパゲッティ ……282

9月18日
ライ麦のビーゴリー 去勢鶏とトランペット、
ジロールのラグー ……283

9月19日
ポルチーニ茸のラヴィオリ なめらかなムース添え ……284

9月20日
とこぶしとハーブのタリオリーニ ……285

9月21日
太刀魚と賀茂ナスのバヴェッティーニ ……286

9月22日
トルッキエッティ、和牛とジャガイモと
生ハムのマドニエ風 ……287

9月23日
ズィーティの靴磨き職人風 ……288

9月24日
ポルチーニのトロンケッティ ……289

9月25日
アラブ風ペーストのブジアーテ ……290

9月26日
クリスタイアーティ ペーザロ風トリッパとヒヨコ豆 ……291

9月27日
砂肝とニラのスパゲッティ ……292

9月28日
トロッフィエのバジリコ・ペスト和え ……293

9月29日
カラスミのフェトゥチーネ ……294

9月30日
じゃがいものメッザルーナ、
ノッチョーラの香りのパスタで包んで ……295

10月 October

10月1日
スパゲッティ・アル・ポモドーロ ……298

10月2日
フレッシュトマトと唐辛子のピーチ ……299

10月3日
スパゲッティ、シンプルなトマトソース ……300

10月4日
ブカティーニ アッラ マトリチャーナ ……301

10月5日
トマトとバジリコのスパゲッティ ……302

10月6日
トマトソースのスパゲッティ ……303

10月7日
トマトソースのピリ辛スパゲッティ ……304

10月8日
ピーチのトマトソース、
燻製したリコッタチーズがけ ……305

10月9日
ブカティーニのアマトリチャーナ ……306

10月10日
スパゲッティ・アル・ポモドーロ ……307

10月11日
発酵トマトのカレッティエーラ ……308

10月12日
ピンチのアリオーネ ……309

10月13日
ひよこ豆のニョケッティ
北海道産蛸とひよこ豆のストゥファート ……310

10月14日
牡蠣と黒キャベツのスパゲットーニ
カブラのピュレ ……311

10月15日
ブラウンマッシュルームの
スパゲッティーニ、トリュフ添え ……312

10月16日
ストロッツァプレティ
豚耳とアスパラ、小松菜 ……313

10月17日
ラディッキオと丹波の黒枝豆で和えた
ペンネとフォワグラ、バルサミコソース、
スカモルツァチーズの香り ……314

10月18日
ブシアーティ マグロホホ肉の軽いラグー和え ……315

10月19日
ニョッキと毛ガニのラグー ……316

10月20日
少し変わったポスカイオーラ ……317

10月21日
ミルクとドライバジリコを練り込んだ
"シャラティエッリ" スカンピと魚介類の
クロスターチ リストランテの風景 ……318

10月22日
ピスタチオペーストのリングイネ ……319

10月23日
フジッリ 焼き野菜のラグー オレガノ風味 ……320

10月24日
まぐろカラスミとブロッコリーのスパゲッティ ……321

10月25日
トーストしたペンネッテ ドルチェ見立て ……322

10月26日
鴨のオレンジソース
生ハムとフレッシュトマトのアクセント ……323

10月27日
ヴェネト風ビーゴリ ……324

10月28日
ビーツのラビオリ ケシの実のソース ……325

10月29日
栗粉のキタッラ 野キジとアサツキのソース ……326

10月30日
うにとピスタチオのスパゲティ ……327

10月31日
パスタ入りカボチャの煮込み ……328

11月 November

11月1日
ジャガイモのラヴィオリ 黒トリュフがけ ……330

11月2日
タマゴ茸とスカモルツァ・アッフミカータの
フジッリ・ルンギ ……331

11月3日
ポルチーニのとろみスープで茹でた
茨城産塩鳩の炭火焼きと
ポルチーニのラヴィオリ
マンジマップ産黒トリュフの香り ……332

11月4日
ミートソースとキノコのタリアテッレ ……333

11月5日
ポルチーニを練り込んだウンブリッチ
マルサラ風味の仔鳩のラグー ……334

11月6日
ブラウンマッシュルームのスパゲッティーニ ……335

11月7日
キタッラ きのこのラグー ·············336

11月8日
フェデリーニ 舞茸のバルサミコクリームソース ·······337

11月9日
京都美山産アライグマとポルチーニ茸のラグー
蓮根を練り込んだビーゴリ
マイクロコリアンダーの繊細な香り ········338

11月10日
きのこのペーストのクリームソーススパゲッティ ·······339

11月11日
ピーチのマッシュルームのラグー ·······340

11月12日
キタッラ、干ダラとポルチーニ ·······341

11月13日
タヤリンとキノコのラグー ·······342

11月14日
アンコウと能勢原木椎茸のケッパー風味
長居春菊のストロッツァプレティ ·······343

11月15日
真ダコと天王寺カブのオレキエッテ ·······344

11月16日
五郎島金時のチャンベリーニ
ハモンイベリコ・デ・ベジョータ
"ホセリート"と丹波栗のローストと共に ·······345

11月17日
直江津産アミ漁の真鴨のラグーのピンチ ·······346

11月18日
ラヴィオリアペルト ノルマ風 ·······347

11月19日
赤ワインを練り込んだキタッラ
鰻と玉ネギのソース ·······348

11月20日
タヤリン ピエモンテ風 鴨のラグーとキクイモ ·······349

11月21日
鯵のたたきを冷たいカッペーリニで
ウイキョウとミカンの香り ·······350

11月22日
ジャガイモと栗粉のニョッキ
ホロホロ鳥のラグー和え ·······351

11月23日
ラザニエッテ 赤エビソース ラルド風味
レモンのマルメラータ添え ·······352

11月24日
ビゴリのブーザラ風味 ·······353

11月25日
シナモンを練り込んだカッペレッティ
かぼちゃとタレッジョのリピエーノ ·······354

11月26日
タヤリン、甲殻類のスーゴ和え ·······355

11月27日
赤ワインでゆがいたパッケリ 仔羊のラグー ·······356

11月28日
トリッパ ·······357

11月29日
タヤリンと蝦夷鹿のラグー ·······358

11月30日
タラのトマトソース オレガノ風味のリガトーニ ·······359

12月 December

12月1日
とちおとめの冷たいカペリーニ ·······362

12月2日
パッパルデッレ ウサギのスーゴで ·······363

12月3日
塩漬け玉子とトリュフのスパゲッティーニ ·······364

12月4日
フォアグラとブロッコリー、
アーモンドのパッパルデッレ ·······365

12月5日
猪のラグーのピーチ ルッコラを添えて ·······366

12月6日
鰯のポルペッティーネと野菜のガルガネッリ ·······367

12月7日
鱈とじゃがいもの
リーグリア風煮込みのコルゼッティ ·······368

12月8日
ニョッキを詰めたムール貝
南イタリアのマンマの味で ·······369

12月9日
ラザーニャ アルバ風 ·······370

12月10日
鱈の白子と群馬産赤ネギの
スパゲッティーニ 黒トリュフのスライス ·······371

12月11日
タリオリーニ、自家製生カラスミと
ヤリイカのティエービド ·······372

12月12日
村上農場 男爵のニョッキ
ホロホロ鳥とリードヴォーのラグー
熟成モンヴィーゾ ·······373

12月13日
アミアータ風のピンチ ·······374

12月14日
牛テール赤ワイン煮込みのヌユ ·······375

12月15日
ピーチ、トマトソースのアマトリチャーナ ·······376

12月16日
全粒粉の香り、ラグーの旨味、
ゴルゴンゾーラの刺激 ·······377

12月17日
カカオを練り込んだタリアテッレ
ホロホロ鳥とオリーヴ、干しブドウのブラザート ·······378

12月18日
バッカラとヒヨコ豆のロリギッタス ·······379

12月19日
蟹とミモレット 青大豆のディタリーニ ·······380

12月20日
里芋のニョッキ 根菜ソース ·······381

12月21日
ブルーチーズとピスタチオのペンネッティ ·······382

12月22日
牡蠣と水菜のスパゲッティ、
ゆずとボッタルガのアクセント ………………… 383
12月23日
尾長鴨のトルテッリーニ・イン・ブロード
白トリュフと九条ねぎ 1860年のマルサラ風味 ……… 384
12月24日
キャビアの温製パスタ ………………………… 385
12月25日
ジャガイモとクレーマ・ディ・ラルド・ディ・
チンギアーレのトルテッリーニ ………………… 386
12月26日
ビーゴリのホロホロ鳥のラグー ………………… 387
12月27日
丹波産月の輪熊とカーボロネロのフジッリ ……… 388
12月28日
ジャガイモのニョッキ、黒トリュフ風味 ………… 389
12月29日
ビーゴリ、真イワシと黒キャベツのマントヴァ風 … 390
12月30日
コルデッレの鴨コンフィとネギのソース ………… 391
12月31日
猪のラグーとそば粉のニョッキ　ショウガの甘み …… 392

補足レシピ ……………………………………… 394
手打ちパスタの配合とつくり方 ………………… 399

索引
パスタ別 ………………………………………… 442
ソースのベース、タイプ別 ……………………… 454
主素材別 ………………………………………… 465

この本について

本書は柴田書店ホームページにおけるウェブ連載「日めくりパスタ」を再編集し、書籍化したものです。このウェブ連載は『月刊専門料理』2007～2018年、『別冊専門料理　パスタ』(2008年)、『PASTA 115』(柴田書店刊)から一部を再編集して転載しています。
本書の情報は取材時のものです。掲載の料理は現在提供されていない場合もあります。
料理名は取材店の表記に準じます。

レシピ内に特に記載がない場合は下記の通り。
◎パスタは塩を加えたたっぷりの湯でゆで、ゆでたてを水気をよくきってからソースと和える。
◎チーズはすりおろしたものを使用。
◎ソッフリットは玉ネギ、ニンジン、セロリをきざみ、オリーブ油でしんなりするまで炒めたもの。
◎貝類は殻付きを使用。
◎乾燥赤トウガラシは種を抜いて使用。
◎調理時間や火力、オーブンの温度は厨房環境に応じて適宜調整が必要。

撮影◎天方晴子、伊藤高明、浮田輝雄、宇都木 章、海老原俊之、大山裕平、小野祐次、川部米応、合田昌弘、越田悟全、髙見尊裕、ハリー中西、日置武晴、東谷幸一、目黒、山家 学
デザイン◎飯塚文子／編集◎井上美希(単行本)、池本恵子&夏目花衣(ウェブ連載)／編集協力◎一井敦子

I

January

January

1

元日

スパゲッティ アッラ プッタネスカ

吉川敏明　●ホスタリア エル・カンピドイオ

シンプルなマリナーラソースに、アンチョビ、ケイパー、オリーブを合わせるナポリ発祥のパスタ。仕上げにパセリを加えて、さわやかな香りを立たせる。

① マリナーラソースをつくる。フライパンにオリーブ油を敷き、ニンニクのみじん切りを弱火で炒める。ほのかに色づいたらホールトマトをつぶしながら汁ごと加える。火を通し、軽く塩をふる。
② 別のフライパンにオリーブ油を敷いてトウガラシを熱し、すりつぶしたアンチョビを加える。なじんだら、ケイパーとスライスした黒オリーブを加えて熱する。①を加え、みじん切りにしたパセリを加える。
③ ゆで上げたスパゲッティと少量のゆで汁を加え、ソースとよくからめる。E.V. オリーブ油を全体にすばやく回しかける。皿に盛り、パセリのみじん切りを散らす。

パスタの種類：スパゲッティ

ソースの主な具材：黒オリーブ、ケイパー

ソースのベース：トマト、アンチョビ

January 2

ペンネリガーテ 牛尾の煮込み ソース・ヴァチナーラ

片岡 護 ●リストランテ アルポルト

牛の尾をじっくりと煮込んだローマの伝統料理をパスタにアレンジ。尾の太い部分はセコンドピアットとして提供し、先の細い部分の肉をほぐして煮汁に加え、セロリをたっぷりと加えてパスタソースとしている。

① 牛尾の煮込みをつくる。掃除をした牛の尾に塩、コショウし、薄力粉を軽くまぶす。オリーブ油で表面に焼き色をつける。赤ワインをまわしかけ、ソッフリット（P.394）と拍子木に切ったセロリ、肉が浸るくらいの量のホールトマトを加える。塩、コショウして、2〜3時間煮込む。
② ①から牛の尾の細い部分を取り出し、肉を骨からはずして粗くほぐす。
③ ①の煮汁、②、適宜に切ったセロリを合わせて温める。ペンネ・リガーテ（ディ・チェコ社）をアルデンテにゆでて加える。ゆで汁、E.V.オリーブオイル、パルミジャーノも加え、全体がなじむまでよく和える。塩、コショウする。
④ 器に盛り、パルミジャーノときざんだイタリアンパセリをふる。

パスタの種類：ペンネ・リガーテ

ソースの主な具材：牛の尾

ソースのベース：赤ワイン、ホールトマト

January

3

リゾット イゾラーナ

鮎田淳治 ●ラ・コメータ

米のしっかりとした食感と、あとからふわっと香るシナモンが印象的なリゾット。「イタリアではリゾットは噛むというより、のどごしを楽しむ料理」（鮎田氏）。その絶妙な加減が味わいの決め手。

① 仔牛肩肉と豚ロース肉は繊維や筋を取り除き、肉の食感を少し感じるくらいの大きさにきざむ。
② 鍋にバターを敷いて弱火で熱し、泡立ってきたらローズマリーを加える。色づいたら①を加え、火を強めてソテーする。肉が色づいたら塩、コショウして白ワインとシナモンパウダーをふり、火を止める。
③ 別鍋で野菜のブロード（解説省略）を弱火で熱し、沸いたら米（ヴィアローネ・ナーノ種）を加える。吹きこぼれないように蓋を少しずらしてのせ、弱火で10分間炊く。
④ 蓋を開け、②を加える。かき混ぜず、再度蓋をして2分間弱火で煮る。塩、バター、パルミジャーノを加えて、鍋をあおる。木ベラですくった時に、ほどよいとろみが出ていたらできあがり。皿に盛り、ローズマリーを添える。

パスタの種類：米

ソースの主な具材：仔牛肩肉、豚ロース肉

ソースのベース：野菜のブロード、バター

January

4

スパゲッティーニ アーリオ・オーリオ・ペペロンチーノ

林 亨 ●トルッキオ

ニンニクの鮮烈な風味をストレートに味わわせるパスタ。オリーブ油は必要最小限の量を使い、油に熱が加わる時間をできるだけ短くすることで、香り高く、軽やかな仕上がりに。

パスタの種類：スパゲッティーニ

ソースの主な具材：ニンニク、タカノツメ

ソースのベース：オリーブ油

① フライパンにニンニクのみじん切り、種ごと細かく切ったタカノツメ、それらが軽く浸るくらいのオリーブ油を入れる。むせ返るほど強い香りが立つまで強火で一気に炒める。

② 香りが立ったら鍋を火から下ろし、パスタのゆで湯を少量加えて、ニンニクとタカノツメが焦げるのを防ぐ。なおソースの塩気は、このゆで湯のみで決める。ゆで湯はすぐに蒸発するので、湯を加えて水分量を調節する。イタリアンパセリの粗みじん切りを加え、火から下ろしたまま、フライパンをゆすって軽く混ぜる。

③ スパゲッティーニを塩を多めに加えた湯でゆでて加える。強火で水気をとばし、鍋をゆすりながら箸で円を描くように混ぜる。

④ 汁気がなくなったら、オリーブオイルを加える。軽く混ぜ、鍋を2〜3回あおってパスタの表面にソースをからめる。仕上がりは、オリーブ油が鍋底に流れず、パスタとよくからみ合った状態がベスト。皿に盛り、さらにオリーブ油をかける。

January

5

魚河岸初セリ

地の魚介のラグーと庭のバジルのピーチ

渡辺 明　●イル・リフージョ・ハヤマ

神奈川県佐島漁港で水揚げされたイセエビ、シイラ、イカ、タコなどの旬の魚介をラグーに。ベースはイセエビでつくる旨みたっぷりのアメリケーヌソース。仕上げにバジルペーストを加え、清涼感を添える。

① イセエビ(神奈川県佐島産)は丸ごと縦半分に切る。
② フライパンにオリーブオイルを敷き、ニンニクのみじん切りを炒める。香りが立ったら①を断面を下にして入れ、粗く切ったシイラの身、アオリイカ、タコを加えて炒める。イセエビを裏返し、砂抜きしたアサリを加えて軽く炒める。白ワインを注いでアルコール分をとばし、蓋をする。
③ アサリの殻が開いたらトマトソース(解説省略)とイセエビのアメリケーヌソース(P.394)を加え、軽く煮込む。
④ ピーチを約3分間ゆでて加え、数分間煮込む。トマトを湯むきして角切りにしたものを加え、水分がやや残る程度に煮詰める。バジルペースト(解説省略)を加え、全体を和える。皿に盛る。

パスタの種類：ピーチ (P.429)
ソースの主な具材：イセエビ、シイラ、アオリイカ、タコ、アサリ
ソースのベース：イセエビのアメリケーヌソース

January
6

トルテリーニ・イン・ブロード

沼尻芳彦　●トラットリア ダディーニ

鶏のブロードでスープ仕立てにしたトルテリーニは、エミリア=ロマーニャ州の郷土料理。日本人になじみやすいよう、現地のものよりもリピエノ（詰めもの）の塩分をやや抑えたマイルドな味わいに。

① トルテリーニの詰めものを作る。モルタデッラと生ハムを細かくきざみ、豚ロース肉の挽き肉と合わせ、すりおろしたパルミジャーノ、卵黄、ナツメッグを加えて軽く練り合わせる。肉の配合は、豚ロース肉を多めとする。
② 3cm角の正方形に切ったトルテリーニの生地の中央に①を適量のせて成形する。
③ ホロホロ鳥のガラでとったブロード（解説省略）を温め、塩とレモン汁で味をととのえる。トルテリーニを加え、数分間煮込む。E.V. オリーブ油を加え、器に盛る。

パスタの種類	トルテリーニ（生地のつくり方→P.420）
ソースの主な具材	ホロホロ鳥、豚挽き肉、モルタデッラ、生ハム
ソースのベース	ホロホロ鳥のブロード

January 7

七草の節句

セリのアーリオ・オーリオ

平 雅一 ●ドンブラボー

春の七草のひとつであるセリを主役にしたシンプルなアーリオ・オーリオ。ゴルゴンゾーラソースやパルミジャーノを加えることでコクを出し、くっきりとした味わいに。

① セリはよく洗って半分の長さに切り、根は切り落として取りおく。
② スパゲッティ（フェッラーラ社）を9分15秒間ゆでる。
③ オリーブ油でニンニクの半割りを熱し、香りを移す。②のパスタがゆで上がる直前にフライパンの温度を上げ、少量の砕いたトウガラシを加える。①のセリの下半分と根を加える。②のパスタとゆで汁を加えてさっと和える。すぐにセリの上半分も加える。
④ 皿に盛る。ゴルゴンゾーラソース（湯煎にかけてやわらかくしたゴルゴンゾーラと七分立てにした生クリームを混ぜ合わせたもの）を添え、パルミジャーノを散らす。

パスタの種類：スパゲッティ
ソースの主な具材：セリ
ソースのベース：オリーブ油、ニンニク、トウガラシ、ゴルゴンゾーラ

January 8

鮑とその肝で和えた スパゲッティーニ、ケイパー風味

渡辺武将　●カ・デルヴィアーレ

生の黒アワビと、軽く火を通した肝がソース。ケイパーの風味で磯くささをやわらげます。少量ずつ提供するスタイルでもインパクトを残す、濃い味わいの一品です。

① 黒アワビはタワシで塩磨きして汚れを落とし、殻から身と肝をはずす。身は食べやすい大きさに薄く切る。
② 鍋に①の身と肝、塩抜きしたケイパー、E.V. オリーブ油を入れておく。
③ アル・デンテにゆでたスパゲッティーニ（ディ・チェコ社）を②に加え、鍋を火にかける。塩で味をととのえ、きざんだイタリアンパセリとE.V. オリーブ油を加えて和え、火からおろす（アワビに火が入った瞬間に火からはずし、同時に全体が混ざるようにしたいので、途中で適宜水を加えて火入れを調整する）。
④ 皿に盛り、E.V. オリーブ油をふる。

パスタの種類：スパゲッティーニ
ソースの主な具材：黒アワビの身と肝
ソースのベース：オリーブ油

January

9

七草粥の日

セダニーニのボロネーゼ

林 亨　●トルッキオ

ソースは牛挽き肉、ソッフリット、トマトなどの旨みとコクが渾然一体となった力強い味わい。ソースがよくからみ、しっかりとした歯ごたえのある穴あきパスタ「セダニーニ」を合わせ、両者を噛みしめながら楽しんでもらう。

① ラグーをつくる。牛挽き肉はオリーブ油を敷いた鍋で、表面を焼き固めるように強火で加熱する。肉に火が入ってきたら、塩と黒コショウを多めに加える。肉の表面がカリッとしたら、赤ワインを加えて炒める。汁気がなくなったら、ソッフリットとブロード・ディ・カルネ（ともに解説省略）、裏漉ししたホールトマト、ブーケ・ガルニを加え、弱火で約半量に煮詰める。
② ①を温め、塩で味をととのえる。セダニーニをゆでて加え、強火にして水分をとばしながらラグーをパスタにからめる。煮詰まったら、ブロードでのばす。
③ 少量のバターとパルミジャーノ、黒コショウとイタリアンパセリの粗みじん切りを順に加える。

パスタの種類：セダニーニ

ソースの主な具材：牛挽き肉

ソースのベース：ホールトマト、ブロード・ディ・カルネ、赤ワイン

January

10

ファルファッレ リコッタチーズと小エビのソース

重 康彦　●アチェート

リコッタチーズは脱水してコクを増し、ソテーした芝エビ、桜えびを合わせて香ばしいソースに。リボン形のパスタ「ファルファッレ」に濃厚なソースがよくからむ。

① オリーブ油とニンニクを温め、香りが出てきたら、むき芝エビと桜エビを加える。塩をふり、軽くソテーする。
② 芝エビの色がほんのりと変わったらすぐに白ワインを加え、煮詰める。魚のブロード（解説省略）を加えて約半量に煮詰め、脱水したリコッタ（脱水シートに包んで約1日おいたもの）、つぶしたグリーンペッパーを加える。
③ ファルファッレ（「セレシオネ・オロ・シェフ」バリラ社）をアルデンテにゆでて②に加え、軽く煮込みながら和える。
④ 皿に盛り、リコッタチーズときざんだイタリアンパセリを散らす。

パスタの種類：ファルファッレ

ソースの主な具材：芝エビ、桜エビ

ソースのベース：魚のブロード、リコッタ

January

1

自家製サルシッチャと
黒オリーブのスパゲットーニ

岡谷文雄　●ロッシ

極太のスパゲットーニに、豚腕肉と背脂でつくる自家製サルシッチャを組み合わせた力強い一品。肉の風味豊かなソースをパスタにたっぷりと吸わせて仕上げる。

① 豚の腕肉の挽き肉ときざんだ豚の背脂（腕肉の10％量）を合わせ、塩、コショウ、ナッツメッグ、乾燥セージを加えてよく混ぜ合わせる。
② フライパンにオリーブ油を熱し、①をコーヒースプーンで直径2cm大の団子状になるようにすくって入れる。強火で肉の表面に焼き色をつける。（サルシッチャ）
③ フライパンにオリーブ油、ニンニクのみじん切り、種を抜いてくし切りした黒オリーブを入れて弱火で熱する。油に香りが移ったら、セージ、少量のトマトピュレ（解説省略）を加えて軽く煮詰める。スパゲットーニ（ベネデット・カヴァリエーリ社）を18分間ゆでて加える。②のサルシッチャも加え、パスタがソースを吸って味がなじむまで加熱しながら和える。皿に盛る。

パスタの種類：スパゲットーニ
ソースの主な具材：サルシッチャ、黒オリーブ
ソースのベース：トマトピュレ

January

12

カーチョ・エ・ペペ

辻 大輔　●コンヴィーヴィオ

手切りしてつくる極幅広の麺はインパクト大。"チーズと黒コショウ"を意味する素朴でクラシカルなパスタを、リストランテらしく2種のチーズを使って洗練されたリッチな味わいに。

① フライパンにバターと鶏のブロード（解説省略）を入れて火にかける。バターが溶けたら、10〜12分間ゆでたフェットゥッチーネを加え、グラナ・パダーノを加えて和える。
② 皿に盛り、削ったペコリーノ・トスカーノをのせ、粗挽きの黒粒コショウをたっぷりかける。

パスタの種類：フェットゥッチーネ
ソースの主な具材：グラナ・パダーノ、ペコリーノ・トスカーノ、黒コショウ
ソースのベース：バター、鶏のブロード

January

13

ニョッケッティ・サルディ、信州和牛のミートソース

平井正人　●ダルマット 西麻布本店

ゼラチン質が多く、煮るともっちりとした食感になる牛のアキレス腱とスネ肉を粗く挽き、濃厚な旨みのラグーに。同じくもっちりとした食感のニョケッティ・サルディ（サルデーニャ島の小さなニョッキ）を合わせる。

① 牛のアキレス腱とスネ肉は粗く挽いて、合わせる。
② 丸のニンニクをオリーブ油でよく炒め、香りが出たら赤トウガラシのみじん切りを加え、さらに炒める。ソッフリットを加えて塩、コショウし、あまりかき混ぜずに、水分がなくなるまで加熱する。
③ 水分がとんでフライパンの縁に焦げ目がついてきたら、赤ワインをひたひたに注ぐ。水分がなくなるまで、さらに煮詰める。
④ ホールトマトを加える。沸いたらすぐに火を止め、かためにゆで上げたニョケッティ・サルディ（バリラ）を入れて、よくからめながら軽く煮込む。
⑤ 皿に盛り、パルミジャーノをたっぷりふりかける。

パスタの種類：ニョッケッティ・サルディ
ソースの主な具材：牛アキレス腱とスネ肉
ソースのベース：ホールトマト、赤ワイン

January

14

リゾーニ
サフランのリゾット仕立て
牛の脊髄添え
サルサ・グレモラータ

佐藤 護　●トラットリア ビコローレ ヨコハマ

米粒の形のパスタ「リゾーニ」を用い、ミラノ伝統料理「仔牛のスネ肉のオッソブッコ サフラン風味リゾット添え」をリゾット仕立てのパスタとして表現。牛の骨髄のソテー、仔牛のスーゴを煮詰めたソースを添えて、味わい深い一皿に。

① バターを温め、みじん切りにしたエシャロットとリゾーニ（バリラ）を炒める。サフランを加えてさらに炒め、白ワインを加えてフランベする。鶏のブロード（解説省略）を加えてリゾーニを炊く。
② 牛の骨髄は一口大に切って塩をする。オリーブ油で表面をこんがりと焼く。
③ 仔牛のブロード（解説省略）は別鍋で軽く煮詰め、バターを加えてとろみをつける。レモンの皮、ニンニク、みじん切りにしたイタリアンパセリを加える。
④ ①を皿に盛り、②をのせる。③をまわしかける。

パスタの種類：リゾーニ

ソースの主な具材：牛の脊髄

ソースのベース：仔牛のブロード、鶏のブロード

15

リングイネのジェノヴェーゼ

今井雅博　●アル・チェッポ

ジェノベーゼソースと相性のよい素材であるタコ、ジャガイモ、サヤインゲンをすべて使ったパスタ。ソースはなめらかにしすぎず、ざらりとした舌ざわりが残るくらいにして味わい豊かに。

① ソースをつくる。バジリコ、松の実、クルミ、パルミジャーノのすりおろし、ゆでたジャガイモ、ニンニク、アンチョビペースト、ケイパー（酢漬け）、オリーブ油をミキサーにかける。8割方なめらかになったら止める。
② タコの足はひと口大にカットして、塩湯でゆでる。
③ ジャガイモは皮をむいてひと口大に切る。サヤインゲンは食べやすい長さに切る。それぞれ下ゆでする。
④ フライパンに人数分のソースをとり、②と③を加えて軽く煮詰め、ゆでたリングイネを加えてソースとからめる。

パスタの種類：リングイネ

ソースの主な具材：タコ、ジャガイモ、サヤインゲン

ソースのベース：ジェノベーゼソース

January
16

ウサギとサルシッチャの
トルテッリ
黒トリュフ添え

西口大輔　●ヴォーロ・コズィ

香ばしく焼いたウサギ肉とサルシッチャで詰めものをつくり、セモリナ粉を加えた生地で包む。生地の縁を指で押さえてとじる際の力加減によって食感が変わるため、ヴォーロ・コズィでは西口氏が一人で作業してばらつきがでないようにしている。

パスタの種類：トルテッリ（生地のつくり方→ P.419）

詰めものの主な具材：ウサギ腿肉、サルシッチャ

ソースのベース：バター、グラーナパダーノ

① トルテッリの詰めものをつくる。サラダ油を敷いたフライパンにウサギ腿肉（骨付き）、サルシッチャ（自家製・解説省略）、ローズマリー、皮付きのニンニクを入れ、180℃のオーブンで肉に焼き色をつける。白ワインをふり、肉を返し、160℃にして、香ばしい焼き色がつくまで計約1時間加熱する。途中、鶏のブロード（解説省略）を適宜加える。粗熱をとり、ウサギ腿肉は骨からはずし、サルシッチャはぶつ切りにする。フード・プロセッサーで細かくし、漉して取りおいた焼き汁、グラーナパダーノ、ナッツメッグ、塩、コショウを加える。

② トルテッリをつくる。トルテッリの生地はパスタマシンで厚さ1mm弱にのばす。詰めものをはさんで直径約4.5cmの花型で抜き、生地の縁を押さえてとめる。

③ フライパンにバター、ゆで汁少量、グラーナパダーノを温める。6〜7分ゆでたトルテッリを加えてからめ、皿に盛る。グラーナパダーノと黒トリュフを散らし、イタリアンパセリを飾る。

January

17

ヤリイカのスミ煮の スパゲッティーニ、 北海道産生ウニ添え

本多哲也　●リストランテ・ホンダ

イカの墨のみならず、イカの内臓、アサリのだし、フュメ・ド・ポワソンも使い、しっかり煮詰めたイカ墨ソースは、コクも香りもとびきり豊か。ウニの旨みを添えて、さらにリッチに仕上げる。

パスタの種類：スパゲッティーニ

ソースの主な具材：ヤリイカ（またはスミイカ）、ウニ

ソースのベース：イカ墨、トマトソース、アサリのブロード、フュメ・ド・ポワソン

① イカ墨ソースをつくる。イカ（ヤリイカまたはスミイカ）は皮をむき、内臓を取り出す。胴は1.5cm幅の輪切りに、足はみじん切りにする。スミはすり鉢ですってから裏漉しし、その他の内臓は裏漉しする。

② ニンニクのみじん切りをオリーブ油でキツネ色に炒め、中火〜強火にしてイカの足をソテーする。火が通ったらイカの胴を加えてさらに炒める。白ワインでデグラッセして火を弱め、トマトソース、アサリのブロード、フュメ・ド・ポワソン（すべて解説省略）、イカ墨を加え、煮詰める。イカ墨ソースのできあがり。

③ ニンニクと赤トウガラシをオリーブ油で炒め、きざんだイタリアンパセリ、トマトソース、イカ墨ソースを加える。アサリのブロードで濃度を調整する。

④ ゆでたスパゲッティ（グァッチ社）を加えて和える。塩とオリーブ油を加える。皿に盛り、トマトソースとウニをのせる。

January 18

スパゲッティ・アッラ・カッレッティエラ

石川 勉
●トラットリア シチリアーナ ドンチッチョ

とてもシンプルなトマトソースのパスタ。夏場はこのソースに生のプチトマトを炒めたものを加えて仕上げ、フレッシュ感を強調する。最後にペコリーノ・ロマーノをたっぷりとかけてコクを加え、バジリコをのせて香りを添える。

① トマトソースをつくる。つぶしたニンニクをオリーブ油で炒めて香りを出し、玉ネギのみじん切りを加えてさらに炒める。バジリコ、ホールトマト、塩、黒コショウ、砂糖を加えて約1時間弱火で煮込む。
② オリーブ油でニンニク、赤トウガラシを炒めて香りを出し、トマトソース、きざんだプチトマト、バジリコを加えて軽く煮込む。
③ かためにゆでたスパゲッティを②に加え、ソースを吸わせながら仕上げる。
④ 皿に盛る。ペコリーノ・ロマーノをたっぷりかけ、バジリコをのせる。

パスタの種類：スパゲッティ
ソースのベース：トマトソース、プチトマト、バジリコ

January

19

ホロホロ鳥の内臓のスパゲッティ

中本敬介　●ビーニ

ホロホロ鳥の肝臓と乾燥ポルチーニでソースをつくり、心臓と砂肝のソテーをあわせた一皿。やや太めのスパゲッティと内臓をともに噛みしめて味わわせる。

パスタの種類：スパゲッティ

ソースの主な具材：ホロホロ鳥の肝臓、心臓、砂肝、乾燥ポルチーニ、葉玉ネギ

ソースのベース：鶏のブロード、マルサラ、赤ワイン

① ホロホロ鳥の肝臓、心臓、砂肝は一晩牛乳に浸して臭みを抜く。乾燥ポルチーニはひと晩浸水し、粗みじん切りにする。
② 肝臓は水気を拭き、適宜に切って塩をふる。オリーブ油で玉ネギのスライスを炒め、肝臓と①のポルチーニを加えて炒める。マルサラと赤ワインを加えて軽く煮詰め、鶏のブロード（解説省略）、セージを加えて約1時間弱煮込む。セージを取り除き、ミキサーでなめらかにする。
③ ①の心臓と砂肝は水気を拭き、スライスして塩をふる。オリーブ油でさっとソテーする。
④ ②と葉玉ネギの小口切りのソテー（解説省略）を合わせて熱し、スパゲッティ（マシャレッリ社）を約12分間ゆでて加える。③、バターを順に加え、そのつど和える。皿に盛り、ネピテッラ（赤身肉やポルチーニの料理によく使われるハーブ）のみじん切りをふり、黒コショウを挽く。

January

20 大寒

リコッタチーズのトルテッリ
オマール海老の
香り高いクリームソース

ファロ資生堂

塩ゆでしたオマールの身、オマールの頭でつくるぜいたくなソース・アメリケーヌ、そして色鮮やかな3色模様のトルテッリを組み合わせた、レストランらしい華のある一品。

パスタの種類：トルテッリ（生地のつくり方→P.419）

詰めものの主な具材：オマールエビ、リコッタ

ソースのベース：オマールのソース・アメリケーヌ

① 詰めものをつくる。リコッタ、すりおろしたパルミジャーノ、溶いた卵黄を混ぜ、塩、コショウする。
② トルテッリの生地に、縞模様の側が外になるようにして①の詰めものをのせ、半分に折って包む。両端を重ね、指で押さえてとめる。
③ オマールの爪と胴体は塩を強めにきかせた湯でゆで、殻をむいて食べやすく切る。
④ オマールの頭は適宜の大きさに切り、オリーブ油とバターで炒める。ブランデーを加えてフランベし、粗みじん切りにした玉ネギ、ニンジン、セロリ、エシャロットを加えてしんなりするまで炒める。生クリームを加えて約20分間弱火にかける。漉して軽く温め、バターを加える。塩、コショウし、ブランデーで香りづけする。
⑤ フライパンにバターを溶かし、約5分間ゆでたトルテッリ、④、③を順に加えて軽く温める。器に盛り、シブレットをのせる。

January
21

ラルドでソテーした葉ブロッコリーと短く折ったリングイーネのミネストラ

杉原一禎　●オステリア オ ジラソーレ

チーマ・ディ・ラーパという、イタリア原産の菜花を煮込んでつくるナポリの古典料理。「半端に残ったスパゲッティなどを折ってスープに加えるのは、イタリアではよく見られる手法」(杉原氏)。

パスタの種類：リングイーネ

ソースの主な具材：チーマ・ディ・ラーパ、ラルド、
　　　　　　　　生ハムの脂と皮、ペコリーノ

ソースのベース：チーマ・ディ・ラーパのゆで汁

----

① チーマ・ディ・ラーパ(苦みがややおだやかな国産を使用)は、水洗いして茎の固い部分を取り除く。
② 塩分1%より薄めに塩を加えた湯に入れ、水っぽくならない程度までやわらかくゆで、ザルに上げて水気をきる。ゆで汁はとりおく。
③ ラルド、ニンニク、タカノツメは、ポマード状になるまで包丁の背で叩き、フライパンに入れる。生ハムの脂と皮、E.V. オリーブオイルも入れ、弱火で炒める。
④ 香りが立ったら②を加え、なじむまで炒め煮する。②のゆで汁400ccを④に注ぎ入れ、沸かす。
⑥ リングイーネを短く折り(約2cm)、⑤加えてゆでる。パスタがゆで上がると同時に水分が少なくなるよう、煮詰まったら②のゆで汁(塩分が多いようならお湯)を加える。
⑦ 火を止め、パルミジャーノとペコリーノを加え混ぜて器に盛り、コショウをふる。

January
22

ビーゴリ、ホロホロ鳥の内臓とうずら豆のラグー

有馬邦明 ●パッソ・ア・パッソ

歯ごたえのあるビーゴリには、濃厚なソースを合わせるのが常。内臓入りのこのラグーは特にコクが強いため、生地にキノコの粉末を練り込んでソースとのバランスをとる。とろりとした温泉卵は皿全体のつなぎ役。

① ホロホロ鳥の内臓（肝臓、心臓、砂肝）は塩をふり、ドライフルーツのブランデー漬けでマリネしておく。軽く薄力粉をまぶし、揚げる。
② ①ともどしてやわらかくなるまで煮たウズラ豆を鍋に合わせ、ホロホロ鳥のブロードをひたひたに加えて軽く煮る。玉ネギのペースト（ペースト状になるまで炒めたもの）を加える。
③ ビーゴリを塩湯でゆで上げ、②に加える。軽く煮からめ、E.V.オリーブ油を加えて和える。
④ 皿に盛り、ホロホロ鳥の温泉卵、スライスしたラルドをのせ、叩いた黒コショウときざんだイタリアンパセリをふる。

パスタの種類：ビーゴリ（P.427）
ソースの主な具材：ホロホロ鳥の肝臓、心臓、砂肝、ウズラ豆、ホロホロ鳥の卵、ラルド、ドライフルーツのブランデー漬け
ソースのベース：ホロホロ鳥のブロード、玉ネギのペースト

January

23

カラマーリの田舎風

石川 勉
●トラットリア シチリアーナ・ドンチッチョ

オーブンで焼いた赤ピーマン、素揚げしたナスとジャガイモ、アンチョビ、黒オリーブ、ケイパーなどをトマトソースで煮込んだ一品。輪切りのイカに似た形のショートパスタにソースがよくからむ。

① 赤ピーマンは180℃のオーブンで歯ごたえがやや残る程度に火を通し、皮を除いて短冊に切る。ナスとジャガイモはひと口大に切り、素揚げする。
② つぶしたニンニクとオリーブ油をフライパンで温め、アンチョビを加える。溶けたら、トマトソース（解説省略）を加える。①、ケイパー、黒オリーブ、バジリコを加え、塩、コショウで味をととのえる。
③ ゆでたカラマーリ（ヴィエトリ社）を加えてさっとからませ、皿に盛りつける。ペコリーノをふりかける。

パスタの種類：カラマーリ
ソースの主な具材：赤ピーマン、ナス、ジャガイモ
ソースのベース：トマトソース、アンチョビ、
　　　　　　　　ケイパー、黒オリーブ

January
24

ブカティーニ・アマトリチャーナ モダンなスタイル

渡辺武将　●カ・デルヴィアーレ

パスタは玉ネギのペーストで和え、パンチェッタの一種であるブリアンツェッタ、トマトソース、トウガラシ入りのペコリーノを添えている。伝統的なパスタの要素を分解し、ひと皿に盛り合わせた遊び心あふれる仕立て。

① 鍋に玉ネギペースト(タマネギの皮をむいてざく切りにし、塩を入れた湯でやわらかくなるまでゆでる。ミキサーにかけてペースト状にする)をとって温める。約7分間ゆでたブカティーニ(アントニオ・アマート社)を加えて和える。カップに盛り、黒コショウを挽き、E.V.オリーブ油をふる。ブリアンツェッタを添える。
② 皿に①、器に入れてスプーンを添えたトマトソース(解説省略)、トウガラシ入りのペコリーノを盛り合わせる。

パスタの種類：ブカティーニ

ソースの主な具材：ブリアンツェッタ、
　　　　　　　　　トウガラシ入りペコリーノ

ソースのベース：玉ネギのペースト、トマトソース

January

25

いんちきジェノヴェーゼ

小谷聡一郎
●トラットリア ピッツェリア チーロ

"いんちき"の名は、本来は牛や豚の肉を玉ネギとともに煮込むナポリ風のジェノベーゼソースを、野菜のみでつくっているところから。これは現地の家庭料理に見られる仕立て。くぼみのある細長いショートパスタ「チカテッリ」をあわせている。

① いんちきジェノヴェーゼソースをつくる。フライパンにオリーブオイルとニンニクのみじん切りを入れて火にかけ、軽く炒める。バジリコ、3mm角に切った玉ネギ、セロリ、ニンジンを加えてソッフリットを作る。白ワインと塩を加えて強火にする。煮立ったら火を弱め、40分間ほど煮込む。
② チカテッリを約3分間ゆで、①に加えて和える。
③ 皿に盛り、ペコリーノを削りかける。

パスタの種類：チカテッリ（P.418）

ソースの主な具材：バジリコ、玉ネギ、セロリ、ニンジン

ソースのベース：オリーブ油、ニンニク、白ワイン

January
26

クリスタイアーテ
兎腿肉とタジャスカオリーヴのソース

百瀬幸治　●バンディエラ

クリスタイアーテはマルケ州北部のパスタ。ポレンタ粉を練り込んだ、ざらっとした食感で、ひし形に成形する。山岳地方の料理らしく、ウサギ肉やきのこを使った濃厚なラグーには、オリーブを加えてさわやかな風味をプラスしている。

パスタの種類：クリスタイアーテ(P.408)
ソースの主な具材：ウサギ腿肉、ポワロー、エリンギ、シメジ、エノキダケ、オリーブ
ソースのベース：鶏のブロード、野菜のブロード

① ウサギ腿肉に塩とコショウをふり、小麦粉をまぶしてオリーブ油でソテーする。
② 別鍋にニンニク、オリーブ油を入れて温め、香りが出たら適宜に切ったポワロー、エリンギ、シメジ、エノキダケ、オリーブとローリエ、ローズマリーを入れて炒める。全体がなじんだら鶏のブロード（解説省略）を加える。
③ ①に白ワインを加えてアルコール分をとばし、②と合わせる。260℃のオーブンで約1時間煮込む。
④ ウサギ腿肉を骨からはずし、1cm角に切る。鍋に戻し入れ、ひと煮立ちさせる。
⑤ フライパンにバターとニンニクのスライスを入れて温め、香りが立ったら野菜のブロード（解説省略）を加える。
⑥ ⑤に③を加えてひと煮立ちさせる。クリスタイアーテを1分半ゆで、加えてからめる。皿に盛り、きざんだイタリアンパセリをふる。

January

27

マッケローニ アッラ カルボナーラ

小林幸司 ●フォリオリーナ・デッラ・ポルタ・フォルトゥーナ

ソースに生クリームは使わず、グアンチャーレ、卵、ペコリーノのみでつくり、スパゲッティではなくマッケローニを用いる伝統的なレシピのカルボナーラ。卵の温度を的確に管理し、ソースがねっとりとパスタにからむ、そのおいしさを存分に味わわせる。

① グアンチャーレは5mm角に、ニンニクは2mm角に切る。
② ボウルにホロホロ鳥の卵(室温にもどしたもの)を溶き、火のそばに置いておく。
③ 鍋に少量のE.V.オリーブ油と①のグアンチャーレを入れ、火にかける。グアンチャーレの脂が透き通ってきたら①のニンニクを入れて炒め、ニンニクが色づいたら火からおろして②に入れる。
④ ③にすりおろしたペコリーノを入れる。マッケローニをゆで、全体にかぶせるように入れる。ひと息おいてから混ぜ、ねっとりとしたら皿に盛る。きざんだ黒粒コショウをふる。

パスタの種類:マッケローニ

ソースの主な材料:グアンチャーレ、ホロホロ鳥の卵、ペコリーノ、黒コショウ

January 28

白子と九条ねぎのバヴェッテ、黄ゆずの香り

平井正人　●ダルマット西麻布本店

軽くソテーした白子をほぐしてクリームソースとし、細いロングパスタときざんだ九条ネギを和える。白子は加熱しすぎないように注意してなめらかに仕上げ、最後におろしかけるユズの清涼感でソースの濃厚さを引き締める。

① 白子に塩、白コショウして強力粉をつけ、オリーブ油をひいたフライパンで軽くソテーする。一部は取りおき、残りは包丁で叩いてほぐす。
② ニンニクをオリーブ油で炒め、香りが出たら赤トウガラシのみじん切りを加える。きざんだイタリアンパセリと九条ネギを加え、混ぜながら炒める。
③ パスタのゆで汁を加え、水と油が乳化して蒸気が立ったところに、ゆでたバヴェッティ（バリラ社）を加えて和える。
④ ①の叩いた白子を加え、ほぐしながらよく和える。加熱しすぎずに、なめらかなクリーム状になるよう仕上げる。
⑤ 皿に盛り、①で取りおいた白子をのせる。ユズの皮をおろしかける。

パスタの種類：バヴェッテ
ソースの主な具材：白子、九条ネギ
ソースのベース：白子

January

29

和牛牛頬肉の赤ワイン煮とクリーミーな自家製リコッタを詰めたドッピオラヴィオリ、百合根、パルメザンチーズとカヌレの旨味と苦味

仲本章宏　●リストランテ ナカモト

セモリナ粉と卵黄でつくった生地に2種のソースを包んだラヴィオリ。ひとつはチーズソースで、もうひとつは牛ホホ肉の赤ワイン煮込み。噛みしめた瞬間に、両者が口の中で渾然一体に。

パスタの種類：ラヴィオリ（生地のつくり方→ P.435）

詰めものの主な具材：牛ホホ肉の赤ワイン煮、マスカルポーネ、リコッタ

① リコッタをつくる。牛乳2ℓにクエン酸2.8gと塩3gを加えてごく弱火で1時間炊く。ザルで漉し、ラップフィルムで包んで12時間冷蔵保存する。水分を拭き、同量のマスカルポーネとともにミキサーでなめらかにする。シノワで裏漉しし、24時間冷蔵保存する。

② 生クリームは半量に煮詰め、パルミジャーノを加えて混ぜ溶かす。シノワで漉す。

③ 自家製のカヌレ（解説省略）をちぎってバットに広げ、ディッシュウォーマーに1～2日間おいて乾燥させる。ミキサーで撹拌し、ふるいにかける。

④ ラヴィオリの生地に牛ホホ肉の赤ワイン煮込み(P.394)と①を1列ずつ絞り出し、生地を半分に折って包み、三方を切る。

⑤ ④を塩分濃度3%の塩湯で30秒ほどゆでて器に盛る。半生に塩ゆでしてE.V.オリーブ油をたらしたユリネを添え、②を流す。マカダミアナッツを削りかけ、③をふる。食用タンポポの新芽をあしらう。

January

30

スパゲッティ
松の実とトレヴィスの
アンチョビバターソース

権田雅康　●ペルバッコ イタリアーノ

松ノ実、トレヴィス、アンチョビをニンニクオイルとバターで炒めてつくるソースでスパゲッティを和える。ソースの塩気はアンチョビのみで調整。トレヴィスのほのかな苦みと松ノ実のコクがよく合う。

① フライパンにオリーブ油、バター、ニンニクのみじん切り、松ノ実を入れて火にかける。
② ニンニクと松ノ実が色づいてきたら、細かくきざんだアンチョビ（イタリア産）とパセリ、細切りにしたトレヴィスを加え、軽く和える程度に炒める。白ワインを入れて混ぜる。
③ スパゲッティを塩分濃度3～5%の塩湯で10分間ゆで、②のフライパンに加えてからめる。皿に盛り、黒コショウをふる。

パスタの種類：スパゲッティ

ソースの主な具材：松ノ実、トレヴィス、

ソースのベース：オリーブ油、バター、アンチョビ

January

31

スパゲティーニ ンドゥイヤ、白インゲンのトマトソース

江部敏史　●リストランテ コルテジーア

一見シンプルなトマトソースのパスタ。しかし、赤トウガラシの辛み、ンドゥイヤの熟成によってかもし出された旨み、白インゲン豆の素朴な風味が交ざり合い、食感と味わいの変化に富んだ一皿になっている。

① 鍋に少量のE.V.オリーブ油とンドゥイヤを入れて弱火で熱し、香りを立たせる。トマトソース(解説省略)と水でもどしてゆでた白インゲン豆を加えて混ぜ、ソースとする。
② スパゲティーニをゆで、①に加える。E.V.オリーブオイルを加えて和え、皿に盛る。リコッタ・フォルテ(イタリア・プーリア原産の、牛乳を原料としたリコッタを熟成させたチーズ。強い熟成香と独特の辛みが特徴)を盛ったスプーンを添える。

パスタの種類：スパゲッティーニ

ソースの主な具材：ンドゥイヤ、白インゲン豆、リコッタ・フォルテ

ソースのベース：トマトソース

2
February

February

ガルガネッリ、キャベツと豚バラ肉のラグー

濱崎龍一 ●リストランテ濱崎

ガルガネッリとラグーは定番の組み合わせ。豚バラ肉は炒めて脂を落としてから煮込み、仕上げにゆでたキャベツやフルーツトマトを加えて軽やかな味わいに。

パスタの種類：ガルガネッリ (P.402)

ソースの主な材料：豚バラ肉、玉ネギ、フルーツトマト、キャベツ、乾燥ポルチーニ

① 豚バラ肉のラグーをつくる。豚バラ肉を香草と塩、黒コショウで丸1日マリネする。塩を洗い流し、1cm弱の厚さにスライスする。炒めて脂を抜く。

② スライスした玉ネギをニンニクオイルで炒め、粗みじん切りにしたポルチーニ（乾燥品をもどしたもの）を入れてさっと炒める。①も加えてさっと炒め、白ワインを加えてアルコール分をとばす。水を加えて豚肉がやわらかくなるまで蒸し煮する。ラグーのできあがり。

③ キャベツを食べやすい大きさに切り、さっとゆがいておく。

④ 鍋に人数分のラグー、③、適宜にカットしたフルーツトマト、きざんだマジョラム、イタリアンパセリを入れて軽く煮て、ゆでたガルガネッリを入れ、さっと和える。

February

2

ペンネ リッシェ
ペンネアラビアータのイメージで

伊沢浩久　●アンビグラム

皿の中央にはバターとパルミジャーノで和えたペンネ。仔牛のハチノスのトマト煮込みと牛ギアラのトマト煮込みという伝統的な煮込み2種を添え、いずれにも辛みをきかせたソースをかけている。3つのパーツを食べながら混ぜることで"アラビアータ"風の味わいを楽しんでもらう仕立て。

パスタの種類：ペンネ・リッシェ
ソースの主な具材：仔牛ハチノス、牛ギアラ
ソースのベース：トマトソース、フォン・ド・ヴォー、
　　　　　　　　赤玉ネギ、パプリカ、トマト、
　　　　　　　　鶏のブロード

① 北海道産仔牛のハチノス（第二胃）をソッフリット、パッサータ、鶏のブロード（解説省略）、ローズマリーなどとともに煮て、ンドゥイヤの中身とともに炒める。
② 牛ギアラ（第四胃）をトマトと香味野菜とともに煮る。香味野菜を除き、トマトソース、フォン・ド・ヴォー（いずれも解説省略）、鶏のブロード、タイム、ローズマリーとともに30分間煮る。煮汁だけを半量に煮詰め、ギアラを戻し入れて塩をする。
③ 丸のままの赤玉ネギ、パプリカ、トマトを180℃のオーブンで20〜30分間焼き、火が通ったらフード・プロセッサーでピュレにする。唐辛子オイル（解説省略）を加え、塩で味を調整する。
④ フライパンにバターと水を入れて火にかけ、バターが溶けたら、約11分間ゆでたペンネ・リッシェ（ヴィチドーミニ社）とパルミジャーノ（24ヵ月熟成）を加え、和える。皿に盛る。①と②を添え、それぞれに③をかける。ペンネにパルミジャーノ（7年熟成）と黒コショウをふる。

February 3 節分

4種の豆のロッリ モディカ風

横井拓広
●トラットリア イルフィーコディンディア

シチリア南東部のモディカで食される手打ちパスタ「ロッリ」を、とろりとした豆のスープとともに食べる。モチモチとしたパスタと濃厚な豆のスープは、とくに冬場に人気が高く、現地では「ロッリといえば豆」というほど鉄板の組み合わせ。

① 白インゲン豆、ヒヨコ豆、レンズ豆、ウズラ豆を、乱切りにしたセロリ、ニンジンを入れた水にそれぞれ一晩浸水する。それぞれ柔らかくなるまでゆでる。
② ソッフリットをつくり、牛スジと牛骨のブロード（解説省略）を加える。沸いたら①を加えて強火で沸かし、アクを引く。一部を取り出してミキサーでペースト状にし、鍋にもどす。塩で味をととのえ、再度沸かす。
③ ②を温め、牛スジと牛骨のブロードでのばす。塩分濃度1％の塩湯でロッリを凍ったまま3分間ゆでて加える。パルミジャーノと塩で味をととのえ、香草オイル（ニンニク、ローズマリー、セージを漬けて香りを移したオリーブ油）を加えて乳化させる。器に盛り、E.V.オリーブ油をかける。

パスタの種類：ロッリ (P.440)

ソースの主な具材：白インゲン豆、ヒヨコ豆、レンズ豆、ウズラ豆

ソースのベース：牛スジと牛骨のブロード

February

4

温かい海老芋のソースと冷たい春菊のパウダー、カラスミ、北寄貝と芽キャベツのキタッラ

仲本章宏　●リストランテ ナカモト

京田辺の名産品であるエビイモは軽やかなクリームソースに。キタッラ、ホッキ貝、芽キャベツを合わせて、冬から春に向かう季節感を表現する。凍らせたシュンギクのパウダーを客前でかけて仕上げることで、プレゼンテーションの面白さを楽しんでもらうと同時に、味わいの面でも一皿の中の温度差を楽しませる仕立てに。

パスタの種類：ペンネ・リッシェ

ソースの主な具材：ホッキガイ、芽キャベツ、

ソースのベース：エビイモ、牛乳、アサリだし、シュンギク

① エビイモは皮付きのままアルミホイルで包み、180℃のオーブンでやわらかくなるまで約1時間半強焼く。皮をむき、ラップフィルムで包む。冷めたら一晩冷蔵保存する。適当な大きさに切り、牛乳と塩一つまみを加えてミキサーにかけ、なめらかにする。

② 芽キャベツは芯を切り落とし、外葉と内葉に分ける。内葉は半割にし、断面をオリーブ油で焼く。外葉は約2秒間塩ゆでする。

③ ホッキガイは殻をはずして掃除する。熱したグリル板で両面をサッとグリルする。キタッラと同じくらいの幅に切る。

④ アンチョビをオリーブ油で炒め、アサリだし（解説省略）を加えて火を止める。塩分濃度3％の塩湯で40秒間ゆでたキタッラ、③、E.V.オリーブ油を順に加え混ぜる。器に盛って②を添え、①を温めて流す（濃度はアサリだしで調整する）。カラスミを削りかけ、春菊のパウダー（解説省略）を散らし、E.V.オリーブ油を数滴たらす。

February

5

フォアグラの脂でソテーした黒キャベツのピーゴリ

宮川圭輔　●ラピ

フォワグラの脂でソテーし、濃厚なコクと香りをまとせた黒キャベツが主役。油脂をからめることで、粉のほのかな甘みも引き立つ。

① フライパンに米油とバターを温め、粗めに切ったフォワグラを弱火でソテーする。ざっくりと大きめに切った黒キャベツを加え、塩、コショウする。コンフィにする感覚で、キャベツをじっくりと炒める。
② ピーゴリを少しかためにゆで上げ、①に加えて和える。
③ 皿に盛り、パルミジャーノをおろしかける。

パスタの種類：ピーゴリ（P.427）

ソースの主な具材：フォワグラ、黒キャベツ

ソースのベース：米油、バター

February 6

ピーチのオリーブオイルとペコリーノ・トスカーノ

渡邊雅之　●ヴァッカ・ロッサ

トスカーナ州発祥の手打ちロングパスタ「ピーチ」を地元産のオリーブ油で和え、ペコリーノ・トスカーノをふりかけるシンプルな仕立て。オリーブ油の初物の時期である秋によく食べられている。

① ピーチをゆでて皿に盛り、パスタ同士がくっつかないよう、E.V.オリーブ油をふって軽く和える。
② ペコリーノ・トスカーノをおろしかけ、E.V.オリーブ油をふる。

パスタの種類：ピーチ (P.429)

ソースのベース：E.V.オリーブ油、ペコリーノ・トスカーノ

February

7

マッコと和えたルンゲッティ うにのマリネのせ

樋口敬洋　●ロットチェント

ソラ豆のペースト「マッコ」をリングイネに似た手打ち麺「ルンゲッティ」にからめた一皿。ニンニクやレモン果汁などでマリネしたウニの冷たいソースをかけている。パスタの熱でウニに火が入り、カルボナーラのような味わいに。

パスタの種類：ルンゲッティ（P.439）

ソースのベース：生ウニ、ソラ豆、エシャロット、
　　　　　　　　野菜と魚のブロード

① マッコをつくる。鍋にオリーブ油を温め、みじん切りにしたエシャロットを炒める。しんなりしたら、皮をむいたソラ豆、野菜と魚のブロード（解説省略）を加える。ひと煮立ちしたら塩で味をととのえてミキサーにかけ、E.V.オリーブ油を加えながらペースト状にする。

② ウニのマリネをつくる。生ウニをボウルに入れ、ニンニクのみじん切り、レモン果汁、イタリアンパセリのみじん切り、E.V.オリーブ油を加え、ウニをつぶしながらペースト状にする。冷蔵庫に一晩おく。

③ 鍋に①のマッコを入れ、野菜と魚のブロードを加えてのばしながら温める。ルンゲッティを7〜8分間ゆでて加え、和える。皿に盛り、②のウニのマリネを冷蔵庫から出したての冷たい状態でのせる。

February 8

ヒイカのリングイーネ

石川 勉
●トラットリア シチリアーナ・ドンチッチョ

イカ墨のソースには、イカの内臓の旨みと香りもしっかりきかせる。カラブリア産トウガラシの辛味が後味にキレを生み、少量加えたトマトソースの甘みと酸味が風味を引き立てる。

① ヒイカは掃除する。
② ニンニク、赤トウガラシをオリーブ油で炒め、香りが立ったらヒイカを加える。イタリアンパセリのみじん切りと白ワインを加え、さらにトマトソース（解説省略）、プチトマト、バジリコ、パスタのゆで汁を加え、蓋をして軽く煮る。
③ かためにゆで上げたリングイーネ（ディ・チェコ）を鍋に加え、ソースの旨みを吸わせながら仕上げる。

パスタの種類：リングイーネ
ソースの主な具材：ヒイカ
ソースのベース：オリーブ油、ニンニク、赤トウガラシ、トマトソース、プチトマト、バジリコ

February

9

パーネフラッタウ

馬場圭太郎　●タロス

ごく薄焼きのパン「パーネ・カラザウ」にトマトソースとペコリーノをのせてつくるサルデーニャの郷土料理。一見、ピザにも見えるが、サルデーニャではパスタ料理のひとつに数える。パンは鶏のブロードにくぐらせ、やわらかい食感をだすとともに軽い旨みをまとわせる。

① パーネ・カラザウ（サルデーニャで常食される、セモリナ粉を原料とするごく薄焼きのパン）を鶏のブロード（解説省略）にくぐらせて皿にのせる。
② ①のパーネ・カラザウの全体にトマトソース（解説省略）をぬり、すりおろしたペコリーノをふる。鶏のブロードにくぐらせたもう1枚のパーネ・カラザウを上にのせて、再度トマトソースをぬり、すりおろしたペコリーノをふる。
③ 鶏のブロードで加熱したポーチドエッグをのせ、バジリコの葉を散らす。

パスタの種類：パーネ・カラザウ（パン）
ソースの主な具材：卵
ソースのベース：鶏のブロード、トマトソース、ペコリーノ

February

10

クロワゼ鴨のラグー和えキタッラ 軽いじゃがいものクレマ

辻 智一　●リストランテ オッツィオ

鴨の胸肉はローストしてスライスに、他の部位はあっさりしたラグーに仕立てる。あわせるキタッラには卵白は使わず、卵黄のみで打って旨みの強い味わいに。ジャガイモとポワローのクレマが鴨の旨みを受け止める。

パスタの種類：キタッラ（P.404）

ソースの主な具材：鴨、ジャガイモ、ポワロー、ニンジン、セロリ

ソースのベース：鴨のジュ

① 鴨は胸肉を切り出し、残りは骨ごと粗く切る。鍋にオリーブ油を熱し、粗く切った骨と肉、きざんだ玉ネギ、ニンジン、セロリを色づかないように炒める。蓋をして120～130℃のオーブンに約7時間入れる。肉は取り出し、骨をはずしてほぐす。鍋に残った汁と野菜は漉し、火にかけて塩、コショウし、ソースとする。胸肉は提供時に塩、コショウしてローストし、スライスする。

② ジャガイモとポワローはゆでて裏漉しする。火にかけ、エシャロットのみじん切りとE.V.オリーブ油、塩、コショウを加える。

③ ①のソースを温め、キタッラをゆでて和える。パルミジャーノ、バター、E.V.オリーブ油を加え混ぜ、①の胸肉とそれ以外の肉を合わせる。皿に②を流し、その上に盛る。アニスとカルダモン風味のニンジンとセロリのコンフィ（解説省略）、デトロイトの葉を添え、削ったパルミジャーノ、E.V.オリーブ油、コショウをかける。

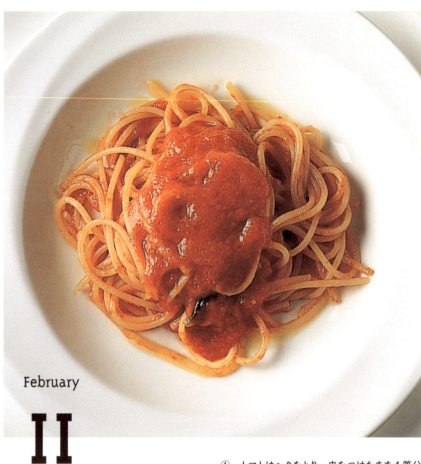

February

11

スパゲッティ、フレッシュのトマトソース

佐藤 護
●トラットリア ピコローレ ヨコハマ

ホールトマトでつくるソースは酸味とコクが強く出るが、生のトマトをたっぷりのオリーブ油で蒸し煮してつくったこのトマトソースは甘みとさわやかな香りが特徴。自家製チーズをのせて提供することも。

① トマトはヘタをとり、皮をつけたまま4等分に切る。
② 鍋にト①とニンニク、バジリコを入れ、E.V.オリーブ油をひたひたに注ぐ。塩をふり、蓋をして弱火で約40分間、静かに蒸し煮する。
③ ムーラン(目の粗い漉し網を使用)で裏漉しする。この際、浮いた油はすくって取りおく(トマト風味のオイルとして使う)。ソースは冷蔵庫でひと晩ねかせてから使う。
④ スパゲッティをゆで、水気をよくきり、温めたトマトソースで和える。トマト風味のオイル(上記)少量と塩各適量で味をととのえる。

パスタの種類:スパゲッティ

ソースのベース:トマト、ニンニク、バジリコ、
　　　　　　　E.V. オリーブ油

February 12

大鰐シャモロックとジャージー乳自家製モッツァレッラのクレスペッレ

笹森通彰
●オステリア エノテカ ダ・サスィーノ

鶏のあらゆる部位を使った白ワイン煮とモッツァレッラを「クレスペッレ」というクレープ状のパスタで包んでいる。提供前にオーブンで加熱し、モッツァレッラのやわらかい食感を楽しんでもらう。

パスタの種類：クレスペッレ (P.408)
詰めものの主な具材：鶏(丸)、黒オリーブ、自家製モッツァレッラ
ソースのベース：ブロード・リストレット・ディ・カルネ

①鶏の白ワイン煮込みをつくる。鶏（大鰐シャモロック）の全部位の肉を小角に切る。塩とコショウをしてオリーブ油で炒める。ソッフリット（解説省略）、ニンニクの粗みじん切りを加えてさらに炒める。白ワインを加えて半量に煮詰める。鶏のブロード（解説省略）を加えて約1時間煮込む。黒オリーブの粗みじん切り、ローズマリーを加えて約5分間煮込む。ソース（P.99 ④参照）を加え、パン粉で粘度を調整する。
②別鍋にブロード・リストレット・ディ・カルネ（鶏、イノシシなどの骨、香味野菜を煮出したもの）と1/3量に煮詰めた赤ワインを合わせる。塩とバターで味をととのえる。
③クレスペッレに、自家製モッツァレッラ（P.394）の角切り、①を包み、170℃のオーブンで10分間焼く。
④皿に②を敷き、③を盛る。自家製硬質チーズ（解説省略）をたっぷりおろしかけ、E.V.オリーブ油をまわしかける。

February

13

松原河内鴨もも肉と
河内蓮根のラグー
カカオ風味のパッパルデッレ

他谷憲司　●ワイン食堂 トキワ

パッパルデッレに練り込んだカカオの苦みと、鴨の力強い風味が重なり、素材のアロマがもつ余韻を長く楽しめる一皿に。河内蓮根の小気味よい歯ざわりが食感のアクセント。

① 松原河内鴨は骨をはずし、200℃のオーブンに40分間入れて、焼き色をつける。身は余分な脂を取り除いて5mm角に切り、肉汁を煮詰めながらソテーする。
② 別鍋にオリーブ油とニンニクを入れて火にかけ、ソッフリットを炒める。①の骨と身を加える。鶏のブロード（解説省略）を注ぎ、約1時間半煮る。煮詰まってきたらカカオパウダーを少量加える。
③ 河内レンコンは5mm角に切り、②に加えて火を通す。塩、コショウする。
④ カカオ風味のパッパルデッレをゆでて加え、よくからめる。皿に盛る。

パスタの種類：カカオ風味のパッパルデッレ(P.425)
ソースの主な具材：松原河内鴨(丸)、河内レンコン
ソースのベース：鶏のブロード

February 14 バレンタインデー

三田牛テールの チョコレート煮込みを パッケリに合わせて

岡尾岳史　●オステリア エルベッタ

ウンブリアの冬の風物詩である「チョコレート祭り」からインスピレーションを得たパスタ。牛テールのワイン煮込みに隠し味としてチョコレートを加え、寒い地方の人びとを体の芯から温めるような、どっしりとした味わいに。大きくて噛みごたえのあるパッケリが好相性。

パスタの種類：パッケリ

ソースの主な具材：三田牛のテール、香味野菜、黒トリュフ

ソースのベース：チョコレート、赤ワイン、茶葉

① 三田牛のテールは幅3cmに切る。1cm角に切った玉ネギ、ニンジン、セロリ、ニンニク、パセリの茎と合わせ、赤ワインをひたひたに注いで一晩マリネする。

② ①の牛テールをふき、塩とコショウをふって薄力粉をまぶす。オリーブ油をひいたフライパンで焼き色をつける。

③ 別鍋にオリーブ油をひき、ソッフリットを炒める。③を加え、赤ワインをたっぷり注ぐ。チョコレート風味のフレーバーティーの茶葉を加え、アクを取り除きながら沸かす。ごく弱火にし、5〜6時間煮込む。煮上がる直前にビターチョコレートを好みの量加える。

④ パッケリをかためにゆでて皿に盛り、③を添え、煮汁をかける。③に黒トリュフのスライスをのせ、パッケリにイタリアンパセリのみじん切りとパルミジャーノをふる。

February

15

カカオ風味のガルガネッリ 仔羊のラグーソース

井上裕一
●アンティカ ブラチェリア ベッリターリア

イノシシをチョコレートや果物などと一緒に煮込むトスカーナ地方の伝統料理をヒントに、ココアパウダーを練り込んだガルガネッリに仔羊のラグーを組み合わせた一品。仔羊の上品な旨みに、トマトの酸味とチリの辛味を加えてキレを出している。

パスタの種類：カカオ風味のガルガネッリ (P.402)
ソースの主な具材：仔羊腿肉、リコッタ・アッフミカータ
ソースのベース：トマト、野菜のブロード、玉ネギ、
　　　　　　　セロリ、白ワイン、干しブドウ、
　　　　　　　チリパウダー

① 仔羊腿肉は室温にもどし、塩、コショウする。オリーブ油をひいたフライパンで表面を焼き固め、250℃のオーブンに移して10分間ローストする。
② 玉ネギとセロリのスライスをオリーブ油で炒め、塩、コショウする。2〜3cm角に切った①、白ワイン、干しブドウ、チリパウダーを加え、さっと煮立たせる。皮をむいたトマトをつぶしながら加え、野菜のブロード（解説省略）を加えて煮詰める。
③ ②を温める。カカオ風味のガルガネッリを2分間ゆでて加え、ソースをからめる。E.V.オリーブ油を加え混ぜる。皿に盛り、ローストして砕いたヘーゼルナッツ、リコッタ・アッフミカータ、粗くきざんだミントの葉、菊の花びらを飾る。

February 16

鮑と海老を詰めたラヴィオリ

岡谷文雄　●ロッシ

ベシャメルソースにアワビの汁やハマグリのだしを加え、アワビとエビを混ぜ込んだものを生地で包んでラヴィオリに。バターソースにもハマグリのだしを加え、魚介の旨みを重ねている。詰めものの濃厚な味わいに合わせて、ラヴィオリ生地はしっかりとした食感になるよう配合を調整している。

パスタの種類：ラヴィオリ（生地のつくり方→P.436）
ソースの主な具材：アワビの身と肝、アカザエビ、ベシャメルソース
ソースのベース：バター、ハマグリのだし

① ラヴィオリの詰めものをつくる。アワビは殻からはずし、はずした時に出た汁と肝は取りおく。身は掃除して細かくきざむ。アカザエビは頭と殻をはずし、身は細かくきざむ。かために炊いたベシャメルソース（解説省略）に取りおいたアワビの汁、牛乳、エビの頭でとっただし、ハマグリのだし（ともに解説省略）を少量ずつ加える。きざんだアワビとアカザエビの身、裏漉しした肝、イタリアンパセリのみじん切りを混ぜる。
② ラヴィオリをつくる。生地を4～7cm角に切り、中央に①を約小さじ2のせる。生地を二つ折りにして包む。
③ フライパンにバターを多めに入れて熱し、ハマグリのだしを加えて乳化させる。ラヴィオリを2分50秒間ゆでて加え、和えて味をなじませる。粗くきざんだイタリアンパセリを加え混ぜ、器に盛る。

February

17

近江牛赤センマイのカザレッチ

鈴木浩治　●ラ・ルッチョラ

香味野菜とともにやわらかくなるまでじっくりと下ゆでしたセンマイのトマト煮がソースのベース。内臓ならではのコクにトランペット茸の香りと自家製ドライトマトの甘みが加えて味わい豊かに。カザレッチのくぼみにソースがたっぷりとたまって一体化する。

パスタの種類：カザレッチ

ソースの主な具材：牛ギアラ、香味野菜、
　　　　　　　　トランペット茸、自家製ドライトマト、
　　　　　　　　サヤインゲン、ホウレン草

ソースのベース：トマトソース

① 牛ギアラは塩もみし、水から下ゆでする。薄皮を残して横半分に切り、焼き目をつけた玉ネギ、ニンジン、セロリ、ローリエとともに水から煮る。やわらかくなったら取り出す。煮汁は漉してから、1/8量に煮詰める。

② フライパンにオリーブ油とタカノツメを入れ、玉ネギのみじん切りをしんなりするまで炒める。①のギアラを加えて5分間炒める。①の煮汁とトマトソース（解説省略）を加えて煮込む。

③ 軽くつぶしたニンニクとオリーブ油を熱し、トランペット茸を炒める。自家製ドライトマト（解説省略）、②、①の煮汁、下ゆでしたサヤインゲンとホウレン草を加える。カザレッチをゆでて加え、からめる。皿に盛る。ローストしたパン粉、粗挽き黒コショウ、イタリアンパセリのみじん切りをふる。

February 18

ドライトマトのもどし汁と
E.V. オリーブオイルで和えたジリ

西山哲平　●センプリチェ

パスタは噛みごたえがあってソースのからみがよい「ジリ」を使用。ドライトマトのもどし汁を煮詰めたものとE.V. オリーブ油をからめ、風味のやさしい北海道産リコッタをふる。シンプルながらしみじみとした旨みのあるひと皿。

① ジリ（パルテノペ）を塩を入れない湯で10〜11分間ゆでる。
② 鍋に1/10量くらいになるまで煮詰めたドライトマトのもどし汁とE.V.オリーブ油を入れ、水気をきった①を加えて軽く温めながら和える。
③ ②を器に盛り、リコッタ・サラータ（北海道東部の白糠町にあるチーズ工房、白糠酪恵舎で作られているリコッタの塩漬け品。イタリア産に比べて熟成が軽く、風味がやさしい）を削りかける。

パスタの種類：ジリ

ソースの主な具材：リコッタ・サラータ

ソースのベース：ドライトマトのもどし汁、
　　　　　　　　E.V. オリーブ油

February

19

豚バラと芽キャベツの ウンブリチェッリ

藤田政昭　●ラチェルバ

コシのある手打ち麺「ウンブリチェッリ」に、赤ワイン、マデラ、リンゴのピュレ、スパイスなどでつくったソースを合わせている。関西ではなじみ深い"ソース味の焼きうどん"を、洋食の素材とパスタに置き換えたオリジナルの品。

パスタの種類：ウンブリチェッリ（P.399）

ソースの主な具材：豚バラ肉、芽キャベツ、ネギ

ソースのベース：リンゴのピュレ、赤ワイン、マデラ、
コラトゥーラ・ディ・アリーチ

① 鍋に赤ワインとマデラを入れて火にかけ、アルコール分をとばす。リンゴのピュレ（解説省略）とネギの青い部分を加え、1/3量まで煮詰める。クミン、スターアニス、ジンジャーパウダー、チリパウダー、ガーリックパウダー、コラトゥーラ・ディ・アリーチを加えて全体を混ぜる。

② 豚バラ肉は表面に塩をすり込み、網にのせて冷蔵庫に一晩おく。圧力鍋に水、ショウガ、ネギとともに入れて火にかける。圧力がかかったら弱火で15分間煮て、蓋を開けて圧力を下げてから冷ます。肉は適当な大きさに切る。

③ フライパンを熱し、②を焼く。適宜に切ったネギと葉をバラした芽キャベツを入れてさらに焼く。ゆでたウンブリチェッリを加え、①を加えて和える。皿に盛る。

February

20

青とうがらしのアーリオオーリオ ペペロンチーノ スパゲッティーニ

平井正人　●ダルマット西麻布本店

ニンニクとタカノツメを炒め、パスタとゆで汁を一気に加え、手早く和えて香りを溶け込ませてつくる。仕上げにきざんだ青トウガラシを加え、さらに生き生きとした香りをプラス。

① ニンニクは丸のままオリーブ油で炒める。色づいて香りが立ってきたら、赤トウガラシとイタリアンパセリのみじん切りを加え、さらに炒める。
② パスタのゆで汁を加えてすばやく乳化させる。スパゲッティーニをゆでて加え、よくからめる。きざんだ青トウガラシを加え、皿に盛る。

パスタの種類	スパゲッティーニ
ソースのベース	青トウガラシ、オリーブ油、ニンニク、赤トウガラシ

February
21

ヴァンデ産仔鳩の煮込みのタヤリン トリュフ風味

他谷憲司　●ワイン食堂 トキワ

極細麺のタヤリンに、対照的に重厚なテクスチャーの仔鳩の煮込みを合わせ、立体感のある仕上がりに。他谷シェフの修業先である、ピエモンテのレストラン「イル・チェントロ」のスペシャリテを再現したもの。

パスタの種類：タヤリン（P.411）
ソースの主な具材：小鳩（丸）、玉ネギ、セロリ、黒トリュフ
ソースのベース：小鳩のジュ、鶏のブロード、バター

① 仔鳩は半割にし、心臓とレバーは取りおく。小鳩は塩、コショウし、オリーブ油をひいたフライパンで焼き色をつける。心臓とレバーは塩、コショウしてソテーし、ブランデーを加えてフランベする。
② オリーブ油とニンニクを温め、玉ネギとセロリのみじん切りを加えて炒める。①の小鳩を加え、ポルト酒（ルビー）と赤ワインを注ぎ、アルコール分をとばす。
③ ②に①の心臓とレバー、鶏のブロード（解説省略）、タイム、ローリエを加え、蓋をしてオーブンで1時間半蒸し煮にする。小鳩を取り出し、骨ははずして取りおき、身はほぐして鍋に戻す。
⑤ ④の骨を別鍋で煮出してジュを取り、④の鍋に少量加えて煮詰める。
⑥ タヤリンをゆでて加える。塩、コショウし、バターをからめる。皿に盛り、黒トリュフのスライスをのせる。

February
22

ピーチのフィノッキオーナのソース

伊藤延吉
●リストランテ・ラ・バリック・トウキョウ

トスカーナ州シエナの産物として有名なフェンネルシード入りのサラミ「フィノッキオーナ」と、同じくシエナのパスタ「ピーチ」を合わせている。フィノッキオの新芽を香りづけに添えて。

① フィノッキオーナをつくる。豚肩肉(挽き肉)、塩、黒コショウ、フェンネルシード、ニンニクのみじん切り、赤ワインを軽く混ぜ合わせ、密閉して冷蔵庫で一晩ねかせる。
② 人数分のフィノッキオーナをフライパンで炒め、表面に火が通ったら鶏のブロード(解説省略)を加えて温める。
③ ②のフライパンにバターを入れ、4分間ゆでたピーチを加えて和える。グラーナ・パダーノを加えてさらに和え、皿に盛る。フィノッキオ(フェンネル)のスプラウトを飾る。

パスタの種類:ピーチ(P.429)

ソースの主な具材:豚肩肉、フィノッキオの新芽

ソースのベース:鶏のブロード、バター

February

23

イベリコ豚スペアリブの塩漬け 黒豚豚足のマファルデ

鈴木浩治 ●ラ・ルッチョラ

塩漬けにして熟成させた肉の旨みと、豚足のゼラチン質を合わせて、からみつくようなテクスチャーに。もっちりとした歯ごたえの「マファルデ」は、波状にうねった部分にソースがよくからむ。

パスタの種類:マファルデ
ソースの主な具材:イベリコ豚のスペアリブ、
　　　　　　　　黒豚の豚足、白インゲン豆、
　　　　　　　　プチトマト
ソースのベース:ソッフリット、野菜のブロード

① イベリコ豚のスペアリブは重量の3%の塩をなじませ、ひと晩おく。水洗いしてふき、冷蔵庫に約2週間おく。オリーブ油をひいたフライパンで焼き色をつける。
② 別のフライパンでソッフリットをつくり、①、野菜のブロード(解説省略)、クミンパウダー、タスマニアベリーペッパーリーフパウダー(オーストラリア産。酸味と辛みがある)を加えてひと煮立ちさせ、アクを取る。プチトマトとニンニクを加える。アルミホイルで鍋に蓋をし、180℃のオーブンで4時間煮込む。ニンニクとスペアリブの骨は取り除く。
③ 黒豚の豚足は香味野菜とともにゆでる。骨を除き、さいの目に切る。
④ 白インゲン豆はひと晩浸水し、塩、E.V.オリーブ油、香味野菜、生ハムの皮とともに下ゆでし、ゆで汁ごと冷ます。
⑤ ②、③、④の豆とゆで汁を合わせて温める。ゆでたマファルデを加えて和える。皿に盛り、きざんだイタリアンパセリをふる。

February

24

リッチョリ・アッラ・エガディ

石川 勉
●トラットリア シチリアーナ ドンチッチョ

ねじれた形のショートパスタ「リッチョリ」をシチリア伝統のソース「ペスト・トラパネーゼ」で。このソースはジェノベーゼの松の実がシチリア特産のアーモンドに置きかわり、トマトが加わったペースト。揚げナスとウニで、コクと深みをさらに足す。

①バジリコ、アーモンド、トマト、ニンニクをすべてミキサーに入れて回す(ペスト・トラパネーゼ)。
②丸ナスをひと口大に切って素揚げにする。
③フライパンにペスト・トラパネーゼをとり、パスタのゆで汁でのばしながら温める。②とウニを加え混ぜ、ゆで上げたリッチョリ(ヴィエトリ)を加え、さっとからめて仕上げる。

| パスタの種類:リッチョリ |
| ソースの主な具材:丸ナス、ウニ |
| ソースのベース:バジリコ、アーモンド、トマト、ニンニク |

February

25

リングイーネ
生ハムのクリームソース

林 亨　●トルッキオ

生ハムの旨みや塩気が印象的な、濃厚なクリームソースを黒コショウがぐっと引き締める。食感がよく、さっぱりしたアスパラガスとは好相性。季節によってはキノコ類を合わせてもよい。

① 生ハムは細切りにし、少量のバターで炒める。ソースの塩気は、この生ハムのみで決める。
② 生ハムからほのかに香りが立ったら、生クリームを加えて強火で加熱する。生ハムが焦げるとクリームの風味を損ねるので、炒めすぎない。生クリームが沸いたら、火を止める。
③ リングイーネをかためにゆで、アスパラガスとともに加える。再び強火にして沸かす。
④ ソースをパスタに吸わせながら和え、黒コショウとパルミジャーノを加える。ソースがパスタにからみつくようになるまで加熱する（提供までのわずかな時間に温度が下がってソースが締まるので、ややゆるめに仕上げる）。皿に盛る。

パスタの種類：リングイーネ
ソースの主な具材：生ハム、グリーンアスパラガス、
ソースのベース：生クリーム、パルミジャーノ

February 26

フジッローネ
鴨とオレンジのラグー

辻 大輔　●コンヴィーヴィオ

メディチ家伝承の「鴨のオレンジソース」を、オレンジの皮のさわやかな香りをきかせたラグーにアレンジ。パスタは大きくてインパクトのあるショートパスタ「フジッローネ」。らせん形の生地にラグーがよくからむ。

パスタの種類：フジッローネ
ソースの主な具材：鴨の腿肉
ソースのベース：鴨のブロード、ソフリット、
　　　　　　　　赤ワイン、ローズマリー、
　　　　　　　　セージ、オレンジの皮

① 鴨の腿肉は骨をはずし、重量の13％の塩をふって約1時間おく。水気をふき、オリーブ油で皮目を焼いて脂を落とす。皮目を上にして180℃のオーブンで1時間焼く。
② ①を粗くきざみ、オリーブ油をひいた鍋に入れ、強火で香ばしく炒める。赤ワイン、ソフリット、ローズマリー、セージを加えて軽く炒める。
③ 鴨のブロード（解説省略）を加え、肉が柔らかくなるまで2〜2時間半弱火で煮る。オレンジの皮のコンフィ（無農薬栽培の国産のブラッドオレンジの皮を細く切り、砂糖と水で1時間煮たもの）を加え、軽く煮込んでなじませる。
④ ①を温める。フジッローネを約16分間ゆでて加え、バターとグラーナ・パダーノを加え混ぜる。皿に盛る。

February

27

赤ワインを練り込んだ オンブリケッリ 浅利とトレヴィスの軽いラグー

百瀬幸治　●バンディエラ

ソースはヴェネト州の赤ワインとトレヴィスのリゾットから着想を得たもの。トスカーナ州などで食されている赤ワインを練り込んだパスタを合わせている。いずれもそれぞれの産地のワインを使い、イタリアらしい郷土性をひと皿に共存させている。

パスタの種類：オンブリケッリ（P.401）

ソースの主な具材：トレヴィス、アサリ

ソースのベース：アサリの蒸し汁、ニンニク、タカノツメ、オリーブ油

① トレヴィスを小角に切り、オリーブ油をひいた鍋で炒める。
② しんなりしたらソッフリット（解説省略）と赤ワインを加え、煮詰める。
③ 別鍋にアサリ、水、タイムを入れて蓋を閉め、火にかける。アサリの口が開いたら身を取り出し、蒸し汁は漉す。
④ フライパンにニンニクのスライス、タカノツメ、オリーブ油を入れて香りが立つまで炒め、ポワローのみじん切りを加える。
⑤ ②とアサリの蒸し汁を加える。オンブリケッリを1分間ゆで、加えてからめる。
⑥ アサリの身とイタリアンパセリのみじん切りを加え、塩、コショウ、ニンニクオイル（みじん切りにしたニンニクをオリーブ油に漬け込んで香りを移したもの）、E.V.オリーブ油で味をととのえ、皿に盛る。

February 28

ラカン産鳩のラグーボロネーゼ ガルガネッリ

沼尻芳彦　●トラットリア ダディーニ

エミリア゠ロマーニャ州のパスタ「ガルガネッリ」を自家製し、同州でよく食べる鳩をラグー仕立てにして合わせている。ラグーには腿肉と胸肉に加えて肝臓も使用。牛肉と豚肉のものよりも濃厚な旨みが特徴。

パスタの種類：ガルガネッリ（P.403）
ソースの主な材料：鳩（丸）、鳩のブロード、スーゴ・ディ・カルネ、トマトペースト、ホールトマト

① 鳩のラグーボロネーゼをつくる。鳩（ラカン産）はさばき、腿肉、胸肉、肝臓を粗みじん切りにする。
② 鍋にE.V.オリーブオイルをひき、つぶしたニンニクを炒める。香りが出たらタマネギ、ニンジン、セロリのみじん切りを加え、さらに炒める。しんなりしたら、①のハトの腿肉と胸肉を加えて炒める。
③ 肉の表面に焼き色がついたら、トマトペーストを加えてからめ、白ワイン、ホールトマト、スーゴ・ディ・カルネ、鳩のブロード（ともに解説省略）を加えて10分間ほど煮込む。最後に①の肝臓を加え、火が通るまで軽く煮る。
④ フライパンに鳩のラグーボロネーゼを入れて温める。1分間ゆでたガルガネッリを加え、バターとパルミジャーノを加えて和える。器に盛り、イタリアンパセリのみじん切りとパルミジャーノをふる。

3
March

March

I

カーニバルのラザニア

渡辺陽一　●パルテノペ

ナポリでラザニアといえば、ベシャメルを使わず、トマトソースにたっぷりの肉やゆで卵、チーズなどを重ねるこのスタイル。2～3月の謝肉祭を祝うための一品で、大人数でワイワイと取り分けて楽しむ

パスタの種類：ラザニア（生地のつくり方→P.438）
ソースの主な具材：牛スネ肉、豚スペアリブ、
　　　　　　　　合挽き肉、モッツァレラ、サラミ、
　　　　　　　　自家製サルシッチャ、ゆで卵
ソースのベース：トマトペースト、ホールトマト

① ナポリ風のラグーをつくる。牛スネ肉と豚スペアリブに塩をふり、オリーブ油で表面を香ばしく焼く。玉ネギを加えて茶色くなるまでよく炒める。トマトペーストを加えてよく炒め、白ワインを入れてアルコール分をとばす。ホールトマトを漉して加える。沸いたらアクを取り除き、弱火で5～6時間、湯を足しながら煮込む。

② ポルペッティーネをつくる。合挽き肉（牛肉と豚肉を7:3）、パン粉30g、牛乳、全卵、パルミジャーノ、パセリ、ナッツメッグ、塩、黒コショウを練り混ぜ、指先大に丸め、素揚げする。

③ ラザニア生地はアルデンテにゆで、水で締めて、水気をよくきる。

④ 耐熱容器にバターと①のソースのみをぬる、③、②、薄切りにしたモッツァレラとサラミ、ソテーしてスライスした自家製サルシッチャ、厚めに輪切りにしたゆで卵を重ねる。これを4層重ね、一番上にラザニア生地をのせる。①のソースをぬり、パルミジャーノをふる。170℃のオーブンで30分間ほど焼く。皿に盛り、バジリコの葉を飾る。

March 2

アマトリチャーナ・ヴェルデ

星 誠 ●オステリア アッサイ

通常はトマトを使うアマトリチャーナを、春らしく緑色の野菜でアレンジ。野菜はペースト状のものと塩ゆでしたものを使い、旨みと食感の両方を楽しませる。卵黄を多く配合したキタッラと合わせて

① ナノハナ、グリーンアスパラガス、ソラ豆、グリーンピースはかために塩ゆでし、ゆで汁は取りおく。ナノハナ、グリーンアスパラガス、ソラ豆は適宜に切り、グリーンピース、取りおいたゆで汁、E.V.オリーブ油とともに、ミキサーで食感が残る程度のペースト状にする。氷水を当てて色止めする。
② フライパンにオイル漬けのニンニク、E.V.オリーブ油を入れて熱し、パンチェッタとともに飴色になるまでソテーした玉ネギを加え、水を少量ずつ足しながら強火で炒める。①を加え混ぜる。
③ ナノハナとグリーンアスパラガスはひと口大に切り、ソラ豆とグリーンピースはさやから取り出す。キタッラとともに約3分間ゆでる。②に加えてよく和える。皿に盛り、ペコリーノ・ロマーノとE.V.オリーブ油をふる。

パスタの種類：キタッラ（P.405）

ソースの主な具材：ナノハナ、グリーンアスパラガス、ソラ豆、グリーンピース

ソースのベース：パンチェッタ、玉ネギ

March

3 ひな祭り

蛤、春野菜、サルディーニャ産ボッタルガのカサレッチェ

八木康介　●リストランテ ヤギ

ベースはアーリオ・オーリオ、具はソラ豆、グリーンピース、菜の花などの春野菜とハマグリ。カサレッチェはかためにゆで、ソースの旨みをしっかり吸わせながら数分間煮込んで、もちもちとした食感に仕上げる。

パスタの種類：カサレッチェ

ソースの主な具材：ハマグリ、春キャベツ、ソラ豆、グリーンピース、ナノハナ、カラスミ

ソースのベース：アサリとハマグリのだし、ガルム、ユズ果汁、バター

① 鍋にオリーブ油、ニンニクのみじん切り、タカノツメ、きざんだアンチョビを入れて炒める。アサリとハマグリ(解説省略)のだしを加え、適宜に切った春キャベツ、下ゆでしたソラ豆、グリーンピース(イタリア産)、ナノハナを加えて煮る。
② カサレッチェ(ラ・ファブリカ・デツラ・パスタ社)を6分半ゆでて加え、ソースを吸わせながら2〜3分間加熱する。アサリとハマグリのだし(またはパスタのゆで汁)を加える。
③ アサリのだし(解説省略)でゆがいてむき身にしたハマグリを加え、ガルム、ユズ果汁、バターを加えて、ひと煮立ちさせる。
④ 器に盛り、E.V.オリーブ油をまわしかける。カラスミ(サルデーニャ産)を削りながら散らす。

March 4

マッケロンチーニ 春の野菜と蒸しアワビ、その肝のソース

浅井 努　●トム クリオーザ

アワビの魅力を丸ごと閉じ込めたひと皿。アワビはまるごと蒸し、身は具に、肝とエンガワは炒めて蒸し汁とともにソースに。パスタはかみしめて味わうショートパスタをチョイス。

パスタの種類：マッケロンチーニ (P.434)

ソースの主な具材：アワビ、タケノコ、ナノハナ、
　　　　　　　　　グリーンアスパラガス、白ネギ

ソースのベース：アワビの肝とエンガワ、
　　　　　　　　アワビの蒸し汁、トマトソース

① アワビは塩磨きし、水で洗う。昆布、ダイコンのスライスとともに真空パックにして約3時間蒸す。殻からはずし、身、肝、エンガワに分ける。蒸し汁は取りおく。

② ①の肝とエンガワはきざみ、つぶしたニンニクとともにオリーブ油で炒める。香りが立ったら、アンチョビのみじん切り、白ワイン、①の蒸し汁を順に加えて混ぜる。ミキサーにかけ、漉す。

④ ①の身は断面が波打つようにスライスし、軽く塩をする。つぶしたニンニクとタカノツメのみじん切りをオリーブ油で炒め、アワビを軽くソテーして取り出す。

⑤ アク抜きしたタケノコ（解説省略）、グリーンアスパラガス、白ネギ、ナノハナは適宜に切り、④のフライパンで炒める。②とトマトソース (P.394)を加えて軽く煮詰める。マッケロンチーニを3～4分間ゆでて加える。④も加えて器に盛る。木ノ芽と E.V. オリーブ油をふる。

March 5

トマトソースのスパゲッティ

本多哲也 ●リストランテ・ホンダ

生のトマトとホールトマトを煮込んでベースをつくり、仕上げに炒めたフルーツトマトを加えている。トマトに対する味の要求が高くなった今だからこそ、「フレッシュ感と加熱による旨み」、「甘みと酸味のバランス」をさらに重視し、手間をかけてより奥行きのある味わいに仕立てる。

パスタの種類：スパゲッティ
ソースの材料：トマト、フルーツトマト、玉ネギ、イタリアンパセリ、バジリコ、ニンニク、赤トウガラシ、ブロード、E.V.オリーブ油、

① トマトソースをつくる。スライスした玉ネギとニンニクのみじん切りをオリーブ油で炒める。玉ネギが透明になったら火を弱め、色づけないようにして、甘みが出るまでよく炒める。くし切りにしたトマトを加えて軽く炒める。酸味がとんだところでホールトマト、イタリアンパセリの軸、バジリコの軸を加えて半量になるまで煮詰める。ムーランで漉す。
② フライパンにオリーブ油をひき、ニンニクのみじん切りと赤トウガラシを炒める。きつね色になったらフルーツトマトを加えて軽くソテーする。トマトの表面がとろけてきたらトマトソースを加え、少量のブロード（解説省略）で濃度を調節する。
③ スパゲッティをゆでて加え、塩、コショウ、E.V.オリーブ油各適を加えて和える。パルミジャーノ、きざんだバジリコをのせる。

March 6

アワビとふきのとうのタリオリーニ

八木康介　●リストランテ ヤギ

アワビの肝とフキノトウでほろ苦さを加えたアーリオ・オーリオベースのパスタ。ソースに使ったアンチョビ、アサリとハマグリのだしの旨みが苦みを下支えする。春を感じさせるひと皿。

パスタの種類：タリオリーニ (P.415)

ソースの主な具材：アワビ、フキノトウ

ソースのベース：アワビの肝、アンチョビ、ニンニク、E.V.オリーブ油、タカノツメ、アサリとハマグリのだし、ガルム、ユズ果汁、バター

---

① 鍋に E.V. オリーブ油を熱し、ニンニクのみじん切りとタカノツメを炒める。香りが立ったら、アンチョビ（フィレ）、細かくきざんだアワビの肝を入れて炒め、オイルソースを作る。アサリとハマグリのだし（アサリのだし〈解説省略〉でハマグリを加熱し、殻を開かせたもの）を注ぎ、スライスしたアワビを加える。

② フキノトウは塩湯で1分間下ゆでする。包丁で細かくきざみ、E.V.オリーブ油で和える。

③ タリオリーニを約1分間ゆでて①の鍋に加え、ソースを吸わせながらアサリとハマグリのだしで味を調整する。②、ガルム、ユズ果汁、バターを加えて和える。

④ 器に盛る。パルミジャーノを削りかけ、E.V.オリーブ油をまわしかける。

March 7

スカンピとペコリーノで あわせたマッケロンチーニ イカスミのグリッシーニ添え

岡野健介
●リストランテ カシーナ カナミッラ

セモリナ粉、水、塩のみでつくった弾力のある「マッケロンチーニ」に、食感の印象が似ているぷりぷりのアカザエビを組み合わせている。海老のソースには、ルゥ入りのチーズソースを混ぜてとろみをつけ、パスタにからみやすいよう仕上げる。

パスタの種類：マッケロンチーニ
ソースの主な具材：アカザエビ
ソースのベース：アカザエビのだし、野菜のブロード、生クリーム、ペコリーノ・サルド

① ニンニクのみじん切りとタカノツメをオリーブ油で炒める。香りが立ったら、頭と殻をはずしてひと口大に切ったアカザエビをさっと炒める。取り出しておく。

② ①のフライパンに白ワインを加え、軽く煮詰める。野菜のブロードとアカザエビのだし（解説省略）を加えて軽く煮詰め、強力粉とオリーブ油を混ぜたものを加えてとろみをつけ、シノワで漉す。

③ 別のフライパンにオリーブ油をひき、エシャロットのみじん切りを少し色づく程度に炒め、白ワインを加えてアルコール分をとばす。煮詰まったら野菜のブロードを加えることを数回くり返す。ペコリーノ・サルドと生クリームを加えて熱し、強力粉とオリーブ油を混ぜ合わせたものを加えてとろみがつくまで全体を混ぜ、茶漉しで漉す。

④ マッケロンチーニを塩湯で4～5分間ゆでる。②と合わせて軽く煮込む。①のアカザエビと③を加えて全体を混ぜ、塩をする。皿に盛り、イカスミのグリッシーニ（P.394）とウイキョウの葉をふる。

March 8

ジャガ芋生地の菜の花詰めカッペレッティ えんどう豆のスープ アサリと緑野菜

浅井 努　●トム クリオーザ

春の"青い風味"をやさしい口あたりで楽しませる前菜的なひと皿。菜の花はモッツァレラとともに、ジャガイモ入りのパスタ生地に包み、えんどう豆のスープに浮かべる。アサリとソラ豆も加え、さらに春らしく。

パスタの種類：カッペレッティ（生地のつくり方→P.401）
詰めものの主な具材：ナノハナ、水牛のモッツァレラ
ソースの主な具材：ナノハナのつぼみ、ソラ豆
ソースのベース：エンドウ豆、アサリの蒸し汁

① カッペレッティをつくる。ナノハナの軸は細かくきざんでオリーブ油で炒め、少量の水を加えて蒸し煮する。フード・プロセッサーで攪拌し、裏漉しした水牛のモッツァレラ、パルミジャーノ、全卵、オリーブ油を加え混ぜる。直径4cmに抜いた生地の中央に約2g絞り出し、生地を半分に折り、両端を約7～8mm重ねてとめる。
② エンドウ豆のさやを昆布とともに10～15分間煮出してだしをとり、豆をやわらかく煮る。煮汁ごとつぶして裏漉しする。
③ アサリは水と白ワインで蒸し煮する。蒸し汁は漉し、身は取りおく。②を蒸し汁でのばし、スープとする。
④ ①のカッペレッティを2分間ゆでる。別鍋にオリーブ油、バター、パスタのゆで汁を熱し、③の身、蒸し煮したナノハナのつぼみ、塩ゆでしたソラ豆を加えて和える。
⑤ 器に③をよそい、④を盛る。パルミジャーノとE.V.オリーブ油をふる。

March 9

ホタルイカと菜の花のニョッキ

星 誠　●オステリア アッサイ

食べやすい小ぶりのニョッキに、ホタルイカの旨みを煮含ませたひと皿。ホタルイカは、押しつぶして内臓を出しながらニンニクやバジルペーストとともに炒めて、内臓の風味を強調したソースに仕上げている。

① フライパンに E.V. オリーブ油を熱し、E.V. オリーブ油に漬けたニンニクのみじん切り、バジリコペースト（解説省略）、生のホタルイカ、バターを入れ、ホタルイカをつぶしながら強火で炒める。白ワインを加え、強火にしてアルコール分をとばす。
② 煮詰まったら少量の水を加えることを数回くり返し、コラトゥーラ、ひと口大に切ったナノハナ、湯むきして粗く切ったトマト、サフランを入れて煮る。煮詰まったら少量の水を加えることを数回くり返し、塩で味をととのえる。
③ ニョッキを3分間ゆでて加える。煮詰まったら少量の水を加え、ニョッキにソースの味を含ませるように約5分間強火で煮る。E.V.オリーブ油、バター、バジリコペーストを加えて混ぜ合わせ、皿に盛る。

パスタの種類：ニョッキ (P.422)

ソースの主な具材：ホタルイカ、ナノハナ

ソースのベース：トマト、バジリコペースト、コラトゥーラ、サフラン

March 10
ミントの日

マグロとミントのリガトーニ

中村嘉倫　●ロッツォシチリア

マグロとミントを使ったトマトソースは、シチリアでは定番中の定番。ミントを差し込んだマグロをトマトペーストで1時間以上煮込み、風味豊かなソースに仕上げている。くだいたローストアーモンドが食感のアクセント。

① ニンニクとミントの葉はみじん切りにし、マグロのさくに指でめり込ませる。
② 鍋にトマトペースト（解説省略）水、①のマグロを入れる。マグロが手でほぐれるようになるまで約1時間炊く。
③ リガトーニを約12分間ゆでる。
④ 別鍋に②のマグロをほぐし入れ、トマトペースト、③のゆで汁を加えてさっと煮詰める。塩で味をととのえる。ゆで上がった③を加え、ソースをからめる。
⑤ 皿に盛る。くだいたアーモンドを散らし、ミントの葉をのせる。

パスタの種類：リガトーニ

ソースの主な具材：マグロ、ミント

ソースのベース：トマトペースト

March 11

メバルとオカヒジキ、菜花のスパゲッティーニ

西山哲平　●センプリチェ

メバルは丸ごと焼いてからドライトマトのもどし汁で炊いて"煮付け"にし、煮汁を煮詰めてほぐし身にからめる。シャキシャキとした食感のオカヒジキ、苦みと甘みのあるハタケナを添えて。

パスタの種類：スパゲッティーニ

ソースの主な具材：メバル、ハタケナのナバナ、オカヒジキ

ソースのベース：魚のだし、ニンニクオイル

① メバルはさばいてフィレにし、E.V.オリーブ油とオリーブ油で、両面を香ばしく焼く。
② 鍋に①、ドライトマトのもどし汁、水、ニンニクオイルを入れ、汁気がなくなる寸前まで煮る。メバルを取り出し、頭や骨をはずし、身をほぐす。鍋に残った煮汁を煮詰め、身にからめる。
③ ハタケナのナバナを樹脂加工のフライパンで油をひかずに熱する。少し焼き色がついたら少量の水を加え、蓋をせずに約1分間加熱する。ガルムを数滴加え混ぜる。
④ ②の鍋に魚のだし（P.394）とニンニクオイルを入れて約1/4量に煮詰める。スパゲッティーニ（パルテノペ社）を9～10分間ゆでて加える。適宜に切ったオカヒジキも加え、さっと和える。器に盛り、①と③をのせる。

March
12

鯵のマリネと天然クレソン ボッタルガのスパゲッティーニ ヴェルガモットの香り

山本久典　●一花 icca NYC

ヴェルガモット入りのオリーブオイル、脂ののったアジ、香りの強い天然クレソン、ソースに加えたサフランなど、多彩な香りと風味の変化を時間差で楽しませる。仕上げにボッタルガをふり、その塩気で全体をまとめている。

パスタの種類：スパゲッティーニ

ソースの主な具材：アジ、クレソン、ボッタルガ

ソースのベース：トマトソース、アジのブロード、アサリのブロード、サフラン

① アジは三枚におろして塩をふり、約30分間おく。水分をふき、E.V.オリーブ油とディルで1時間マリネする。

② フライパンにオリーブ油をひき、みじん切りのニンニクを入れて弱火にかける。香りが立ったらドライトマトを加えて炒める。鯵のブロード（P.394）、アサリのブロード（解説省略）を加え、サフラン、トマトソース（解説省略）、タカノツメを加えて全体がなじむまで煮る。

③ ②に塩湯で6〜7分間ゆでたスパゲッティーニ（ヴィエトリ社）を入れてさっとからめ、適宜に切ったクレソンを加えて混ぜ合わせる。

④ ③に鯵のマリネを加えてさっと和えて、ベルガモット入りE.V.オリーブ油（解説省略）、E.V.オリーブ油を加えて混ぜ合わせる。皿に盛り、ボッタルガのすりおろしをふる。

March

13

オレッキエッテ、高杉馬肉サルスィッチャと菜の花、自家製リコッタ・アッフミカータ風味

笹森通彰
●オステリア エノテカダ・サスィーノ

冷蔵庫で熟成させた自家製馬肉のサルシッチャは、炒めて甘みを出した玉ネギ、ドライトマト、菜の花と炒め、手打ちのオレキエッテに合わせる。仕上げにリンゴのチップでスモークしたリコッタをかけて。

パスタの種類：オレキエッテ（P.400）

ソースの主な具材：馬肉、ナノハナ、

ソースのベース：ドライトマト、玉ネギ、白ワイン

① 自家製馬肉のサルシッチャをつくる。馬肉（弘前産）の肩から腕にかけての肉（赤身7：脂身3）をミンチにする。ニンニクのみじん切り、ローズマリー、フェンネルシード、塩、コショウを加え、よく混ぜる。豚腸に詰めて冷蔵庫で5日間ねかせる。
② ソースをつくる。オリーブ油でニンニクの粗みじん切りを炒め、適宜に切ったナノハナの根元を加える。①から豚腸をはずし、角切りにして加え、さらに炒める。白ワインを加えてアルコール分をとばし、炒めて甘みを出した玉ネギ、ローズマリー、自家製ドライトマト、湯を加えて煮詰める。
③ オレキエッテをゆで、ゆで上がる寸前にナノハナを加える。温めた②に加え、和える。火からおろし、イタリアンパセリの粗みじん切りとE.V.オリーブ油を加えて和える。皿に盛り、自家製リコッタ・アッフミカータ（リンゴのチップで燻製したもの）をふる。

March 14 ホワイトデー

イカスミのオリジナル縮れ麺と生のアオリイカ、菜花

中本敬介　●ビーニ

イカの透きとおった白、イカスミ入りの麺の黒、イタリアンパセリのパウダーの緑、菜の花の黄という、色の対比が鮮やかなひと皿。イカは脱水してから冷凍し、甘みを強めている。不揃いに縮れた麺にはソースがよくからむ。

パスタの種類：イカスミを練り込んだ縮れ麺 (P.440)

ソースの主な具材：アオリイカ、ナノハナ

ソースのベース：イタリアンパセリ、トマトソース、白ワイン、鶏のブロード

① アオリイカは掃除してさばく。胴は塩をふり、脱水シートに挟んで水気を取り、冷凍庫に丸1日おく。内臓と脚は取りおく。

② イタリアンパセリはゆでて軽く水気を絞り、パコジェット専用容器に入れて冷凍する。提供直前にパコジェットで粉砕する。

③ ①の冷凍した胴を自然解凍して半解凍し、スライサーで薄いリボン状に切る。レモンの皮のみじん切り、レモン果汁、E.V.オリーブ油をふり、和える。

④ ①の脚は小さく切り、ニンニクオイル（解説省略）で炒める。適宜に切ったナノハナを加えてさっと炒め、白ワイン、少量の鶏のブロード、トマトソース（ともに解説省略）を加えて軽く煮る。

⑤ イカスミを練り込んだ縮れ麺を2分40秒間ゆでて加える。オリーブ油も加えて和える。皿に盛る。③をのせ、ナノハナの花を散らす。②をふりかける。

March 15 オリーブの日

リングイネ、ケイパーと黒オリーブ入りトマトソース、イワシのパン粉焼き添え

佐藤 護
●トラットリア ピコローレ ヨコハマ

トマトソースはアンチョビで軽く風味づけして魚介類との相性をより高めている。ニンニク風味のイワシのパン粉焼きをのせ、洗練された仕上がりに。魚の香りと歯ごたえが、ソースの風味に厚みを生む。

パスタの種類：リングイーネ
ソースの主な具材：イワシ
ソースのベース：マリナーラソース、ケイパー、黒オリーブ

① マリナーラソースをつくる。ニンニクのみじん切り、赤トウガラシ、アンチョビをオリーブ油で炒め、ホールトマト（ヘタと種を取り除き、手で粗くつぶしたもの）を加えて約40分間煮る。
② ニンニクのみじん切りと赤トウガラシをオリーブ油で炒め、きざんだケイパー、黒オリーブを加える。マリナーラソースを加え、軽く煮る。
③ その間に、イワシのフィレに塩、コショウ、レモン果汁をふり、パン粉とニンニク、イタリアンパセリのみじん切りを合わせたものを皮目にのせて、サラマンダーで焼く。取り出してレモン果汁をふりかける。
④ ゆでたリングイーネ（ディ・チェコ社）を②の鍋に加え、手早く和える。
⑤ 皿に盛り、③をのせる。

March 16

イワシ・ウイキョウ・みかん・カラスミ・ペコリーノの冷製パスタ

平 雅一 　●ドンブラボー

アサリだしでゆでて味を含ませた手打ちのロングパスタは、氷をあてながらコラトゥーラで和え、ミカンのアイスをからめて、ごくひんやりとした温度帯に。「一般的な冷製パスタよりさらに冷たいパスタを」という試みのもとに生まれたひと皿。

パスタの種類：手打ちパスタ (P.441)

ソースの主な具材：イワシ、ウイキョウ、カラスミ、クレソン・アレノア、エストラゴン

ソースのベース：ミカン、生クリーム、練乳、リコッタ、アサリだし

① ミカンは皮ごとミキサーにかけ、生クリーム、練乳、リコッタを加えてさらに撹拌してたっぷりと空気を含ませる。漬物用の容器に移して真空にかけ、凍らせる。

② 手打ちパスタをかなり硬めにゆでる（約1分間）。ごく薄く切ったニンニクをオリーブ油で炒め、色づく手前でアサリだし（解説省略）とウイキョウのスライスを加える。ゆでたパスタを加え、加熱しすぎの状態にする。火から下ろし、氷水に当てて急冷しながらよく和える。コラトゥーラを加えて味をととのえる。

③ 皿に盛り、ウイキョウサラダ（スライスして E.V. オリーブ油と塩で和える）、イワシのタルタル（たたいて E.V. オリーブ油と塩で和える）、①を添える。すりおろしたペコリーノとカラスミ（ともにイタリア・サルデーニャ産）をふり、エストラゴン、クレソン・アレノア（土耕のクレソン。水耕よりもやや辛みが強い）を散らす。

March 17

バジルを練り込んだ
トロフィエッテ
活け鯵とドライトマト
タジャスカのソース

浅井信之

弾力のあるトロフィエッテは、噛んだ時にはじけるバジリコの香りがアジと好相性。アジのブロードをソースのベースとし、軽やかながら全体的にしっかりとした味わいに。仕上げに混ぜる生のセロリが食感のアクセントになっている。

① フライパンに E.V. オリーブ油をひき、皮をむいてつぶしたニンニク、タカノツメを入れて火にかけ、香りが立ったらニンニクとタカノツメを取り出す。三枚におろしたアジの切り身をさいの目に切ったものを加え、塩をふる。アジに火が通ったら、白ワインをふる。
② 鍋にアジのブロードを温め、①を加える。
③ トロフィエッテを 5 分間ゆで、②に加える。適宜に切ったドライトマト、種を取り除いた黒オリーブを加えて和える。続いて、筋を取り除いて小口に切ったセロリと、レモンの皮をすりおろして加え混ぜる。必要であれば塩で味をととのえる。
④ 皿に盛り、ディルをのせる。

パスタの種類：トロフィエッテ (P.422)

ソースの主な具材：アジ、ドライトマト、セロリ

ソースのベース：アジのブロード

March 18

カリアータを詰めたトルテッリと グリーンアスパラガス、 ヘーゼルナッツ風味

中本敬介 ●ビーニ

自家製のフレッシュチーズ「カリアータ」を詰めたトルテッリに、グリーンアスパラガス、ヘーゼルナッツ、パルミジャーノを合わせている。仕上げに、アスパラガスの風味をまとわせたソースを注ぎ、香りも楽しませる。

パスタの種類：トルテッリ（生地のつくり方→P.420）
詰めものの主な具材：カリアータ、卵黄、パルミジャーノ
ソースの主な具材：グリーンアスパガラス
ソースのベース：グリーンアスパガラス、鶏のブロード、バター、ヘーゼルナッツオイル

① トルテッリをつくる。牛乳と生クリームを合わせ、23℃に温める。乳酸菌と凝乳酵素を加え、45℃の湯で80分間、混ぜずに湯煎する。かたまったらザルにあけ、1日おいて水分をきる（カリアータ）。卵黄、塩、パルミジャーノを加え混ぜ、生地の中央に約5g絞り出す。生地を半分に折り、両端を重ねてとめる。
② グリーンアスパラガスは根元を落としてさっと湯通しし、穂先と軸に分ける。根元は取りおく。軸はスライスして野菜乾燥機で軽く水分をとばす。穂先と合わせ、塩とオリーブ油で和える。
③ ②で取りおいた根元を鶏のブロード（解説省略）で30分間ほど煮出す。根元は取り除き、焦がしバターとヘーゼルナッツオイルを加え、ハンドミキサーで泡立てる。
④ 皿に②を盛り、パルミジャーノとローストしてきざんだヘーゼルナッツを散らす。2分間ゆでた①をのせ、③を注ぐ。

March 19

ラ パスタ ビコローレ "パリア フィエーノ" グリーンピースと生ハムのクリームソース

佐藤 護 ●トラットリア ビコローレ ヨコハマ

① 生ハムのせん切りをバターで炒める。生クリームとグリーンピースを加えて煮詰める。
② リバーシブルタリアテッレを6分間ゆでて加え、和える。
③ バターとパルジャミーノを入れて混ぜ、皿に盛る。

パーリア・エ・フィエーノとは「麦わらと干し草」の意で、イタリア中部でよく食べられている緑と黄色の2色のパスタのこと。ホウレンソウの色素を練り込んだ生地と卵麺の生地を重ねて「リバーシブル」のタリアテッレに仕立てている。

パスタの種類：リバーシブルタリアテッレ (P.415)
ソースの主な具材：生ハム、グリーンピース
ソースのベース：生クリーム、バター、パルミジャーノ

March 20

活〆オニオコゼと花ワサビのスパゲッティーニ

沼尻芳彦　●トラットリア ダディーニ

オニオコゼの身は香ばしく網焼きし、その骨でとったブロードとアーリオ・オーリオ・エ・ペペロンチーノを合わせたソースで軽く温めて、ふっくらと仕上げる。乾麺のつるんとした食感との対比が印象的。花ワサビとスダチをのせ、清涼感と春の香りを添える。

パスタの種類：スパゲッティーニ
ソースの主な具材：オニオコゼ、花ワサビ、スダチ
ソースのベース：オニオコゼのブロード、
　　　　　　　　オリーブ油、ニンニク、タカノツメ

① オニオコゼは三枚におろす。身は塩をふり、皮目を直火で香ばしく網焼きする。ひと口大に切る。骨はブロードをとるのに使う。花ワサビは、葉と花をちぎって水にさらす
② フライパンにオリーブ油とニンニクのみじん切りとタカノツメを入れて熱し、ニンニクが色づいたら火からおろし、オニオコゼの骨でとったブロード（解説省略）を加えて軽く煮詰める。
③ ①のオニオコゼの身を加えて軽く火を入れ、タカノツメを取り出す。スパゲッティーニ（乾燥/太さ1.3mm、ファブリ社）を3分間ゆでて加え、和える。①の花ワサビ、薄く輪切りにしたスダチを加えて和える。
④ 皿に盛り、すりおろしたスダチの皮をふる。

March

21

スパゲッティ
ふきのとうとンドゥイヤの
プッタネスカ

浅井 努　●トム クリオーザ

「スパゲッティ・アッラ・プッタネスカ」のいわば変化形。オレガノは「日本を代表する春のハーブであるフキノトウ」(浅井さん)に置きかえ、トウガラシの代わりにンドゥイヤを使って、辛みだけでなく肉の熟成された旨みも加えている。

パスタの種類：スパゲッティ

ソースの主な具材：ンドゥイヤ、フキノトウ、
黒オリーブ、ケイパー

ソースのベース：オリーブ油、ニンニク、アンチョビ

① ニンニクをつぶし、オリーブ油で炒める。香りが立ったらフキノトウのみじん切りを加えて炒める。きざんだアンチョビとンドゥイヤを加えて軽く炒める。ニンニクを完全につぶし、トマトソース(P.394)、きざんだ黒オリーブ、ケイパーを加え、さらに炒める。
② スパゲッティ(「ダル クオーレ」リグオリ社)を7～8分間ゆでて加え混ぜ、強火で水分をとばしながらソースをパスタによくからめる。皿に盛る。

March
22

カリフラワーのリングイネッテ

黒羽 徹 ●リストランテ　プリマヴェーラ

挽き立ての小麦を、香り豊かなうちにリングイネッテに成形。少し乾燥させることで、もっちりかつコシのある麺に仕上げました。クタクタに茹でたやさしい味わいのカリフラワーのソースで小麦の香りを生かします。

① フライパンにオリーブ油をひき、ニンニクとタカノツメのみじん切りを入れて弱火にかける。
② 香りが立ったら玉ネギの薄切りを入れて弱火で炒める。
③ やわらかくゆでたカリフラワーを加えてつぶし、パスタのゆで汁（分量外）で水分を調整する。
④ リングイネッテを1分半～2分間ゆで、③に加えて和える。
⑤ パルミジャーノを加え、塩で味をととのえる。E.V.オリーブ油を回しかけてひとあおりし、皿に盛る。

パスタの種類：リングイネッテ（P.439）

ソースのベース：カリフラワー、玉ネギ、オリーブ油、ニンニク、赤トウガラシ

March
23

アーリオ・オーリオを ちがった表現で

小松岳史　●レストラン san

「アーリオ・オーリオ・エ・ペペロンチーノ」の材料と旬の野草やパセリをそれぞれ調理して盛り合わせ、自由な組み合わせで楽しんでもらうのが狙い。オリーブ油は粉状に、ニンニクはピュレにしてラヴィオリにしている。遊び心と春らしさを盛りこんだ仕立て。

① ラヴィオリの詰めものをつくる。ニンニクは皮をむき、3回ゆでこぼす。水を加えた牛乳で柔らかくなるまで煮る。フード・プロセッサーで撹拌し、E.V.オリーブ油、塩で味をととのえる。
② ラヴィオリをつくる。生地に刷毛で水をぬり、①を等間隔に絞り出し、生地をもう1枚かぶせて生地同士を密着させる。直径3cmのセルクルで抜く。
③ 塩ゆでしたパセリをミキサーにかけて裏漉しする。パスタのゆで汁と乳化剤（レシチン）を加え、ハンドミキサーで撹拌する。泡をすくって使う。
④ マルトセック（SOSA社）とE.V.オリーブ油を混ぜる。
⑤ ラヴィオリを約3分間ゆでてオリーブ油をからめ、皿に盛る。③と④を添え、ピマン・デスペレットを散らす。イタリアンパセリの花、スペリヒユ、ハコベ、エルバステラなどの野草を飾る。

パスタの種類：ラヴィオリ（生地のつくり方→P.436）

詰めものの主な具材：ニンニク

ソースのベース：パセリ、E.V.オリーブ油

March
24

ホワイトアスパラの
クリームを詰めた
全粒粉のカッペレッティ
ヨモギ風味のスープ 筍と芹

西山哲平　●センプリチェ

タケノコとホワイトアスパラガスに焦点をあてた春らしいひと皿。ドライトマトのもどし汁で炊いたタケノコ、全粒粉の生地、ホワイトアスパラガスの詰めもの、ヨモギが香るソースなど、植物性の滋味でまとめている。

パスタの種類：カッペレッティ(生地のつくり方→ P.401)

詰めものの主な具材：ホワイトアスパラガス

ソースの主な具材：タケノコ

ソースのベース：ヒヨコ豆、ガルム、ヨモギ

① カッペレッティをつくる。ホワイトアスパラガスはひたひたの水で蒸し煮にし、途中で蓋をはずして水分を完全にとばす。カシューナッツとともにフード・プロセッサーでペースト状にし、塩をする。パコジェット専用容器に詰めて冷凍してからパコジェットで粉砕し、解凍してクリーム状にする。これを絞り袋に詰め、直径7cmに切った生地の中央に約3g絞り出す。生地を半分に折ってクリームを包み、両端を重ねて指で押さえてとめる。
② タケノコは水で下ゆでして皮をむく。適宜に切り、ドライトマトのもどし汁で炊く。
③ ヒヨコ豆はひと晩浸水し、丸のニンニクとともに3時間ゆでる。漉し、ガルムを数滴加えて沸かす。きざんだヨモギを入れて沸かし、蓋をして蒸らす。漉す。
④ ①を1分間弱ゆでる。器に②とともに盛る。適宜に切ったセリを添え、③を流す。E.V.オリーブ油をたらす。

March

25

ホタルイカとグリルしたタケノコの冷製フェデリーニ、木の芽のペースト和え

岡谷文雄　●ロッシ

ホタルイカの内臓のコク、グリルしたタケノコの香ばしさ、木ノ芽のペーストの青い香りという3つの要素をフェデリーニにまとわせ、さっぱりと仕上げた冷製パスタ。

パスタの種類：フェデリーニ
ソースの主な具材：ホタルイカ、タケノコ
ソースのベース：ホタルイカのワタ、地芽、
　　　　　　　　実ザンショウ、グリーンオリーブ、
　　　　　　　　ケイパー、E.V. オリーブ油、
　　　　　　　　レモン果汁

① タケノコは米糠を加えた湯でゆがき、皮をむいてひと口大の大きさに切る。オーブンでグリルして焼き目をつける。
② 地芽（5月～6月初旬に出まわるサンショウの若葉。若芽である木ノ芽より生育している）、グリーンオリーブ、ケイパー（酢漬け）、実ザンショウ、E.V. オリーブ油をフード・プロセッサーで撹拌してペースト状にする。
③ ②、レモン果汁、E.V. オリーブ油、ホタルイカ（ボイルしたもの）のワタを混ぜる。ボイルしたホタルイカと①を加えて和える。
④ フェデリーニ（ヴォイエロ）をアルデンテよりも若干やわらかめにゆで、冷水にさらす。水気をきり、③に加えて和える。塩とレモン果汁で味をととのえ、器に盛る。

March 26

ビーツのシュペッツリ、アンチョビのクレーマ、卵黄の燻製、シュペックのパウダー

中本敬介 ●ビーニ

南チロルの名物パスタ「シュペッツリ」は、小麦粉を牛乳や卵などで溶き、穴のあいた器具から湯に落としてつくる。ここでは生地にビーツのピュレを混ぜて色鮮やかにアレンジし、アンチョビのクリームで和えている。

パスタの種類：シュペッツリ (P.410)

ソースの主な具材：ビーツ、卵黄、シュペック

ソースのベース：ニンニク、アンチョビ、生クリーム

① ビーツはスライスし、野菜乾燥機で水分をとばす。リンゴ果汁で歯ごたえが残る程度に煮る。ビーツは取り出す。煮汁は塩とリンゴ酢を加えて約1/3量に煮詰め、E.V.オリーブ油と混ぜる。ビーツを和える。

② 生の全卵を殻ごと凍らせ、自然解凍する。卵黄は取り出して水気をふき、昆布とドライトマトを加えた水に1時間浸す。取り出し、風をあてて乾かす。サクラのチップで2時間冷燻する。パラフィン紙で挟み、麺棒で薄い板状にのばす。

③ アンチョビをオリーブ油で熱したところに、3回ゆでこぼして牛乳で炊いたニンニクを加えて煮る。生クリームを加えて火からおろし、ハンドミキサーで撹拌する。ビーツを練り込んだシュペッツリを加えて和える。

④ 皿に②、③、①を順に盛る。シュペック（アルト・アディジェ地方、チロル地方でつくられている生ハムの一種）を70℃のオーブンで乾燥させ、粉砕したものをふる。

March
27

ピーチ、
馬ハラミと山蕗のラグー

有馬邦明　●パッソ・ア・パッソ

ピーチとラグーソースという定番の組み合わせを、馬のハラミ肉、山フキ、実山椒などの日本の食材で表現。コシのある手打ちのピーチに合わせて、肉は大ぶりにカットしている。

パスタの種類：ピーチ（P.429）

ソースの主な具材：馬ハラミ肉

ソースのベース：水ナス、山フキ、
　　　　　　　　玉ネギ、ドライトマト、ブロード、
　　　　　　　　赤ワイン、日本酒

① 鍋にペースト状になるまで炒めた玉ネギ、ドライトマト、ブロード（解説省略）、赤ワイン、日本酒、ローリエを入れて火にかけ、半量まで煮詰める。
② 馬ハラミ肉をひと口大に切り、塩、コショウをし、オリーブ油で表面を焼く。①の鍋に加え、ざく切りにした水ナスも加えてオーブンで2時間半煮る。いったん冷ましてからソースを漉し、肉をもどす。
③ 筋を除いて斜めに切った山フキ（アクがあるものは軽く下ゆでする）を②に加えて煮て、塩、コショウで味をととのえる。同時にゆでたピーチを加え、軽く煮からめて、パルミジャーノ、E.V.オリーブ油を加えて仕上げる。
④ 皿に盛り、叩いた実ザンショウ、きざんだイタリアンパセリをふる。

March 28

鰺ヶ沢ジャージー仔牛レヴァーとジャージー乳自家製チーズのWラヴィオリ

笹森通彰
●オステリア エノテカダ・サスィーノ

ジャージー牛の仔牛の肝臓と、自家製硬質チーズをそれぞれ詰めものにして2色のラヴィオリに。仔牛の肝臓のやさしい苦みを、熟成したチーズの旨みと香り、ほどよい塩気が際立たせる。

パスタの種類:ラヴィオリ(生地のつくり方→P.436)
詰めものの主な具材:仔牛の肝臓、自家製硬質チーズ、ソース・ベシャメル
ソースのベース:牛乳、ニンニク、セージ

① バター、ローズマリー、セージで仔牛(ジャージー牛)の肝臓を炒め、きざんだニンニク、酢漬けケイパーを加えて軽く炒める。玉ネギのソッフリット(解説省略)を加えてさらに炒める。白ワインを加えてアルコール分をとばし、生クリーム少量を加える。ローズマリーとセージを取り除き、ミキサーにかける。塩、コショウする。
② 自家製硬質チーズのすりおろしとソース・ベシャメル(ともに解説省略)を合わせてミキサーにかけ、塩をする。
③ 厚さ約0.5mmの厚さにのばしたラヴィオリの生地に①、②を包み、2種のラヴィオリをつくる。
④ ソースをつくる。ニンニクを3回ゆでこぼす。温めた牛乳(ジャージー牛)と合わせてミキサーにかけ、塩をする。
⑤ 鍋にソースとセージを入れて温め、ゆでたヴィオリ2種を加えて和え、皿に盛る。E.V.オリーブ油とコショウをふる。

March
29

タイの白子のカルボナーラ

星 誠　●オステリア アッサイ

生クリームは使わず、タイの白子でコクを出した変化球のカルボナーラ。タイの白子はパンチェッタと一緒に炒め、卵黄、パルミジャーノを合わせている。パスタの上にも香ばしくソテーした白子を乗せて。

① タイの白子は塩、コショウし、E.V.オリーブ油で両面を焼く。バターを加え、両面が香ばしく色づいたら白ワインを加える。フライパンから取り出して半分に切り、一方はひと口大に切る、もう一方はそのまま取りおく。
② ①でひと口大に切った白子とパンチェッタ（解説省略）を、ニンニクオイル（解説省略）、E.V.オリーブ油、バターで炒める。
③ ボウルに卵黄とすりおろしたパルミジャーノを入れて混ぜ、②に加える。手早く混ぜ合わせて塩、コショウする。
④ リングイネ（ダル・クオーレ）を約10分間ゆでて、③に加えて手早く混ぜる。
⑤ 皿に盛り、取りおいたタイの白子のソテーをのせる。パルミジャーノを削りかけ、黒コショウを全体に挽き、E.V.オリーブ油をまわしかける。

パスタの種類：リングイネ
ソースの主な具材：タイの白子
ソースのベース：タイの白子、卵黄、パルミジャーノ、
　　　　　　　　パンチェッタ、ニンニクオイル、
　　　　　　　　E.V.オリーブ油、バター

March
30

穴子の焼きリゾッティーニ、グリーンピースのラグー

小松岳史　●レストラン san

アナゴのだしで炊いた米粒形のパスタ「リゾッティーニ」を、型に詰めて冷やしかため、カットして表面をソテー。ソースは同じだしでグリーンピースを煮て、くず粉でつないだもの。

パスタの種類：リゾッティーニ
ソースの主な具材：アナゴ、グリーンピース
ソースのベース：アナゴのブロード、バルサミコ酢、シェリー

① アナゴはさばき、身はフィレにし、中骨はグリルでカリカリに焼く。
② エシャロットの薄切りを弱火でじっくりと炒め、甘口と辛口のシェリーを加える。アルコール分をとばし、①の骨を加える。水を注いで20〜30分間煮出し、漉す（ブロード）。①のフィレは塩をふって鍋に入れ、ブロードをひたひたに注いで煮る。
③ リゾッティーニ（バリラ社）はオリーブ油で炒め、3倍量のブロードを熱して加え、約11分間煮る。型に詰めて冷やす。
④ グリーンピースは②のブロードでゆで、薄皮をむいてブロードにもどし入れる。
⑤ バルサミコ酢とシェリー（ペドロ・ヒメネス）を煮詰める。アナゴのブロードを加えて濃度を調整し、味をととのえる。
⑥ ③を切り分けて表面をソテーし、皿に盛る。②のアナゴの身を蒸して盛り、⑤をぬる。④に水溶き葛粉でとろみをつけ、かける。ハイビスカス風味の塩を散らす。

March
31
山菜の日

冷製パスタ
ホタルイカと春野菜の
パッパルデッレ
新玉ネギのエキス

西山哲平　●センプリチェ

新玉ネギはジュをとり、白ワインヴィネガーとともに冷たいジュレに。パッパルデッレにからめ、ホタルイカ、コゴミ、ナノハナをのせる。春の山海の幸の旨み、甘み、苦みを味わってもらうひと皿。

パスタの種類：パッパルデッレ（P.425）
ソースの主な具材：ホタルイカ、コゴミ、ワラビ、ウド、
　　　　　　　　　エルバステラ、ナノハナ、ウルイ
ソースのベース：新玉ネギ、白ワインヴィネガー

① 新玉ネギはアルミホイルで包み、160℃のオーブンで3時間焼く。粗熱をとり、冷凍庫で凍らせる。自然解凍し、重しをしてシノワで濾してジュースをとる。
② ①のジュースに白ワインヴィネガー、塩を加えて味をととのえ、もどした板ゼラチンを加え溶かす。冷蔵庫で冷やし固める。
③ 鍋に昆布、丸のニンニク、水を入れて火にかける。コゴミ、ワラビ、ウド、エルバステラ（オオバコの仲間。葉はサクサクとした歯ごたえ、甘み、苦みがあり、サラダに用いる）、ナノハナ、ウルイをそれぞれ適宜に切って火の通りにくい順に加え、さっと加熱する。冷凍庫で急冷する。
④ ゆでたホタルイカは燻製オイル（スペイン産アルベキーナ種のオリーブ油を冷燻した製品）を少量かける。
⑤ パッパルデッレを20〜30秒間ゆでる。氷水で締め、水気をきる。②をからめ、冷やした器に盛る。③と④をのせる。

4
April

April 1

秋田産仔ウサギを詰めた アニョロッティ セージバターの香り

他谷憲司　●ワイン食堂 トキワ

仔ウサギのリエットを詰めたアニョロッティ。つるりとした喉ごしと、セージのさわやかな香りをまとったバターのコクが、やさしい味わいを生み出す。日

パスタの種類：アニョロッティ（生地のつくり方→ P.399）

詰めものの主な材料：仔ウサギ（丸）、キャベツ、
　　　　　　　　　　鶏のブロード、卵黄

ソースのベース：バター、セージ

① 仔ウサギは胸と腿に分け、それぞれ半分に切る。骨付きのまま塩、コショウし、表面を軽く焼く。
② 別の鍋にオリーブ油とニンニクを入れて火にかけ、ソッフリットを炒める。ざく切りにしたキャベツと①を加え、鶏のブロード（解説省略）を注ぐ。
③ 蓋をし、オーブンで約2時間蒸し煮する。漉して、煮汁は煮詰める。具材の肉はほぐして野菜とともにフード・プロセッサーにかける。煮詰めた煮汁、卵黄、パルミジャーノ、塩、コショウを加え、混ぜ合わせる。これをアニョロッティの生地に絞り出し、包んで成形する。
④ フライパンにバターを溶かし、セージを加える。香りが立ったら、塩少量をふる。アニョロッティをゆで、ゆで汁とともに加える。バターとゆで汁を乳化させ、皿に盛る。

ガーリック・アンチョヴィーオイルで和えた冷たいピーチ 桜海老のフリット フレッシュトマトと赤ピーマンのパッサート

辻 智一　●リストランテ オッツィオ

サクラエビのかき揚げと冷やしうどんから発想。ピーチはセモリナ粉を加えてコシを強め、香ばしい揚げサクラエビと冷たいガスパチョ風ソースを添える。

パスタの種類：ピーチ（P.430）

ソースの主な具材：生サクラエビ

ソースのベース：フルーツトマト、赤ピーマン、キュウリ、玉ネギ

① トマトと赤ピーマンのパッサートをつくる。赤ピーマンは浅めにローストし、種を除いて皮をむく。
② 適宜に切ったフルーツトマト、キュウリ、玉ネギとともにミキサーにかけ、仕上げに E.V.オリーブ油を加えて乳化させる。塩、コショウする。
③ 桜エビのフリットをつくる。生サクラエビは洗って水気をよく取り除き、小麦粉をふる。サラダ油でカラリと揚げる。
④ ピーチは塩湯で少しやわらかめにゆで、氷水で洗って締める。
⑤ 鍋にオリーブ油とニンニクを熱し、香りが移ったらニンニクを取り出す。骨を取り除いたアンチョビを加えて煮溶かし、③のピーチを和える。
⑥ 皿にトマトと赤ピーマンのパッサートを流し、②を盛る。桜エビのフリットをのせ、ハーブ類（芽ネギ、菊花、セルフイユ、ソバのスプラウト）を散らす。

April

3

タヤリンのスカンピと空豆のソース カラスミ和え

鈴木弥平　●ピアット・スズキ

ソラ豆とスカンピはどちらも旨みがあり、風味はマイルド。卵黄の水分のみで練る濃厚でやさしい味わいのタヤリンによく合う。ソラ豆は半つぶしにして香りを強めている。仕上げにふったカラスミがパスタ生地の卵黄とよくなじみ、心地よいアクセントに。

① フライパンにオリーブ油とバター、エシャロットのスライス、むいたソラ豆を入れ、表面をオイルでコーティングするように弱火で炒める。ブロードをひたひたより若干少なめに加え、木ベラでソラ豆を半分ほどつぶしながら煮て、粗めのピュレ状にする。
② アカザエビの殻をむき、塩とオリーブ油をふり、グリルで焼く。
③ ①のフライパンにE.Vオリーブ油を加えて乳化させる。塩、コショウしてアカザエビを加え、約2分間ゆでたタヤリン、パルミジャーノを入れて和え、火からおろす。カラスミ（スペイン産紅タラ）のスライスを加えて軽く全体を混ぜる。皿に盛り、カラスミを散らす。

パスタの種類：タヤリン (P.411)

ソースの主な具材：アカザエビ、カラスミ

ソースのベース：ソラ豆、エシャロット、ブロード

4 猪肉の日

丹波産イノシシのラグー 吉野産ヨモギのマルタリアーティ

堀江純一郎 ●リストランテ イ・ルンガ

京都・丹波のイノシシと奈良・吉野のヨモギという、近辺の「野の恵み」をひと皿に。イノシシは香味野菜と赤ワインで香り高いラグーにし、ヨモギは薄くなめらかなパスタに。個性の強い素材同士を上品な印象にまとめている。※取材当時、リストランテ イ・ルンガは奈良にあった。

パスタの種類：ヨモギのマルタリアーティ（P.435）
ソースの主な具材：イノシシのスネ肉
ソースのベース：肉のブロード、
　　　　　　　　バルサミコ酢、マルサラ、
　　　　　　　　トマトペースト、赤ワイン、
　　　　　　　　玉ネギ、ニンジン、セロリ、香草

① イノシシのラグーをつくる。イノシシのスネ肉は大きめの角切りにし、薄力粉をまぶす。塩、コショウして、オリーブ油をひいたフライパンで焼き色をつける。

② 鍋にオリーブ油をひき、ローリエ（フレッシュ）と、みじん切りにしたローズマリー、セージ、タイム、パセリの軸、ニンニク、ネズの実を熱して香りを出す。大きめの角切りにした玉ネギ、ニンジン、セロリを加え、中火で炒める。しんなりしたら、①を加えてさらに炒める。バルサミコ酢、マルサラをふって煮詰め、トマトペースト（解説省略）を加えて煮立たせる。クローヴの香りをうつして煮詰めた赤ワインをひたひたに注ぎ、蓋をして煮込む。赤ワイン、肉のブロード（解説省略）を加え、さらに煮込む。

③ ②を温め、ヨモギのマルタリアーティを約2分間ゆでて加える。バターとパルミジャーノを加えて和え、器に盛る。

April

5

地ハマグリとふきのとうのリングイネ

高橋直史　●イル・ジョット

ハマグリの甘みとフキノトウのさわやかな苦みを組み合わせた春らしい味わい。フキノトウは香りを生かすため、一部を生のままみじん切りにしてパスタと一緒に加熱する。混ぜる途中でほどよく火が通り、香りも風味もより強まる。

パスタの種類：リングイーネ

ソースの主な具材：地ハマグリ、フキノトウ

ソースのベース：フキノトウ、E.V.オリーブ油、ニンニク、タカノツメ

① フリットの衣をつくる。生イーストを水またはぬるま湯で溶かし、セモリナ粉、薄力粉、水を加え混ぜ、冷蔵庫でひと晩ねかせる。
② フライパンでE.V.オリーブ油、ニンニク、種を抜いたタカノツメを温め、地ハマグリと白ワインを加えて蓋をし、強火にかける。ハマグリは殻が開いたら、取り出しておく。
③ ゆでたリングイーネを加えて和える。フキノトウの粗みじん切りを加え混ぜ、必要ならば塩で味をととのえる。水とE.V.オリーブ油を加えてソースを乳化させる。②で取り出したハマグリを戻し入れ、さっとあおって混ぜる。器に盛る。
④ フキノトウは6等分に切る。①にくぐらせ、180℃の米油でからりと揚げる。塩をふり、③に添える。

April
6

レモンを練り込んだ
フェットチーネ
スカンピのレモンバター風味

京 大輔　●コルニーチェ

イタリアの家庭料理であるレモンバターソースのフェットチーネを、レストランの料理として再構築。フェットチーネはスカンピとの相性を考慮して、繊細でなめらかな食感に。仕上げにレモン果汁とゼストを加えて清涼感を高めている。

① スカンピ（尾のみ）は殻を取り除き、半割りにして背ワタを取り除く。塩、白コショウをふる。
② フライパンにバターを入れて弱火にかけ、バターが溶けたら①を入れて軽く炒める。
③ スカンピの表面が白っぽくなったら、野菜のブロード（解説省略）とバターを加え、乳化させる。
④ レモンを練り込んだフェットチーネを1％の塩湯でゆで、③とレモン果汁でからめる。器に盛り、レモンの皮と黒コショウをふる。

パスタの種類：レモンを練り込んだフェットチーネ(P.433)

ソースの主な具材：スカンピ

ソースのベース：バター、野菜のブロード、レモン

April

7

鳩と筍のトルテッリ

八木康介　●リストランテ ヤギ

鳩の腿肉や手羽はトルテッリの詰めものに。低温でローストした胸肉と盛り合わせ、鳩のジュをベースにしたソースを添えて、ひと皿で鳩一羽を丸ごと堪能できるひと皿に。香り高く歯ごたえのある旬のタケノコを添える。

パスタの種類：トルテッリ (生地のつくり方→ P.420)

詰めものの主な材料：鳩腿肉・手羽、ジャガイモ

ソースの主な具材：鳩、タケノコ

ソースのベース：鳩のジュ、仔牛のブロード、バター

① トルテッリをつくる。まず、鳩をさばく。胸肉は取りおき、腿肉や手羽の肉はミンサーでミンチにし、オリーブ油で軽くソテーする。ジャガイモは皮をむいて塩ゆでし、裏漉しする。鳩のガラを香味野菜と煮出してジュをとる。すべて混ぜ合わせ、パルミジャーノ、E.V.オリーブ油も加え混ぜ、塩をする。5cm角に切った生地の中央に5gのせ、三角形にたたみ、両端を重ね、押さえてとめる。

② 鳩の胸肉は室温にもどし、塩、コショウする。バターとE.V.オリーブ油を70～80℃になるまで熱し、胸肉を入れてアロゼしながら1時間～1時間半かけて焼く。

③ タケノコはくし形に切り、E.V.オリーブ油でソテーする。焼き色がついたら、ハトのジュ（上述）と仔牛のブロード（解説省略）を加え、塩とバターを加える。トルテッリを約3分間ゆでて加え、ソースをからめながら軽く煮詰める。皿に盛る。②を切って添え、タイムをあしらう。

April
8
貝の日

サザエさんとふきのとうの タリオリーニ

渡辺 明　●イル・リフージョ・ハヤマ

フキノトウとサザエの肝の苦みが主役。ロングとショート、2種の手打ちパスタを合わせて使い、食感の違いを楽しませる。同じソースと具材であっても、合わせるパスタによって味の印象が変わることを体感してもらうのが狙い。

① サザエはよく洗い、殻つきのまま水と白ワインでやわらかくなるまで蒸す。身は殻から取り出し、身と肝を切り分けて蒸し汁に浸す。
② フキノトウはさっと塩ゆでし、氷水に落としてから水気をきって粗くきざむ。
③ フライパンにE.V.オリーブ油、ニンニクのみじん切りとタカノツメを入れて弱火にかける。香りがたってきたら、①の肝を加えてつぶしながら炒め、②を加える。
④ ①の蒸し汁を加えてひと煮立ちさせ、ゆでたタリオリーニとガルガネッリ、食べやすい大きさに切った①の身を加える。バターをからめ、器に盛る。万能ネギの小口切りと、みじん切りにして揚げたニンニクを散らす。

パスタの種類：タリオリーニ（P.418）、ガルガネッリ

ソースの主な具材：サザエ、フキノトウ

ソースのベース：サザエの肝と蒸し汁

April

9

春野菜の"タヤリン"

堀江純一郎　●リストランテ イ・ルンガ

風味の強いイタリア産のグリーンアスパラガスや、苦みのきいたフキノトウ、甘みがあってみずみずしい新玉ネギなど、春の野菜や豆を多種盛り合わせたひと皿。野菜や豆はそれぞれていねいに下処理し、肉のブロードでまとめてリストランテらしい味わいに。

パスタの種類：タヤリン (P.411)

ソースの主な具材：新玉ネギ、春シメジ、
　　　　　　　　　野生のグリーンアスパラガス、
　　　　　　　　　ナバナ、ソラ豆、ウスイエンドウ

ソースのベース：肉のブロード、フキノトウペースト
　　　　　　　　グラス・ド・ヴィヤンド、
　　　　　　　　バジリコペースト

① フライパンにオリーブ油をひき、新玉ネギのスライスを炒める。しんなりしたら適宜に切った春シメジを加えてさっと炒め、ニンニクのみじん切り、ミキサーにかけたエシャロットを加える。

② 香りが立ったら、それぞれ軽く塩ゆでした野生のグリーンアスパラガス（アスペルジュ・ソバージュとは別品種）、ナバナ、ソラ豆（皮をむく）、ウスイエンドウ、湯むきして種を出したプチトマト（キャロルセブン）、オレガノを入れる。水分が少し出てきたら肉のブロードを加え、軽く煮る。グラス・ド・ヴィヤンド（ともに解説省略）を入れる。

③ タヤリンを約2分間ゆでて加え、ソースを吸わせる。E.V.オリーブ油とパルミジャーノを加えて乳化させ、きざんだパセリを入れて和える。皿に盛り、フキノトウペースト (P.394) とバジリコペースト (P.395) を添える。

April
10

イカスミを練り込んだ
タリオリーニ、
〜サクラエビとカチュッコ和え

岡谷文雄　●ロッシ

トスカーナ州リヴォルノの伝統料理である魚介のスープ「カチュッコ」にイカ墨を練り込んだタリオリーニを合わせたひと皿。エビ、カニ、イカなどの魚介を香味野菜、赤ワイン、トマトソースとともに煮込み、旨みを凝縮させたスープは、赤ワインとの相性もぴったり。

パスタの種類：イカスミを練り込んだタリオリーニ(P.415)

ソースの主な具材：生サクラエビ

ソースのベース：ジャガイモ、トマト、魚介のだし、
　　　　　　　　エビのだし、カニのだし、イカのだし、
　　　　　　　　ハマグリのだし、赤ワイン

① カチュッコをつくる。鍋にオリーブ油、ニンニクのみじん切り、タカノツメを入れて火にかけ、油に香りをうつす。玉ネギとニンジンのみじん切りを加え、甘みが出るまで炒める。赤ワインをたっぷり注ぎ、アルコール分をとばす。ざく切りにしたジャガイモ、トマト、魚介のだし（解説省略）を加え、ジャガイモが崩れるまで煮込む。エビのだし、カニのだし、イカのだし（すべて解説省略）を加える。ミキサーにかける。

② フライパンに①の煮汁とハマグリのだし（解説省略）を入れて沸かす。イカスミを練り込んだタリオリーニを3分40秒間ゆでて加え、生サクラエビも加えてさっと和えて、器に盛る。

③ フライパンに残った煮汁を濃度がつくまで煮詰め、②にたっぷりとかける。きざんだイタリアンパセリを散らす。

April

11

スパゲッティ・アル・ポモドーロ

今井雅博　●アルチェッポ

炒めた玉ネギとホールトマトをさっと煮立ててつくる、さらっとしたソース。生のトマトを加えて仕上げることで、甘み、テクスチャー、香りをプラス。黒コショウが全体を引き締める。

① つぶしたニンニクと玉ネギのみじん切りをオリーブ油で炒める。ホールトマトとバジリコの葉を加え、煮立ったら2分間ほど加熱して、火を止める。ムーランで漉す。
② 小鍋にトマトソースをとって火にかけ、黒コショウをふって E.V.オリーブ油を加える。プチトマトを加えてさっと煮込む。スパゲッティをゆで、加えて和える。
③ 皿に盛り、きざんだバジリコの葉適量をのせる。

パスタの種類：スパゲッティ

ソースのベース：ホールトマト、プチトマト、
　　　　　　　　オリーブ油、玉ネギ、ニンニク、
　　　　　　　　E.V.オリーブ油、バジリコ、

April 12

ソラマメとペコリーノで和えた タリオリーニ タルト仕立て

芝先康一　●リストランテ シーヴァ

タリオリーニとアーモンドクリームを交互に重ねて焼く、エミリア=ロマーニャ州のドルチェ「トルタ・ディ・タリオリーニ」をパスタ料理にアレンジ。タリオニーニは、春の定番の組み合わせであるソラ豆とペコリーノのソースで和えている。

① エシャロットのみじん切りをオリーブ油でよく炒め、ソラ豆のピュレ（解説省略）と合わせる。
② タリオリーニを3分間ほどゆで、キッチンペーパーでよく水気をふく。一部は取りおいて残りを①に加え、ペコリーノを加えてよく和える。
③ タルト生地（解説省略）をパウンド型に敷き込み、②を詰める。取りおいたタリオリーニをのせ、ペコリーノをふる。180℃のオーブンで20分間焼く。
④ ペコリーノのすりおろしと生クリームを混ぜ、皿に流す。③を幅4cm程度に切り出して盛り、塩ゆでして薄皮をむいたソラ豆を添える。

パスタの種類：タリオリーニ (P.416)

ソースの主な具材：ソラ豆

ソースのベース：ソラ豆のピュレ、エシャロット
　　　　　　　　ペコリーノ、生クリーム

April 13

ガルガネッリのウサギもも肉と春野菜のラグー和え

西口大輔　●ヴォーロ・コズィ

ガルガネッリの生まれたエミリア=ロマーニャ州を代表する牛肉のラグーを、ウサギ肉でアレンジ。たっぷりの春野菜を合わせてやさしい味に仕立て、ガルガネッリの生地の味を引き立てる。

パスタの種類：ガルガネッリ (P.403)

ソースの主な具材：サヤインゲン、ズッキーニ、芽キャベツ、アスパラガス、ソラ豆、グリーンピース

ソースのベース：ウサギ腿肉、ソッフリット、赤ワイン、鶏のブロード、トマトペースト

① ウサギのラグーをつくる。ウサギ腿肉は骨を抜き、1cm強の角切りにする。塩、コショウ、薄力粉をふり、サラダ油でソテーする。別鍋にソッフリット、ローリエ、ローズマリーを入れて温め、肉を加える。赤ワインを加えて沸かし、鶏のブロード（解説省略）、トマトペースト、岩塩を加えて蓋をして煮る。肉がくずれたら、黒コショウをふり、冷蔵庫で一晩ねかせる。

② サヤインゲンとズッキーニは6mm角に、芽キャベツは半分に切る。アスパラガスの穂先、ソラ豆、グリーンピースとともに塩湯でゆでる。豆類は薄皮をむく。バターでソテーする。

③ ①をブロードでのばして温める。②を加え、火を止めてバターを混ぜる。約5分間ゆでたガルガネッリを入れ、火にかけて和える。火からおろし、パルミジャーノで和えて皿に盛る。パルミジャーノ、ナッツメッグ、イタリアンパセリをふる。

April 14

甘エビとオレンジのバヴェッティーニ

浅井信之

甘エビにオレンジをあわせたのは、魚介とオレンジがシチリア州の定番の組み合わせであることから。オレンジはあらかじめ低温のオーブンで乾かして風味を凝縮。甘エビは殻ごと香ばしくソテーして、クリアな香りを重ね、軽やかな味わいのバランスの核とする。

① オレンジの房を天板に並べ、100℃のオーブンに40分間入れる（半乾燥状態にし、味を凝縮させる）。
② 甘エビは頭と足をはずし、殻つきのまま背に縦に切り目を入れる。
③ フライパンにオリーブ油を温める。②をソテーし、塩、ブランデーを加えて風味づけする。いったん取り出す。
④ 同じフライパンにくし切りにしたトマト、赤ピーマンの角切りを加えて炒め、アサリのだし（解説省略）を加える。ゆでたバヴェッティーニ（パオーネ社）を加え、軽く煮て味を含ませる。①、③、黒オリーブも加えて和える。
⑤ 皿に盛り、オレンジの皮のせん切り、ピスタチオを散らす。

パスタの種類：バヴェッティーニ

ソースの主な具材：甘エビ、オレンジ、トマト、赤ピーマン

ソースのベース：アサリのだし

April
15

キタッラ "ロ・スコーリオ"

林 冬青　● acca

歯切れのよい手打ちのキタッラに魚介の濃厚な旨みをからめたひと皿。その日に築地で仕入れた新鮮なワタリガニ、アカザエビ、エゾアワビ、イカなどをニンニクオイルと島トウガラシで炒めてつくる。

パスタの種類：キタッラ（P.405）
ソースの主な具材：ワタリガニ、アカザエビ、
　　　　　　　　エゾアワビ、イカ、マグロの頭、
　　　　　　　　ハマグリ
ソースのベース：オリーブ油、ニンニク、
　　　　　　　　島トウガラシ、白ワイン

① ワタリガニは脚をはずし、甲羅は四等分する。アカザエビは縦半割にする。エゾアワビは殻と肝をはずして薄切りにする。イカは目、くちばし、肝をはずして食べやすく切る。マグロの頭部は水、塩、レモン果汁、白ワインヴィネガーを入れた鍋で下ゆでし、身を骨からはずして適宜の大きさに切る。ハマグリは砂抜きする。
② フライパンにオリーブ油をひき、半割りにして芯を取ったニンニク、島トウガラシ（沖縄産）を入れて香りが立つまで炒める。①の魚介類を火が通りにくい順に入れて炒め、白ワインをふってアルコール分をとばす。
③ 約5分間ゆでたキタッラを加え、鍋をゆすって和える。E.V.オリーブ油を加えてさらに和える。
④ 器に盛り、イタリアンパセリのみじん切りを散らす。

シガリーニ 乳飲み仔羊と
チーマ・ディ・ラーパのラグー

小林幸司 ●フォリオリーナ・デッラ・
　　　　　　　ポルタ・フォルトゥーナ

「シガリーニ」は、紙巻タバコのサイズに成形したオリジナルの手打ちショートパスタ。乳飲み仔羊のバラ肉とチーマ・ディ・ラーパのラグー、白カビチーズと合わせ、フランス産のタンポポの葉で包んで蒸し焼きに。

パスタの種類：シガリーニ (P.441)

ソースの主な具材：乳飲み仔羊のバラ肉、
　　　　　　　　　チーマ・ディ・ラーパ、
　　　　　　　　　デンデ・ディ・レオーネ

ソースのベース：仔羊のスーゴ、トミーノ

① 乳飲み仔羊のアバラ肉は塩をふってローストし、細く切る。チーマ・ディ・ラーパは湯通しし、ひと口大に切ってローストする。
② シガリーニ（小林氏オリジナルの手打ちパスタ。葉巻＝シガーロを小型にしたような形）は仔羊のスーゴ（解説省略）でゆでる。
③ フライパンに仔羊のスーゴを少量沸かし、①、②、適宜に切ったトミーノ（ピエモンテ地方の山羊乳ベースの白カビタイプのチーズ）を合わせて軽く煮る。
④ やや大きめのプリン型に E.V. オリーブ油をぬり、湯通ししたデンデ・ディ・レオーネ（タンポポ。フランス産を使用）を敷き込んで③を詰める。余った葉をかぶせて、180℃のオーブンで5分間ほど焼く。返して皿に盛る。

April
17
なすの日

ロリギッタス
サルシッチャとナスの
トマトソース

百瀬幸治　●バンディエラ

「指輪」を意味するロリギッタスは、生地をねじって輪状につなげたパスタ。「サルディーニャ島では主にお祭りのときなどにつくられている」(百瀬さん)。現地では定番の組み合わせであるサルシッチャ入りのトマトソースで和え、ナスの素揚げを添えている。

① フライパンにニンニクのみじん切りとオリーブ油を入れて温め、香りが立ったらサルシッチャ(解説省略)の中身を入れて炒める。
② ホールトマトを加え、全体がなじむまで煮る。
③ バジリコ、塩、黒コショウ、ペコリーノを加えて味をととのえる。
④ ロリギッタスを8分間ゆでる。
⑤ ③に④のゆで汁少量を加える。④を入れてからめ、皿に盛る。ひと口大に切って素揚げした長ナスをのせる。

パスタの種類：ロリギッタス (P.440)

ソースの主な具材：サルシッチャ、長ナス

ソースのベース：ホールトマト

April 18

グラミーニャ
仔羊ラグーとアーティチョーク

樋口敬洋 ●ロットチェント

「牧草」の意味を持つ手打ちショートパスタ「グラミーニャ」を、仔羊のラグー、野菜のブロードで軽く煮たアーティチョークと盛り合わせる。パスタの食感、アーティチョークの風味、仔羊の旨み、素材それぞれの個性を引き出しつつ、一体感のある仕上がりに。

パスタの種類：グラミーニャ（P.407）
ソースの主な具材：仔羊肩肉、アーティチョーク、
　　　　　　　　ペコリーノ・シチリアーノ
ソースのベース：エシャロット、野菜のブロード

① 仔羊のラグーをつくる。仔羊の肩肉の塊に塩をして2晩おく。ローズマリーとニンニクのみじん切りを表面にまぶす。
② 1cm程度の角切りにした玉ネギ、ニンジン、セロリをオリーブ油で炒め、ソッフリットにする。①、白ワインとともに真空パックにし、65℃で7時間加熱する。肉は取り出して1cmの角切りにし、戻し入れる。ラグーのできあがり。
③ 鍋にE.V.オリーブ油をひき、みじん切りにしたエシャロットを炒め、アーティチョークのスライスを加えてさらに炒める。野菜のブロード（解説省略）を加えて軽く煮詰める。グラミーニャを7〜8分間ゆでて加え、和える。削ったラグザーノとE.V.オリーブ油を加える。
④ 皿に盛り、温めた仔羊のラグーをのせる。マジョラムと大きく削ったペコリーノ・シチリアーノを散らす。

April

19

イワシとウイキョウのペンネ

有馬邦明　●パッソ・ア・パッソ

ウイキョウの風味を効かせたマイワシのパスタは、シチリアを代表する郷土料理。マイワシと好相性のショウガを加え、最初にマイワシをグリルして余分な脂を落とすことで、より洗練されたさわやかな一皿に。

パスタの種類：ペンネ
ソースの主な具材：マイワシ、ウイキョウ
ソースのベース：ニンニク、ショウガ、オリーブ油、 　　　　　　　自家製アンチョビ、野菜のブロード、 　　　　　　　玉ネギ、白ワイン、 　　　　　　　自家製セミドライトマト

① オリーブ油でニンニクとショウガを炒めて香りを移す。自家製アンチョビを加え、強火で香ばしく炒めて生臭みを取る。
② ウイキョウ、玉ネギのソッフリット（解説省略）、白ワインを入れ、煮詰めてアルコール分をとばす。自家製セミドライトマトとオレガノ、フェンネルシード、塩漬けケイパー（イタリア・パンテッレリーア産）を入れ、蓋をして弱火で15～20分間煮る。
③ マイワシは両面をしっかりとグリルする。頭と中骨を取り除き、身と小骨を包丁で細かく叩く。②の鍋に入れ、タカノツメと野菜のブロード（解説省略）を加える。蓋をして20～30分間、弱火で煮る。そのまま冷まして一晩おく。
④ ③は、表面に浮いた脂を取り除き、温める。ペンネを塩湯でアルデンテにゆでて加え、和える。塩とコショウで味をととのえる。
⑤ 皿に盛り、イタリアンパセリ、パン粉（アンチョビ、ニンニクとともに炒めたもの）、E.V.オリーブ油をかけ、レモンの皮をおろしかける。

April
20

モエナ風チャロンチェ ラーナのフリット "白神山地より" 山菜の香り

小西達也 ●オマッジオ ダ コニシ

ラヴィオリの一種「チャロンチェ」とカエルのフリットを盛り合わせたひと皿。チャロンチェの詰めものにはさまざまな山菜を使い、フリットの衣にはギョウジャニンニクを混ぜ、全体の一体感を高める。

パスタの種類：モエナ風チャロンチェ
詰めものの主な具材：フキノトウ、ギシギシ、アマドコロ、カタクリ、リコッタ
付けあわせ：カエル、木ノ芽のソース、パセリ

① モエナ風チャロンチェの生地をつくる。加熱して裏漉ししたジャガイモ270g、強力粉30g、全卵30g、塩3gを合わせ、よくこねてひとまとめにする。厚さ3mmにのばし、10×5cmに切る。
② 詰めものをつくる。フキノトウ、ギシギシ（ジュンサイに似た味のタデ科多年草）、アマドコロ（加熱すると甘味と粘りが出るユリ科多年草）、カタクリをさっとゆで、粗くきざむ。バターで軽くソテーし、粗熱がとれたらリコッタ、塩を加え混ぜる。
③ 生地2枚で詰めものを包み、モエナ風チャロンチェをつくる。
④ モエナ風チャロンチェの両面をオリーブ油とバターで香ばしく焼き、焼き油は捨てる。水を少量加えて蓋をし、約1分間蒸し焼きにする。皿に盛り、パルミジャーノとE.V.オリーブ油をふる。木ノ芽のソース（P.395）を添え、ラーナのフリット（P.395。ラーナはイタリア語でカエルの意）、パセリの泡（P.395）を順に重ねる。

April
21
オーベルジュの日

カラマレッティと
チーマ・ディ・ラーパ、
ガシラ、オリーブ、サフラン風味

小林寛司　●ヴィラ・アイーダ

ガシラ（カサゴ）の骨でとったスープは、サフランで香りづけしてブイヤベース仕立てに。大きめの筒状パスタ「カラマレッティ」にスープを吸わせるように仕上げ、たっぷりの魚介と自家農園で育てたチーマ・ディ・ラーパを合わせる。

パスタの種類：カラマレッティ

ソースの主な具材：カサゴ、サザエ、ヒイカ、
　　　　　　　　　チーマ・ディ・ラーパ、
　　　　　　　　　レモン、黒オリーブ

ソースのベース：カサゴのスープ

① カサゴは三枚におろす。骨は塩をして30分間おき、流水で洗う。
② 鍋に①の骨、厚さ1cmに切った玉ネギ、ニンジン、セロリ、サフランを加え、ひたひたに水を注ぐ。レモンを搾り、搾り終えた皮も加える。沸騰したら弱火で30分間煮出してから漉し、スープとする。
③ サザエは200℃のスチームコンベクションオーブンで約3分間蒸し、身は殻からはずす。オリーブ油で表面に焼き目をつけ、2〜3cm角に切る。
④ 長さ5cmに切ったチーマ・ディ・ラーパをグリルパンで素焼きし、E.V.オリーブ油と塩をふる。①のカサゴの身は3〜4cm幅に切り、両面に軽く塩をしてオリーブ油で皮目をこんがりと焼く。
⑤ 鍋に②のスープ、ニンニクオイル、サフランを入れて中火にかける。ヒイカは掃除して輪切りにし、加える。表面の色が変わったら、③、④、黒オリーブ、ゆでたカラマレッティを加え、軽く煮込む。器に盛り、きざんだイタリアンパセリ、ディルを散らす。

農民風パスタ・エ・パターテ

江部敏史 ●リストランテ コルテジーア

自家製パンチェッタは弱火で炒めて脂を出し、ゆでたジャガイモとパスタを合わせて"農民風"の素朴なひと皿に。味つけは塩、コショウのみとし、フランス在来豚の熟成した肉と脂の旨みを際立たせる。形状の異なる3種類のショートパスタで食感に変化をつけて。

① 自家製パンチェッタ（解説省略）を薄切りにし、E.V.オリーブ油（イタリア・プーリア産）を敷いた鍋で、脂を出しながらごく軽いキツネ色になるまで弱火で炒める。
② ジャガイモ（メークイン）の皮をむいて厚切りにし、フジッリ、リッチョリ（螺旋状のショートパスタ）、ファルファッレとともに塩を加えた湯でゆでる。
③ ②のジャガイモとパスタ3種を①の鍋に加えて軽くなじませ、塩、コショウする。
④ ③を皿に盛ってバジリコを散らし、カチョ・リコッタ（イタリア・プーリア地方産の硬質チーズ。今回用いたのは牛乳製だがヤギ乳製や羊乳製もある）をふる。

パスタの種類：フジッリ、リッチョリ、ファルファッレ

ソースの主な具材：ジャガイモ

ソースのベース：E.V.オリーブ油、自家製パンチェッタ

April

23

プーリア州サレントの
螺旋形パスタ
サーニェ ンカンヌラーテ
豚と内臓のラグーと春の豆

藤田政昭　●ラチェルバ

豆類をよく食べるプーリア州の家庭料理がベース。豚のスネ肉やスペアリブ、内臓を煮込んでつくったラグーに春の豆類を合わせ、らせん状の手打ちパスタ「サーニェ ンカンヌラーテ」と組み合わせている。

パスタの種類：サーニェ ンカンヌラーテ (p409)

ソースの主な具材：豚スネ肉・スペアリブ・内臓、
　　　　　　　　　ソラ豆、ウスイエンドウ、
　　　　　　　　　スナップエンドウ

ソースのベース：ラルド、ホールトマト

① 豚のスネ肉とスペアリブは、塩をして網に並べ、冷蔵庫に一晩おく。スネ肉はひと口大に切る。小麦粉をふり、サラダ油で表面をカリッと焼く。
② 豚の内臓は塩もみして流水で洗う。これを3回くり返す。適宜に切り、サラダ油で炒める。表面の色が変わったら、小麦粉をふってさらに炒める。
③ 鍋で E.V. オリーブ油とつぶしたニンニクを熱し、1cm角に切った玉ネギを炒める。①と白ワインを加えて煮立て、ラルドとホールトマトを加える。ひと煮立ちさせ、バジリコ、オレガノ、ローリエを加えて蓋をする。260℃のオーブンで1時間煮込む。②を加えてさらに30分間煮込む。
④ フライパンに③、バジリコの葉、下ゆでしたソラ豆、ウスイエンドウ、スナップエンドウを入れて温める。サーニェ・ンカンヌラーテをゆでて加える。パルミジャーノを加えて和え、皿に盛る。

April

24

手長海老と
アーティーチョークのパッケリ
リコッタチーズのクレマ

辻 智一　●リストランテ オッツィオ

パッケリを立てて具材を詰めたプレゼンテーションが目を引く、華やかなひと皿。ソースは甲殻類のだしでアカザエビ、トマトのコンフィ、オリーブなどを煮込んだもの。アーティチョークのコンフィとクレマ、リコッタのクレマ、パセリのクーリを添えて。

パスタの種類：パッケリ

ソースの主な具材：手長エビ、アーティチョーク

ソースのベース：フォン・ディ・クロスターチェ、
　　　　　　　　チェリートマトの自家製コンフィ

① 手長エビは殻をむき、縦半分に切って塩、コショウする。オリーブ油で断面以外をソテーする。半分ほど火が通ったらフォン・ディ・クロスターチェ（甲殻類のフォン。解説省略）を加えてデグラッセし、エビは取り出す。

② ①にチェリートマトの自家製コンフィ（解説省略）、オリーブ、ケイパーを加えて煮る。ハーブ類、少量のバター、E.V.オリーブ油、塩、コショウを加える。

③ ②にパッケリをゆでて加え、約1分間加熱する。マジョラム、バター、E.V.オリーブ油を加え、塩、コショウする。

④ パッケリを取り出し、穴に①の手長エビを詰めて皿に盛る。②のソース、オリーブ油でソテーしたアーティチョークのコンフィ（解説省略）を添える。ハーブ類を散らす。アーティチョークのクレマ、リコッタチーズのクレマ、イタリアンパセリのクーリ（すべて解説省略）を流す。

April
25

タヤリンの
チーズフォンデュ仕立て
バッサーノの
ホワイトアスパラガス

林 亨　●トルッキオ

チーズフォンデュをもとにつくったソースに、浮き実の感覚でタヤリンとホワイトアスパラガスを浮かべる。ホワイトアスパラガスの甘さとみずみずしさがアクセントになり、濃厚なソースにもかかわらず、最後まで食べ飽きることがない。

パスタの種類：タヤリン (P.411)

ソースの主な具材：ホワイトアスパラガス

ソースのベース：フォンティーナ、タレッジョ、
　　　　　　　　牛乳、卵黄

① きざんだフォンティーナ、タレッジョ、牛乳を鍋に入れ、火にかけて溶かし、といた卵黄を加える。ボイルして食べやすい大きさに切ったホワイトアスパラガスを加える。タヤリンをゆで、加えて和える。
② 皿に盛り、白コショウをふる。

April
26

クルルジョネス

馬場圭太郎　●タロス

「クルルジョネス」は生地の合わせ目を麦穂の形に編み込んだラヴィオリの一種。詰めものは、ゆでたジャガイモ、ペコリーノ、ミントを合わせたもの。素朴な味わいゆえ、トマトソースの軽やかな旨みと香りができ上がりを左右する。

① セモリナ粉4に対して薄力粉1、水、塩（各適量）を合わせて練る。ラップフィルムで覆って冷蔵庫で1時間ねかせる。
② ジャガイモは塩ゆでして皮をむいてつぶし、オリーブ油で炒めたニンニクのみじん切り、ミント（乾燥）、すりおろしたペコリーノ、塩を加えて混ぜ合わせる。
③ ①の生地を薄くのばして直径8〜9cmに丸く抜き、②をのせて包み、生地の合わせ目を編み込むようにしてしっかりと包む。
④ ③をゆでて皿に盛る。温めたトマトソース（解説省略）をかけ、ペコリーノの薄切りとバジリコの葉を散らす。

パスタの種類：クルルジョネス
ソースの主な具材：ジャガイモ、ペコリーノ、ミント
ソースのベース：トマトソース

April 27

ビーゴリの玉ネギとアンチョビのソース

西口大輔　●ヴォーロ・コズィ

ビーゴリは伝統的には、ヴェネト州で肉食が禁じられる復活祭前の四旬節に食べられていたもの。玉ネギの甘みとアンチョビの塩辛さが入り混じったソースは、全粒粉主体のパスタともども素朴な味わいです。

① 玉ネギ（薄切り）を鍋に入れ、ひたひたの量のオリーブ油と水150ml、岩塩を加えて火にかける。沸騰したら弱火にし、玉ネギを色づけないように2時間近く煮る。途中で、水分が少なくなったら適宜水を加え、玉ネギが完全に溶けるくらいまで煮る。
② アンチョビを加えて崩しながら軽く煮て溶かす。火からおろして粗熱をとり、冷蔵庫で保管する（当日も使えるが、2〜3日目にもっともおいしくなる）。
③ ビーゴリを10分間強ゆでる。
④ フライパンに人数分のソースを入れて温め、ビーゴリのゆで汁とイタリアンパセリ、黒コショウを入れて味をととのえる。ゆで上がったビーゴリを加えて和える。
⑤ 皿に盛ってイタリアンパセリ（みじん切り）をふる。

パスタの種類：ビーゴリ（P.427）

ソースの主な材料：玉ネギ、アンチョビ

April 28

カチョ・エ・ペペ

今井雅博　●アル・チェッポ

「カチョ」はチーズ、「ペペ」は黒コショウのこと。ローマ生まれのパスタ料理だ。スパゲッティを使うことが多いが、ローマらしく、あえてより太い「ブカティーニ」を使用。ローマ原産の「ブロッコリ・ロマネスキ（ロマネスコ）」、ソラマメ、グリーンピースを合わせて軽やかな仕立てに。

① ブカティーニをゆでる。
② フライパンにバターとオリーブ油を入れて火にかけ、適宜に切ったロマネスコとソラ豆、グリーンピース、①のゆで汁少量を加える。火が通ったらペコリーノを加える。
③ ①と②を和えて皿に盛る。ペコリーノを散らし、黒コショウをたっぷりとふる。

パスタの種類：ブカティーニ
ソースの主な具材：ロマネスコ、ソラ豆、グリーンピース、
ソースのベース：バター、オリーブ油

April
29 羊肉の日

**カサレッチェ
仔羊肉のボロネーズ
ゴルゴンゾーラ風味**

権田雅康　●ペルバッコ イタリアーノ

仔羊肉のラグーに、パルミジャーノとゴルゴンゾーラ・ピカンテを合わせてコクと風味をプラス。断面がＳ字状のショートパスタ、カサレッチェは両面に筋があるため、ソースがよくからむ。

パスタの種類：カサレッチェ

ソースの主な具材：仔羊のスネ肉と肩ロース肉の
　　　　　　　　　挽き肉、レンズ豆

ソースのベース：ホールトマト、赤ワイン、ポルト、
　　　　　　　　香草、ゴルゴンゾーラ・ピカンテ

① 仔羊肉のボロネーズをつくる。フライパンにオリーブ油をひき、みじん切りの玉ネギ、ニンジン、セロリを炒める。火をいったん止めて、仔羊のスネ肉と肩ロース肉の挽き肉を加えて混ぜ合わせる。赤ワイン、ポルト、ホールトマト、ローズマリー、オレガノ、ローリエを入れて、水分がなくなるまで煮詰める。

② フライパンに仔羊肉のボロネーズ、もどして下ゆでしたレンズ豆を入れて火にかける。すりおろしたゴルゴンゾーラ・ピカンテ、パルミジャーノを加える。

③ 塩分濃度3～5％の塩湯でカサレッチェを11分間ゆで、②に加えてからめる。皿に盛り、黒コショウ、細かくきざんだイタリアンパセリをふる。

April 30

カラマレッティ、ジロール茸のクリームソース、鴨の燻製とモストコット、グリュイエールのパスタ添え

佐藤 護　●トラットリア ピコローレ ヨコハマ

イカの輪切りに似た形のパスタ「カラマレッティ」とジロール茸のソテーのクリームソース和え。パスタの形にあわせて幅広に薄くスライスしたグリュイエールと、濃縮バルサミコ酢のコク、黒コショウの香りでメリハリをつける。

① 鶏のブロード（解説省略）、生クリーム、バターを合わせて火にかけ、半量以下になってもったりするまで煮詰める。
② ニンニクをオリーブ油で炒めてジロール茸をソテーする。きざんだローズマリーとタイムを加える。
③ ①に②とゆでたカラマレッティ（ヴィエトリ社）を加えて和える。
④ 皿に盛り、鴨の燻製（冷燻にし、胸肉に塩をふって皮目をソテーしたもの）のスライス、スライサーで削ったグリュイエールチーズをのせる。煮詰めたバルサミコ酢をたらし、黒コショウを挽きかける。

パスタの種類：カラマレッティ

ソースの主な具材：鴨、ジロール茸

ソースのベース：鶏のブロード、生クリーム、バター

5
May

May

スモークしたメカジキの タリオリーニ

井上裕一
●アンティカ ブラチェリア ベッリターリア

桜のチップで燻製にしたメカジキと、喉ごしのよい手打ちのタリオリーニを合わせたひと皿。ソースはじっくりと炒めた玉ネギにアンチョビ、トマトなどを加えて、甘み、塩味、酸味のバランスをとっている。

① メカジキのトロの切り身は、塩と砂糖をまぶし、15分間おく。サクラのスモークチップを使い、約5分間燻す。
② アーティチョークは掃除してひと口大に切り、オリーブ油でソテーする。フライパンにたまった油を捨て、アンチョビを加えて炒める。玉ネギのコンフィ（解説省略）、チリパウダー、白ワインを加える。①を2〜3cm角に切って加え、煮る。
③ タリオリーニを1分間ゆでて加え、和える。皮をむいてざく切りにしたトマト、ハーブペースト（フレッシュのタイム、セルフイユ、ディルをオリーブ油と一緒にフード・プロセッサーでピュレ状にしたもの）を加えて混ぜる。E.V.オリーブ油を加えて軽く和え、皿に盛る。きざんだハーブを散らす。

パスタの種類：タリオリーニ（P.416）

ソースの主な具材：メカジキ、アーティチョーク

ソースのベース：トマト、ハーブペースト

May

2

新じゃがのラヴィオリ 鳩の煮込みとカルチョフィの ソース

藤田政昭　●ラチェルバ

鳩の煮込みには、肉だけでなく心臓と肝臓も使い、野趣あふれる味わいに。隠し味にデザートワインのヴィンサントを加えて味に奥行きを出している。詰めものは新ジャガとカルチョーフィ（アーティチョーク）を合わせたもの。

パスタの種類：ラヴィオリ（生地のつくり方→ P.436）

詰めものの主な具材：ジャガイモ、アーティチョーク

ソースの主な材料：小鳩（丸）、香味野菜、香草、ホールトマト、ヴィンサント

① ラヴィオリをつくる。ゆでてつぶしたジャガイモと、ゆでてきざんだアーティチョークを混ぜ、塩で味をととのえる。厚さ0.5mmにのばした生地で包む。
② 鳩のラグーをつくる。仔鳩はさばき、心臓と肝臓は取りおく。鍋に E.V.オリーブ油とつぶしたニンニクを熱し、仔バトに焼き色をつける。心臓、肝臓、小角に切った玉ネギとニンジンを入れて炒める。セージとローズマリーを加えてさらに炒め、ヴィンサントと白ワインを加えて強火で煮詰める。ホールトマトを加え、蓋をして 260℃のオーブンで 1〜1時間半煮込む。肉は骨からはずしてほぐし、心臓は適宜に切り、戻し入れる。塩、コショウする。肝臓は裏漉しし、濃度をみながら加える。
③ ②を温め、ゆでたラヴィオリ、アーティチョークのソテー（解説省略）を加えて和える。皿に盛り、パルミジャーノときざんだイタリアンパセリをふる。

May

3

憲法記念日

近海でとれた海老と
マスカルポーネチーズの
フェットチーネ

山田直喜　●リストランテ カステッロ

ソースのベースは大量のエビの頭からとる濃厚なブロード。そこにトマトとマスカルポーネを加え、ほどよい酸味とまろやかさをプラスする。山田氏が独立前から20年以上にわたってつくり続けてきたロングセラーメニュー。

① フライパンにニンニク、タカノツメ、E.V.オリーブ油を入れ、弱火で加熱する。香りが立ったら、ニンニクとタカノツメは取り出す。
② ①にエビのブロード (P.395) を入れ、1/3 量まで煮詰める。
③ ②に、食べやすい大きさに切ったスカンピとマスカルポーネ、黒コショウ、サフランを加え、塩で味をととのえる。
④ フェットチーネを3分40秒間アルデンテにゆで、③に加えて和える。塩、パスタのゆで汁で味をととのえる。
⑤ 皿に盛り、E.V.オリーブ油をかけて、バジリコを飾る。砕いた黒粒コショウをちらす。

パスタの種類：フェットチーネ (P.433)

ソースの主な具材：スカンピ

ソースのベース：エビのブロード、
　　　　　マスカルポーネ、サフラン

May 4 しらすの日

生しらすの冷たいカペッリーニ
葉山の夏みかんと新生姜の香り

渡辺 明　●イル・リフージョ・ハヤマ

柑橘や薬味をたっぷり使った夏らしい冷製パスタ。ヒントにしたのはシラスにレモンや香草を合わせるサルデーニャ島の料理だ。生のシラスを夏ミカンとレモンの果汁で味つけし、新ショウガの香りでさらに爽やかな一皿に仕立てている。

① カペッリーニ（ディ・チェコ社）を約20秒間ゆで、流水で洗って氷水にとる。水分を布巾でよくふき取る。ボウルに入れ、レモンと夏ミカンの果汁を加え混ぜ、塩で味をととのえる。
② ボウルに生シラスを入れ、レモン果汁、夏ミカン果汁、E.V.オリーブ油、生ノリを加えて軽く和える。
③ 夏ミカンの果汁、塩、E.V.オリーブ油をよく混ぜ、バットに入れて凍らせる。
④ 皿に①を盛り、②をのせる。③をフォークで砕き、数ヵ所に分けて周囲に添える。せん切りにした新ショウガと夏ミカンの皮を混ぜてのせ、芽ネギものせる。

パスタの種類：カペッリーニ

ソースの主な具材：生シラス、新ショウガ

ソースのベース：レモン果汁、夏ミカン果汁、E.V.オリーブ油、生ノリ

May

5

子どもの日

キタッラの仔羊のラグー

伊藤延吉
●リストランテ・ラ・バリック・トウキョウ

キタッラは、通常はセモリナ粉と水もしくは全卵でつくるが、同店では卵白と水を使い、独特の歯ごたえをだしている。キタッラの定番ソースである仔羊のラグーは、パスタの淡白な味わいに合わせ、トマトを控えめにし、仔羊の味をストレートに出す。

パスタの種類：キタッラ（P.405）

ソースの主な具材：仔羊肉、ラディッキオ

ソースのベース：ソッフリット、鶏のブロード、ホールトマト

① 仔羊のラグーをつくる。仔羊肉（背肉のカブリ部分）を粗めのミンチにする。
② オリーブ油でニンニクのみじん切りを炒め、香りが立ってきたら玉ネギ、ニンジン、セロリ（すべてみじん切り）を加えてさらによく炒める。別鍋で、①をサラダ油でしっかりと炒め、塩、コショウする。ザルにあけて脂分をきり、野菜の鍋に移す。白ワインを加えてアルコール分をとばし、鶏のブロード（解説省略）、ホールトマトを加えて沸騰させ、アクを取り除く。ローズマリーとローリエを入れて、弱火で約1時間煮込む。ラグーのできあがり。
③ キタッラを4分半ゆでる。その間にラディッキオ（プレコーチェ）を食べやすい大きさに切ってオリーブ油で炒める。人数分のラグーを加えて温め、ゆで上げたキタッラを入れて和える。
④ 皿に盛り、ペコリーノをすりおろしてたっぷりと盛る。

May 6

タヤリンのカルチョフィソース

鈴木弥平　●ピアット・スズキ

カルチョーフィ（アーティチョーク）はアクが少なくて生食できるマモーレ品種を使用。火を通しすぎず、シャキッとした歯ごたえを生かしている。合わせたのは卵黄のやさしい味わいが特徴のタヤリン、ニンニクの香りをきかせて全体を引き締める。

① アーティチョーク（マモーロ種）は掃除して縦に約5mmに薄切りし、適量の白ワインヴィネガーとイタリアンパセリを加えた水に浸ける。
② つぶしたニンニクとオリーブ油を火にかけて香りを出し、カルチョフィを加えて表面をオイルでコーティングするように8～9分の火通りまでソテーする。ソッフリットと生ハムを加え、ブロード（解説省略）をひたひたに加えて少し煮る。塩、コショウする。
③ タヤリンを塩湯で約2分間ゆで、②に加える。E.V.オリーブ油、きざんだイタリアンパセリ、すりおろしたパルミジャーノを加えて和える。

パスタの種類：タヤリン（P.411）

ソースの主な具材：アーティチョーク

ソースのベース：オリーブ油、ソッフリット、生ハム、ブロード

May

7

コンキリオーニ、尾鷲産サザエのバジリコソース

佐藤 護 ●トラットリア ピコローレ ヨコハマ

貝殻という意味のパスタ「コンキリオーニ」にサザエ、アサリ、ハマグリを合わせ、色鮮やかなジェノベーゼソースで和えている。噛み締めるたびに、口の中に海の香りが広がる。飾りとして添えたのはサザエの貝殻。

① ジェノベーゼソースをつくる。E.V.オリーブ油とミキサーは事前に冷やしておく。バジリコ、グラーナ・パダーノ、松の実、E.V.オリーブ油、ニンニク、バターをミキサーにかける。
② サザエはクール・ブイヨン(解説省略)でゆでてスライスする。アサリとハマグリは白ワインで蒸し煮して殻をはずす。
③ 鍋に魚のブロード(解説省略)とバターを入れて煮詰める。濃度が出てきたらジェノベーゼソースを加え、すぐに火を止める。ゆでたコンキリオーニ(ヴィエトリ社)、②を加えてさっと和え、皿に盛る。

パスタの種類:コンキリオーニ

ソースの主な具材:サザエ、アサリ、ハマグリ

ソースのベース:ジェノベーゼソース、魚のブロード

May
8

蝦夷豚サルシッチャと ホワイトアスパラのピチ 黒トリュフ添え

八木康介　●リストランテ ヤギ

ソースは甘みが出るまで炒めた玉ネギとホワイトアスパラガスがベース。サルシッチャ、マデラと鶏のブロードなどを加えて煮詰める。このソースでピーチを軽く煮込み、旨みを充分に吸わせて、一体感のある仕上がりに。

パスタの種類：ピーチ
ソースの主な具材：蝦夷豚のサルシッチャ、
　　　　　　　　　ホワイトアスパラガス、
　　　　　　　　　モッツァレラの燻製、黒トリュフ
ソースのベース：マデラと鶏のブロード、バター

① スライスした玉ネギとホワイトアスパラガスをオリーブ油でソテーする。しんなりしてきたら、蝦夷豚のサルシッチャを加える。焼き色がついたら、マデラと鶏のブロード（解説省略）を加えて軽く煮詰め、バターを加える。
② ピーチ（解説省略）を5〜6分間ゆでて加え、からめる。塩をする。火からおろし、パスタを混ぜながら削ったペコリーノ・ロマーノをふりかける。
③ 器に盛り、モッツァレラの燻製（解説省略）を添え、黒トリュフをたっぷり削りかける。

May

9

タリオリーニ
野生のアスパラガス
ゴルゴンゾーラとピスタチオの
ピュレ和え

小林幸司　●フォリオリーナ・デッラ・
　　　　　　　ポルタ・フォルトゥーナ

太めに成形したタリオリーニをゴルゴンゾーラとピスタチオのピュレで和え、チコリの一種である「カステルフランコ」で包んで香りを閉じ込める。

パスタの種類：タリオリーニ (P.416)

ソースの主な具材：野生のアスパラガス

ソースのベース：ゴルゴンゾーラ・ドルチェ

① エシャロット（イタリア産）は薄切りにする。下ゆでしたニンニク（解説省略）、E.V.オリーブ油とともに鍋に入れて火にかけ、強火で炒める。香りが立ったらピスタチオ（生。シチリア産）を入れて温め、野菜のブロード（解説省略）を入れて煮る。塩とゴルゴンゾーラ（ドルチェタイプ）とともにミキサーにかけてピュレにする。

② 野生のアスパラガスはハカマを除いて湯通しし、断面を大きく取った斜め切りにする。

③ ①と②を合わせて温める。タリオリーニをゆでて加え、なじませる。

④ プリン型に E.V.オリーブ油をぬり、カステルフランコ（ラディッキオの一種）の葉を貼り付ける。③を詰め、余った葉で蓋をする。180℃のオーブンで 8～10 分間焼いて香りを立たせる。返して皿に盛る。

May
10

オレッキエッテ
タコのラグーソース
セロリのせ

百瀬幸治　●バンディエラ

オレッキエッテは本場プーリア州ではセモリナ粉で生地をつくり、淡泊な野菜のソースで食べる。ここでは00粉のみでつくることで、オレッキエッテらしいもちもちとした食感を出しつつ、粉の風味を抑えて辛みのあるタコのラグーを生かしている。

パスタの種類：オレッキエッテ (P.400)

ソースの主な具材：タコ、セロリ

ソースのベース：トマトペースト、ホールトマト、ローズマリー、バジリコ、ローリエ

① タコをフード・プロセッサーにかけて細かくきざむ。
② フライパンにオリーブ油、ニンニクのみじん切り、タカノツメ、ローズマリーを入れる。香りが立ったら、①を入れてしっかりと炒める。
③ 白ワインを加えてフランベし、別鍋に移す。
④ ③を弱火にかけ、ソッフリット（解説省略）、ローリエ、トマトペーストを加える。全体がなじんだらホールトマトを加え、火を強めて酸味をとばす。
⑤ バジリコのみじん切りを加え、30〜40分間煮る。
⑥ フライパンにソースを入れて温め、①のゆで汁少量（分量外）を加える。オレッキエッテを3分半ゆで、加えてからめる。皿に盛り、水にさらしたセロリの細切りをのせる。

May

11

生ウニと葉ニンニクのアーリオ・オーリオ・エ・ペペロンチーノ

佐藤 護　●トラットリア ビコローレ ヨコハマ

アーリオ・オーリオ・エ・ペペロンチーノにアサリのだし汁を加えたものがベース。このベースを生ウニとともに湯煎にかけ、スパゲッティを加えて乳化させながら和えて仕上げる。

① ニンニクのみじん切りと赤トウガラシをオリーブ油で炒め、ボウルにとり、アサリのブロード（解説省略）を加える。湯煎にかけ、生ウニを混ぜる。
② ゆでたスパゲッティ（バリラ）を加えて、混ぜて乳化させながら和える。皿に盛り、小口切りにした葉ニンニクとシブレットをかける。

パスタの種類：スパゲッティ

ソースの主な具材：生ウニ

ソースのベース：オリーブ油、ニンニク、赤トウガラシ、アサリのブロード

May
12

ウンブリチェッリ アーティチョークと空豆のソース

渡邊雅之　●ヴァッカ・ロッサ

「ウンブリチェッリ」はもっちりとした食感のショートパスタ。ソテーしたアーティチョークにソラマメを合わせて煮込んだソースがよくからむ。仕上げにペコリーノをふり、濃厚な一皿に。

① 鍋にE.V.オリーブ油をひき、アーティチョークをソテーし、ソラ豆を加える。水を足しつつ、約40分間煮込む。
② ウンブリチェッリをゆでて①に加え、からめ合わせる。ペコリーノを加え混ぜて、皿に盛る。

パスタの種類：ウンブリチェッリ(P.400)
ソースの主な具材：アーティチョーク、ソラ豆
ソースのベース：オリーブ油

13

ロートロ 花ズッキーニ、プロシュット・コット、プロヴォローネ 花ズッキーニのフリットを添えて

芝先康一　●リストランテ シーヴァ

四角いラザニア生地で具材を巻いて焼く、エミリア=ロマーニャ州のパスタ「ロートロ」。具材には花ズッキーニ、ハム、チーズを使い、ベシャメルと合わせて"イタリアの家庭の味"を表現している。

パスタの種類：ロートロ（生地のつくり方→ P.440）
主な具材：花ズッキーニ、プロシュット・コット、プロヴォローネ
ソースのベース：トマトソース、ベシャメルソース

① ロートロの生地は4分間ゆで、氷水に落として締める。キッチンペーパーでよく水気をふき取る。
② 花ズッキーニの花は果肉からはずし、おしべやめしべを除く。さっと水洗いしてちぎる。果肉はスライサーで薄く切り、さっとゆでる。
③ ①の片面全体にベシャメルソース（解説省略）をぬり、プロシュット・コットのスライス、②の花と果肉、プロヴォローネのスライスを全体に散らす。端から巻いてラップフィルムで包んで円柱状に成形する。冷蔵庫で冷やす。
④ ③のラップフィルムをはずし、幅約2cmに切る。グラーナ・パダーノをふり、180℃のオーブンで焼き色をつける。
⑤ 皿にトマトソース（解説省略）を敷き、④を盛る。素揚げして軽く塩をふった花ズッキーニを添える。

May 14

リングイネ、シコイワシのアリオ・エ・オーリオ ペコリーノ風味

江部敏史　●リストランテ コルテジーア

新鮮なカタクチイワシをニンニクとトウガラシで香りづけしたオリーブ油で熱し、リングイネ、ペコリーノと合わせたシンプルなひと皿。ペコリーノは魚と相性がよく、イワシの旨みに奥行きをもたらす。

① カタクチイワシ（生食可能なもの）の頭を切り落とし、手開きにしてよく洗う。塩とコショウをなじませる。
② 鍋にオリーブ油、ニンニクの粗みじん切り、赤トウガラシ（イタリア・カラブリア産）を手で崩したものを入れて熱し、香りを立たせる。①を加えて軽く炒め、イタリアンパセリの粗みじん切りを加えて香りを出す。
③ リングイネをゆでる。②にゆで汁を加えて乳化させ、ゆで上げたリングイネを加えて和える。皿に盛り、ペコリーノをふる。

パスタの種類：リングイネ
ソースの主な具材：カタクチイワシ
ソースのベース：E.V. オリーブ油、ニンニク、赤トウガラシ

May

15

白エビとチコリのタリオリーニ

沼尻芳彦　●トラットリア　ダディーニ

生のシロエビとチコリはケイパーやレモン果汁などで軽く和え、ニンニクとオリーブオイルをからめたタリオリーニの上へ。シロエビは繊細な風味や食感を生かすべく、加熱せず、フレッシュ感を強調する。

① 白エビは殻をむく。せん切りにして水にさらしたチコリ、きざんだケイパーと合わせる。
② タリオリーニを1分間ほどゆでる。ゆで上がりにあわせて、①をレモン果汁とE.V.オリーブ油で和える。
③ フライパンにオリーブ油、ニンニクのみじん切りを入れて熱し、ニンニクが色づいたら火からおろし、パスタのゆで汁を少量加える。タリオリーニを約1分間ゆで、ゆでたてを加えて火にかけ、手早く和える。
④ 皿に盛り、②をのせる。

パスタの種類：タリオリーニ（P.416）

ソースの主な具材：白エビ、チコリ、ケイパー

ソースのベース：オリーブ油、ニンニク、レモン果汁

May
16

アマトリチャーナソースを詰めこんだパッケリ ペコリーノ・ロマーノの泡 自家製ラルドの塩気とともに

横江直紀　●ラパルタメント ディ ナオキ

パッケリの形状を生かした端整な盛り付け。中に詰めたのはアマトリチャーナソース。トマトと相性のよいペコリーノ・ロマーノでつくった泡状のソースとラルドでコクと塩気を補い、風味のアクセントにケイパーを。

① アマトリチャーナをつくる。ニンニクオイルを敷いたフライパンで短冊状に切ったパンチェッタを弱火で炒める。脂が出てきたら、玉ネギのスライスを加える。しんなりしてきたら白ワイン、白バルサミコ酢、赤ワインヴィネガーを加えて煮詰める。ムーランで漉したホールトマトを加えて煮詰め、塩で味をととのえる。
② パッケリ（ラ・ファブリカ・デッラ・パスタ・ディ・グラニャーノ）を約13分間ゆでる。パッケリの穴に、①を入れて皿に盛る。自家製ラルドとケイパーをのせる。ペコリーノ・ロマーノと牛乳をひと煮立ちさせ、ハンドミキサーで撹拌して泡立て、泡をすくってのせる。

パスタの種類：パッケリ

ソースのベース：パンチェッタ、ホールトマト、玉ネギ

May

17

ブシャーテ タコラグーとセロリ風味

樋口敬洋　●ロットチェント

ブシャーテはシチリアの一部の地域で食されている伝統的な手打ちパスタ。ひも状の生地を串に巻きつけて成形する。ソースはタコのミンチを赤ワインで煮込み、トマト、セロリの葉、オリーブを加えたもの。焼いたセロリの葉も添える。

① タコラグーをつくる。鍋にオリーブ油をひき、玉ネギ、ニンジン、セロリのみじん切りをじっくりと炒めてソッフリットにする。粗みじん切りにした生のタコと赤ワインを加え、弱火で約2時間半煮込む。
② 鍋にタコラグーを入れ、ヘタを除いたトマト（シチリアンルージュ）、セロリの葉、半割にして種を除いた黒オリーブ（タジャスカ種）を加え、軽く火を入れる。
③ ブシャーテを約15分間ゆでて加え、和える。
④ 器に盛る。100℃のオーブンで10分間加熱したセロリの葉を飾る。

パスタの種類：ブシャーテ（P.433）

ソースの主な具材：タコ、トマト、セロリの葉、黒オリーブ

ソースのベース：ソッフリット、赤ワイン

May
18

タヤリンとホワイトアスパラガス、モリーユ茸

堀江純一郎　●リストランテ イ・ルンガ

タヤリンはバターを多用する食文化のあるピエモンテ州のパスタ。バターとパルミジャーノをベースにしたこの皿は伝統的な仕立て。バターと相性のよいピエモンテ特産の春の素材、ホワイトアスパラガスとモリーユ茸を組み合わせている。

パスタの種類：タヤリン（P.412）

ソースの主な具材：ホワイトアスパラガス、モリーユ茸

ソースのベース：バター、肉のブロード、ニンニク、エシャロット、ローリエ

① ホワイトアスパラガスは皮をむいてやわらかく塩ゆでし、厚めの斜め切りにする。モリーユ茸は縦半分に切って掃除し、4〜5つに切る。
② 鍋にバターとローリエを入れて温め、バターが溶けたらアスパラガスとモリーユ茸を入れ、塩、コショウしてじっくり火を入れる。ニンニクのピュレ（ニンニクをやわらかくゆで、ミキサーにかけたもの）とエシャロットのピュレ（エシャロットをひたひたの量のサラダオイルとともにミキサーにかけたもの）を加えて混ぜ合わせた後、白ワインを加え、アルコール分をとばす。肉のブロード（解説省略）を加えて味をととのえる。
③ やや強めに塩をきかせた湯でタヤリンを20〜30秒ゆで、②の鍋に加えて和える。バター、パルミジャーノ、イタリアンパセリのみじん切りをふって和え、皿に盛る。

May

19

キタッラ
マーレ エ モンテ風

伊沢浩久　●アンビグラム

4種のキノコをオイルや玉ネギなどと蒸し煮にし、クリームと合わせて濃厚なソースに。イセエビは焼いてアメリケーヌソースをぬり、丸ごと1尾を添える。海と山の濃厚な旨みに、噛みごたえのあるキタッラを合わせた力強いひと皿。

パスタの種類：キタッラ（P.405）

ソースの主な具材：イセエビ、キノコ

ソースのベース：ソース・アメリケーヌ、トマトソース、
　　　　　　　　生クリーム、ニンニクオイル、
　　　　　　　　タカノツメ

① イセエビは一部をつなげたままにして、殻ごと縦半分に割る。身に塩をふり、オリーブ油をひいたフライパンで両面に焼き色をつけ、180℃のオーブンに1～2分間入れる。

② ソース・アメリケーヌ（解説省略）を温め、生クリーム、トマトソース（解説省略）、ニンニクオイル（解説省略）、きざんだタカノツメを加え、塩で味をととのえる。①を加え、ソースをからめる。

③ 適宜に切ったキノコ数種、バター、E.V.オリーブ油、玉ネギのスライス、ニンニク、塩を鍋に入れる。蓋をして弱火にかけ、キノコの水分が出るまで約15分間蒸し煮する。フード・プロセッサーでペースト状にする。

④ ③を温め、生クリームを加え混ぜる。キタッラを6分間ゆでて加え、パルミジャーノと塩で味をととのえる。

⑤ ②と④を皿に盛り、②のソースを③に少量たらす。きざんだイタリアンパセリを散らす。

May 20

ガルガネッリ、ナスとグリーンアスパラのアーリオ・オーリオ風、リコッタを添えて

濱﨑龍一　●リストランテ濱﨑

アンチョビとバジリコ風味のアーリオ・オーリオソースで、ガルガネッリ、焼いたグリーンアスパラガス、揚げたナスを和えたひと皿。リコッタを加えることで全体がおだやかなトーンにまとまる。

パスタの種類：ガルガネッリ（P.402）

ソースの主な具材：ナス、アスパラガス、リコッタ

ソースのベース：オリーブ油、バター、ニンニク、ペペロンチーノオイル、アンチョビ、

① フライパンにオリーブ油とつぶしたニンニクを入れて火にかけ、香りが立ったら、ペペロンチーノオイル（解説省略）、アンチョビ、バターを入れて少し煮立て、きざんだバジリコとイタリアンパセリを加える。
② ナスを縦に切り分け、素揚げする。アスパラガスはオリーブ油をぬってグリルで焦げ目をつけながら焼き、斜めに切る。
③ ①にゆでたガルガネッリ、②を入れてさっと和える。
④ 皿に盛り、リコッタをのせ、きざんだシブレットをふる。

May 21

ホロホロ鳥のパッパルデッレ

今井雅博　●アル・チェッポ

色とりどりの野菜が美しい、春らしい軽やかなひと皿。パッパルデッレにはルーコラを練り込み、ソースにはソラ豆など旬の野菜を取り入れて華やかな仕立てに。ホロホロ鳥は風味がおだやかなぶん、鶏のブロードで味わいを補強している。

パスタの種類：パッパルデッレ（P.425）

ソースの主な具材：ホロホロ鳥、ソラ豆、ズッキーニ、ロマネスコ、菜の花、トマト、

ソースのベース：鶏のブロード、オリーブ油、バター

① ホロホロ鳥はひと口大に切り、細かくきざんだマジョラム、ローズマリー、セージ、オリーブ油で一晩マリネする。
② 玉ネギ、ニンジン、セロリ、ニンニクでソッフリットをつくる。
③ 別のフライパンで①のホロホロ鳥を炒め、②に加え、白ワインを入れる。アルコール分がとんだら鶏のブロード（解説省略）を加え、沸いたら火を止めて塩とコショウで味をととのえる。
④ フライパンにオリーブ油とバターをフライパンに入れて火にかけ、③、ソラ豆、適宜に切ったズッキーニ、ロマネスコ、菜の花、トマト、パスタのゆで汁少量を加える。パルミジャーノ、ペコリーノ、黒コショウをふる。
⑤ ゆでたパッパルデッレを加えて和え、皿に盛りつける。ペコリーノ（分量外）を散らす。

May

22 卵料理の日

カチョ・エ・ペペのスパゲッティ 温泉玉子のせ

高橋直史 ●イル・ジョット

カチョ＝チーズとペペ＝黒コショウで仕上げるローマの
シンプルなパスタ。温泉卵をのせてアレンジし、とろり
と溶け出す黄身をからめて食べていただくひと皿に。

① フライパンにE.V.オリーブ油とニンニクのみじん切りを入れて火にかける。ニンニクが軽く色づいたら、スパゲティのゆで汁を加えて火を止める。ゆでたスパゲティを加え、和える。汁気が足りなければ水を加える。水分量は少し多めに調整するとよい。
② E.V.オリーブ油とペコリーノを加えてフライパンをあおり、乳化させる。粗めに挽いた黒コショウを加え混ぜる。
③ 器に盛り、中央に温泉玉子（75℃を保った湯に卵を10分間入れてから取り出し、常温になるまで冷ましたもの）を割り落とし、マルドンの塩をのせる。E.V.オリーブ油をふり、厚く削ったペコリーノを散らす。仕上げに黒コショウの粗挽きをふる。

パスタの種類：スパゲッティ
ソースの主な具材：温泉玉子、ペコリーノ、黒コショウ
ソースのベース：E.V.オリーブ油、ニンニク

May

23

フェットチーネ カルチョーフィのコンフィと ボッタルガ ピスタチオの香り

岡野健介
● リストランテ カシーナ カナミッラ

アーティチョークは野菜のブロードで煮て、つなぎに少量のマスカルポーネを加えてソースに。薄くなめらかに打ったフェットチーネを和える。ピスタチオペーストをベシャメルとブロードでゆるめたソースを皿に流し、香りを添えている。

パスタの種類：フェットチーネ (P.432)
ソースの主な具材：アーティチョーク、ボッタルガ
ソースのベース：野菜のブロード、ルゥ、ピスタチオ、マスカルポーネ

① アーティチョークは掃除して大きく切り分ける。オリーブ油、野菜のブロード（解説省略）、塩とともに約10分間煮る。
② 野菜のブロードに小麦粉とバターで作ったルゥでとろみをつけたものと生のピスタチオをミキサーにかける。温め、塩で味をととのえる。
③ ①をみじん切りにしてオリーブ油で軽く炒める。マスカルポーネを加え混ぜる。フェットチーネを2〜3分間ゆでて加え、和える。
④ 皿に②を敷き、③を少量ずつ盛る。①の薄切りとローストして粗く砕いたピスタチオを添え、ボッタルガをおろしかける。

May 24

ジャガイモのニョッキ 小柱とフォンドゥータのソース ビアンケット・トリフ添え

沼尻芳彦　●トラットリア ダディーニ

ニョッキのおだやかな甘み、小柱のソテーの旨み、チーズとクリームの濃厚なソースのコクが一体化したひと品。粒の大きな小柱とのバランスを考え、ニョッキは、大ぶりだがやわらかくて口にするりと入るような配合、成形に。

① 小柱は、オリーブ油をひいたフライパンで表面を香ばしくソテーする。
② フォンドゥータのソースをつくる。鍋にバターを入れて熱し、薄力粉を加え、色づけないように気をつけながらよく炒める。粉っぽさがなくなったら、沸かした牛乳と生クリームを加える。ダマがなくなるように混ぜながら5～6分間加熱する。ミキサーにかけ、途中、卵黄とパルミジャーノを加えて撹拌する。
③ フライパンで焦がしバターをつくる。ジャガイモのニョッキを1～2分間ゆでて加え、よく和える。焦がしバターごと皿に盛り、②のソースを流す。①を添え、スライスした春トリュフをのせる。

パスタの種類：ジャガイモのニョッキ（P.422）
ソースの主な具材：小柱、春トリュフ
ソースのベース：バター、薄力粉、牛乳、生クリーム、卵黄、パルミジャーノ

May

25

キタッラ スーゴ・フィント

辻 大輔　●コンヴィーヴィオ

「スーゴ・フィント」は偽物のスーゴの意で、肉のラグーに似せて、野菜のみでつくる庶民のソース。太めで噛みごたえのある乾麺のキタッラを合わせ、凝縮した野菜の旨みや甘みで、小麦の味わいをストレートに楽しませる。

① 角切りにした生ハムの皮をオリーブ油で炒める。香りが立ったら、つぶしたニンニク、ローズマリーを加えて炒める。香りが充分に立ったらニンニクを除き、多めのオリーブ油でつくったソッフリット加え、塩、トマトペースト、鶏のブロード(解説省略)を加えて30分間煮込む。生ハムの皮を取り除く。
② キタッラ(グラノ・アルマンド社)を約14分間ゆでて加える。軽く熱し、グラーナ・パダーノの粉末を加えて和える。
③ 皿にキタッラを直線状に盛りつけ、上にソースをのせる。

パスタの種類：キタッラ

ソースのベース：トマトペースト、鶏のブロード、ソッフリット、生ハムの皮、ローズマリー、ニンニク

May
26

佐島のウニと庭のカルチョーフィのニョケッティサルディ オリスターノ風

渡辺 明　●イル・リフージョ・ハヤマ

サルデーニャ島発祥のニョッケッティ・サルディに同州の街オリスターノでよく獲れるウニを合わせている。とろりと甘いウニ、ほろ苦いアーティチョーク、噛むほどに小麦の旨みが広がる生地と、素朴ながら変化のある皿に。

① フライパンにオリーブ油をひき、みじん切りにしたニンニクとタカノツメを香りが立つまで炒め、アンチョビのフィレのみじん切りを加えてさらに炒める。
② アーティチョークはガクや穂先などの硬い部分を切り除いて掃除し、せん切りにする。①に加えて軽く炒め、トマトソース、パスタのゆで汁、粗く切ったドライトマト（解説省略）を加えて軽く火を入れる。
③ ニョッケッティ・サルディを約6分間ゆでて加え、軽く煮込んでソースになじませる。生ウニを加え、火が通りすぎない程度にさっと全体を和える。
④ 皿に盛り、粗く切ったイタリアンパセリを散らす。

パスタの種類：ニョッケッティ・サルディ (P.424)

ソースの主な具材：生ウニ、アーティチョーク

ソースのベース：トマトソース、ドライトマト

May

27

カサレッチェ
山田さんが育てた濃厚卵の
カルボナーラ
石井さんのカルチョーフィの
フリット添え

濱本直希　●フェリチェリーナ

コクの強い卵黄に生クリーム、ペコリーノ、パルミジャーノを合わせて濃厚に。揚げたアーティチョークを添え、香ばしさと茎のほっくりした旨みを加える。

① ボウルに卵黄、生クリーム、パルミジャーノ、ペコリーノ・ロマーノを入れてよく混ぜ合わせる。
② アーティチョークはガクや穂先の硬い部分を取り除いて掃除し、やや厚めにスライスする。180℃のオリーブ油でさっと素揚げし、塩をふる。
③ パンチェッタのみじん切りを香ばしく色づくまでオリーブ油で炒め、水と①を加える。カサレッチェを約12分間ゆでて加え、よく和える。
④ 皿に盛り、②をのせる。黒コショウを挽きかける。

パスタの種類：カサレッチェ

ソースの主な材料：アーティチョーク、チーズ、パンチェッタ、卵黄、生クリーム

May 28

中国の香りのするキタッラ、スパゲッティ アッラ カルボナーラのイメージで

浅井卓司　●イ・ヴェンティチェッリ

キタッラには四川山椒を練り込み、カルボナーラソースにはピータンを加えて独特な風味に。仕上げには豆腐を発酵させた「白腐乳」を塩水でのばしたものをかけてコクと風味を加え、四川山椒で香りを添える。

パスタの種類：キタッラ（P.406）

ソースの主な具材：ホワイトアスパラガス、グリーンアスパラガス

ソースのベース：全卵、パルミジャーノ、ペコリーノ、ピータン、E.V.オリーブ油、白腐乳

① 全卵を溶き、パルミジャーノ、ペコリーノ、角切りにしたピータン、E.V.オリーブ油を加えて混ぜる。
② キタッラをゆで、ゆで上がる直前に適宜に切ったアスパラガス2種（ホワイト・グリーン）を加える。一緒にザルにあげ、水気をきる。
③ フライパンに①と②を加え、弱火で温めてからめる。皿に盛る。
④ 白腐乳は漬け汁ごとミキサーにかけ、③にかける。つぶした四川ザンショウを添える。

May
29

セロリを練り込んだガルガネッリ 牛テールの煮込み

京 大輔 　●コルニーチェ

セロリの葉を麺に、茎を牛テールの煮込みに使い、さわやかな香りの相乗効果を狙う。歯ごたえのあるガルガネッリが、牛テールのコクのある味わいに負けない存在感を発揮する。緑と赤の色の対比も美しいひと皿。

① 牛テールは関節ごとに切り分ける。塩、コショウをふって強力粉をまぶし、フライパンで表面全体を焼く。
② 余分な脂を捨てる。赤ワインを加え、アルコール分をとばす。
③ ソッフリット、ホールトマト、ポルチーニのペースト（解説省略）、ローリエを入れる。煮込みはじめて1時間たったらセロリを加え、全体で約2時間煮込む。
④ ③から牛テールを取り出し、骨は取り除き、身はほぐして戻し入れる。よくなじませる。
⑤ ④を温める。セロリを練り込んだガルガネッリを1%の塩湯でゆで、温めた④とからめる。パルミジャーノを加えて器に盛る。

パスタの種類：セロリを練り込んだガルガネッリ（P.403）

ソースの主な具材：牛テール、セロリ

ソースのベース：ソッフリット、ホールトマト、ポルチーニのペースト

May

30

タヤリンのカルボナーラ、野生のアスパラガス添え

伊藤延吉
● リストランテ・ラ・バリック・トウキョウ

口当たりの軽いタヤリンに合わせ、さらりと仕立てたカルボナーラ。パンチェッタは炒めず、鶏のブロードと水で煮出してブイヨンをつくる。そこに卵黄などを混ぜ、香りと旨みのある軽やかなソースにしている。

パスタの種類：タヤリン（P.412）

ソースの主な具材：野生のアスパラガス、
　　　　　　　　サマートリュフ

ソースのベース：パンチェッタのブロード、卵黄、
　　　　　　　　生クリーム、グラーナ・パダーノ

① 野生のアスパラガスを塩ゆでし、冷水にとって水気をきっておく。
② 卵黄、生クリーム、グラーナ・パダーノ、黒コショウをボウルに入れてよく混ぜ合わせておく。
③ アルミのフライパンにパンチェッタのブロード（パンチェッタ100gの短冊切りをオリーブ油適量でカリカリに炒め、鶏のブロード500㎖と水200㎖を加えて約30分間ゆでて味を完全に引き出す。漉した後、表面に浮かんだ脂を取り除く）と①のアスパラガスを入れて煮詰める。
④ タヤリンを約1分半ゆで、③の鍋に入れて和える。混ぜ合わせた②を加えて手早く和え、皿に盛る。サマートリュフをスライスしてかける。

May 31

季節のグリーン野菜のソース オレキエッテ

高橋直史　●イル・ジョット

ソースにはブロッコリーと旬の緑色の野菜を12〜13種類使う。一体感のあるソースに仕立てるため、野菜はオレキエッテと同じ大きさに切ってやわらかくゆで、青菜のペーストを合わせる。青菜は何種類か入れるとよい。

① 緑色の野菜（ブロッコリー、ナノハナ、プティヴェール、芽キャベツ、スナップエンドウ、サヤインゲン、グリーンピース、モロッコインゲン、ズッキーニなど）は、オレキエッテの大きさにそろえて、それぞれ角切りにする。沸騰した湯に塩（分量外）を入れ、野菜をゆでる。
② 青菜（ホウレンソウ、ダイコンの葉、カブの葉など）は別にとりおき、少量のゆで汁とミキサーにかけてピュレにする。
③ フライパンにE.V.オリーブ油、つぶしたニンニクを入れて火にかける。香りが立ってきたら取り出す。ゆでたオレキエッテと①を加える。適量の水を入れ、野菜をつぶしながら水分をとばす。②を少量加え、ソースにとろみがついてきたら、仕上がる直前にE.V.オリーブ油とパルミジャーノを入れて全体にからめる。器に盛り、上からさらにパルミジャーノをふる。

パスタの種類：オレキエッテ
ソースの主な具材：緑色の野菜
ソースのベース：青菜、ニンニク、オリーブ油

June

June

鮎の日

塩漬け鮎のオイルコンフィと
茴香のキタッラ
茴香の花とうるかを添えて

筒井光彦　●キメラ

アユは内臓を抜き、丸ごと食べられるやわらかさのコンフィに。腹の身はウイキョウのソースとともにキタッラにからめ、頭と尾はそのまま盛り付ける。内臓は塩漬けにし、ウイキョウの花とともにパスタにのせる。

パスタの種類：キタッラ（P.406）

ソースの主な具材：アユ、ウイキョウ

ソースのベース：ウイキョウ、鶏のブロード、
　　　　　　　　アサリのブロード、生クリーム

① ウイキョウのソースをつくる。鍋にざく切りにしたウイキョウの葉と茎、鶏のブロード（解説省略）、カレーパウダー、サフランパウダーを入れて煮込む。ウイキョウがクタクタに柔らかくなったら、フード・プロセッサーにかけてピュレ状にする。
② アユのコンフィ（P.395）をつくり、頭、胴、尾に三等分する。
③ 別の鍋にきざんだウイキョウの基部と鶏のブロード、ペルノーを加え、ウイキョウの食感が残る程度に煮る。
④ フライパンにアユのコンフィの胴と③、ウイキョウのソースを入れ、アサリのブロード（解説省略）、生クリーム（乳脂肪分47%）を加えて火にかける。
⑤ キタッラを4分間ゆで、加えて和える。皿に盛り、アユの内臓の塩漬け（アユの内臓に重量の2%の塩を加え混ぜ、2日間冷蔵庫でねかせたもの）をのせる。取りおいたアユのコンフィの頭と尾を添え、適宜に切ったウイキョウの葉と花を散らす。

June 2

ブローデットを詰めたラヴィオリ
尾鷲産魚介とバジリコのソース

佐藤 護　●トラットリア ピコローレ ヨコハマ

鮮やかな赤色のラヴィオリ生地にはトマトパウダーを練り込んである。中には魚介のスープが。蒸した何種類もの魚介と盛り合わせる。さっぱりとしたバジルソースをあしらい、清涼感のある初夏らしい味わいに。

パスタの種類：ラヴィオリ（生地のつくり方→P.436）

詰めものの主な材料：魚のアラ、トマトソース

付けあわせ：チダイ、エビ、
　　　　　　アオリイカ、ムール貝

ソースのベース：バジリコソース

① ブローデットをつくる。魚のアラ、玉ネギ、ニンジン、セロリ、ニンニクのスライスとタカノツメをオリーブ油で炒める。白ワインを加えてアルコール分をとばす。トマトソース、サフランを加え、水を足してひたひたにする。約2時間煮る。漉し、半量に煮詰める。パールアガーでかためる。
② 生地2枚で①を包む。
③ チダイ（コダイ）は三枚におろし、ひと口大に切る。エビは殻、頭、尾を除く。アオリイカはひと口大に切る。ムール貝はゆでて殻からはずす。すべてパイ皿に並べ、塩とオリーブ油をふって約10分間おく。蒸し器に入れて、約3分間蒸す。
④ フライパンにオリーブ油、バター、ケイパー、ドライトマト、種を抜いて二等分した黒オリーブを入れて炒める。②を3分間ゆでて加える。皿に盛り、③を添える。
⑤ ラヴィオリのゆで汁とバジリコソース（解説省略）を合わせて熱し、④にかける。

June

3

スパゲッティ、小柱と甘長トウガラシのアーリオ・オーリオ・ペペロンチーノ、からすみがけ

平井正人　●ダルマット西麻布本店

熱したニンニクオイルにアサリのブロードを加えたら、ゆでたてのパスタをすぐに加え、一気に混ぜて乳化させる。そこに小柱、甘長トウガラシ、カラスミを。ニンニクオイルが磯の香りを引き立てる。

① 小柱に塩をふってなじませる。E.V.オリーブ油（刺激の強いもの）で約2分間マリネする。
② ニンニクオイル（P.395）を熱し、イタリアンパセリのみじん切りを加え、さらにアサリのブロード（解説省略）を加える。煮立ったらゆでたスパゲッティ（バリラ社）を加え、鍋をゆすって全体を乳化させる。①の小柱と小口に切った甘長トウガラシを加え、手早く混ぜる。
③ 皿に盛り、すりおろした自家製カラスミと、アサツキの小口切りをふりかける。

パスタの種類：スパゲッティ

ソースの主な具材：小柱、甘長トウガラシ

ソースのベース：アサリのブロード、ニンニクオイル

June

4

トロフィエ マグロのボッタルガ・ムシャーメ・心臓の塩漬けとアーティチョーク・アマドコロ・レモン

岩坪 滋　●イル プレージョ

マグロ漁で有名なサン・ピエトロ島の料理から着想を得たひと皿。手打ちのトロフィエに、マグロのカラスミ、ムシャーメ（干し肉）、心臓の塩漬けを合わせ、アーティチョークとレモンで香り高く仕上げる。

パスタの種類：トロフィエ（P.421）

ソースの主な具材：アーティチョーク、マグロのフィレ・心臓・ボッタルガ、アマドコロ

ソースのベース：アサリのブロード、魚醤

① フライパンにオリーブ油とつぶしたニンニクを熱し、掃除したアーティチョークを加えてからめる。浸りきらない程度の白ワインを加えて15分間蒸し煮にする。蓋を取って汁気をとばし、くし形切りにする。

② 別のフライパンにオリーブ油、みじん切りのニンニクとタカノツメを熱し、色づいたらくし切りにした①、アマドコロ（P.125）を加えて混ぜ合わせ、アサリのブロード（解説省略）を加える。

③ トロフィエを3分半〜4分間ゆでて②に加える。オリーブ油、塩、レモン果汁、少量の魚醤（しょっつる）、すりおろしたレモンの皮とマグロのボッタルガ（塩漬けの卵巣を乾燥させたもの）を加える。

④ ③、マグロのムシャーメ（フィレの塩漬けを乾燥させたもの）、マグロの心臓の塩漬け（塩漬けを乾燥させたもの）を盛る。すりおろしたマグロのボッタルガとレモンの皮をふる。

June

5

鴨とフォアグラのトルテッリーニ 大和肉鶏とアミガサ茸の ブロード仕立て

堀江純一郎　●リストランテ イ・ルンガ

鴨の胸肉のローストと、じっくり火を入れたフォアグラをパスタ生地で包んでトルテッリーニに。奈良県の地鶏「大和肉鶏」のブロードに浮かべ、春が旬のモリーユ茸を添える。リストランテらしい贅沢な構成。

パスタの種類：トルテッリーニ（生地のつくり方→ P.420）
ソースの主な具材：鴨の胸肉、赤玉ネギ、
　　　　　　　　　バルサミコ酢、白ワイン、
　　　　　　　　　フォワグラ、アミガサタケ
ソースのベース：大和肉鶏のブロード

① トルテッリーニの詰めものをつくる。鴨の胸肉は皮をはがして角切りにし、皮の脂で焼き色をつける。赤玉ネギのスライスとローリエ（フレッシュ）を加えてしんなりするまで炒め、塩とコショウをふる。ザラメを入れてカラメリゼし、バルサミコ酢を加えて煮詰める。白ワインを注ぎ、180℃のオーブンに8〜10分間入れ、冷ます。肉は取り出してフード・プロセッサーにかける。スパイスやカルバドスなどでマリネして真空調理したフォワグラを加えて食感が残る程度までさらに回す。赤玉ネギはみじん切りにし、加えて混ぜる。

② トルテッリーニの生地に③を包んで成形し、30秒〜1分間ゆでる。

③ 大和肉鶏のブロード（P.395）に③を入れて軽く加熱する。器に盛り、アミガサタケのソテー（P.395）をのせる。パセリのみじん切りを散らす。

June
6
かえるの日

タヤリンパスタ
カエルのブロード
ういきょうピュレ添え

古田 剛　●オステリア アバッキオ

淡白なカエルのブロードには、鮮烈な香りのフィノッキオのピュレを。相反する二つの要素を合わせて、対比を楽しませる趣向。おだやかな味わいの卵麺であるタヤリンが両者を受け止める。

① カエルの胴とスネはオリーブ油で表面を軽く焼いてから水を加え、アクを取りながら15分間煮る。骨を取り除き、身はほぐして戻し入れる。
② 玉ネギのみじん切りは、湯通しして水気をきる。鍋に湯、ウイキョウの茎、オリーブ油とともに入れて火にかける。きざんだウイキョウの葉を加え、ミキサーにかける。再度鍋に戻し、水分をとばしながらピュレ状になるまで加熱する。
③ カエルの腿肉は、鶏手羽をチューリップにする要領で成形する。炭酸水、塩、溶き卵を混ぜたものにくぐらせ、細挽きパン粉の衣をつけて揚げる。
④ タヤリンをゆでて①に加え、全体をよくからめる。皿に盛り、②と③を添える。

パスタの種類：タヤリン (P.412)

ソースの主な具材：カエル、ウイキョウ

ソースのベース：カエルのブロード

June

7

自家製ソーセージ、サフランと軽いトマトソースのマロレッドゥス

馬場圭太郎
● タロス

マロレッドゥスは、筋の入った小さな貝殻形のパスタ。ソースはサフランをきかせた自家製サルシッチャをラグー仕立てに。サフランの名産地であるサルデーニャ島西部カンピダーノ地方の伝統的な調理法だ。

① 豚肉の粗挽き、豚肉の重量の1%の塩、粗挽きコショウ、フェンネルシードを練り合わせる。冷蔵庫で1日ねかせる。
② 鍋にオリーブ油を熱し、玉ネギのみじん切り、つぶしたニンニクを入れて軽く炒める。①とサフランを加えてさらに炒める。トマトソース(解説省略)を加えて20分間煮込む。
③ マロレッドゥス(ニョッケティ・サルディとも呼ばれるサルデーニャの伝統的なパスタ。サルデーニャ産の乾燥品を使用)をゆで、③に加えて和える。
④ 皿に盛り、ペコリーノとイタリアンパセリのみじん切りを散らす。

パスタの種類:マロレッドゥス

ソースの主な具材:豚粗挽き肉

ソースのベース:トマトソース、玉ネギ、ニンニク

June
8

野菜のタヤリン

小林省吾 ●トルナヴェント

タヤリンは卵黄の水分のみで練って極細に切り、繊細かつ高級感のある仕立てに。ズッキーニ、ニンジン、セロリはタヤリン同様に細くせん切りにしてソテーし、淡く軽やかな味わいを引き出している。

① ズッキーニ、ニンジン、玉ネギ、セロリを幅1mm、長さ10cmの細切りにし、オリーブ油をひいたフライパンで炒める。粗みじん切りにしたトマト、パスタのゆで汁を加える。
② タヤリンを30秒間ゆで、①に加える。全体をなじませて器に盛り、パスタと皿のリムにE.V.オリーブ油をふる。

パスタの種類：タヤリン (P.416)

ソースの主な具材：ズッキーニ、ニンジン、玉ネギ、セロリ、トマト

ソースのベース：オリーブ油

June

9

たまごの日

マッケロンチーニの
カルボナーラ
ローマ風

伊沢浩久　●アンビグラム

しっかりした噛みごたえのマッケロンチーニに、卵黄、グアンチャーレ、ペコリーノ・ロマーノ、黒コショウでつくるローマの伝統的スタイルのカルボナーラソースをからめる。サマーポルチーニと詰めものをした鶏手羽を添えて。

パスタの種類：マッケロンチーニ (P.434)

ソースの主な具材：鶏手羽、牛バラ肉、キャベツ、サマーポルチーニ、サマートリュフ

ソースのベース：グアンチャーレ、卵、ペコリーノ・ロマーノ、黒コショウ

① グアンチャーレはスライスし、E.V.オリーブ油で軽く炒める。ボウルに移し、全卵、卵黄、削ったペコリーノ・ロマーノ、黒コショウを加えてよく混ぜる。
② 鶏手羽は香味野菜とともにやわらかく煮る。骨をはずし、牛バラ肉の赤ワイン煮、鶏のブロードで煮たキャベツ（ともに解説省略）を詰めて網脂で包む。E.V.オリーブ油で表面を焼き、180℃のオーブンに2～3分間入れる。
③ サマーポルチーニはニンニクのみじん切りとオリーブ油でソテーする。
④ さっとゆがいたイタリアンパセリ、水、E.V.オリーブ油、塩をハンドミキサーでピュレ状にし、シャンタナ（スペイン製増粘剤）を加え混ぜてとろみをつける。
⑤ ①のボウルに、約14分間ゆでたマッケロンチーニを加える。弱火で熱しながら混ぜて、ソースをしっかりからませる。
⑥ 皿に盛り、②と③を添える。イタリアンパセリのみじん切り、④、ペコリーノ・ロマーノ、削ったサマートリュフをかける。

June
10

ピサレイ
カルチョーフィのピュレと
フリット添え

芝先康一 ●リストランテ シーヴァ

「ピサレイ」は小麦粉にパン粉を混ぜた生地でつくる、エミリア＝ロマーニャ州の伝統的なパスタ。それにアンチョビ風味のアーリオ・オーリオをからめている。アーティチョークはピュレにしてソースにし、パリパリに素揚げしてパスタにのせる。

パスタの種類：ピサレイ（P.426）

ソースの主な具材：アーティチョーク

ソースのベース：アーティチョーク、魚のブロード、オリーブ油、ニンニク、タカノツメ、アンチョビ

① エシャロットのスライスをオリーブ油で炒める。アーティチョークの軸のスライスを加えて炒める。魚のブロード（解説省略）を加え、約20分間煮る。ミキサーにかけ、漉す。塩とE.V.オリーブ油で味をととのえる。
② アーティチョークの花托をスライサーで薄切りにし、160℃のサラダ油で素揚げする。
③ ニンニクのみじん切りとタカノツメをオリーブ油で炒め、香りが立ったらアンチョビのみじん切りを加えてさらに熱する。ピサレイを4〜5分間ゆでて加え、さっとからめる。
④ 器に①を敷き、その上に③を盛る。②を添え、マジョラムを飾る。ピマン・デスペレットをふる。

June 11

イカスミのフィデワ

小松岳史 ●レストラン san

スペイン・カタルーニャの郷土料理「フィデワ」は、短く折った乾麺をパエリア鍋で炊く「パスタパエリア」のこと。麺を油で揚げておくことで、パスタがのびにくくなり、コクが出る。イカ墨と赤ピーマン、2種の濃厚なペーストを合わせる。

パスタの種類：スパゲッティーニ

ソースの主な具材：スミイカ

ソースのベース：トマトソース、魚介のブロード、
　　　　　　　　イカスミのペースト、
　　　　　　　　ピキーリョのペースト、アイヨリ

① スパゲッティーニ（バリラ社）は長さ3cmに折って、約150℃のオリーブ油で10分間素揚げする。
② パエリア鍋にオリーブ油をひき、ニンニクのみじん切りを炒める。香りが立ったらトマトソース（解説省略）を加えてさっと炒める。魚介のブロード（解説省略）を加え、沸いたらイカスミのペースト（P.396）と①を加え、約5分間煮る。水分がなくなったら200℃のオーブンで約3分間加熱する。
③ スミイカの身はひと口大に切り、ソテーする。みじん切りにしたパセリと和え、②の上に盛りつける。
④ 鍋ごと客前に出す。皿にピキーリョのペースト（スペイン・ロドサ産の濃厚な味わいの赤ピーマンを焼いてペースト状にしたもの）をハケでぬり、鍋の中身を盛る。カタバミなどの野草を飾り、アイヨリ（解説省略）を添える。

June

12

タッコーニ マーレ・エ・モンテ

辻 大輔　●コンヴィーヴィオ

「タッコーニ」は布のつぎあての意で、トスカーナ州の古典的なパスタ。生地は薄めにのばして、のど越しよく、ソースがからみやすいようにしている。マーレ・エ・モンテ（海と山）の言葉通り、アカエビやポルチーニなど山海の旨みが詰まったソースを合わせて。

① ニンニクのみじん切りをオリーブ油で炒め、香りが立ったらサマーポルチーニのスライス、下ゆでしたグリーンピースを加える。
② アカエビは頭と殻をはずし、マダイの切り身は皮を引く。それぞれ小角に切る。別のフライパンにオリーブ油をひいてこれらを炒め、塩を軽くふる。白ワインを加え、アルコール分をとばす。①に加えて混ぜ、ビスクとトマトソース（ともに解説省略）も加えて混ぜる。
③ タッコーニを6～7分間ゆで、②のフライパンに加えてよくからめる。皿に盛り、E.V.オリーブ油、イタリアンパセリをふる。

パスタの種類：タッコーニ

ソースの主な具材：アカエビ、マダイ、サマーポルチーニ、グリーンピース

ソースのベース：オリーブ油、ニンニク

June 13 いいみょうがの日

鮎と獅子唐、茗荷のカヴァテッリ カラスミ添え

湯本昌克　●シエロ アズッロ

内臓付きのまま網焼きにした鮎の苦み、焼き焦がしたシシトウの辛みと青い香り、仕上げに盛りつけたミョウガの鼻に抜ける清涼感——これら複数の風味を重ねた、初夏のパスタらしい香り豊かな一皿。

① アユは塩をふって網にのせて焼き、骨を除いて身と内臓をほぐす。フライパンにオリーブ油をひき、ニンニクのみじん切りとアンチョビ（フィレ）を炒める。水とアユを加え、火を止める。
② シシトウは網にのせて焼き、表面を焦がす。
③ ①のフライパンを火にかけ、②、輪切りにした青トウガラシ、5～6分間ゆでたカヴァテッリを加え、和える。
④ 皿に盛り、縦にスライスしたミョウガを盛って、小口切りにした万能ネギを散らす。花穂ジソとすりおろしたカラスミをふる。

パスタの種類：カヴァテッリ（P.401）

ソースの主な具材：アユ、シシトウ、青トウガラシ、ミョウガ、カラスミ

ソースのベース：オリーブ油、ニンニク、アンチョビ

June

14

しっかりと味を含ませた
トゥベッティ
本マグロと2種類の空豆
自家製本マグロ節を削って

筒井光彦　●キメラ

生のマグロを温かいパスタに組み合わせた温度差が印象的な皿。短い筒型パスタ「トゥベッティ」はブロードで炊いてからアボカドをからめ、生のマグロのねっとりとした食感とトーンをそろえる。仕上げにのせたのは自家製のマグロ節。

パスタの種類：トゥベッティ

ソースの主な具材：マグロ、ソラ豆

ソースのベース：鶏のブロード、白ワイン、アボカド

① マグロに重量の1%の塩をまぶし、脱水シートに包んで60分間おいた後、サラマンドルでほんのり温まる程度に加熱する。
② E.V.オリーブ油をひいた鍋にきざんだエシャロットを入れ、弱火でゆっくりと炒める。
③ エシャロットに甘みが出たらトゥベッティ(「チューブ」を意味する小さい管状のショートパスタ)と白ワイン、塩を加えて沸かし、酸味をとばす。
④ トゥベッティがかぶるくらい、ひたひたに鶏のブロード(解説省略)を加えて約10分間炊く。途中、鶏のブロードを少しずつ足し、常にトゥベッティがかぶるくらいの水分量を維持する。
⑤ トゥベッティが炊き上がったら水分をとばすように煮詰め、きざんだアボカドを加え、果肉をつぶしてからめる。
⑥ 塩ゆでして薄皮をむいたソラ豆を入れ、小角に切った①のマグロを加えて全体を混ぜる。
⑦ 皿に盛り、スライスしたマグロ節(解説省略)をのせる。

June

15

フェンネルとチポロッティの鰯、オリーブのコルツェッティ

小林寛司 　●ヴィラ・アイーダ

イワシ、ウイキョウ、オリーブという南イタリアを感じさせる素材に、円形に抜いた北部のパスタ「コルツェッティ」を合わせてサラダ仕立てに。ゆでたての野菜に、マリネした冷たいイワシをのせて温度差を楽しませる。

パスタの種類：コルツェッティ (P.409)

ソースの主な具材：イワシ、ウイキョウ、チポロッティ、黒オリーブ、ケイパー

ソースのベース：アサリのブロード

① 刺身用のイワシは三枚におろし、軽く塩をして5分間ほどおき、レモンの搾り汁で洗う。汁気をふき、E.V.オリーブ油、レモンの皮のマリネ（せん切りにして適宜ゆでこぼし、コリアンダーシードと砂糖を加えて煮詰めたもの）、ニンニクの薄切り、タカノツメ、コリアンダーシードと合わせ、30分間以上マリネする。
② 1.5cm角に切ったウイキョウの茎、1.5cm幅に切ったチポロッティの葉、縦半分に切ったチポロッティをさっとゆでる。
③ フライパンにオリーブ油、丸のままつぶしたニンニク、タカノツメを入れて弱火にかける。香りが立ってきたら、ニンニクとタカノツメは取り除き、アサリのブロード（解説省略）を加えてなじませ、黒オリーブ、ケイパーを加えたら、ゆでたコルツェッティを加えて和える。
④ 器に盛り、①、レモンの皮のマリネ、ウイキョウの葉、ルッコラをのせる。

June 16

黒鯛のカマ肉とズッキーニの マファルディーネ、 バジリコ風味

杉原一禎 ●オステリア・オ・ジラソーレ

魚のカマの濃厚なだしとそのほぐし身を使った一品。白身魚の頭は少量の水分で蒸し煮にしてゼラチン質を引き出し、煮凝りにする。これをブロードに加えて、ソースのベースに。仕上げにバジリコの香りを加える。

パスタの種類：マファルディーネ
ソースの主な具材：ズッキーニ、黒ダイのカマの身
ソースのベース：魚のカマのスーゴ、魚のブロード、バジリコペースト

① 鍋に魚のカマのスーゴ(P.396)を入れて温め、魚のブロード（解説省略）を加えてのばす。沸かして、せん切りにしたズッキーニをゆでる。
② ズッキーニに火が入ったら、きざんだタイム、バジリコ、黒ダイのカマのほぐし身を加える。アルデンテにゆでたマファルディーニを加え、仕上げにバジリコペースト（解説省略）を加える。皿に盛る。

June 17

紅さやかと二色のバラ 佐渡産南蛮エビの スパゲッティーニ

小松岳史　●レストラン san

サクランボが旬の6〜7月中旬に提供する一皿。鮮やかな色と香りが印象的なサクランボとバラの組み合わせは、同じバラ科の植物であることから発想。全体に生温かく、エビは半生の状態に仕上げる。

① ボウルに甘エビ（新潟県佐渡産）の身、ローズパウダー、塩、E.V.オリーブ油を入れて和える。
② スパゲッティーニ（バリラ社）を5分間ゆで、①に入れて混ぜ合わせる。半割にして種を取り除いたサクランボ（「紅さやか」を使用。佐藤錦とセネカを交配して得られた実生から選抜・育成された早生種で、佐藤錦よりも酸味が強く、果肉は朱紅色で、熟すにつれて紫黒色に変化する）の実、バラの花弁（島根県の奥出雲薔薇園で作られている食用バラ「さ姫」と「アップルロゼ」を使用）を加える。
③ ②にバラのヴィネグレット（バラのコンフィチュール、フランボワーズヴィネガー、赤ワインヴィネガー、シェリーヴィネガー、グレープシードオイル、ローズパウダー、ローズウォーターを合わせたもの）をふり、皿に盛りつける。

パスタの種類：スパゲッティーニ

ソースの主な具材：甘エビ、サクランボ、バラ

ソースのベース：バラのヴィネグレット

June
18

カサゴとナスのパッケリ

本多哲也 ●リストランテ・ホンダ

カサゴの身を骨でとっただしで軽く煮込み、噛みしめて味わうパッケリ、揚げナスを組み合わせた夏の皿。旨みのある魚なので、モチモチした食感のパッケリがよく合う。パスタにもソースを充分に煮含めることがポイント。

パスタの種類：パッケリ

ソースの主な具材：カサゴ、ナス、トマト

ソースのベース：カサゴのブロード

① カサゴは三枚におろし、アラはぶつ切りにする。フィレはひと口大に切り分け、塩、コショウする。
② つぶしたニンニク、スライスした玉ネギ、ニンジン、セロリをオリーブ油で色づけないように炒め、①のアラを加えて軽く炒める。白ワイン、トマト、水、パセリの軸、バジリコ、タイムを加えて約30分間煮る。漉してブロードとする。
③ ナスはひと口大に切り、塩をふってしばらく置く。水分をふき取り、素揚げする。
④ つぶしたニンニクと赤トウガラシをオリーブ油で炒め、色づいたら①のフィレを加えて軽くソテーする。4等分に切ったトマトを加え、トマトの角がとれたら白ワイン、①のブロードを加えて弱火で煮る。
⑤ ゆでたパッケリ（グラニャーノ社）を加えて軽く煮込み、③、塩、コショウ、オリーブ油を加えて和える。皿に盛り、きざんだバジリコをのせる。

June

19

干し草の香りで包んだ
アニョロッティ・ダル・プリン

小林省吾　●トルナヴェント

アニョロッティ・ダル・プリンをゆでた干し草とともに盛るこの料理は、小林シェフが修行したピエモンテにあるレストランのスペシャリテ。干し草をゆがいた湯でパスタをゆで、ほのかに甘い香りをまとわせている。

パスタの種類：アニョロッティ・ダル・プリン
(生地のつくり方→ P.399)
詰めものの主な具材：豚ノド肉,仔牛内腿肉,ウサギ肉、
ホウレンソウ、ブラ・ドゥーロ
ソースのベース：バター、セージ

① アニョロッティ・ダル・プリンの詰めものをつくる。ハーブと香味野菜とともにオーブンで蒸し煮にした豚ノド肉、仔牛内腿肉、ウサギ肉、煮詰めた煮汁、下ゆでしたホウレンソウ、ブラ・ドゥーロ（ピエモンテ産の牛乳チーズを6ヵ月間以上熟成させたもの）をミキサーにかけ、全卵、オリーブ油、塩、コショウを混ぜる。

② アニョロッティ・ダル・プリンをつくる。生地を厚さ約1mmにのばし、その半分に①を1.5cm間隔で少量ずつ絞る。生地を半分に折り、詰めものを指でつまんで生地と密着させ、1.5cm角に切る。

③ 干し草は塩ゆでし、鳥の巣型に成形して器にのせる。ゆで湯でアニョロッティ・ダル・プリンを3〜4分間ゆでる。

④ 別鍋にバターを熱し、セージと③のゆで汁を加えて乳化させる。ゆでた③を加えて和える。③の器に盛り、ブラ・ドゥーロをおろしかける。E.V.オリーブ油をまわしかける。

June 20 ペパーミントの日

パッションフルーツのスパッツェレ サルシッチャのラグー、ミント風味

星山英治　●ヴィルゴラ

パスタ生地にはパッションフルーツのピュレを練り込み、スパイスのきいた豚ひき肉のラグーを合わせた印象的、かつ個性的な仕立て。パッションフルーツの酸味とフレッシュのミントの香りが、さわやかな余韻を残す。

パスタの種類：スパッツェレ（生地のつくり方→P.410）
ソースの主な材料：豚挽き肉、モロッコインゲン、ベリートマト、レモン、鶏のブロード

① 豚挽き肉、ミックススパイス（シナモン、クローヴ、ナッツメッグ、パプリカ）、ニンニクのすりおろし、塩、コショウを混ぜる。ピュアオリーブ油を温めたフライパンに広げて焼く。
② 鍋にピュアオリーブ油、ニンニク、タカノツメ、ローリエを入れて弱火にかけ、香りが立ったらみじん切りにした玉ネギを炒める。しんなりしたら、①と白ワインを加えて煮詰める。
③ 鶏のブロード（解説省略）と水を加え、強火で沸かす。150℃のオーブンで1時間半煮込む。
④ スパッツェレ専用の製麺機に生地を入れ、90〜95℃の湯に落とし入れてゆでる。ザルに取り、冷水にさらす。
⑤ フライパンに適当な大きさに切ったモロッコインゲンを入れて火にかける。表面の色が鮮やかになったら、水を加えて火を通す。
⑥ ③を加え混ぜ、④を湯通しして加える。和えながら、縦半分に切ったベリートマト、きざんだレモンの果肉、みじん切りのミントの葉を加え混ぜる。皿に盛り、ミントの葉を散らす。

June
21

セロリとタコのトロフィエ セロリのジェノベーゼ

宮川圭輔　●ラピ

生タコとセロリはごく浅く火を通し、サラダのような軽さを演出。ソースはジェノベーゼのバジリコをセロリの葉に置きかえ、さわやかで鮮烈な印象に。タコのさっぱりとしていて旨みのある味わいによく合う。

① セロリのジェノベーゼソースをつくる。セロリの葉、松ノ実、ニンニク、E.V.オリーブ油、塩をミキサーにかけてペースト状にする。
② フライパンに少量の野菜のブロードと薄切りにしたセロリ、生ダコを合わせて、ごく浅めに火を入れる。
③ ゆでたトロフィエと①を順に加えて和える。
④ 皿に盛り、セロリの葉を添える。

パスタの種類：トロフィエ（P.421）

ソースの主な具材：セロリ、生ダコ

ソースのベース：セロリのジェノベーゼソース

June

22 かにの日

毛ガニと茨城県産柔甘ねぎの冷製カペッリーニ 毛ガニの泡

佐藤 護　●トラットリア ピコローレ ヨコハマ

長ネギの蒸し汁と毛ガニのミソ入りのドレッシングでカペッリーニを和えた冷製パスタ。長ネギの甘みとカニの旨みや風味が全体から感じられる。毛ガニのゆで汁でつくる泡状のソースで、インパクト大のユニークな盛り付けに。

① カペッリーニ（ディ・チェコ社）を2分30秒間ゆでる。冷水で締める。水気をきる。
② スライスして蒸し煮した長ネギと長ネギのジュース（長ネギを蒸し煮した際に出た水分を集め、凝固剤〈パールアガー〉を加えて粘度を出したもの）とオリーブ油で、①を和える。
③ 皿に盛る。毛ガニのミソ、白ワインヴィネガー、オリーブ油、塩、コショウを混ぜ合わせてドレッシングをつくり、パスタにかける。
④ 塩湯でゆでた毛ガニのほぐし身と毛ガニの泡（毛ガニをゆでた際のゆで汁にレモン果汁、オリーブ油、レシチン水を加え、ハンドミキサーで泡にしたもの）をのせ、毛ガニの甲羅を添える。

パスタの種類：カペッリーニ
ソースの主な具材：毛ガニ、長ネギ
ソースのベース：長ネギのジュース、毛ガニのミソ、白ワインヴィネガー、オリーブ油

June 23

アブルッツォ風キタッラ、仔羊と赤ピーマンのラグー和え

西口大輔　●ヴォーロ・コズィ

セモリナ粉と全卵だけでつくる歯ごたえの強いキタッラも、仔羊と赤ピーマンのラグーも、ともにアブルッツォ州の伝統的レシピにのっとった定番のスタイル。羊は同州を代表する畜産物で、特産の白ワインとトマトペーストで煮込んでラグーに仕立てている。

パスタの種類：キタッラ（P.406）
ソースの主な具材：赤ピーマン、葉野菜
ソースのベース：仔羊肩肉、ソッフリット、
　　　　　　　　鶏のブロード、トマトペースト、
　　　　　　　　肉のブロード、トマトソース、バター

① 仔羊のラグーをつくる。鍋にサラダ油を熱し、仔羊肩肉（挽き肉）をカリカリになるまで炒める。鍋底にたまった余分な脂を捨て、白ワインを加えてアルコール分をとばす。ソッフリット、岩塩、鶏のブロード（解説省略）、トマトペースト、ローリエを加えて煮立てる。途中で鶏のブロードを数回足しながら、蓋をして弱火で2時間半〜3時間煮る。煮上がったラグーは、一晩ねかせる。
② 赤ピーマンをローストして皮を焦がし、水洗いして皮をむく。種を取り除いて果肉を1辺1cmのひし形に切る。
③ キタッラを10分間強、ゆでる。鍋に人数分のラグーと赤ピーマンを温め、トマトソース、バター、肉のブロード、キタッラのゆで汁を加えて味をととのえる。キタッラとオレガノを加えて和え、グラーナ・パダーノをふりかけてからめ、皿に盛る。イタリアンパセリをふり、葉野菜を添える。

June 24 聖ジョバンニの日

ルマコーニ カタツムリのラグーとインカのめざめ

堀江純一郎　●リストランテ イ・ルンガ

カタツムリの殻を模したパスタ「ルマコーニ」にカタツムリのラグーを合わせた遊び心たっぷりのひと皿。ラグーには濃厚な味わいのジャガイモ「インカのめざめ」も加えている。クレソンとカタツムリは水辺に育つもの同士で、アルプス麓などではよく見る組み合わせ。

パスタの種類：ルマコーニ

ソースの主な具材：カタツムリ、ジャガイモ、クレソン

ソースのベース：牛のブロード、クレソンのペースト

① カタツムリはやわらかくなるまでゆでる。ジャガイモは皮つきのまま塩ゆでし、皮をむいて角切りにする。
② フライパンにE.V.オリーブ油（分量外）つぶしたニンニクとタカノツメを温め、香りがたってきたらエシャロットのみじん切りとタイムをしんなりするまで炒める。①を加えて炒め、コニャックと白ワインを順に加え、それぞれアルコール分をとばす。牛のブロード（解説省略）をひたひたに注ぎ、やや煮詰める。塩、コショウする。
③ クレソンのペーストをつくる。クレソン、松の実、クルミ、ニンニク、パルミジャーノ、E.V.オリーブ油、塩、コショウをすべて冷やし、冷蔵庫で冷やしたミキサーにかけてなめらかにする。
④ ②を温め、ゆでたルマコーニ（乾麺）を加える。③を加えてよく混ぜ、火をとめてE.V.オリーブ油を加えて和える。器に盛り、クレソンを添える。

June
25

貝類とチェリートマトの
フレーグラ

馬場圭太郎
●タロス

「フレーグラ」は2種類のセモリナ粉と水でつくるサルデーニャ島のパスタ。粒状で弾力の強い独特の食感がある。これにアサリ、ムール、白ハマグリ、セミドライトマトの旨みとオリーブ油を吸わせて仕上げる。

① 鍋にオリーブ油をひき、つぶしたニンニク、ムール貝、アサリ、白ハマグリ、セミドライトマト、①のフレーグラ、少量の水を入れて火にかける。フレーグラに貝類とトマトの水分を吸わせつつ、芯が残らないように火を通す。
② ニンニクを取り除いて汁ごと皿に盛り、イタリアンパセリのみじん切りを散らす。

パスタの種類：フレーグラ (P.434)

ソースの主な具材：ムール貝、アサリ、
　　　　　　　　　白ハマグリ、セミドライトマト

ソースのベース：オリーブ油、ニンニク

June
26

海の幸とフルーツトマトの冷製スパゲッティーニ

八木康介　●リストランテ ヤギ

スパゲッティーニをウニや貝のだしでつくったソースで和えた冷製パスタ。ミキサーにかけて裏ごししたフルーツトマトを皿に敷いて酸味と甘みをプラスし、マダイ、シマエビ、ウニをのせて美しく盛りつける。

パスタの種類：スパゲッティーニ
ソースの主な具材：シマエビ、マダイ、ウニ
ソースのベース：フルーツトマト、
　　　　　　　　アサリとハマグリのだし、アンチョビ、
　　　　　　　　ペコリーノ・ロマーノ、粒マスタード、
　　　　　　　　ユズ果汁、E.V.オリーブ油

① フルーツトマトはヘタを除き、ミキサーにかける。目の細かいシノワで裏漉しし、E.V.オリーブ油を加えて乳化させる。
② シマエビは、頭、尾、殻を取り除く。マダイは三枚におろして、薄切りにする。
③ ガルム、ドライトマトのエキス（ドライトマトを約2時間冷水に浸し、シノワで漉して煮詰めたもの）、ユズ果汁、E.V.オリーブ油を混ぜる。②を短時間漬ける。ウニと和える。
④ ウニ、アサリとハマグリのだし（解説省略）、アンチョビ、削ったペコリーノ・ロマーノ、粒マスタード、ユズ果汁、E.V.オリーブ油を合わせ、氷水にあてて冷やす。
⑤ 指定のゆで時間が約6分のスパゲッティーニ（バリラ社）を約7分半ゆで、④に加えて和えながら冷やす。
⑥ 器に①を敷き、⑤を盛る。②をのせ、④をかける。全体に E.V.オリーブ油をまわしかけ、きざんだシブレットを散らす。

June

27

夏野菜のラザーニャ

江部敏史　●リストランテ コルテジーア

ナス、ズッキーニ、パプリカなどの夏野菜を主役にしたラザーニャ。ベシャメルの代わりにリコッタを使うことで、風味、食感とも軽く、さっぱりと仕上げている。2種のカチョカヴァッロをのせて焼き、旨みと香りのアクセントに。

パスタの種類：ラザーニャ（生地のつくり方→P.438）

ソースの主な具材：ナス、ズッキーニ、パプリカ、プチトマト、ウイキョウ

ソースのベース：卵、リコッタ、カチョカヴァッロ

① ナス、ズッキーニ、パプリカは角切りにする。プチトマトは半割りにする。
② 鍋にE.V.オリーブ油、つぶしたニンニク、バジリコを加えて熱して香りを出し、ニンニクとバジリコは取り出す。①のナス、ズッキーニ、パプリカを加えて炒め、①のプチトマトを加えてなじませる。塩をふって冷ます。
③ ウイキョウは角切りにして塩ゆでし、冷ます。
④ リコッタと全卵を合わせて泡立て器で混ぜ、塩とコショウを加えて味をととのえる。
⑤ ④に②と③を混ぜ込み、ゆでたラザーニャ生地の半量を敷いたオーブン皿に流す。カチョカヴァッロ（セミハードタイプ）の薄切りとカチョカヴァッロ（硬質タイプ）のすりおろしを散らし、ラザーニャ生地で覆う。これを再度くりかえし、230℃のオーブンで15分間焼く。

June 28

濃厚卵で練ったパッパルデッレ 丹波黒地鶏のラグーソース 炭火焼き内臓と 湯河原産天然クレソン添え

濱本直希 ●フェリチェリーナ

地鶏の力強さに負けないよう、パッパルデッレには濃厚な風味の卵黄を使っている。鶏肉は骨付きで焼いてから煮込み、内臓は香ばしい炭火焼きに。苦みと甘みが印象的な湯河原産クレソンで初夏らしさを添える。

パスタの種類：パッパルデッレ (P.425)

ソースの主な具材：鶏(丸)、天然のクレソン

ソースのベース：オリーブ油、ニンニク、ソッフリット、香草、白ワイン、鶏のブロード

① 丸鶏（「地鶏 丹波黒どり」使用）をさばき、肉は骨ごと粗く切る。心臓、肝臓、砂肝は取りおく。肉は塩、コショウし、薄力粉をまぶし、オリーブ油で表面を焼く。
② 鍋にニンニクのみじん切り、それぞれ粗くきざんだローズマリー、タイム、セージを入れて炒め、香りが立ったら①を加えてさらに炒める。白ワインでフランベし、ソッフリット、鶏のブロード（解説省略）、水を加え、アクを除きながら約2時間弱火で煮込む。鶏から骨を除き、肉は粗めにほぐして煮汁に戻し入れる。
③ 取りおいた心臓、肝臓、砂肝はひと口大に切る。塩、コショウし、炭火で焼く。
④ ②を温め5分間ゆでたパッパルデッレ、バターとパルミジャーノを順に加え、そのつどよく混ぜる。
⑤ 皿に盛り、③、天然のクレソン、削ったペコリーノ・ロマーノをのせる。黒コショウとE.V.オリーブ油をふる。

June
29

スパゲッティ・アル・ポモドーロ

小松岳史　●レストラン san

ホールトマトを玉ネギ、ニンニク、バジルとともに煮込んでベースをつくり、生のトマトとプチトマトを炒めて加えて仕上げる。トマトでフレッシュ感を、プチトマトで甘みとコクを補うイメージ。濃度は野菜のブロードで調整する。

① トマトソースをつくる。つぶしたニンニクとバジリコをオリーブ油で炒めて香りを引き出し、取り出す。ここに玉ネギのみじん切りを加えて約30分間かけてゆっくりと火を入れる（ソッフリット）。玉ネギが色づく手前でホールトマトを加え、約30分間かけて煮る。アクを除いて火を止め、ムーランで漉す。
② つぶしたニンニク、タカノツメ、バジリコをオリーブ油で炒めて香りを引き出し、すべて取り出す。ここにざく切りにしたトマト、半分または1/4に切ったプチトマトを加え、つぶしながらさっと炒める。
③ トマトソース、野菜のブロード（解説省略）を加え、2～3分間煮る。スパゲッティをゆでて加え、和える。きざんだバジリコ少量を加えて仕上げる。

パスタの種類：スパゲッティ

ソースの主な材料：ホールトマト、ニンニク、バジリコ、玉ネギ、タカノツメ、バジリコ、プチトマト、野菜のブロード

June 30

淡路産鱧と鱧子、夏野菜のピーチ

藤田政昭　●ラチェルバ

関西の夏を代表する食材であるハモに、手打ちの太麺「ピーチ」を組み合わせている。ハモの頭と骨を焼いて1時間煮出した上品な旨みのだしをソースのベースにし、麺にハモの卵をからめてコクを足す。

パスタの種類：ピーチ（P.430）

ソースの主な具材：ハモ、青トウガラシ、オクラ、モロヘイヤ、スダチ、プチトマト

ソースのベース：ハモのだし、ハモの卵、カラスミ

① ハモはさばき、身は骨切りして三等分する。塩をふり、皮目を下にしてオリーブ油をひいたフライパンに置き、返さずに弱火でじっくりと焼く。同じフライパンで青トウガラシを焼く。ハモの頭と骨は160℃のオーブンで約20分間焼く。弱火で約1時間炊いてハモのだしをとる。
② 熱したフライパンにオリーブ油（ニンニクを浸して香りをうつしたもの）を敷き、半割にしたプチトマト、ハモの卵、カラスミのすりおろしを入れて炒める。
③ 香りが立ったら、ハモのだしを加え、適度に煮詰める。①の青トウガラシ、ゆでたオクラ、適当な大きさに切ったモロヘイヤ、6等分して少しつぶしたスダチ、4～5分間ゆでたピーチを加えて和える。
④ 8割方和えたら、①のハモの身を入れる。ハモを崩しつつ、さらにからめて仕上げ、器に盛る。

7
July

July
1

山開き、海開きの日

真鯵のスパゲッティ

佐竹 弘　●リストランテ レーネア

アジは火を入れる直前に皮を引いてレモン果汁をふり、余熱のみで火を入れることで、風味を引き立てつつふっくらと仕上げる。アジのおいしさをそのまま皿の上で表現するべく、細部まで考え尽くされた佐竹シェフのスペシャリテ。

① スパゲッティ（ラ・モリサーナ社）をゆではじめる。
② マアジは三枚におろして皮をひき、幅約1cmに切る。塩とレモン果汁をふる。
③ ニンニクは大きさのふぞろいなみじん切りにする。オリーブ油で炒め、小さいかけらが香ばしく色づき、大きめのかけらから香りが立ってきたら、輪切りにしたタカノツメを加え、②を加えて火を止める。少量の白ワインをふり、パルミジャーノを隠し味程度に加える。余熱でじんわりとアジに火を入れる。
④ ①がアルデンテよりもほんの少し火の通った状態にゆで上がったら、③を再び火にかけ、①を加える。塩で味をととのえ、手早く和える。
⑤ 皿に盛る。きざんだイタリアンパセリをふり、薄切りにしたボッタルガをのせる。

パスタの種類：スパゲッティ

ソースの主な具材：マアジ

ソースのベース：オリーブ油、ニンニク、タカノツメ、白ワイン、ボッタルガ

July 2 タコの日

タリオリーニ 砕いたグリーンピースと明石ダコのラグーソース

権田雅康　●ペルバッコ イタリアーノ

タリオリーニは、満足感のある食べごたえを狙い、やや太めに仕上げている。グリーンピースは肉叩きでつぶしてからソースに加えることで、タコのラグーとのからみをよくし、風味を際立たせる。

パスタの種類：タリオリーニ（P.417）

ソースの主な具材：タコ、グリーンピース

ソースのベース：オリーブ油、ニンニク、玉ネギ、セロリ、白ワイン、オリーブペースト、トマトソース

① 活けのタコ（兵庫県明石産）は塩もみしてゆで、氷水にとる。角切りにする。
② オリーブ油で、みじん切りのニンニク、玉ネギ、セロリを炒める。いったん火を止め、①を入れて混ぜ合わせる。ひたひたの白ワイン、オリーブペースト、少量のトマトソース（ともに解説省略）を加えて、水分がなくなるまで約1時間煮込む。
③ フライパンにオリーブ油とニンニクのみじん切りを熱し、ニンニクが色づいたら湯、②、肉叩きでつぶした生のグリーンピースを加えて煮込む。
④ タリオリーニを塩分濃度3〜5％の塩湯で、3分間ゆで、③に加えてからめる。E.V.オリーブ油を加えて全体を混ぜる。皿に盛り、黒コショウをふる。

July

3 波の日

"潮"のスパゲッティ

堀江純一郎 ●リストランテ イ・ルンガ

魚介を蒸し焼きにし、蒸し汁を太めのパスタにからめた一皿。トスカーナ州の海沿いの街でヒントを得たという。ソースには貝類、アカザエビ、イカなどの魚介の旨みが凝縮されており、口に入れると濃厚な"潮"の風味がたちまち広がる。

パスタの種類：スパゲッティ
ソースの主な具材：アカザエビ、小ヤリイカ、
　　　　　　　　ズッキーニ、アワビ、アマダイ
ソースのベース：アサリとムール貝の蒸し汁、
　　　　　　　トマトソース、エビだし、
　　　　　　　イカのペースト、バジリコペースト、
　　　　　　　アワビの肝ソース、ウニソース

① フライパンにオリーブ油、ニンニク、エシャロット、タカノツメのみじん切り、オレガノ、バジリコを熱し、アカザエビの身、胴とゲソに分けた小ヤリイカ、細切りのズッキーニを入れ、塩、コショウしてさっと炒める。
② 具材は取り出し、白ワインを注いで煮詰める。きざんだアサリとムールの蒸し煮（P.396）、その煮汁、トマトソース（解説省略）を加え、煮詰める。エビだし（P.396）、イカのペースト（P.396）を入れる。
③ スパゲッティ（直径2㎜、ルスティケーラ・ダブルッツォ社）を8～9分間ゆでて②に加え、和える。②で取り出した具材を戻し、アワビのスプマンテ煮（P.396）、バジリコペースト（P.396）を順に加え、E.V.オリーブ油でつなぎ、きざんだパセリをふる。皿に盛り、アワビの肝ソース（P.396）、ウニソース（P.396）を添える。ソースにアマダイのウロコ焼きをのせる。

June

4

カペッリーニ
冷たいトマトソースとブッラータ

岡野健介
●リストランテ カシーナ カナミッラ

前菜の定番「カプレーゼ」を夏向きのパスタ仕立てに。適度な酸味と強い旨みのあるトマトでつくったソースでカッペリーニを和え、皿にはフレッシュチーズ「ブッラータ」のソースを。ドライトマト、黒オリーブ、ハーブを散らし、香りと彩りを添える。

パスタの種類：カペッリーニ

ソースの主な具材：ドライトマト、黒オリーブ

ソースのベース：トマト、ブッラータ、生クリーム、エストラゴン、イタリアンパセリ

① トマト（熊本県産の甘みの強い中玉トマト「初恋トマト」使用）を湯むきして種を取り除き、フードプロセッサーで撹拌する。
② ブッラータ（牛もしくは水牛のチーズ。クリームとカードを混ぜたものを包んでつくる）、温めた生クリーム、塩、オリーブ油をミキサーで撹拌する。
③ エストラゴンとイタリアンパセリ、氷、オリーブ油をミキサーで撹拌する。
④ カペッリーニ（ディ・チェコ社）を約1分間ゆでる。氷水にとって冷やし、水気を布巾でしっかりふく。塩、E.V.オリーブ油、①で和える。
⑤ 皿に②を流し、中央に④を盛る。ミズナの葉のせ、種を抜いて粗く切った黒オリーブとドライトマトを散らす。③を添える。皿の隅にトマトパウダー（トマトの皮を80℃のオーブンでパリパリになるまで乾燥させ、ミルで挽いたもの。）をふる。

July 5 穴子の日

穴子と枝豆の
アマトリチャーナ リングイネ

井上裕一
●アンティカ ブラチェリア ベッリターリア

フレッシュトマトと、脂に澄んだ風味のある佐賀産酵素ポークのベーコンを使い、アマトリチャーナをコクがありながら軽やかな味わいに。アナゴの炭火焼きと枝豆の塩ゆでをのせて、季節感を添える。

パスタの種類：リングイネ
ソースの主な具材：アナゴ、エダ豆
ソースのベース：トマト、ベーコン、玉ネギ、
　　　　　　　　ニンニクオイル、タカノツメ、
　　　　　　　　白ワイン、チリパウダー

① アナゴは開いて熱湯をかけ、ぬめりを取る。身の厚い部分と薄い部分に切り分ける。
② 身の厚い部分は金串を刺し、炭火で両面を香ばしく焼く。
③ 細かくきざんだベーコンをオリーブ油で炒める。玉ネギのコンフィ（解説省略）、タカノツメ、白ワイン、チリパウダー、皮をむいてつぶしたトマト、水を加える。①の身の薄い部分を加えて煮る。
④ リングイネ（パスティフィーチョ・ヴィチドーミニ社）を13分間ゆでて加える。ニンニクを漬け込んだオリーブ油の上澄みを加えて和える。
⑤ 皿に盛り、②をひと口大に切ってのせる。バジリコ、塩ゆでしたエダ豆を盛り、ペコリーノ ロマーノを削りかける。

July 6

サラダ記念日

キタッラの菜園風

奥村忠士　●アカーチェ

キタッラに夏野菜をたっぷりと合わせて明るい印象のひと皿に。野菜はキタッラの形に合わせて細切りにし、軽く炒めてフレッシュ感を残している。キタッラ自体も薄めに打ち、食べやすく軽やかな仕立てに。

① ケイパー（塩漬け）はぬるま湯に約30分間浸けて塩分を抜き、水気を絞る。黒オリーブ（種抜き）は半割にする。パン粉（粗挽き）はオリーブ油で色づくまで炒め、余分な油をきる。
② その間に、ニンニクとアンチョビのみじん切りをE.V.オリーブ油で炒める。ニンニクが色づいたらズッキーニ、ピーマン、茎ブロッコリ（スティックセニョール）の細切りを加えてさらに炒め、塩、コショウする。火が通ったらケイパーと黒オリーブ、ゆでたキタッラ、イタリアンパセリを加えて和える。
③ 皿に盛り、①のパン粉と小さくほぐしたリコッタを散らし、ルッコラを添える。

パスタの種類：キタッラ（P.406）
ソースの主な具材：ズッキーニ、ピーマン、
　　　　　　　　茎ブロッコリー、リコッタ
ソースのベース：E.V.オリーブ油、ニンニク、
　　　　　　　　アンチョビ、ケイパー、黒オリーブ

July

7 七夕

鱧をタリアテッレで、紫蘇をタリアテッレに

吉岡正和　●祇園 245

タリアテッレには大葉の粉末を練り込み、鱧は大葉で風味づけし、赤シソ風味のクリームチーズを塗ってフリットに。京都の夏を代表する鱧に、旬が同じで相性のよいシソを組み合わせた、リストランテらしい華やかな一皿。

パスタの種類：紫蘇を練り込んだタリアテッレ (P.414)
ソースの主な具材：ハモ、自家製赤ジソジュースを混ぜたクリームチーズ、
オオバ、花穂ジソ、クローバー
ソースのベース：ハモのブロード、E.V.オリーブ油

① ハモは開いて骨切りし、塩をふって適宜の大きさに切る。オオバではさんで真空パックにし、冷蔵庫で一晩ねかせてハモの身にオオバの香りを移す。オオバをはずし、皮目をバーナーであぶり、皮目に自家製赤ジソジュースを混ぜたクリームチーズをぬる。

② 薄力粉と片栗粉を同割で合わせて水で溶き、①をくぐらせる。

③ パートブリックをパスタマシンのカッターで幅約7㎜の帯状に切り、②のハモに巻きつける。150℃の米油で、徐々に温度を上げながらパートブリックの表面がカリッとするまで揚げる。塩をふる。

④ 紫蘇を練り込んだタリアテッレを約2分間ゆで、ハモのブロード（解説省略）とE.V.オリーブ油で和えて皿に盛る。③をのせ、素揚げしたオオバのベビーリーフと花穂ジソ、クローバーのドライフラワーを飾る。

July 8

那覇の日

牛トリッパのトマト煮込みと ゴーヤのファルファッレ

湯本昌克　●シエロ アズッロ

ハチノスのトマト煮込みに素焼きしたゴーヤのスライスを加えてさっと炊き、手打ちのファルファッレを和える。パスタ、ハチノス、ゴーヤ、それぞれの風味と食感、意外な相性のよさが楽しめるひと皿。

① 牛トリッパのトマト煮込みをつくる。ハチノスは2回ゆでこぼした後、香味野菜とともに約30分間ゆで、ひと口大に切る。フライパンにオリーブ油を熱し、ニンニクのみじん切りと生ハムの切れ端を炒め、ハチノスを加える。塩をし、中～強火で水分をとばすように炒める。白ワイン、トマトソース、鶏のブロード、ソッフリット（すべて解説省略）を加え、2～3時間煮る。
② フライパンにオリーブ油を熱し、ニンニクのみじん切りと赤トウガラシの輪切りを炒める。香りが立ったら、①と鶏のブロード（解説省略）を入れて炊く。
③ ゴーヤは半割にしてワタを除き、微妙に厚さを変えてスライスし、素焼きする。②に加え、さっと炊く。
④ ファルファッレを8～10分間ゆでて加え、和える。E.V.オリーブ油、パルミジャーノを加えてさらに和える。器に盛り、ちぎったイタリアンパセリをのせる。

パスタの種類：ファルファッレ
ソースの主な具材：牛ハチノス、ゴーヤ
ソースのベース：トマトソース、鶏のブロード、

July

9

イカスミを練り込んだ
タリオリーニ
甲殻類のラグー和え

八島淳次　●ダ ジュンジーノ

サイマキエビとホタテのミンチをオマールのミソやブロードなどで煮込んだ濃厚なラグーソースを、イカスミ入りのタリオリーニにからめる。イカスミは粉に対して1割ほどとたっぷり練り込み、ソースの濃厚さに負けぬ味わいにしている。

パスタの種類：タリオリーニ（P.417）

ソースの主な具材：サイマキエビ、ホタテ貝柱、オマール

ソースのベース：オマールのミソとブロード、魚のブロード、サルサ・マリナーラ

① 甲殻類のラグーをつくる。サイマキエビは殻と頭をはずし、身を包丁で叩いてミンチ状にする。ホタテ貝柱も同様にミンチ状にする。オマールは頭と殻をはずし、身を適当な大きさに切る。オマールの頭からミソを取り出し、湯煎にかける。鮮やかな赤色になったらミキサーにかけ、E.V.オリーブ油を加えてなめらかなペースト状にする。これらと、魚のブロード、オマールのブロード、サルサ・マリナーラ（すべて解説省略）、白ワイン、ブランデー、E.V.オリーブ油、きざんだイタリアンパセリをあわせ、煮る。

② タリオリーニを40～50秒間ゆで、甲殻類のラグーで和える。全体をからめながら強火で煮詰めるように約40秒間加熱し、きざんだイタリアンパセリを加えて、塩で味をととのえる。E.V.オリーブ油を加え、乳化させる。

③ 皿に盛り、きざんだイタリアンパセリをふる。

July
10

魚介のスープで炊いたリゾット

村山太一　●ラッセ

アマダイやノドグロなど日本各地から届く新鮮な魚介のアラと、丸ごとのオマールでとった濃厚なだしで新潟県産コシヒカリを炊いたリゾットに。海をイメージした青い器に盛る。日本米ならではの自然なとろみが魚介の旨みを引き立てる。

パスタの種類：米

ソースのベース：魚のブロード（魚のアラ、オマール、クルマエビ）、自家製バター、玉ネギ

① 魚のブロードをとる。玉ネギ、セロリ、ニンジンは薄切りにし、E.V.オリーブ油で炒めて色づけ、香りを引き出す。新鮮な魚（アマダイ、マダイ、ノドグロ、ハタなど）のアラ、丸ごとのオマール（フランス・ブルターニュ産）、クルマエビを加える。水をなみなみと注ぎ、強火にかける。アクを引き、沸騰寸前の状態を保って3〜4時間煮出し、漉す。

② 生クリーム（乳脂肪分35％）をブレンダーでかき混ぜて分離させ、水気をきって自家製バターをつくる。これを澄ましバターにする。フライパンに敷き、玉ネギのみじん切りを炒める。玉ネギの香りが立ってきたら、米（新潟・魚沼産コシヒカリ）を加えて混ぜ合わせる。

③ ①を加え、木ベラで混ぜながら煮詰める。水分がなくなってきたら再度スープを加えて煮詰めることをくり返し、アルデンテに仕上げる。自家製バターを少量加えてかき混ぜ、つや出しする。皿に盛る。

July

11

ペペロンチーノを練り込んだ
ビーゴリ
仔羊と夏野菜のラグーソース

横江直紀　●ラパルタメント ディ ナオキ

カイエンヌペッパーを練り込んだビーゴリに、トマトペースの仔羊のラグーという組み合わせ。重くなりがちなラグーに、赤ワインヴィネガーなどでさっぱりと炒め煮にした夏野菜を加えている。

パスタの種類：ペペロンチーノを練り込んだビーゴリ
（P.426）

ソースの主な具材：羊肩肉、赤ピーマン、ズッキーニ、玉ネギ、セロリ

ソースのベース：鶏のブロード、トマトペースト、

① 玉ネギ、セロリを1cm角に切り、ニンニクオイル（解説省略）で炒める。
② 赤ピーマンとズッキーニを1cm角に切り、ニンニクオイルを敷いた別のフライパンでさっと炒める。①に加える。さらに、塩、赤ワインヴィネガー、トマトペーストを加えてひと煮立ちさせる。
③ ソッフリットをつくり、約1cm角に切った羊肩肉を加えて炊める。赤ワイン、赤ワインヴィネガー、トマトペースト、鶏のブロード（解説省略）、塩を加えて煮詰める。②を加え混ぜる。
④ ペペロンチーノを練り込んだビーゴリを塩湯で約8分間ゆでて加え、よく和える。
⑤ 皿に盛り、パルミジャーノ、E.V.オリーブ油、きざんだイタリアンパセリをふる。

July

12

ガルガネッリ、但馬牛の生ハムとインゲン豆のソース

有馬邦明　●パッソ・ア・パッソ

2種のサヤインゲン、グリーンピースのペーストを合わせた初夏らしい豆づくしの皿。ガルガネッリには豆つながりで青大豆を練り込み、噛みしめるたびに大豆の甘みが感じられる味わい豊かな仕上がりに。

パスタの種類：ガルガネッリ（P.403）

ソースの主な具材：サヤインゲン（緑・黄）、
　　　　　　　　　行者ニンニク

ソースのベース：グリーンピースのペースト、
　　　　　　　　ホロホロ鳥のブロード

① 但馬牛の自家製生ハムをひと口大に切り、オリーブ油とともに鍋に入れて火にかけ、香りをオイルに移す。酒盗を加え、焦がしつけるようにして香りをとばす（ガルムや酒盗は焦がしつけて香りさえとばせば、特有のくさみは残らず、旨みだけを生かすことができる）。
② 下ゆでして半分に切ったサヤインゲン（緑・黄）、食べやすい大きさに切った行者ニンニク、グリーンピースのペースト（解説省略）、ホロホロ鳥のブロード（解説省略）を加えて乳化させ、塩、コショウで味をととのえる。
③ ゆでたガルガネッリを加え、ペコリーノ、E.V.オリーブ油を加えて仕上げる。
④ 皿に盛り、スライスしたペコリーノをふり、アスパラガスの葉をちらす。

July

13

バヴェッティ 千倉産房州海老と斎藤さんのフルーツトマトのソース

濱本直希 ●フェリチェリーナ

おだやかな味わいのイセエビを、フルーツトマトや白ワイン、アサリのだしでさっと煮て軽やかなソースに。オレンジを加えた牛乳ベースの泡はやわらかな香りと甘みがあり、ソースと好相性。

パスタの種類：バヴェッティ

ソースの主な具材：イセエビ、フルーツトマト、
　　　　　　　　　フレッシュハーブ、クレソン、
　　　　　　　　　アマランサス

ソースのベース：アサリのだし、牛乳、生クリーム、
　　　　　　　　バター、オレンジ果汁、白ワイン

① ニンニクのみじん切り、タカノツメ、アンチョビのフィレをオリーブ油で炒める。香りが立ったら、イセエビ（千葉県産）を頭から縦半分に切って加え、断面に焼き色をつける。反対側も焼く。皮ごと粗く切ったフルーツトマト、白ワインを加える。アルコール分をとばし、アサリのだし（解説省略）を加えて約3分間煮込む。

② 牛乳、生クリーム、バター、オレンジの果汁を入れて軽く温める。すりおろしたオレンジの皮を加え、ハンドミキサーで泡立てる。

③ ①にバヴェッティ（バリラ社）を約10分間ゆでて加える。皿に盛り、②をまわしかける。フレッシュハーブ（イタリアンパセリ、デイル、ルッコラ、ミントなど）、クレソン、アマランサスを大まかに切り、食用花とともにたっぷりとのせる。

July

14 ゼラチンの日

かぼちゃのニョッキ 白桃のズッパとピーチティーのジュレ添え

浅井信之

モモの果肉とジュレやライチのソルベの芳醇な香りとみずみずしさと、ねっちりとしたかぼちゃのニョッキの食感との対比がユニーク。

パスタの種類：かぼちゃのニョッキ（P.422）

ソースの主な具材：白桃

ソースのベース：白桃のピュレ、ピーチティーのジュレ、ライチのソルベ

① 白桃のマリネとピュレをつくる。ピーチリキュール、ミントの葉、レモン果汁を合わせ、くし形切りにした白桃を2時間マリネする。一部をミキサーでピュレにする。

② ピーチティーのジュレをつくる。鍋にピーチフレーバーの紅茶葉、水、グラニュー糖を入れて火にかける。沸いたら火からおろし、水でもどした板ゼラチンを加えて溶かす。粗熱がとれたらピーチリキュールを加えてよく混ぜ、冷蔵庫で冷やし固める。

③ ライチのソルベをつくる。鍋に水と牛乳、グラニュー糖を入れて火にかけ、グラニュー糖を溶かす。ライチリキュールとココナッツピュレを加えソルベマシンにかける。

④ 皿に白桃のマリネ（1人分3切れ）を並べ、まわりにゆでたかぼちゃのニョッキを散らす。白桃のピュレとピーチティーのジュレをかけ、中央にライチのソルベを盛る。チョコレートのグリッシーニ（P.397）を添える。

July

15 マンゴーの日

宮崎マンゴーと鴨の冷たいスパゲッティーニ

渡辺 明　●イル・リフージョ・ハヤマ

宮崎産マンゴーをたっぷりとのせた夏らしい冷製パスタ。鴨胸肉は皮目に焼き色をつけてからオーブンで火入れし、オリーブ油とバルサミコ、コリアンダーシードのマリネ液に浸ける。このマリネ液が個性の強い素材同士をつなぐソースとしても活躍。

パスタの種類：スパゲッティーニ

ソースの主な具材：鴨の胸肉、マンゴー、フルーツトマト

ソースのベース：E.V.オリーブ油、バルサミコ酢、コリアンダーシード

① 鴨の胸肉は皮に切れ目を入れ、塩、コショウする。オリーブ油を熱したフライパンで皮目に焼き色をつける。皮目を上にし、200℃のオーブンで3〜5分間焼く。

② 皿に E.V.オリーブ油、バルサミコ酢、コリアンダーシードを入れ、胸肉を皮目を上にして置く。ラップフィルムでぴったりと覆い、室温で20分間おいて味をなじませる。

③ マンゴーは皮と種を取り除き、厚さ5mm厚に切る。②のマリネ液を少量ふる。

④ スパゲッティーニを少し長めにゆで（約7分間）、氷水で芯まで冷やす。水気をきり、②のマリネ液で和える。

⑤ 器に盛る。フルーツトマトは湯むきしてくし形に切り、塩をふって添える。③、厚さ5mmに切った②の胸肉を順にのせ、フルール・ド・セルをふる。白髪ネギ、みじん切りにした万能ネギをのせ、②のマリネ液をかける。

July
16 海の日

スパゲッティ・アッラ・マーレ・エ・モンテ

石川 勉
●トラットリア シチリアーナ ドンチッチョ

貝類とキノコといった"海の幸と山の幸"の組み合わせはシチリアでも定番。ここでは広島県産の肉厚でぷりっとしたムール貝にサマーポルチーニを合わせている。複雑な風味がありながら、味わいは軽やか。

パスタの種類：スパゲッティ

ソースの主な具材：ムール貝、ポルチーニ茸、
プチトマト

ソースのベース：オリーブ油、ニンニク、
赤トウガラシ
---

① ポルチーニソースをつくる。つぶしたニンニクをオリーブ油で炒め、香りが立ったらニピテッラ（香草。ミントで代用可）とポルチーニ茸のスライスを加えてさらに炒める。バターとブロード、塩を加えて軽く煮込む。

② つぶしたニンニクと赤トウガラシをオリーブ油で香りが立つまで炒める。ムール貝、イタリアンパセリ、白ワインを加え、蓋をして蒸し煮にし、殻を開かせる。①とプチトマト、パスタのゆで汁（分量外）を加えて軽く煮込む。

③ ゆでたスパゲッティ（グラニャーノ社）を加えて味をととのえ、鍋をゆすりながら少量のオリーブ油を加え、ソースを軽く乳化させて仕上げる。

July

17

鮎のコンフィとサラミ 胡瓜入りジェノベーゼの トレネッテ

山本久典　● ICCA (NYC)

リグーリア州が発祥とされるトレネッテは、リングイネに似た平打ちパスタ。現地ではジェノベーゼと合わせる。ここではアユと好相性のキュウリを加えてアレンジ。アユは丸ごと食べられるようコンフィに。

パスタの種類：トレネッテ (P.421)

ソースの主な具材：アユ、蝦夷豚のサラミ、
　　　　　　　　万願寺トウガラシ

ソースのベース：ジェノベーゼソース、キュウリ、
　　　　　　　　アサリのブロード、
　　　　　　　　赤トウガラシのペースト

① ミキサーにバジリコの葉、みじん切りのニンニク、松ノ実、塩、E.V.オリーブ油を入れて撹拌する。ボウルに移し、パルミジャーノのすりおろし、塩を加える。

② キュウリは縦半分に切って種を取り除き、ひと口大に切る。塩をふって20分間おく。表面に出た水分をふき取り、150℃のオリーブ油で約4分間加熱する。取り出してミキサーにかける。

③ ①と②を1:2の割合で混ぜる。

④ 万願寺トウガラシはヘタと種を取り除き、細切りにする。鶏のブロードと昆布水（ともに解説省略）とともに蒸し煮する。

⑤ ③、アサリのブロード、赤トウガラシのペースト（ともに解説省略）を温め、④と鮎のコンフィ（P.397）を加える。トレネッテを塩湯で3～4分間ゆでて加え、アユが崩れないようにゆっくり混ぜる。E.V.オリーブ油をふる。皿に盛り、サラミの細切りを散らす。

July 18

赤エビとルッコラのスパゲッティ

平井正人　●ダルマット西麻布本店

赤エビは殻ごとしっかりソテーすることで、旨みをしっかりとソースに引き出す。そこにフレッシュトマトを加えて軽く炒めあわせ、スパゲッティと和える。辛みのある野生のルーコラをのせ、清涼感のあるひと皿に。

① 赤エビは半割りにし、オリーブ油でソテーして、殻もしっかりと焼く。
② きざんだニンニクを加える。色づいて香りが立ってきたら、アサリのブロード（解説省略）を注ぎ、軽く煮詰める。
③ スパゲッティ（乾麺）をゆで、②に加える。角切りにしたトマトも加え、さっとからめて火を止める。野生のルッコラを加えて和え、皿に盛る。

パスタの種類：スパゲッティ
ソースの主な具材：赤エビ、トマト、野生のルッコラ
ソースのベース：アサリのブロード

July

19 やまなし桃の日

白桃とグリーントマトの冷製スパゲッティーニ

小松岳史　●レストラン san

モモは、パスタをゆで始めてから、皮をむき、一部は丸くくり抜いて具材に。残りのモモにワインヴィネガー、レモン果汁、バルサミコ酢、オリーブ油を合わせてミキサーにかけてソースとする。グリーントマトとミントが夏らしいさわやかさを添える。

パスタの種類：スパゲッティーニ

ソースの主な具材：白桃、グリーントマト

ソースのベース：白桃、E.V.オリーブ油、
　　　　　　　　レモン果汁、白ワインビネガー、
　　　　　　　　バルサミコ酢、トマトのジュレ

① 白桃は皮を湯むきし、くりぬき器で小さな球状に抜く。すぐに塩、白コショウ、ミントとバジリコのせん切り、レモン果汁、E.V.オリーブ油をまぶす。
② 残った白桃は種を除き、適当に切り分けて塩、コショウ、E.V.オリーブ油、レモン果汁、白ワインヴィネガー、バルサミコ酢とともにミキサーにかける。冷やしておく。
③ グリーントマトはくし切りにして、塩をふり、しばらくおく。
④ スパゲッティーニ（「セレシオネ・オロ・シェフ」バリラ社）はゆでて冷水にとる。ザルにあげて水気をきり、ペーパータオルで水気をふき取る。
⑤ ③と④を合わせ、②をからめる。
⑥ 皿に盛り、トマトの透明ジュレ（トマトの種の部分を裏漉しにかけ、布で静かに漉して、ゼラチンを加え溶かしたもの）を少量のせ、ミントのせん切り、E.V.オリーブ油をかける。

July 20

天然うなぎのオレキエッテ

林 冬青　● acca

「ウナギの燻製とニラ」という組み合わせの意外性が楽しい一皿。オレキエッテにはセモリナ粉と薄力粉を合わせて使用。香り高いニラとミックス・スパイスでウナギの脂っこさを抑え、カラスミで潮の香りを添える。

パスタの種類：オレキエッテ (P.400)

ソースの主な具材：ウナギ、赤玉ネギ、ニラ、マグロのボッタルガ

ソースのベース：オリーブ油、ニンニク、島トウガラシ、ウナギの蒸し汁、ミックス・スパイス、コラトゥーラ

---

① ウナギの燻製をつくる。ウナギは背開きにし、塩をして約20分間鍋で蒸す。蒸し汁は取りおく。フライパンにナラ材のチップを入れ、砂糖をふる。網をのせ、蒸したウナギを皮目を上にしてのせ、ほどよい香りが移るまで燻製にかける。皮を取り除き、適宜の大きさに切る。

② フライパンにオリーブオイルを敷き、ニンニクのみじん切りと島トウガラシ（沖縄産）を入れ、香りが立つまで炒める。スライスした赤玉ネギと適宜に切ったニラ、①のウナギの燻製、蒸し汁、ミックス・スパイス（解説省略）を加えて炒める。

③ オレキエッテを約5分間ゆで、②に加えてよく和える。コラトゥーラ（南イタリア・チェターラ産）を数滴落として香りづけする。器に盛り、マグロのボッタルガを削り入れる。

July
2I

アニョロッティ ダル プリン

堀江純一郎　●リストランテ イ・ルンガ

「アニョロッティ ダル プリン」はピエモンテの郷土料理。家庭でも高級リストランテでも食されている詰めものパスタだ。具材に牛、豚、ウサギ、米、ホウレンソウを使い、ひとつひとつに下ごしらえをこまやかにほどこし、リストランテならではの深い味わいに。

パスタの種類：アニョロッティ ダル プリン
（生地のつくり方→P.399）
詰めものの主な具材：牛スネ肉、豚ロース肉、
ウサギ腿肉、
米、ホウレンソウ、卵
ソースのベース：バター、ローズマリー、
グラス・ド・ヴィヤンド

① アニョロッティ・ダル・プリンの詰めものをつくる。牛スネ肉、豚ロース肉、ウサギ腿肉は塩、コショウする。叩いたニンニク、ローズマリーを加えたオリーブ油で表面に焼き色をつけ、180℃のオーブンでローストする。冷蔵庫で冷やして3cm角に切り、フード・プロセッサーにかける。米はバターで炒める。透き通ってきたら白ワインと牛のブロード（解説省略）を注ぎ、やわらかめに煮る。パルミジャーノを混ぜ、軽くミキサーにかける。ホウレンソウは塩ゆでしてニンニクで炒め、きざむ。これらをすべて合わせ、溶き卵を混ぜる。
② アニョロッティ・ダル・プリンの生地に、①の詰めものを15gずつ包む。
③ バター、ローズマリー、グラス・ド・ヴィヤンド（解説省略）を温める。②を30秒〜1分間ゆでて加える。塩、コショウ、パルミジャーノを加えて和え、皿に盛る。ローズマリーを飾る。

July 22

ブロンテ産ピスタチオと海老のマッケローニ

横井拓広
●トラットリア イルフィーコディンディア

味も色もよい高品質なシチリア州ブロンテ産のピスタチオペーストを、マッケローニに合わせている。アサリのブロード、エビ、アンチョビなどの魚介の旨みとピスタチオの濃厚な風味とを凝縮させ、味わい深いソースに。

① バナメイエビは殻と頭をはずし、背から開いて縦半分に切る。オリーブ油で炒め、アサリのブロード（解説省略）を加える。エビに火が通ったら取り出す。
② ①のフライパンに、ピスタチオのペースト（イタリア・ブロンテ産のピスタチオを使ったペースト）とアンチョビをミキサーでペースト状にしたものを入れ、軽くとろみがつくまで煮詰める。ニンニクオイルを加える。
③ 塩分濃度1%の塩湯でマッケローニを3分間ゆでて加え、ソースをからめる。器に盛り、殻をむいてフード・プロセッサーで粗めに砕いたピスタチオをふる。

パスタの種類：マッケローニ
ソースの主な具材：バナメイエビ
ソースのベース：ピスタチオのペースト、アンチョビ、アサリのブロード、ニンニクオイル

July

23

夏ピーマンと唐辛子を練り込んだタリオリーニ

黒羽 徹　●リストランテ プリマヴェーラ

辛みと甘みのバランスのよい赤トウガラシの粉を練り込んだタリオリーニ。噛むごとにじんわりと辛みが広がる。生地のベースは00粉、セモリナ粉、全卵でつくるため、サクッとした歯ざわり。具材には唐辛子の仲間であるパプリカや甘トウガラシを。

① フライパンにオリーブ油をひき、ニンニクと赤トウガラシのみじん切りを入れて弱火にかける。
② 香りが立ったら細く切った甘トウガラシ（京野菜の万願寺トウガラシと同じ品種。果肉が柔らかく甘みがある）と赤・黄パプリカを入れてさっと炒め、白ワインをふり入れる。
③ トマトソース（解説省略）を加え、塩とパスタのゆで汁で味をととのえる。
④ タリオリーニを2分間ゆで、③に加えてソースをからめる。E.V.オリーブ油を回しかけてひとあおりし、皿に盛りつける。

パスタの種類：赤トウガラシの粉を練り込んだ
　　　　　　タリオリーニ (P.417)

ソースの主な具材：甘トウガラシ、赤・黄パプリカ

ソースのベース：トマトソース

July 24

千葉県柏産米粉で練ったトロフィエ 石井さんのハーブとドライトマトのソース 鮑とサザエ、サマーポルチーニ茸のソテー添え

濱本直希　●フェリチェリーナ

米粉入りの手打ちパスタに香草のピュレをからめ、貝やキノコの旨みと食感、ドライトマトの酸味や貝の肝の苦みを重ねた、味も見た目も華やかなひと皿。

パスタの種類：トロフィエ（P.421）

ソースの主な具材：アワビ、サザエ、ポルチーニ

ソースのベース：ジェノベーゼソース

① アワビとサザエは掃除し、身はひと口大に切り、肝はさっと下ゆでする。
② オリーブ油をひいたフライパンにみじん切りにしたニンニクを入れて炒める。バター、適宜の大きさに切ったポルチーニを加え、表面に軽く焼き色がつく程度に炒める。
③ オリーブ油を加え、①とドライトマト（解説省略）を入れて軽く炒め、塩とコショウをふる。
④ ボウルにジェノベーゼ（P.397）と約10分間ゆでたトロフィエを入れて和え、パルミジャーノとE.V.オリーブ油を加えて全体を混ぜ合わせる。
⑤ 皿に盛り、③をのせる。スライスしたラルドを添え、ディルを散らす。

July
25

毛ガニのカペッリーニ、ガスパチョ仕立て

本多哲也 ●リストランテ・ホンダ

さまざまな野菜と調味料をミックスしてつくるガスパチョは、はじけるようなフレッシュ感と深いコクが持ち味。パスタにのせた少量のリコッタが味わいをなめらかにして、ソースとパスタの相性を高める。

パスタの種類：カペッリーニ
ソースの主な具材：毛ガニ、リコッタ
ソースのベース：濃縮トマトジュース、トマトの種、キュウリ、セロリ、玉ネギ、完熟フルーツトマト、ニンジン、緑ピーマン、赤ピーマン、ニンニク、

① キュウリ、セロリ、玉ネギ、完熟フルーツトマト、ニンジン、緑ピーマン、赤ピーマン、ニンニクはスライスし、濃縮トマトジュース、トマトの種の部分、ヴィンサントヴィネガー（デザートワインからつくられるヴィネガー）、E.V.オリーブ油、バルサミコ酢、トウガラシオイル（解説省略）、ハチミツ、塩、コショウを合わせて1～2日間マリネする。
② ①をミキサーにかける。1/3量を取り分け、もっとも目の細かいシノワで漉す。残りの2/3量と合わせる。冷やす。
③ カペッリーニ（ディ・チェコ社）をゆでて冷水で冷やし、水気をきってボウルにとる。塩、ガスパチョ、トマト・クーリ、E.V.オリーブ油、トウガラシオイル、レモン果汁を加えてからめる。
④ 皿に盛り、リコッタ、ゆでたカニのほぐし身をのせる。野菜の小角切りを散らし、きざんだイタリアンパセリを飾る。

July 26

ウイキョウを詰めたラヴィオリ 鮎とそのインテリオーラソース

八島淳次 ●ダ ジュンジーノ

アユの内臓の苦みと渋みを生かしたソースは、バルサミコ酢を加えてさっぱりとした後味に仕立てている。ラヴィオリにはウイキョウとリコッタを詰め、生地にエストラゴンの葉をまとわせてさわやかな印象に。

パスタの種類：ラヴィオリ（生地のつくり方→ P.436）

詰めものの主な材料：アユ、ウイキョウ、生ハム、リコッタ

ソースのベース：アユの頭・骨・内臓、ポワロー、ショウガ、赤ワインヴィネガー、鶏のブロード、バター

① ラヴィオリをつくる。耐熱容器に、塩ゆでしたウイキョウを並べ、鶏のブロード（解説省略）を注ぐ。パルミジャーノときざんだ生ハムをふり、180℃のオーブンで15〜25分間焼く。リコッタをのせて、さらに5分間焼く。粗熱をとり、約1/4量のバゲットを加えてミキサーでペースト状にする。塩で味をととのえ、生地で包む。

② ポワローのスライスとショウガのスライスをE.V.オリーブ油で炒め、焼いたアユの頭と骨、赤ワインヴィネガーを加えて煮詰める。鶏のブロードを加えて弱火で煮込む。焼いたアユの内臓とバルサミコ酢とともにミキサーでペースト状にし、E.V.オリーブ油を混ぜ、漉す。

③ 脱水シートではさんでおいたアユの身に塩をして、サラマンドルで焼く。

④ 鶏のブロードを煮詰め、バターを加えて乳化させ、塩で味をととのえる。30分間ゆでたラヴィオリを入れてからめる。皿に盛り、温めた②、バルサミコ酢をかける。③をのせ、エストラゴンの葉を添える。

July

27

タヤリン、
白桃とレモンのクリームソース

有馬邦明　●パッソ・ア・パッソ

どこかドルチェを思わせるほんのりと甘い皿。パスタのまろやかな風味をレモンの酸味で引き立て、白桃で甘みを加え、コショウで締める。モモをイチゴ、かんきつ類、メロン、パイナップルに置きかえてもおいしい。

① 鍋に生クリームと生ハムの切れ端を入れ、半量まで煮詰める。いったん漉して鍋にもどし、火にかけてブロード（解説省略）を加える。
② 皮をむいてざく切りにした白桃を加え、パルミジャーノ、レモンの皮のすりおろしも加え、塩、コショウで味をととのえる。タヤリンをゆで、加えてからめ、E.V.オリーブ油を加えて和える。
③ 皿に盛り、叩いた黒粒コショウ、きざんだミントを散らし、レモンの皮をすりおろしてふりかける。

パスタの種類：タヤリン（P.412）

ソースの主な具材：白桃

ソースのベース：生クリーム、生ハム、レモン

July
28

キタッラ風マカロニ、アンチョビとチリメンキャベツ、イベリコ豚の舌、サマートリュフがけ

林 亨 ●トルッキオ

ソースのベースは、アンチョビとセージ。そこにソテーした豚の舌、キタッラ、ちりめんキャベツを加えて和え、サマートリュフのスライスをたっぷりとかける。

パスタの種類：キタッラ（P.406）

ソースの主な具材：イベリコ豚の舌、チリメンキャベツ、サマートリュフ

ソースのベース：オリーブ油、ニンニク、アンチョビ、セージ、白ワイン、ブロード

① オリーブ油とつぶしたニンニクを火にかけて香りを出し、アンチョビ（包丁で叩いたもの）とセージを加えて白ワイン、ブロードを順に加える。1cm角に切って別に炒めておいた豚の舌（イベリコ豚）を加えて少し煮立てる。
② ゆでたキタッラ、塩湯でゆでたチリメンキャベツを加え、E.V.オリーブ油、きざんだイタリアンパセリを入れて和える。
③ 皿に盛り、サマートリュフのスライスをふりかけ、素揚げしたセージをちらす。

July

29

リングイネ　やりイカと
ドライトマトのペペロンチーノ

重 康彦　●アチェート

細かく切ったヤリイカは「焼きイカ」をイメージして香ばしくソテーし、ドライトマトやタカノツメ、ボイルした野菜などを加えて、さわやかな辛さを演出。リングイネをさっぱりと食べさせる仕立てだ。

① ニンニクのスライスとオリーブ油を温め、細かくきざんだヤリイカを加える。香ばしさがでるまでじっくりとソテーし、しっかりと火を入れる。
② つぶしたタカノツメ、細かくきざんだドライトマト、下ゆでしたロマネスコを加えてさらにソテーする。白ワインを加えてアルコール分をとばし、魚のブロード（解説省略）を加えて軽く煮詰める。
③ リングイネは、通常の半分のゆで時間で上げ、②に加えて煮込む。
④ 自家製セミドライトマト（プチトマトを半割にして塩をし、約120℃のオーブンで約1時間乾燥させる）を加えて和える。皿に盛り、イタリアンパセリを添える。

パスタの種類：リングイネ
ソースの主な具材：ヤリイカ、ロマネスコ、
　　　　　　　　　ドライトマト、
　　　　　　　　　自家製セミドライトマト
ソースのベース：魚のブロード

July 30

ジャガイモのラヴィオリ 豚のラグー添え サマートリュフの香り

高師宏明 ●アルベラータ

ウンブリア州の店で習ったという、素朴なラヴィオリが原点。全粒粉を加えたもっちりとした食感のラヴィオリ生地に、豚のラグーを包み、サマートリュフをたっぷりとかける。郷土料理の温かみと、洗練された味がひと皿に同居する。

パスタの種類：ラヴィオリ（生地のつくり方→P.437）

詰めものの主な具材：ジャガイモ、ポルチーニ

ソースのベース：バター、パルミジャーノ、豚のラグー

① ジャガイモのラヴィオリの詰めものをつくる。ジャガイモは皮ごとゆで、皮をむいて熱いうちに裏漉しする。バター、E.V.オリーブ油、パルミジャーノ、塩、コショウ、ナッツメッグを加えて粘りを出さないように混ぜる。ポルチーニはバターで炒め、加え混ぜる。冷まして使う。

② ジャガイモのラヴィオリをつくる。生地は5cm四方の正方形に切り、詰めものを小さじ1のせて包む。

③ 鍋にバターを溶かし、パスタのゆで汁、約17分間ゆでたジャガイモのラヴィオリを加えてなじませ、パルミジャーノをからめる。

④ 皿に盛り、豚のラグー（解説省略）をのせる。サマートリュフを削る。

July
31

タヤリン、鮎とクレソンのソース

伊藤延吉
●リストランテ・ラ・バリック・トウキョウ

ピエモンテの郷土料理であるイワナとクレソンのサラダから発想。イワナはアユに置きかえて、パスタのソースに。パスタとのからみをよくし、旨みと香りを強めるためにアユの内臓も丸ごと使う。

① アユは姿のまま塩焼きにし、頭と骨を取り除く。身と内臓に分け、身は皮付きのまま大まかにほぐす。
② フライパンにニンニクオイル（ニンニクを半割りにして芽を取り、オリーブ油と一緒に火にかけて風味を出した後、漉したもの）とアンチョビを入れて温め、アンチョビが溶けたら野菜のブロード（解説省略）を加えてさっと温める。
③ タヤリンを1分半ゆでる。②の鍋に①のアユの身と内臓を入れて和え、ゆで上がったタヤリンとクレソンを加えて和える。皿に盛り、E.V.オリーブ油をかけ、クレソンを飾る。

パスタの種類：タヤリン（P.412）

ソースの主な具材：アユ、クレソン

ソースのベース：ニンニクオイル、アンチョビ、
　　　　　　　　野菜のブロード、アユの内臓

8
August

August

ビーゴリ　伊勢海老、イカ、岩ガキ、ムール貝、アサリとポルチーニで

林 亨　●トルッキオ

しっかりとした歯ごたえのあるビーゴリは、それ自体が強い印象を残すので、海の塩分を充分に含んだ魚介類のソースがよく合う。ビーゴリにソースを吸わせるように煮込んで仕上げ、魚介類の味わいをビーゴリにしみ込ませる。

① オリーブ油とつぶしたニンニクを火にかけて香りを出し、赤トウガラシ、スライスしたポルチーニを加えて炒める。
② 縦2つ割りにしたイセエビ、筒切りにしたジンドウイカ、岩ガキ、白ワインで蒸して口を開かせたアサリとムール貝、魚介のブロードとアサリのジュ(ともに解説省略)を加えて火を入れる。
③ ビーゴリを塩湯でゆでて加え、E.V.オリーブ油とたっぷりのきざんだイタリアンパセリを加えて和える。

パスタの種類：ビーゴリ (P.427)

ソースの主な具材：イセエビ、ジンドウイカ、岩ガキ、アサリ、ムール貝、ポルチーニ

ソースのベース：魚介のブロード、アサリのジュ

August
2
キャベツの日

キャベツ畑のスパゲッティ

倉谷義成 ●クラッティーニ

「店の前がキャベツ畑だったからつくり始めた」というロングセラーメニュー。キャベツの甘みと鶏の旨みがスパゲッティにしみ込んだナチュラルで深みのある味わいが魅力。セロリの葉とサワークリームでさわやかな仕立てに。

パスタの種類：スパゲッティ
ソースの主な具材：キャベツ、セロリの葉、サワークリーム
ソースのベース：オリーブ油、ニンニク、玉ネギ、鶏のブロード

① フライパンに、ピュアオリーブ油とニンニクのオリーブ油漬けを入れて弱火にかける。香りが立ったら、キャベツを加えて中火で炒める。
② 炒め玉ネギ（解説省略）を加えてさらに炒め、鶏のブロード（解説省略）を加える。ブロードをキャベツに吸わせるように強火で火を入れる。半量程度に煮詰まったら、火からはずしてやすませる。
③ スパゲッティは8分30秒〜9分間ゆでてアルデンテにし、②に加えて火にかけ、スパゲッティにソースをなじませるようにあわせる。鶏のブロード、パスタのゆで汁、塩で味をととのえる。
④ ③にE.V.オリーブ油を入れて、ソースを乳化させる。グラーナ・パダーノを加えてざっと和える。
⑤ 皿に盛る。セロリの葉を飾り、サワークリームをのせる。黒粒コショウ、E.V.オリーブ油をふる。

August

3

ハモの日

フルーツトマトと桃のカペッリーニ、焼き鱧添え

浅井信之

前菜として考案した冷製パスタ。ソースはフルーツトマトのピュレにレモン汁、ミント、ヴィンコットを合わせ、さわやかながら旨みのある味わいに。具材、パスタ、器はしっかりと冷やして提供する。

パスタの種類：カペッリーニ

ソースの主な具材：ハモ、白桃、フルーツトマト、エダ豆

ソースのベース：フルーツトマト、E.V.オリーブ油、レモン果汁、ヴィンコット、ミント

① フルーツトマトはくし形に切り、塩をしてザルにのせ、約3時間おいて水分を抜く。これをミキサーにかけて、ピュレをつくる。
② 皮をむいてひと口大にカットした白桃、フルーツトマトのくし切り、ゆでて皮をむいたエダ豆をボウルにとり、①、E.V.オリーブ油、レモン果汁、きざんだミントの葉、ヴィンコットを合わせて和え、冷蔵庫で冷やしておく。
③ ハモのフィレは皮目を焼き、氷水におとして水気をふき取る。約1cm幅に切る。
④ カペッリーニ(ディ・チェコ社)をゆで、氷水にとって冷やす。水気をきり、②、③と和える。冷やしておいたガラスの皿に盛り、ハモをのせて、ディルを散らす。

August 4

北海道ばれいしょの日

熟成ポテトのピューレを詰めたカペレッティ オーヴォリ茸のソース

小林省吾　●トルナヴェント

"小さな帽子"を意味する詰めものパスタ「カッペレッティ」。生地にはホウレンソウを練り込み、中には低温熟成したジャガイモのおだやかな甘みを生かしたピューレを詰めることで、ソースに加えたタマゴダケの風味を強調している。

パスタの種類：カペレッティ（生地のつくり方→P.402）

詰めものの主な材料：ジャガイモ、牛乳、バター、ナッツメッグ

ソースの主な：バター、タマゴダケ、トマト、ローズマリー、イタリアンパセリ

① 熟成ポテト（前年に収穫したメークインを低温倉庫で保管。甘みが増し、コクがある）を皮つきのまま塩ゆでする。皮をむいて裏漉しし、牛乳、バター、ナッツメッグと合わせ、なめらかになるまで練る。冷めたら溶いた全卵を混ぜる。

② カペレッティをつくる。生地を厚さ1.5mmにのばし、直径10cmのセルクルで抜く。中心に①をのせて半分に折り、両端を重ねてとめる。

③ タマゴダケは厚さ5mmに切り、バターでソテーする。みじん切りにしたローズマリー、湯むきしたトマト、イタリアンパセリを加えて炒め、塩とE.V.オリーブ油を加える。3分間ゆでたカペレッティを加えて和える。器に盛り、E.V.オリーブ油をふる。

August

5

フジッリブカーティ
ムール貝とアサリのラグー

堀江純一郎　●リストランテ イ・ルンガ

「フジッリ・ブカーティ」は、フジッリとブカティーニ双方の特徴をもつ、ナポリの乾麺。ざく切りにした貝類をトマトソースで煮込んで貝のラグーをつくり、パスタにたっぷりとからめる。

① フライパンに E.V.オリーブ油を温め、ニンニク、タカノツメ、タイム、ローリエを加えて炒める。香りが立ったらムール貝とアサリを加え、白ワインを注いで蓋をする。貝は殻が開いたら取り出し、身を殻からはずして粗くきざむ。貝から出たジュは取りおく。
② 別のフライパンに E.V.オリーブ油とニンニクのみじん切りを温め、タカノツメ、タイム、バジリコ、みじん切りのパセリを炒める。①とトマトソース（解説省略）を加えてさっと炒め、①で取りおいた貝のジュを加え、少しゆるめに濃度を調整する。塩、コショウし、ゆでたブジッリ・ブカーティを加え、ソースを吸わせる。器に盛り、E.V.オリーブ油をまわしかける。

パスタの種類：フジッリ・ブカーティ

ソースの主な具材：ムール貝、アサリ

ソースのベース：トマトソース、
　　　　　　　　ムール貝とアサリのジュ

August 6

ハムの日

ガルガネッリ
生ハムとイチジク、
フルーツトマト

林 亨 ●トルッキオ

フォークがしっかりと刺さるような強いコシがあり、卵黄の風味が香るガルガネッリに、イチジク、フルーツトマト、生ハムを合わせている。香りや歯ごたえ、みずみずしさのコントラストを楽しむひと皿。

① フライパンにオリーブ油と細切りにした生ハム（パルマ産）を入れて温め、4等分に切ったフルーツトマトとイチジクを入れ、軽く塩、コショウをする。ゆでたガルガネッリを加え、きざんだバジリコとイタリアンパセリも加えて和える。
② 皿に盛り、生ハムをのせる。

パスタの種類：ガルガネッリ（P.404）

ソースの主な具材：生ハム、フルーツトマト、イチジク

ソースのベース：オリーブ油

August

7 オクラの日

オクラのパッケリ

小林寛司 ●ヴィラ・アイーダ

とろとろになるまでゆでたオクラをソースにし、生地をしっかりと噛みしめて食べるパッケリにからめる。真夏に旬を迎えるオクラの甘み、えぐみ、青臭さといった力強さを存分に味わえるシンプルなパスタ。

① オクラはヘタのかたい部分を取り除き、塩湯で20分間ほどゆでる。
② オリーブ油、つぶしたニンニク、タカノツメを弱火にかける。香りが立ったら、ニンニクとタカノツメは取り出し、①とパスタのゆで汁少量を入れる。
③ ゆでたパッケリを加えて和え、皿に盛る。

パスタの種類：パッケリ
ソースの主な具材：オクラ、ニンニク、タカノツメ
ソースのベース：オリーブ油

August 8

昔のカルボナーラ

岡尾岳史 ●オステリア エルベッタ

炭焼き職人(カルボナーロ)たちが仕事の合間に食べてエネルギー補給をしていたというカルボナーラ。それをイメージして、どっしりとお腹にたまる味わいに。焦がした玉ネギを添えて食感と苦みをプラス。

① 幅1cmに切ったパンチェッタを少量のオリーブ油とともに弱火にかけ、じっくり脂を出す。
② ボウルに丹波地鶏の卵黄、パルミジャーノ、粗めにつぶした黒コショウを入れて混ぜる。
③ スパゲッティをアルデンテにゆでて②に加え、すばやくからめる。
④ 皿に盛り、①の脂をたっぷりまわしかけ、カリカリになったパンチェッタを散らす。せん切りにして揚げた玉ネギをたっぷりのせる。

パスタの種類:スパゲッティ

ソースの主な材料:パンチェッタ、丹波地鶏の卵黄、パルミジャーノ、黒コショウ、玉ネギ

August

9

海の幸たっぷりの冷たいフェデリーニ

渡辺武将 ●カ・デルヴィアーレ

夏場にアンティパストとして提供している冷製パスタ。生のウニと白エビ、湯引きしたハモとトリ貝をパスタに添えている。冷たい皿なのでソースで和えた後に味をととのえると塩が立ちすぎる。あらかじめソースにやや強めに塩をしておくとよい。

① ハモはおろし、骨切りする。ひと口大に切り分け、さっと湯通しして、氷水にとる。トリ貝は掃除する。白エビはE.V.オリーブ油とちぎったイタリアンパセリで和える。

② フェデリーニ（直径1.4㎜、ディ・チェコ社）を7分20秒間ゆで、氷水にとって冷やす。水気をよくきり、フレッシュトマトソース（シュガートマトをE.V.オリーブ油、塩とともにミキサーにかけてソース状にしたもの。水分が少なくて甘みが強いトマトを使わないと、水っぽいソースになってしまう）で和える。

③ 冷蔵庫で冷やしておいた皿に、③をフォークで巻きとってひと口大に盛り、①をまわりに盛る。黒コショウを挽き、E.V.オリーブ油をふる。

パスタの種類：フェデリーニ

ソースの主な具材：ハモ、トリ貝、白エビ

ソースのベース：シュガートマト、E.V.オリーブ油

August 10

フェットゥチーネ、トウモロコシのソースと馬肉のラグー、自家製ブルーチーズ添え

佐藤 護　●トラットリア ビコローレ ヨコハマ

トウモロコシのピュレでつくるソースと馬肉ラグーの2種のソースをフィットチーネに組み合わせている。ラグーにはハチミツのキャラメリゼと赤ワインを煮詰めた「アグロドルチェ」を使い、上品でメリハリのある風味に。

パスタの種類：フェットチーネ（解説省略）

ソースの材料：馬肉、香味野菜、赤トウガラシ、赤ワイン、ホールトマト、ハチミツ、トウモロコシ

① 馬肉のラグーをつくる。玉ネギ、ニンジン、セロリのみじん切りを赤トウガラシとともに E.V.オリーブ油で炒める。馬のフィレ肉を粗く挽いたものを加え、水分がなくなるまで炒める。赤ワインを加えて、完全に水分がなくなるまで煮詰める。粗く裏漉ししたホールトマトを加え、30〜40分間煮詰める。赤ワインとハチミツのアグロドルチェ（ハチミツを薄く色づく程度に煮詰め、赤ワインを加えてさらに煮詰める）を混ぜる。

② 赤ワインとハチミツのアグロドルチェを鍋にとって温め、ゆでたフェットチーネを加えて和える。

③ 皿に盛り、ラグーをかける。トウモロコシのピュレ（解説省略）を流し、自家製ブルーチーズを少量添える。

August

11

マッシュルームの日

スパゲッティ
とかちマッシュルームの
クリームソース
燻製をかけたフォワグラを
削りかけて

横江直紀　●ラパルタメント ディ ナオキ

力強い風味の北海道産マッシュルーム「とかちマッシュブラウン」のピュレに牛乳、生クリーム、パルミジャーノを加えて濃厚なソースに。

パスタの種類：スパゲッティ

ソースの主な具材：シャンピニョン・ド・パリ、
　　　　　　　　　牛乳、生クリーム

① シャンピニョン・ド・パリ（北海道帯広産「とかちマッシュブラウン」を使用。以下同）のスライスを鶏のブロード（解説省略）で30分間ほど煮て、ミキサーで撹拌する。
② フライパンに移し、牛乳、生クリームを加えて加熱する。パルミジャーノを加えて混ぜ合わせる。
③ スパゲッティ（アネージ社）を7分40秒ゆでて②に加え、和える。塩をする。
④ 皿に盛る。フォワグラのテリーヌをサクラのチップで冷燻し、冷凍したものをおろしかける。シャンピニョン・ド・パリをピーラーでスライスしてのせ、黒コショウをふる。細切りにしたエルバステラ（イタリア語で「星の草」の意。オオバコの仲間。サクサクとした歯ごたえ、ほどよい甘みと苦みがある）を飾る。

August

12

海鞘とアサリの
ボンゴレ・ビアンコ

松橋ひらく　●ラ ビッタ

イタリア産とくらべて風味が繊細な日本のアサリの味わいを生かすため、白ワインではなく、水を用いる。アサリと相性がよく、芳醇な香りのホヤを合わせて初夏らしさを演出。

① フライパンにE.V.オリーブ油とニンニクの薄切りを入れ、弱火にかける。香りがたったらニンニクは取り出して、アサリを加える。薄力粉を加え、ダマにならないよう軽く混ぜる。水を加え、蓋をせずに中火にかける。
② ホヤは掃除して開き、ワタを除く。せん切りにし、①の鍋のアサリの殻が開いたら加える。ゆでたスパゲティを加えて和え、器に盛る。

パスタの種類：スパゲティ

ソースの主な具材：ホヤ、アサリ

ソースのベース：E.V.オリーブ油、ニンニク

August

13

桃のスパゲッティーニ

倉谷義成 ●クラッティーニ

6〜9月までの期間限定で提供する冷製パスタ。フレッシュなモモとトマトソースで和えたパスタに、ミントがさわやかに香る。最後に挽く白コショウも効果的なアクセント。完成度の高い構成だ。

① トマトソースを作る。トマトのピュレをボウルに入れて氷水に当てる。塩とレモン果汁を加えて味をととのえ、そのまま冷やす。
② モモは湯むきして種を取り除き、約2mmの薄切りにし、別のボウルに入れて氷水を当て、冷やす。
③ スパゲッティーニは9分間ゆで、氷水で締めて布巾で水気をとる。氷水に当てた別のボウルに移す。塩とE.V.オリーブ油で下味をつける。なお、オリーブ油を加える際は、ボウルの内側に沿うように流し、パスタの温度が上がらないようにする。
④ ③に①を加えてからめ、塩で味をととのえる。
⑤ 冷やしておいた皿に、冷やしたフォークで④を盛る。
⑥ ②に塩小さじ1とレモン果汁をかけて軽く混ぜ、スパゲッティーニの上に盛りつける。ミントの葉をのせ、白コショウをふる。

パスタの種類：スパゲッティーニ

ソースの主な具材：モモ

ソースのベース：トマト、レモン果汁

August 14

焼きなすと丸さやオクラの冷たい米粉スパゲッティ

黒羽 徹 ●リストランテ プリマヴェーラ

小麦粉に米粉を加えてつくられたスパゲッティは、米粉ならではのしっとりとした食感と弾力、つるっとしたのどごしが楽しめる。ナスのみずみずしさやオクラの粘り気、ユズの香りが皿に豊かさを添える。

① 長ナスを直火で焼き、皮をむいてひと口大に切る。丸オクラはさっとゆで、1cm幅に切る。
② ボウルに①、ユズの皮を入れ、オリーブ油、塩、水を加えて味をととのえる。
③ 米粉スパゲッティ(新潟県産コシヒカリの粉と北海道産小麦の粉を3:7の割合で合わせた麺)を3分半ほどゆでて、氷水にとって冷やす。すぐに水気をきって②をからめる。
④ 器に盛り、きざんだシブレットを散らし、レモンオイル(レモンとオリーブを一緒に搾った、イタリアからの輸入オイル)を回しかける。

パスタの種類：米粉スパゲッティ
ソースの主な具材：長ナス、丸オクラ
ソースのベース：オリーブ油、ユズの皮

August

15
終戦記念日

ローストトマトと赤ピーマン、雲丹を詰めたラヴィオリ ブルターニュ産オマール海老のソースとレンズ豆

林 亨 ●トルッキオ

ラヴィオリにトマトや赤ピーマン、ウニなどを詰め、オマールを半身使ったソースと合わせた、ぜいたくな一皿。トマトと赤ピーマンはローストすることで風味を凝縮し、オマールに負けない力強い味わいに。

パスタの種類：ラヴィオリ（生地のつくり方→P.437）
詰めものの主な具材：トマト、赤ピーマン、ウニ
ソースの主な材料：オマール、ソース・アメリケーヌ、フルーツトマト、レンズ豆

① ラヴィオリの詰めものをつくる。トマトは皮と種を取り除き、60℃のオーブンで約1時間焼く。赤ピーマンはオーブンで焼いて皮をむく。それぞれきざんで合わせ、塩、コショウする。
② ラヴィオリの生地にちぎったバジリコ、①、ウニ、ミントをのせ、包んで5種類の形のラヴィオリを作る。
④ オリーブ油とバターでニンニクのみじん切りと赤トウガラシを炒め、白ワイン、ソース・アメリケーヌ（解説省略）、フルーツ・トマトの半割を順に加えて炊く。ブランデーと白ワイン、バジリコとイタリアンパセリのみじん切りを順に加える。
⑤ ソテーしたオマール、約3分間ゆでたラヴィオリを加え、和える。器に盛り、炊いたレンズ豆（解説省略）、焼いたフルーツトマト、オマールのミソ（塩、コショウしてオリーブ油でのばす）を添え、イタリアンパセリのみじん切りを散らす。

August 16

積丹産海水うにのカルボナーラ仕立て

小松岳史　●レストラン san

ウニは半量をカルボナーラソースに混ぜ込み、残りはソースとパスタを和えてから加えて軽く混ぜ、半分崩れるくらいにとどめてテクスチャーを生かす。パスタの上にはおろしたハグラウリを。みずみずしく、歯ごたえがあり、ほんのり青い味わいが軽やかさを生む。

① ボウルに卵黄、オリーブ油、塩水、生ウニを入れて混ぜる。
② フライパンにオリーブ油、みじん切りにしたニンニクと赤トウガラシをとって火にかけ、香りが立ったらイタリアンパセリのみじん切りを加え、野菜のブロード（解説省略）を加えて火入れを止める。
③ ゆでたてのバヴェティーニ（バリラ・セレシオネ・オロ・シェフ）をすぐに加え、①を加えて余熱で和える。充分に混ざったら生ウニを加えて、半分崩れるくらいまで混ぜる。
④ 皿に盛り、アサツキのみじん切り、チーズおろしでおろしたハグラウリをのせ、形のきれいな生ウニをのせる。

パスタの種類：バヴェティーニ
ソースの主な具材：生ウニ、ハグラウリ
ソースのベース：ウニ、卵黄、オリーブ油、ニンニク、赤トウガラシ、野菜のブロード

August
17

幻のトマトの冷製カペッリーニ

吉岡正和　●祇園245

使ったのは、生産量が少なく手に入りにくい"幻のトマト"。静岡県掛川市の石山農園で栽培される完熟桃太郎で、通常の桃太郎より小ぶりで、果肉がかたく、甘みと酸味のバランスがよいのが特徴。トマトを漉し取った透明なジュでジュレとグラニテをつくり、トマトのチップとともに盛り合せ、その魅力をあますところなく表現している。

① トマトは皮付きのまま適宜に切り、ミキサーで撹拌する。キッチンペーパーで約半日かけて漉す。
② ①の一部に水でもどした板ゼラチンを加え、温めて溶かす。冷やしかためる。
③ ①の一部に塩を加えて味をととのえ、パコジェット専用容器に入れて冷凍する。提供直前にパコジェットにかける。
④ ①の一部を弱火で半量に煮詰める。横にスライスしたトマトを浸し、冷蔵庫に約2時間おく。取り出してシリコンバットに並べ、100℃のオーブンで約4時間乾かす。
⑤ カペッリーニ（ディ・チェコ社）を2分40秒ゆでて氷水で冷やし、しっかりと水気をきる。②で和えて、皿に盛る。トマトのフリーズドライ（粉末・市販品）を散らし、カペッリーニの上に③をのせる。④とマイクロバジリコを飾る。

パスタの種類：カペッリーニ

ソースの主な材料：トマト

August 18 米の日

カルナローリ米を使った赤玉葱のリゾット ニノヴェルジェーゼ風

宮根正人 ●オストゥ

宮根氏がピエモンテ州での修業時代にくり返しつくったというスペシャリテ。赤タマネギのジャムの甘み、グラナ・パダーノの塩気と旨み、バルサミコ酢の酸味が一体となり、シンプルながら味わい深い。

パスタの種類：米
ソースの主な材料：赤玉ネギ、グラニュー糖、牛のブロード、野菜のブロード、赤ワイン、バルサミコ酢、バター

① フライパンにバター、赤玉ネギのスライス、グラニュー糖を入れてカラメリゼする。赤ワインを加えて、ジャム程度の濃度に煮詰める。
② 鍋に①、バター、牛のブロード、少量のバルサミコ酢を入れる。
③ ②に野菜のブロード（解説省略）、米（ピエモンテ産カルナローリ米を使用。カルナローリ米はイタリア米の代表的品種。日本のものに比べ2倍ほどの大きさで、リゾットやドルチェなどによく使われる）を入れて約15分間煮る。煮上がる直前にグラナ・パダーノとバターを加えて和える。
④ 皿に盛り、中央にローリエの葉を立てる。

August

19

万願寺唐辛子と天然鮎のキタッラ

有馬邦明　●パッソ・ア・パッソ

コシの強い太めのキタッラにはドライトマトのパウダーを練り込み、噛みしめるたびにトマトが香る仕立てに。アユと万願寺トウガラシでソースをつくり、仕上げに青ユズの皮を散らして、"盛夏"を感じさせるひと皿に。

パスタの種類：キタッラ (P.407)

ソースの主な具材：アユ、赤万願寺トウガラシ、水ナス

ソースのベース：アユとハモのブロード、アユのリエット、ガルム

① 赤万願寺トウガラシは焦げるまで網焼きし、鍋の蓋をかぶせて少し蒸らす。種を取り除き、きざむ。水ナスはひと口大に切ってオリーブ油で炒める。

② 鍋にオリーブ油とつぶしたショウガを入れて火にかけ、ガルムを加えて焦がしつけるようにして香りをとばす。①の満願寺トウガラシを加え、アユとハモのブロード（解説省略）を少量加えて乳化させる。アユのリエット（アユの骨と頭を鴨の脂でコンフィにしてから、ミキサーにかけてペースト状にしたもの）を加える。①の水ナスを加え、ソースを吸わせて、塩、コショウで味をととのえる。

③ ゆでたキタッラを加え、軽く煮からめ、E.V.オリーブ油を加えて仕上げる。

④ 皿に盛り、塩をふってグリルした天然アユ、アユのリエットをのせ、青ユズの皮をすりおろしてふりかける。

August
20

オリーブを練り込んだ
コルツェッティ
帆立とフレッシュトマトのソース
リグーリアの思い出

横江直紀　●ラパルタメント ディ ナオキ

海に面したリグーリア州で食べられているコルツェッティに、ホタテのブロードでフレッシュトマトを煮た清涼感のあるソースを合わせて。生地には同地の特産品である黒オリーブを練り込み、郷土色を打ち出している。

パスタの種類：オリーブを練り込んだコルツェッティ (P.408)
ソースの主な具材：ホタテ貝柱、ルッコラ
ソースのベース：トマト、ホタテのブロード

① フライパンにニンニクオイルを敷き、アンチョビとケイパーを入れて加熱する。香りが立ってきたら、湯むきしてざく切りにしたトマトを加えて煮込む。ホタテのブロード(解説省略)を加えて煮詰める。
② オリーブを練り込んだコルツェッティを約6分間ゆでて加える。ざく切りにしたホタテ貝柱、適宜にきざんだルッコラも加えて、さっと混ぜ合わせる。
③ 皿に盛り、ルッコラの葉と花を飾る。

August
21

フレッシュポルチーニと毛がにのラザニエッテ

浅井信之

毛ガニの濃厚な旨みと甘みを、ポルチーニやフルーツトマトとともに味わう一品。甲殻類のブロードで旨みとコクを補強しつつ、ラザニエッテ生地にはイタリアンパセリをはさみ込んで清涼感を出し、全体として軽やかな印象を狙う。

パスタの種類：ラザニエッテ (P.437)
ソースの主な具材：毛ガニ、サマーポルチーニ、
　　　　　　　　　フルーツトマト、だだちゃ豆、
　　　　　　　　　サマートリュフ
ソースのベース：甲殻類のブロード、E.V.オリーブ油

① 毛ガニは蒸し器で蒸し、殻から身をはずす。
② フライパンにバターを敷き、スライスしたサマーポルチーニを入れて炒める。ポルチーニの香りが立ったら、角切りにしたフルーツトマトを加える。トマトから出た水分でポルチーニを軽く煮込み、蒸した毛ガニの身、塩ゆでしてさやから取り出しただだちゃ豆を加える。
③ ラザニエッテを2分間ゆでる。皿に②とラザニエッテを交互に3層重ねる。
④ ボウルに甲殻類のブロード（解説省略）とE.V.オリーブ油を合わせて乳化させ、③にかける。サマートリュフのスライスを散らす。甲殻類のブロードをミキサーにかけ、できた泡をのせる。

August

22

イカスミを練り込んだ タリオリーニ オマール海老入りズッキーニの ペースト

星山英治　●ヴィルゴラ

イカスミを練り込んだ磯の香りのタリオリーニに、ペースト状にしたズッキーニの軽やかなソースを合わせる。具材はズッキーニとオマール。大ぶりに切って、噛むごとに変化する食感と味わいを楽しませる。

パスタの種類：イカスミを練り込んだタリオリーニ
（P.417）

ソースの主な具材：オマール、ズッキーニ

ソースのベース：ズッキーニ

① ズッキーニは種を取り除いて適当な大きさに切り、塩を強めにきかせて下ゆでする。イタリアンパセリとバジリコの葉は塩を加えた湯で湯通しする。ニンニクは芽を取り除き、3回ゆでこぼす。
② ①をミキサーでペースト状にする。なめらかにならなければE.V.オリーブ油を加え混ぜる。
③ イチョウ切りにしたズッキーニに塩をふり、ピュアオリーブ油でソテーする。殻と頭をはずして適当な大きさに切ったオマール、カイエンヌペッパーを加えてさらにソテーし、白ワインとズッキーニペースト（解説省略）を加える。
④ イカスミを練り込んだタリオリーニを4分〜4分半ゆで、③に加えて和える。トマトのコンカッセとE.V.オリーブ油を入れて全体を混ぜ、皿に盛る。

August
23

ヴィチドーミニの
長いスパゲッティの冷製
うにとスカンピのアーリオ・
オーリオ・ペペロンチーノ

伊沢浩久　●アンビグラム

「しっかりした噛みごたえで小麦の風味が強く感じられ、ソースのからみもよい」(伊沢氏) カンパーニャ州サレルノのヴィチドーミニ社のスパゲッティを使用。辛みのあるウニのソースとアカザエビをからめ、ミントで香りづけした背黒イワシのマリネで清涼感を足す。

パスタの種類：スパゲッティ

ソースの主な具材：アカザエビ、背黒イワシ

ソースのベース：ウニ、ニンジン、ニンニク、
　　　　　　　　赤トウガラシ、E.V.オリーブ油

① アカザエビはゆでて氷水に落とす。頭、殻、背ワタを除き、半分の幅に切ってぶつ切りにする。
② ニンジンはすりおろして液体を漉し取り、シャンタナ (スペイン産の増粘剤) とE.V.オリーブ油でとろみをつける。①、半割にしたニンニク、ウニ、E.V.オリーブ油、きざんだ赤トウガラシ (イタリア産。以下同) を加える。
③ 背黒イワシは三枚におろして細かい骨を取り除き、岩塩で2分間マリネする。白ワインヴィネガーで塩を洗い流しながら締め、赤トウガラシ、ミント、E.V.オリーブ油で数分間マリネする。
④ スパゲッティ (パスティフィーチョ・ヴィチドーミニ社) を約11分間ゆでて氷水で締め、水気をよくふく。②をからめ、ニンニクオイル、E.V.オリーブ油を少量ふり、塩をする。皿に盛る。ウニをのせ、トマト風味のパン粉 (P.397) をかける。③を添え、E.V.オリーブ油をふる。

August
24

タヤリンの夏トリュフがけ

鈴木弥平　●ピアット・スズキ

卵黄のおだやかなコクを生かしたソースをタヤリンにからめ、トリュフの包容力のある香りをたっぷりとまとわせる。タヤリン発祥の地・ピエモンテで愛される伝統的な組み合わせだ。パスタの風味とトリュフの香りがひとつになって舌の上にゆっくりと広がる。

① 卵黄と生クリームを溶く。
② エシャロットのみじん切りをバターで色をつけないように炒める。塩をふり、ブロード（解説省略）を加える。約2分間ゆでたタヤリンを加え、①を少しずつ加え、すりおろしたパルミジャーノも加えて和える。
③ 皿に盛り、サマートリュフの薄切りをふりかける。フライパンに残ったソースをかける。

パスタの種類：タヤリン (P.411)

ソースの主な具材：サマートリュフ

ソースのベース：バター、エシャロット、ブロード、卵黄、生クリーム、パルミジャーノ

August

25

スパゲッティ ムール貝のラグー シシリア産マグロのからすみ添え

重 康彦 ●アチェート

ムール貝はミンチにして、白ワインや魚のブロードで煮てラグーに。スパゲッティとからめる。ロングパスタの喉ごしのよさと、パスタとソースの一体感を楽しんでもらう。仕上げにマグロのカラスミを添えて。

① 鍋でソッフリットとエストラット（味噌くらいのかたさになるまでトマトの水分をとばした調味料）を炒める。ムール貝（冷凍パーナ貝）をミキサーでミンチにして加え、ソテーする。白ワイン、魚のブロード（解説省略）を加えて5分間煮詰める。
② つぶしたニンニクとタカノツメをオリーブ油でソテーし、香りが立ったら①、白ワイン、魚のブロードを加える。スパゲッティをアルデンテにゆでて加え、からめる。
③ 皿に盛り、ミズナ、タカノツメのオイル漬け（解説省略）、スライスしたマグロのボッタルガを飾る。オリーブ油で香ばしく炒めたパン粉を、チーズの代わりに添える。

パスタの種類：スパゲッティ

ソースの主な具材：ムール貝（パーナ貝）、ミズナ、マグロのボッタルガ

ソースのベース：ソッフリット、トマト、白ワインと魚のブロード

August
26

香草を打ち込んだタリオリーニ ムギイカとズッキーニ和え

高師宏明 ●アルベラータ

バジリコ、イタリアンパセリ、ローズマリーを練り込んだタリオリーニに、ムギイカやズッキーニでつくるソースを合わせて。さわやかな香りのパスタを、軽やかでメリハリのある一皿に仕上げている。

パスタの種類：タリオリーニ（P.418）
ソースの主な具材：ムギイカ、ズッキーニ
ソースのベース：E.V.オリーブ油、ニンニク、
　　　　　　　　タカノツメ、アンチョビ、
　　　　　　　　レモンの皮のオリーブ油漬け、
　　　　　　　　ドライトマト、トマト、白ワイン

① ムギイカは輪切りにしてからタリオリーニの太さにあわせて細切りにする。ズッキーニはタリオリーニの太さにあわせて棒状に切る。
② フライパンにE.V.オリーブ油、つぶしたニンニク、タカノツメを入れて火にかけ、香りが立ったら取り出す。
③ ②のフライパンにアンチョビペースト、①を加えて炒め、ムギイカに火が通ったら、レモンの皮のオリーブ油漬け（解説省略）、ドライトマト、トマト、白ワインを加えて少し煮詰める。必要に応じてパスタのゆで汁で味を調整する。
④ タリオリーニは5分半ゆで、ソースで和える。塩で味をととのえる。
⑤ 皿に盛る。バジリコの葉を散らし、煎ったパン粉（パン粉をオリーブ油で炒め、塩とカイエンヌペッパーをふったもの）をふり、E.V.オリーブ油をかける。

August
27

いろいろトマトの冷製カペッリーニ

浅井 努 ●トム クリオーザ

グラスデザートのようなヴィジュアルが印象的な、トマトづくしの一品。塩と E.V.オリーブ油で和えたフルーツトマトをカッペリーニにからめ、トマトのジュでつくったムースとグラニテ、2色のプチトマトを飾っている。

パスタの種類：カペッリーニ
ソースの主な具材：フルーツトマト、プチトマト(赤・黄)
ソースのベース：フルーツトマト、バジリコ

① フルーツトマト(高知県産「夜須のフルーツトマト」。以下同)は皮ごとミキサーにかける。塩ときざんだバジリコを加え、ひと煮立ちさせる。ひと晩ほどかけてキッチンペーパーで漉し、クリアな液体をとる。
② ①の半量は、重量の1％の板ゼラチンを水でもどしたものを加え溶かし、凍らせる。フォークで削り、グラニテにする。
③ ①の残りは、重量の1.5％の板ゼラチンを水でもどしたものを加え溶かし、サイフォンに詰める。ガスを装填し、冷やす。
④ フルーツトマトは皮を湯むきし、一部は細切り、残りは粗めのみじん切りにして合わせ、塩とオリーブ油で和える。
⑤ カペッリーニ(ディ・チェコ社)を3分間ゆでて氷水で急冷し、水気をふく。④で和えてグラスに盛る。②の一部をのせ、③を絞る。②を山状に盛り、湯むきしてオリーブ油と塩をふったプチトマト(赤・黄)、花穂ジソの花を添える。

山山椒を練り込んだタヤリンに鰻と胡瓜を合わせて

岡尾岳史　●オステリア エルベッタ

キュウリとウナギの酢の物である「鰻ざく」から着想を得た同店の夏の定番。ウナギは軽くスモークし、タヤリンには粉山椒を練り込んでいる。この日本ならではの組み合わせに、サフラン、ドライトマト、フェンネルシードといった香りの要素を加え、より豊かな味わいに。

① ウナギは開き、サクラのチップで皮目を4〜5分間、身側を8〜10分間燻製にかける。冷まして1cm角に切る。
② オリーブ油とニンニクのみじん切りを弱火にかける。香りが立ってきたら、①、ドライトマトのみじん切り、フェンネルシード、白ワインを加える。ソースがとろっとしてきたら、アサリのだし（解説省略）、サフランを加えて軽く煮詰める。
③ ゆでたタヤリンを加えて和える。1cm角に切ったキュウリとざく切りにしたイタリアンパセリを加えて、さっと混ぜる。器に盛り、粉ヤマザンショウを散らす。

パスタの種類：山山椒（ヤマザンショウ）のタヤリン（P.413）

ソースの主な具材：ウナギ、キュウリ、ドライトマト、

ソースのベース：アサリのだし、粉ヤマザンショウ

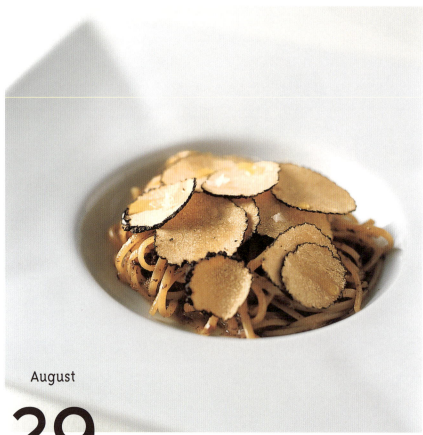

August 29

夏トリュフのバヴェッティーニ
浅井信之

細めの平打ちパスタ「バヴェッティーニ」をブラウンマッシュルームとサマートリュフのペーストで和えたシンプルなパスタ。秋には白トリュフ、冬は黒トリュフと季節によって使うトリュフを変えて展開する。

① ブラウンマッシュルーム、サマートリュフ、ニンニク、赤トウガラシ、アンチョビのフィレを合わせ、ミンサーでこまかく挽く。鍋に E.V.オリーブ油(辛みや青みのないマイルドなタイプ)とともに入れ、時々混ぜながら弱火でゆっくりと加熱して水分を完全にとばし、パラパラの状態にする。
② キノコのペーストを鍋にとり、鶏のブロード(解説省略)でのばしながら温める。ゆでたバヴェッティーニ(パオーネ)を加え、ゆで汁も少量加えて和える。
③ 皿に盛り、サマートリュフのスライスをのせる。E.V.オリーブ油をかけ、マルドンの塩をのせる。

パスタの種類:バヴェッティーニ

ソースの主な材料:ブラウンマッシュルーム、サマートリュフ、ニンニク、赤トウガラシ、アンチョビ、E.V.オリーブ油、鶏のブロード

August

30

ジャガ芋のニョッキとトマト

小林寛司　●ヴィラ・アイーダ

岩塩を敷いた天板にジャガイモをのせてオーブン焼きにし、風味を凝縮させてから、ニョッキに。ニョッキの味わい深さを強調するべく、トマトソースでシンプルに和えている。トマトは酸味と甘みの強い品種「シシリアンルージュ」をさっと煮て、特有のコクを生かす。

① プチトマトは皮を湯むきし、半分に切る。
② オリーブ油とつぶしたニンニクを弱火にかけ、香りが立ってきたら、ニンニクは取り除く。①を加えて中火にする。プチトマトがところどころ煮崩れてジュが出てきたら、ゆでたジャガイモのニョッキを入れる。
③ スカモルツァ・アッフミカータの角切りを加えて混ぜる。スカモルツァが溶けて、トマトのジュと乳化してきたら器に盛り、バジリコを散らす。

パスタの種類：ジャガイモのニョッキ（P.422）
ソースの主な材料：プチトマト、
　　　　　　　　　スカモルツァ・アッフミカータ、
　　　　　　　　　バジリコ

August

31

野菜の日

鬼怒川の鮎と農園野菜の
ペペロンチーノ
サルディーニャ仕込みの
自家製カラスミがけ

渡辺 明　●イル・リフージョ・ハヤマ

栃木県鬼怒川で獲れる新鮮なアユは身を塩焼きに、肝はソースに溶かし込み、丸ごと楽しんでもらう。アユと同様に夏が旬の野菜をたっぷり使い、塩気のアクセントにカラスミを添える。

パスタの種類：スパゲッティーニ

ソースの主な具材：アユ、エダ豆、オクラ、ミズナ、キュウリ、プチトマト

ソースのベース：アユの肝、アサリのブロード

① アユは三枚におろし、肝はソース用に取りおく。身は皮目に塩とE.V.オリーブ油をまぶして炭火で皮目から焼く。身に塩と白コショウをふり、身側も焼く。

② フライパンにE.V.オリーブ油、ニンニクのみじん切り、白ネギの粗みじん切り、タカノツメを入れて弱火にかける。香りがたってきたら、①で取りおいた肝を加えてつぶしながら炒め、白ワインを加えてアルコール分をとばす。アサリのブロード（解説省略）を加え、中火で少し煮詰める。

③ ゆでたスパゲティーニを加え、①のアユの身を加えてほぐしながら和える。汁気が足りないようなら、パスタのゆで汁を加えて調整する。

④ 下ゆでしたエダ豆とオクラ、ミズナ、種を除いて薄く切ったキュウリ、くし形に切ったプチトマトを加えて和える。器に盛り、カラスミのすりおろしとスライス、ミズナの葉、ユズの皮のすりおろしをふる。

September

September

セダニーニ 伊勢海老 ボッタルガ オレンジ

ルカ・ファンティン
●ブルガリ イル・リストランテ ルカ・ファンティン

マッケロニに似たセダニーニは、サクッとした歯ざわりを得るため自家製している。合わせたイセエビは、サラマンドルで軽く温めて半生に。オレンジですっきりとした香りと酸味を、ビスクの泡で甲殻類の旨みを添える。

パスタの種類：セダニーニ (P.410)
ソースの主な具材：イセエビ、オレンジ、ボッタルガ
ソースのベース：魚のフュメ、イセエビの殻、
　　　　　　　　香味野菜、トマトペースト、
　　　　　　　　ヴェルモット、生クリーム

① ビスクの泡をつくる。オリーブ油をひいた鍋で、薄切りにした玉ネギ、ニンジン、セロリを弱火で炒める。ぶつ切りにしたイセエビの殻を加えて強火で炒め、トマトペーストとヴェルモット（ノイリー・プラット）を加える。ひたひたの水を加え、30分間煮込んで漉す。重量の1/3量の生クリームを加え、半量に煮詰める。サイフォンに入れ、70℃で湯煎する。
② 鍋にオリーブ油を温める。2％の塩湯で約1分半ゆでたセダニーニを加え、ジャガイモでつないだ魚のフュメ（解説省略）、小角切りにしたオレンジ、3度ゆでこぼしてみじん切りにしたオレンジの皮を合わせる。塩、コショウする。
③ イセエビの身はひと口大に切る。塩とオリーブ油で和え、サラマンドルで軽く温める。
④ ②、③を皿に盛り、細切りにしたボッタルガをふる。①を絞り出す。

September 2

フェデリーニ
蛸のミンチソース

奥村忠士　●アカーチェ

タコは粗くきざんでトマトソースで煮込み、スペゲッティよりもさらに太いフェデリーニを和える。ソースとのからみがよいパスタを使うことで、トマトソースの量を減らすことができ、タコの風味がより強調される。

① オリーブ油でニンニクのみじん切りを炒め、キツネ色になったら、みじん切りにした玉ネギ、ニンジン、セロリ、赤トウガラシを加えて炒める。
② ボイルしたタコは5mm～1cm角に切り、①に加えて炒める。白ワインを注いでアルコール分をとばし、粗みじん切りにした黒オリーブを加えてさらに炒める。
③ 鍋に②とトマトソース（P.305「ピーチのトマトソース、燻製したリコッタチーズがけ」）を入れて混ぜ、軽く温める。フェデリーニ（ディ・チェコ社）を約5分間ゆでて加え、和える。
④ 器に盛り、イタリアンパセリのみじん切りを散らす。乾燥させたバゲットをすりおろしてフライパンで煎ったもの、赤トウガラシの辛さをうつしたオリーブ油を別添えする。

パスタの種類：フェデリーニ
ソースの主な具材：タコ、黒オリーブ
ソースのベース：トマトソース

September

3

クエン酸の日

岩城のレモンのスパゲッティ

岡尾岳史　●オステリア エルベッタ

香り高い愛媛県岩城島産のレモンが主役。強すぎるくらいにしっかりと酸味を効かせる。レモンの爽やかさを生かすため、さっぱりした水牛のバターを使用。リコッタチーズをからめて食べてもらう。

① フライパンに水牛のバター、レモンバーム1枝を入れ、弱火にかける。香りが立ってきたら、輪切りにしたレモンを加え、白ワインをふってソテーする。果肉がとろっとしてきたら、いったん取り出す。
② ゆでたスパゲティを加えて和え、パルミジャーノ、レモン果汁、ニンニクオイルを加えて味をととのえる。
③ 器に①で取り出したレモンと②を盛る。パルミジャーノ、きざんだレモンバームの葉、レモンの皮のすりおろしをふり、黒コショウを挽く。リコッタを添える。

パスタの種類：スパゲッティ

ソースの主な具材：レモン、リコッタ

ソースのベース：水牛のバター、ニンニクオイル、レモンバーム

September

4

タヤリン 干し草の香り

岩坪 滋　●イル プレージョ

仔牛と鶏のブロードにいぶした藁の香りをまとわせ、タヤリンにからめた一品。噛みごたえのあるパスタ生地のおいしさを存分に楽しんでもらうため、ごくシンプルな仕立てに。藁でいぶす手法は、岩坪氏が修業時代にピエモンテ州で学んだ料理からの応用。

① ソテーパンにワラと稲ワラが浸からない程度の仔牛と鶏のブロード（解説省略）を入れる。バーナーでワラの上部を燃やし、仔牛と鶏のブロードを少量かけて火を消す。ワラが仔牛と鶏のブロードに浸かりきるまで、これをくり返す。漉す。
② フライパンにオリーブ油、ニンニクのみじん切り、バターを入れて火にかける。ニンニクが色づいてきたら①を加える。
③ タヤリンを約1分間ゆで、②に加えて和える。バターを加えて混ぜ合わせ、乳化させる。水分が足りない場合は仔牛と鶏のブロードで調整する。パルミジャーノと塩で味をととのえる。
④ 皿に盛り、ワラを添える。

パスタの種類：タヤリン（P.413）
ソースの主な材料：仔牛と鶏のブロード、稲ワラ、オリーブ油、バター、ニンニク

September

5

ガルガネッリ、牛ほほ肉のラグー

鈴木弥平　●ピアット・スズキ

メイン料理としても提供する牛ほほ肉の煮込みとガルガネッリを組み合わせたピアット・ウニコ的な皿。歯切れのよいガルガネッリと、仕上げに加えるしゃきしゃきとしたキャベツが心地よい食感の変化を生む。

① 牛ほほ肉のラグーをつくる。鍋でソッフリットをつくる。牛ホホ肉は塩、コショウして、薄力粉をまぶす。鍋で表面を焼き、白ワインでデグラッセする。ソッフリットの鍋に移し、漉したホールトマトを加え、ブロード（解説省略）、乾燥ポルチーニ、ローリエ、ナッツメッグ、粗塩、砕いた白コショウを加え、約2時間煮る。
② キャベツをざく切りにして塩湯でゆでておく。
③ 人数分のラグーを鍋にとり、適量のブロードを加えて温める。ガルガネッリをゆで、ゆで上がり直前に②を加える。ザルにとって湯を切り、ラグーの鍋に加える。E.V.オリーブ油、パルミジャーノ、イタリアンパセリを加えてからめる。皿に盛り、パルミジャーノとコショウをふる。

パスタの種類：ガルガネッリ (P.404)

ソースの主な具材：キャベツ

ソースのベース：牛ホホ肉、ソッフリット、
　　　　　　　　ホールトマト、ブロード、
　　　　　　　　乾燥ポルチーニ

September 6

黒の日

イカ墨のスパゲッティ

今井雅博　●アル・チェッポ

イカ墨ソースは、イカの墨とワタを香味野菜と白ワインで煮込んでベースをつくり、魚のブロードとアサリのだしを加えて味と濃度を調整している。色は淡めだが、濃厚で複雑な香りと旨みが楽しめる。

① ヤリイカは掃除して、スミとワタを取り出す。身はひと口大にカットする。
② ニンニクと玉ネギのみじん切りをオリーブ油で炒め、イカスミ、ワタを加える。白ワインを加えてアルコール分をとばし、火を止める。粗熱をとってからミキサーにかける。
③ 鍋にもどし、魚のブロードとアサリのだし（ともに解説省略）を加えて煮詰める。味がなじんだところで味をととのえ、イカ墨ソースとする。
④ フライパンにオリーブ油をひき、ニンニク、赤トウガラシを加えて香りが立ったらイカの身を加えてさっと炒める。ソースとゆでたスパゲッティ（直径1.7mm・コラヴィータ）を加えて手早くからめる。

パスタの種類	スパゲッティ
ソースの主な具材	ヤリイカ
ソースのベース	イカのスミとワタ、魚のブロード、アサリのだし

September 7

赤タマネギのタリオリーニ パルミジャーノのクロッカンテ

宮川圭輔 ●ラピ

赤玉ネギの旨みと甘みを凝縮したソースをタリオリーニにからめた、シンプルだからこそ存在感のあるひと皿。食感と味わいのアクセントに、パルミジャーノのクロッカンテを添える。

① フライパンに米油を温め、繊維に沿って薄切りにした赤玉ネギを加える。軽く塩をふり、弱火を保って約1時間炒める。
② フライパンを温め、おろしたパルミジャーノを広げて溶かし焼く。麺棒にのせ、テュイルのようにカーブをつける。
③ 少量の野菜のブロードと①を合わせて温める。タリオリーニをかためにゆでて和える。
④ 皿に盛り、②を添える。

パスタの種類：タリオリーニ (P.418)
ソースの主な材料：赤玉ネギ、野菜のブロード

September
8

鶏肉とパプリカの
ローマ風煮込みのマファルデ

藤田政昭　●ラチェルバ

ゼラチン質が豊富な鶏のせせり肉を煮込んだラグーに、歯ごたえのある厚手の幅広パスタ「マファルデ」を合わせて。ランチ向けに考えたという、旨み豊かで具だくさんの満足感のあるひと皿。

① パプリカは120℃のオーブンで焼き、やわらかくなったら皮をむく。適当な大きさに切る。
② 鍋にE.V.オリーブ油を熱し、鶏のセセリ肉を焼いて表面に薄力粉をまぶす。
③ 別鍋にE.V.オリーブ油とニンニクのみじん切りを入れて火にかけ、香りが立ったら1cm角に切った玉ネギを入れて軽く炒める。
④ ③の鍋に白ワイン、①、ホールトマトを入れて軽く煮込み、オレガノ、ローリエ、バジリコを加えてさらに10分間煮る。
⑤ ②を適当な大きさに切って④に加え、さらに5分間煮る。塩で味をととのえる。
⑥ ⑤を温める。マファルデをゆでて加える。パルミジャーノ、きざんだイタリアンパセリ、下ゆでしたスナップエンドウも加えて混ぜる。皿に盛る。

パスタの種類：マファルデ
ソースの主な具材：鶏セセリ肉、パプリカ、スナップエンドウ
ソースのベース：ホールトマト

September

9

タリアテッレ
仔牛の内臓のマルサラ風味

権田雅康　●ペルバッコ イタリアーノ

仔牛の心臓、レバー、胸腺肉を甘みのあるマルサラ風味のソースに。タリアテッレは内臓という力強い食材に合わせて生地の食べごたえを出すため、セモリナ粉と卵黄を多めに配合している。

① フライパンでオリーブ油、バター、ニンニクのみじん切りを熱し、ニンニクが色づいてきたら、玉ネギのスライス、ローズマリー、塩を加えて炒める。
② 仔牛の心臓、肝臓、胸腺肉を適宜の大きさに切り、塩をふる。①に加えて炒める。マルサラ、少量のブランデーを加え、アルコール分をとばす。鶏と仔牛のブロード（解説省略）を加えて煮込む。
③ タリアテッレを塩分濃度3〜5％の塩湯で5分間ゆで、②のフライパンに加える。パルミジャーノをふってからめ、皿に盛る。ローズマリーをのせ、黒コショウをふる。

パスタの種類：タリアテッレ (P.414)
ソースの主な具材：仔牛の心臓、肝臓、胸腺肉
ソースのベース：鶏と仔牛のブロード、玉ネギ、マルサラ、ブランデー

September
10

サルデーニャ風
湘南豚とフィリンデゥのスープ

渡辺 明　●イル・リフージョ・ハヤマ

フィリンデゥはサルデーニャ州ヌオーロ地方のパスタ。その名は「神の糸」を意味し、セモリナ粉のシンプルな生地を手でごく細くのばし、網目状に重ねてつくる。羊のブロードなどに入れて食べることが多く、ここでは骨付き豚バラ肉とペコリーノ、生ハムでとったスープで煮込み、旨みを吸わせている。

パスタの種類：フィリンデゥ

ソースの主な具材：豚バラ肉（骨付き）

ソースのベース：豚のだし、ホールトマト、生ハム、ペコリーノ・サルドの皮

① 湘南豚＊のバラ肉（骨付き）を適宜の大きさに切り、全体に塩をして常温で1時間おく。汁気をふき、熱したフライパンで余分な脂を落としながら表面を焼く。
② 鍋に①、粗みじん切りにした玉ネギとウイキョウの茎、ホールトマト、生ハムの切れ端、塩、ひたひたの水を入れ、アクを引きながら弱火でバラ肉がやわらかくなるまで約5時間煮込む。ペコリーノ・サルドのかたい皮の部分を加えてさらに約1時間煮る。シノワで漉し、肉とスープに分ける。
③ ②のスープを沸かし、適宜の大きさに割ったフィリンデゥを入れて7分間程度煮込む。
④ 皿に②の肉、③のフィリンデゥとスープを盛り、ペコリーノ・サルドをすりおろす。ウイキョウの葉のみじん切りを散らしてE.V.オリーブオイルをまわしかける。

＊湘南豚…神奈川県藤沢市の養豚場で飼育されている三元豚。飼料に海藻やサツマイモが使われており、臭みがなく脂身が甘い。

September
11

ビーゴリのカッソ・ピーパ

西口大輔 ●ヴォーロ・コズィ

ヴェネツィア州南部の漁師町、キオッジャの伝統的な魚介料理「カッソ・ピーパ」を忠実に再現。さまざまな貝を蒸したときにでる旨みの濃いジュを何種も合わせ、さらにオマールを加え、ビーゴリにしっかりと含ませる。

パスタの種類：ビーゴリ（P.428）
ソースの主な具材：ホタテ貝柱、オマールの爪、アサリ、ムール貝、マテ貝
ソースのベース：アサリのジュ、ムール貝のジュ、マテ貝のジュ

① フライパンにニンニク1片とオリーブ油大さじ3を入れて温め、ニンニクが色づいてきたらアサリを入れる。白ワインをふって蓋をし、蒸し煮にする。殻が開いたら、貝から出たジュをボウルなどに漉して入れ、殻付きの身は取りおく。ムール貝とマテ貝も同様に調理し、ジュはすべて合わせる。ムール貝は殻から身をはずし、マテ貝は内臓を取り除く。ホタテ貝柱は4等分する。
② フライパンにオリーブ油大さじ5を入れて熱し、ホタテ貝柱とオマールの爪（5分間塩ゆでして殻をむく）を塩、コショウしてソテーする。①でとった貝のジュを適宜加え、イタリアンパセリをふってしばらく煮る。オリーブ油大さじ2を加えて火を止め、アサリ、ムール貝、マテ貝を加えて合わせる。
③ ビーゴリを10分間強ゆでて、②のソースで和える。皿に盛り、タイムを飾る。

September 12

トマトソーススパゲッティの ナス包み オーブン焼き

横井拓広
●トラットリア イル フィーコディンディア

スパゲッティをナスで包んで焼く仕立ては、シチリア州タオルミーナなどでよく見られるもの。麺はゆでてからトマトソースで和え、揚げナスに包んで半日ほどおいて味をなじます。仕上げにリコッタをのせ、オーブンで焼き上げる。

パスタの種類：スパゲットーニ

ソースの主な材料：米ナス、トマトソース、リコッタ、バジリコ

① 米ナスはヘタを取り、縦に4.5mmの厚さにスライスし、180℃のサラダ油で素揚げする。
② ニンニクのみじん切りをオリーブ油で炒め、香りが立ったらトマトソース（解説省略）、リコッタ、砂糖、きざんだバジリコを加え、塩を強めにふる。
③ 塩分濃度1%の塩湯でスパゲットーニ（パスティフィーチョ・ヴィチドーミニ社）を約13分間ゆでてボウルに入れる。②とパルミジャーノを加えてよく混ぜ、ラップフィルムで覆い、15分間ほどおいて味をなじませる。
④ ①のナス1枚に対して乾麺の状態で25g分の③を丸めてのせ、ナスで巻く。バットに並べ、ラップフィルムで覆って冷蔵庫に半日ほどおく。
⑤ 耐熱皿にオリーブ油と②をぬり、④を並べる。②をかけ、パルミジャーノ、リコッタをのせて280℃のオーブンで約8分間焼く。きざんだイタリアンパセリをふる。

September

13

シソを練り込んだ
ジャガイモのニョッキ
活け鱧と焼きもろこしのソース
茗荷のアクセントで

浅井信之

湯引きしたハモの身、ハモの骨と頭でとったブロード、シソを練り込んださわやかな香りと味わいのニョッキという組み合わせ。ソースにはアスパラガス、ミョウガ、焼きトウモロコシも入れ、リズミカルな食感に。

パスタの種類：シソを練り込んだニョッキ（P.427）

ソースの主な具材：ハモ、グリーンアスパラガス、トウモロコシ、ショウガ

ソースのベース：ハモのブロード

① フライパンにトウモロコシ（味来）の実を入れて火にかけ、乾煎りする。
② ハモの身を骨切りして適宜に切り、霜降りする。
③ フライパンにE.V.オリーブ油をひき、皮をむいてつぶしたニンニク、タカノツメを入れて火にかける。香りが立ったらニンニクとタカノツメを取り出す。
④ パセリのみじん切りを加え、香りが立ったらハモのブロード（P.397）、①、筋を除いて適当な大きさに切ったグリーンアスパラガスを順に加える。
⑤ ニョッキを2分間ゆでて加え、和える。②を加え、味がなじむまで加熱する。
⑥ 皿に盛り、きざんだミョウガと花穂ジソを散らす。

September 14

アワビと肝、アンチョビとケイパーのスパゲッティ

鈴木浩治　●ラ・ルッチョラ

アワビの身、肝、ヒモ、すべてを使ってつくる磯の香り高いソースに、アンチョビとオリーブを合わせてさらに深い味わいに。仕上げにバジルのペーストを使うことでさわやかな香りが加わる。

パスタの種類：スパゲッティ

ソースの主な具材：アワビ、ナノハナ

ソースのベース：アワビの肝、アサリのブロード、オリーブのペースト、バジリコのペースト

① アワビは殻付きのまま蒸し、ラップフィルムで包んで常温におく。冷めたら、クチバシは取り除き、肝とヒモははずしてみじん切りに、身は厚さ1.5mmに切る。

② E.V.オリーブ油、タカノツメ、ニンニクのみじん切りを炒め、香りが立ったらアンチョビペースト、オリーブのペースト（タジャスカ種）を順に加える。①の肝を加え、香りが立ったら、①の身とヒモ、アサリのブロード（解説省略）を加え、弱火で2分間加熱する。

③ を温め、下ゆでしたナノハナを加え、すぐに火を止める。バジリコのペースト、E.V.オリーブ油を加える。スパゲティをゆでて加え、からめる。皿に盛る。

September

15

ガルガネッリ、焼きナスのピュレ和え

鈴木弥平　●ピアット・スズキ

ガルガネッリに素揚げした賀茂ナスをたっぷりと加え、賀茂ナスのピュレで和える。ナスの甘みとやわらかさと、卵白を配合したガルガネッリのすきっとした歯ごたえとが好対照なひと皿。

① 賀茂ナスを丸ごとオーブンで15〜20分間焼き、皮をむく。塩、オリーブ油とともにフードプロセッサーにかけてピュレ状にする。
② 別の賀茂ナスを縦4等分にカットし、皮目に格子状に浅く切り目を入れてから、スライスする。素揚げして、塩をふる。
③ フライパンに少なめのオリーブ油とつぶしたニンニク、包丁で叩いたアンチョビを入れて火にかける。半分に切ったプチトマトを加え、①、②、約3分間ゆでたガルガネッリを加えて火を止める。E.V.オリーブ油を加え、きざんだバジリコとイタリアンパセリを加えてからめる。

パスタの種類：ガルガネッリ (P.404)
ソースの主な材料：賀茂ナス、プチトマト

September 16

ズワイ蟹のタリアテッレ 旨味たっぷりのトマトソース

ファロ資生堂

ワタリガニの旨みが溶け込んだトマトソースにズワイガニの身をたっぷりと入れ、タリアテッレを和える。ソースは通常のトマトソースとワタリガニでつくるトマトソースを合わせて酸味と奥行きのバランスをとる。

① ワタリガニのソースをつくる。ワタリガニは掃除し、殻ごとぶつ切りにする。鍋にオリーブ油をひき、芯を取り除いてつぶしたニンニクを入れて炒める。香りが立ったらワタリガニを入れて炒め、ブランデーでフランベする。トマトは皮付きのまま粗く切って加える。木ベラでかき混ぜながら30〜40分間、弱火でゆっくりと煮る。シノワで漉す。
② 鍋にワタリガニのソースとトマトソース(P.397)を入れて温め、ボイルしてほぐしたズワイガニの身、アサリのジュを加える。タリアテッレは約4分間ゆでて加え、和える。
③ フルーツトマトは湯むきしてさいの目に切り、③に加える。
④ 器に盛り、イタリアンパセリのみじん切りを散らす。

パスタの種類：タリアテッレ (P.414)
ソースの主な具材：ズワイガニ、フルーツトマト
ソースのベース：ワタリガニ、トマト、トマトソース、アサリのジュ

September 17 イタリア料理の日

新鮮なうにのスパゲッティ

落合 務　●ラ・ベットラ・ダ・オチアイ

生ウニは仕上げに加えてさっと和えたら皿に盛る。ソースはトマトクリームソース。アンチョビを使うことでコクのある味わいをつくり出している。落合シェフの名を不動のものにした破格のコースメニューのために考案したというスペシャリテだ。

① フライパンに E.V.オリーブオイルを熱して、ニンニクの粗みじん切りを中火で炒める。香りが立ったら、フードプロセッサーでペースト状にしたアンチョビを加えてさらに炒める。
② アンチョビの香りが立ったら、白ワインを加えて強火で加熱し、汁気がなくなるまで煮詰める。
③ ホールトマトを手でつぶしながら加え、水分がとんで軽く濃度がつくくらいまで煮つめる。
④ 生クリームを加え、とろみがつくまで煮詰めたら漉して塩で味をととのえる。
⑤ フライパンに④を1人分取って温める。ゆでたスパゲッティーニを加えてソースと和える。生ウニを加えて軽く温め、器に盛る。

パスタの種類：スパゲッティーニ
ソースの主な具材：生ウニ
ソースのベース：E.V.オリーブ油、ニンニク、
　　　　　　　　アンチョビ、ホールトマト、
　　　　　　　　生クリーム

September 18

ライ麦のビーゴリー 去勢鶏とトランペット、ジロールのラグー

岩坪 滋　●イル プレージョ

全粒粉を配合することの多いビーゴリですが、ここでは香ばしいライ麦を使用。この生地の香りを邪魔しないように、クセがなく肉の旨みが強い去勢鶏のモモ肉、胸肉、手羽、内臓でソースをつくり、キノコ類で旨みを強めている。

パスタの種類：ライ麦のビーゴリー (P.429)

ソースの主な具材：去勢鶏（丸）、ジロール、
　　　　　　　　　トランペット・ド・ラ・モール

ソースのベース：去勢鶏のジュ、鶏のブロード、
　　　　　　　　香味野菜、白ワイン、マルサラ

① 去勢鶏はさばき、ガラでジュをとる。肉と内臓類（心臓、砂肝、肺、肝臓を使用）は塩、コショウして、オリーブ油でソテーする。肉は1.5cm角に、内臓類は小さめの角切りにする。

② 鍋にオリーブ油とつぶしたニンニクを熱し、ニンニクは色づいたら取り出す。みじん切りにした玉ネギ、ニンジン、セロリを入れて炒め、ブーケ・ガルニ、白ワイン、マルサラを加えて煮詰める。①のジュ、肉、内臓類を加えて煮からめる。

③ オリーブ油、ニンニクのみじん切り、ローズマリー、バターを熱し、適宜に切ったトランペット・ド・ラ・モール、ジロールを炒める。②を加え、鶏のブロード（解説省略）で濃度を調整する。

④ ③を温め、ライ麦のビーゴリーを3分半～4分間ゆでて加える。パルミジャーノ、ローズマリーのみじん切り、黒コショウ、E.V.オリーブ油を加え、皿に盛る。

September

19

ポルチーニ茸のラヴィオリ なめらかなムース添え

山田直喜　●リストランテ カステッロ

ポルチーニの魅力をラヴィオリの詰めもの、ソース、ムース、ソテーと多彩な角度から表現して盛り合せたひと皿。ポルチーニはイタリアから空輸したフレッシュを使用。ラヴィオリ生地には自家栽培の小麦粉を用いて、食感の強さとキレを打ち出す。

パスタの種類：ラヴィオリ（生地のつくり方→P.438）

詰めものの主な具材：ポルチーニ（生・乾燥）、スーゴ・ディ・カルネ

ソースのベース：ポルチーニ、スーゴ・ディ・カルネ、ポルチーニのブロード

① 詰めものをつくる。ポルチーニと乾燥ポルチーニ（もどしたもの）をみじん切りにする。E.V.オリーブ油とニンニクで炒め、スーゴ・ディ・カルネなどを加えてペースト状になるまで加熱する。塩、パン粉、バターを混ぜる。冷ます。
② ラヴィオリの生地は帯状にカットし、表面に溶いた卵黄を薄く塗る。②を10gずつ4cmおきにのせる。別の生地をかぶせ、生地同士を密着させる。波刃のカッターで4cmの正方形に切る。
③ ポルチーニは石突きを取り除き、スーゴ・ディ・カルネとポルチーニのブロード（どちらも解説省略）で10分間ほど煮る。ミキサーにかけて鍋に戻し入れ、ポルチーニのブロードで濃度を調整する。塩とE.V.オリーブ油で味をととのえる。
④ ポルチーニ茸のラヴィオリを3分間ゆでて皿に並べる。③、E.V.オリーブ油で炒めたポルチーニ、ポルチーニのムース（P.397）を順に盛る。パルミジャーノをふり、イタリアンパセリを飾る。

September
20

とこぶしとハーブのタリオリーニ

小林寛司 ●ヴィラ・アイーダ

大きく切ったトコブシをタリオリーニに合わせ、摘みたての香草を添えた一皿。トコブシは低温真空調理でやわらかく仕上げ、真空調理中に出たジュをソースのベースにしている。

① トコブシは殻から外し、鶏のブロードとともに真空パックにする。95℃で2時間湯せんする。トコブシとジュに分け、トコブシはオリーブ油を塗ったグリルパンで両面に軽く焼き色をつける。ジュは取りおく。
② フライパンにオリーブ油を入れて弱火で温め、ニンニクとセロリのみじん切りのオリーブ油漬け（解説省略）、タカノツメを加えて炒める。香りが立ったらアンチョビのみじん切りを加え、白ワインをふってアルコール分をとばす。
③ ①で取りおいたジュを加えて味をととのえ、①のトコブシを半分に切って加える。ゆでたタリオリーニを加えて和える。皿に盛り、ひと口大にちぎった香草をたっぷりとのせる。

パスタの種類：タリオリーニ (P.418)

ソースの主な具材：トコブシ、香草

ソースのベース：トコブシのジュ

September
21

太刀魚と賀茂ナスの バヴェッティーニ

小松岳史　●レストラン san

ソースは、皮目を焼いたタチウオと揚げたナスを野菜のブロードで軽く煮たもの。最初にドライトマトや生ハムを炒めて旨みを引き出してから、主役の具材とブロードを合わせている。

パスタの種類：バヴェッティーニ
ソースの主な具材：タチウオ、賀茂ナス
ソースのベース：オリーブ油、ニンニク、赤トウガラシ、野菜のブロード

① タチウオは三枚におろし、小ぶりの切り身にする。塩をふり、タイムでマリネする。サラマンダーで皮目を焼く。
② 賀茂ナスは丸ごと素揚げする。油をきって皮をむき、ひと口大に切り分ける。
③ オリーブ油でニンニクと赤トウガラシのみじん切りを熱して香りを引き出し、みじん切りにしたイタリアンパセリ、ドライトマト、生ハムを加えてさっと炒める。さらに少量の野菜のブロード（解説省略）、②を加えて煮る。煮汁がなくなったら少しずつ足し、ナスによく煮含ませる。
④ ①を加え、ソースを煮含ませながら、身をほぐす。ゆでたバヴェッティーニ（「セレシオネ・オロ・シェフ」バリラ社）を加えて和える。皿に盛る。エシャロットとイタリアンパセリのみじん切り、ショウガのせん切り、E.V.オリーブ油を合わせたものをのせる。

September
22

トルッキエッティ、和牛とジャガイモと生ハムのマドニエ風

石川 勉
●トラットリア シチリアーナ・ドンチッチョ

「マドニエ」はシチリア内陸部の郷土料理で、牛肉、生ハム、つぶしたジャガイモを煮込んだラグー。重くなりがちな組み合わせだが、サフランの風味が加わることで、力強さの中に軽さと華やかさが生まれる。

① みじん切りにした玉ネギ、セロリ、つぶしたニンニクをオリーブ油で炒め、香りが立ったら5mm角に切った生ハム、包丁でミンチにした和牛肩肉を加えてさらに炒める。ゆでたジャガイモをマッシャーでつぶしたものを加え、ブロード（解説省略）ともどしたサフランを加え、軽く煮込んで塩、コショウで味をととのえる。
② ゆでたトルキエッテ（ヴィエトリ）を鍋に加え、ソースとなじませる。

パスタの種類：トルキエッテ
ソースの主な具材：和牛肩肉、ジャガイモ、生ハム
ソースのベース：ブロード

September 23

ズィーティの靴磨き職人風

小谷聡一郎
◉トラットリア ピッツェリア チーロ

ナポリで愛されているシンプルなトマトソースと乾燥パスタの組み合わせ。あまりのおいしさに、磨き上げた靴のように皿がピカピカになることから、この名が付いたとか。プチトマトをさっと煮て、みずみずしい酸味を生かしつつ加熱による凝縮感を加える。

① フライパンにオリーブ油とニンニクのみじん切り、赤トウガラシを入れて火にかける。香りが立ったら、バジリコとプチトマトを加え、プチトマトを軽くつぶしながら煮る。プチトマトの水分がなくなったら火を止める。
② ズィーティ（アフェルトラ社）を約9分間ゆで、①に加えてなじませる。
③ すりおろしたパルミジャーノを加えて和え、器に盛る。

パスタの種類：ズィーティ

ソースの主な具材：プチトマト、バジリコ

ソースのベース：オリーブ油、ニンニク、赤トウガラシ

September

24

ポルチーニのトロンケッティ

西口大輔 ●ヴォーロ・コズィ

00粉、セモリナ粉、全卵を合わせた、もっちりとして甘みのある生地を使った一品。この生地にポルチーニ風味のペーストを詰めてカネロニをつくり、いくつかまとめて同じ生地で巻き、オーブンで焼き上げる。料理名は「木の幹」の意。

パスタの種類：トロンケッティ（生地のつくり方→P.402）

詰めものの主な材料：ベシャメルソース、
　　　　　　　　　　ミートソース、ポルチーニ

ソースのベース：ポルチーニ、生クリーム、
　　　　　　　　鶏のブロード、フォン・ド・ブルーノ

① 10cm×15cm程度に切り分けてゆでたトロンケッティの生地を幅3cmと7cmの2つに切り分ける。7cmの方に、かためにつくったベシャメルソース、ミートソース、ポルチーニのピュレ（すべて解説省略）でつくったペースト（一部を取りおく）、ソテーしたポルチーニ、グラーナ・パダーノを帯状にのせる。手前から巻いて筒状にし、3～4cmの長さに切り分ける。

② ①9～10個を一組とし、立てて円状に並べる。これを幅3cmに切った生地で巻き、タコ糸で縛る。グラーナ・パダーノとバターをのせ、180℃のオーブンで表面が沸き立つまで焼く。

③ 取りおいたペーストに生クリームと鶏のブロード（解説省略）を加えて加熱したものを皿に敷き、タコ糸をはずした②を盛る。ソテーしたポルチーニの傘をのせ、周りにE.V.オリーブ油と煮詰めたフォン・ド・ブルーノ（解説省略）をたらす。イタリアンパセリを飾る。

September 25

アラブ風ペーストのブジアーテ

横井拓広
●トラットリア イル フィーコディンディア

深い香りと熟成感が特徴のシチリア産アーモンドにセミドライトマト、バジル、ニンニクを加えた"アラブ風ペースト"にねじれたパスタ「ブジアーテ」を合わせている。濃厚なペーストが麺にからみ、一体感のある皿に。

① 生のアーモンドを同量の水、セミドライトマトとともにミキサーにかけ、ペースト状にする。きざんだバジリコ、すりおろしたニンニクを加えて混ぜる。
② ①を温める。塩分濃度1%の塩湯でブジアーテ（カンポ）を15分間ゆでて加える。塩で味をととのえ、きざんだセミドライトマトを加える。
③ 器に盛り、砕いたローストアーモンド（解説省略）をふる。

パスタの種類：ブジアーテ

ソースの主な具材：ローストアーモンド、セミドライトマト

ソースのベース：生のアーモンド、セミドライトマト、バジリコ、ニンニク

September
26

クリスタイアーティ
ペーザロ風トリッパとヒヨコ豆

小西達也　●オマッジオ ダ コニシ

「クリスタイアーテ」はポレンタ粉を練り込んだマルケ州の伝統的なパスタ。現地ではウサギなどを使うが、ここではやわらかく煮込んだ仔羊の第二胃(ハチノス)を合わせ、おだやかな酸味と甘みのやさしい味に仕上げている。

パスタの種類：クリスタイアーティ (P.408)

ソースの主な具材：仔羊のハチノス、ヒヨコ豆

ソースのベース：鶏のブロード、香味野菜、香草、トマトペースト

① ペーザロ風トリッパをつくる。仔羊のハチノスは、水洗いして4〜5回ゆでこぼし、小角に切った玉ネギ、ニンジン、セロリとともにやわらかくなるまでゆでる。
② 棒状に切ったパンチェッタを熱し、角切りにした玉ネギ、ニンジン、セロリを加えて炒める。①のハチノスを細切りにして加え、イタリアンパセリのみじん切り、マジョラム、鶏のブロード（解説省略）、トマトペースト、塩、コショウ、すりおろしたレモンの皮を加えて1時間半〜2時間煮込む。
③ オリーブ油でニンニクのみじん切りを色づくまで炒め、②とヒヨコ豆（玉ネギ、ニンジン、セロリとともに下ゆでしたもの）を加える。クリスタイアーテを5〜6分間ゆでて加え、ソースになじませる。パルミジャーノ、少量のバター、塩を加える。皿に盛り、イタリアンパセリを散らす。

September

27

砂肝とニラのスパゲッティ

平井 正人　●ダル・マット西麻布本店

歯ごたえのある砂肝と、シャキシャキとしたニラの取り合わせ。砂肝の筋でとっただしでマッシュルームペーストを煮詰めたものをからめて、風味に力強さを加えている。

① 砂肝は掃除し、スジはせん切りにする。合わせ、塩、コショウをして炒める。水を加えて煮詰め、漉す。煮汁は取りおく。
② ①に塩、コショウし、強火で表面を色よく焼く。食べやすい厚さに薄切りする。
③ ニンニクのみじん切りとタカノツメをオリーブ油で炒める。九条ネギの小口切りを加え、香りが立ったらイタリアンパセリのみじん切りを加える。①のだしとブイヨン(解説省略)を加え、マッシュルームペースト (P.397) を加える。2/3量になるまで煮詰め、塩で味をととのえる。
④ ゆでたスパゲッティ(バリラ社)、①の砂肝を加えて軽く混ぜ、ニラを加えて軽く炒める。ニラがしんなりする前にペコリーノ・ロマーノ(パルミジャーノでもよい)を加えて火を止める。皿に盛る。

パスタの種類：スパゲッティ

ソースの主な具材：砂肝、ニラ

ソースのベース：オリーブ油、ニンニク、タカノツメ、九条ネギ、ブイヨン、マッシュルーム

September 28

トロッフィエの バジリコ・ペスト和え

松橋ひらく ●ラ ビッタ

リグーリアの料理に欠かせないのがバジリコのペースト。加熱は最低限にとどめ、バジリコの色と香りを損なわないように仕上げる。パスタにペーストを加えて和える際には火からおろし、手早く混ぜ合わせて香り高いうちに供する。

パスタの種類：トロフィエ

ソースのベース：バジリコ、松の実、
　　　　　　　ペコリーノ・サルド・マトゥーロ、
　　　　　　　パルミジャーノ、ニンニク、
　　　　　　　E.V.オリーブ油

① ペスト・アッラ・ジェノベーゼをつくる。まず、材料と使用する器具はすべてよく冷やしておく（バジルの変色を防ぐため）。ニンニク、ペコリーノ・サルド・マトゥーロ（トスカーナ産ペコリーノで代用可）、パルミジャーノ、松の実をミキサーにかける。別のミキサーにE.V.オリーブ油を全体の約1/3量入れ、①を加えて回す。バジルの葉と残りのE.V.オリーブ油を加えて回す。空気に触れて変色しないよう密閉容器で保存する

② テフロン加工のフライパンにゆでたトロフィエ（解説省略）とゆで汁を入れて沸かす。火を止め、すばやくペストを加えてゴムべらで全体を混ぜる。

③ 器に盛り、すぐに提供する。

September

29

カラスミのフェットゥチーネ

今井雅博　●アルチェッポ

ソースは、アサリとムール貝をニンニクとアンチョビで炒め、殻を取り除いてからパスタのゆで汁を加えたもの。パスタを合わせたら軽く煮て、自然な海の香りをよくなじませる。貝のだしが、主役であるカラスミの味わいを下支えする。

① フライパンにオリーブ油、ニンニクのみじん切り、アンチョビペーストをとって火にかけ、香りが立ったらアサリとムール貝を加えて炒める。パスタのゆで汁を加えて軽く煮込み、貝が口を開けたら取り出し、殻は取り除いて身は戻す。ゆでたフェットチーネ（「No.15」コラヴィータ社）を加えてソースにからめる。

② 皿に盛り、カラスミのすりおろしをふりかける。きざんだイタリアンパセリをのせる。

パスタの種類：フェットチーネ

ソースの主な具材：カラスミ、アサリ、ムール貝

ソースの主なベース：オリーブ油、ニンニク、
　　　　　　　　　　アンチョビ、

September

30 クルミの日

じゃがいものメッザルーナ ノッチョーラの香りのパスタで包んで

黒羽 徹　●リストランテ プリマヴェーラ

半月という意味の詰めものパスタ「メッザルーナ」。ここでは生地にヘーゼルナッツやジャガイモを練り込み、ほのかに甘くほっこりした味わいに。ソースにはケイパーやアーモンドを、仕上げにはオレンジの皮やコショウを使い、薫り高く仕立てている。

パスタの種類：メッザルーナ（生地のつくり方→ P.435）

詰めものの主な具材：ジャガイモ、パルミジャーノ

ソースのベース：バター、ケイパー、アーモンド、レモン果汁

① メッザルーナの詰めものをつくる。ジャガイモを塩ゆでし、皮をむく。木ベラで軽くつぶし、パルミジャーノ、塩、黒コショウ、E.V.オリーブ油で味をととのえる。

② メッザルーナをつくる。メッザルーナの生地の中央に詰めものをのせ、生地を二つ折りにして包む。縁を押さえてとめる。

③ ソースをつくる。フライパンにバター、ケイパー、きざんだアーモンドを入れ、バターが色づくまで加熱する。香りが立ったらレモン果汁と水を加え、塩で味をととのえる。

④ メッザルーナを3分間ゆで、オリーブ油をからめて皿に盛る。ソースをかけ、イタリアンパセリ、粒コショウ（黒コショウとピンクペッパーをブレンドした「ミストゥーラ」マリチャ社）、オレンジの皮を散らす。

10
October

October

スパゲッティ・アル・ポモドーロ
浅井信之

ベースは玉ネギをあめ色になるまで炒め、ホールトマトを加えて30分間煮たもの。仕上げの際に、さっと炒めた生のプチトマトを合わせて、フレッシュ感をプラスしている。

① つぶしたニンニクとスライスした玉ネギを弱火でじっくりと炒める。玉ネギがあめ色になったらホールトマト（サンマルツァーノ種）を加え、木ベラでつぶしながら約30分間煮る。
② アクを除いて火を止め、ムーランで漉す。
③ つぶしたニンニクと赤トウガラシをオリーブ油で炒めて香りを引き出す。ざく切りのプチトマトを加えてさっと炒め、トマトソースを加える。スパゲッティをゆで、加えてからめる。
④ 皿に盛り、バジリコの葉をのせる。

パスタの種類：スパゲッティ
ソースの主な材料：ホールトマト、ニンニク、玉ネギ、
　　　　　　　　　赤トウガラシ、プチトマト、
　　　　　　　　　バジリコ

October
2

フレッシュトマトと唐辛子のピーチ

渡邊雅之　●ヴァッカ・ロッサ

オリーブオイルにニンニクの味を移し、トマトを入れて煮詰めたものを、ピーチによくからめた一品。トマトの甘みと酸味、ジューシー感が活きており、すっと流れるように胃におさまる。

① フライパンにオリーブ油とニンニクを入れて弱火にかける。
② ニンニクの青臭さがとび、甘い香りがしてきたらきざんだトマトとタカノツメを加え、1〜2分間加熱する。
③ ゆでたピーチを加えてからめ、皿に盛る。

パスタの種類：ピーチ（P.430）

ソースの材料：トマト、タカノツメ、ニンニク、オリーブ油

October

3

スパゲッティ、シンプルなトマトソース

渡辺武将 　●カ デル ヴィアーレ

甘みと酸味のバランスが理想的なホールトマトを使用。玉ネギなどは加えずそれだけをていねいに煮詰め、トマトの持ち味が自然に生きたソースに。仕上げの際、夏はオリーブ油、冬は焦がしバターをソースに加えてなじます。

① ホールトマトをムーランで裏漉しする。
② 鍋にとって火にかける。煮立つまで混ぜ続け、火を弱めて塩を控えめに加え、若干濃度がついてきれいな赤色になるまで火を入れる。このとき加熱時間は5〜10分間以内におさめ、フレッシュ感を損なわないようにする。これ以上の時間加熱すると、黒っぽく変色してくる。
③ すぐに保存容器に移し、氷水で冷やして色止めする。このように急冷すると、とくに夏場にはムレ臭もつきにくい。
④ ③を温め、ゆでたスパゲッティーニ（直径1.6mm）を加える。E.V.オリーブ油（シチリア産のトンダ・イブレア種。グリーンの香りがさわやかなもの）適量を加えて和え、すぐに火を止める。
⑤ 皿に盛り、パルミジャーノ（3年熟成）適量をテーブルでたっぷりとすりおろして提供する。

パスタの種類：スパゲッティーニ

ソースの材料：ホールトマト、E.V.オリーブ油、パルミジャーノ

October

4

ブカティーニ アッラ マトリチャーナ

小林幸司　●フォリオリーナ・デッラ・
　　　　　　　ポルタ・フォルトゥーナ

ソースの火入れはブカティーニのゆで時間内にとどめ、玉ネギの甘みを控えてキレよく仕立てたアマトリチャーナ。トマトの酸味、グアンチャーレの脂の旨み、トウガラシの辛みのバランスを緻密に計算して仕上げている。

① 玉ネギとグアンチャーレは5mm角に切り、ホールトマトはつぶす。
② ブカティーニをゆではじめる。
③ 鍋に少量のE.V.オリーブ油と①のグアンチャーレを入れ、火にかける。グアンチャーレの脂が透き通ってきたら①の玉ネギを入れ、強火で水気をとばすように炒める。
④ ①のホールトマトを入れ、赤トウガラシを入れてひと混ぜし、煮込む。長く煮込む必要はなく、浮き上がる泡のはじけた跡が、ソース表面に残る粘度になったら煮込みを終える。
⑤ ゆで上がった②のブカティーニを④の鍋に入れてなじませ、皿に盛る。ペコリーノをかける。

パスタの種類：ブカティーニ

ソースの主な材料：ホールトマト、グアンチャーレ、玉ネギ、赤トウガラシ

October

5

トマトとバジリコのスパゲッティ

林 亨 ●トルッキオ

トマトの甘み、酸味、そして香りが凝縮したクリアな印象ながら、とげとげしさのないまろやかな味わい。パスタと和える前にバジリコを炒めたバターのコクが、味わいに深みをもたらしています。

① ニンニクをつぶして鍋に入れ、軽く浸る量のE.V.オリーブ油を加える。弱火で加熱して、コクを引き出す。玉ネギを加えて炒め、トマトの甘みを邪魔しない程度の甘みを引き出す。
② ホールトマトを加えて沸かし、弱火にする。岩塩を加え、アクを引きながら、煮詰める。
③ ドロッとした濃度がついたら火を止め、バジリコと白コショウを加える。全体を混ぜてバジリコの香りをうつし、バジリコは取り出す。ムーランで裏漉しする。
④ バターでバジリコを炒めて香りを出し、③を加えて沸かす。味を補強するために塩を加える（このあと煮詰めるので、ここでは少なめに）。
⑤ 強火で煮詰めながら、E.V.オリーブ油とゆでたスパゲッティを加えて和える。皿に盛る。

パスタの種類：スパゲッティ

ソースの主な材料：トマト、ホールトマト、バジリコ、ニンニク、玉ネギ、E.V.オリーブ油、バター

October
6

トマトソースのスパゲッティ

林 冬青　● acca

ニンニク、玉ネギを炒め、トマトの果汁、種、果肉を加えて軽く火を入れたもの。トマトの酸味と、最後にすりおろすパルミジャーノのコクが好相性。今回は梅雨入り前に収穫した凝縮感のあるトマトを使い、まとめて仕込んでいる。

① トマト（静岡県産サンマルツァーノ種）は湯むきした後、果肉と種に分け、果汁を取りおく。
② 鍋にオリーブ油をひき、粗みじん切りにしたニンニクと玉ネギを香りが立つまで炒める。①の種と果汁を加えて弱火にかけ、ある程度濃度がつくまで煮る。ムーランで漉す。
③ ②を鍋に入れ、適宜に切った①の果肉を加え、軽く火を入れて仕上げる。瓶詰めにして煮沸し、冷ます。冷蔵保存する。
④ フライパンで③のトマトソースを温める。スパゲッティ（直径1.65mm。ラティーニ）を約6分間ゆでて加え、鍋をゆすってよく和える。
⑤ 器に盛り、パルミジャーノを削りかける。

パスタの種類：スパゲッティ
ソースの主な材料：トマト、オリーブ油
　　　　　　　　ニンニク、玉ネギ

October

7

トマトソースの ピリ辛スパゲッティ

星 誠　●オステリア アッサイ

フィレンツェ名物のニンニクとトウガラシがきいた辛いトマトソースパスタ「カレッティエーラ（馬車引き夫風）」を現地のスタイルそのままに仕立てた品。ソースはミキサーにかけた玉ネギと濃厚なホールトマト、オイル漬けのニンニク、トウガラシを塩は加えずにシンプルに煮込んでいる。

① トマトソースをつくる。玉ネギはミキサーで撹拌し、オリーブ油で甘みが出るまでじっくりと炒める。ホールトマトを加えて約30分間煮込む。
② タカノツメ（イタリア・カラブリア産）をE.V.オリーブ油で香りが立つまで炒める。オイル漬けのニンニク（解説省略）を加え、香りが立ったら①を加える。スパゲッティ（ダル・クオーレ）を約8分間ゆでて加え、ソースと和える。塩で味をととのえる。皿に盛る。パルミジャーノとE.V.オリーブ油をふる。

パスタの種類：スパゲッティ

ソースの主な材料：ホールトマト、玉ネギ、タカノツメ、オイル漬けのニンニク、E.V.オリーブ油

October 8

ピーチのトマトソース、燻製したリコッタチーズがけ

奥村忠士　●アカーチェ

太く、モチモチとした食感のピーチは、しっかりと噛みしめることで粉の味わいを堪能できるパスタ。粉の風味を邪魔しないようにベーシックなトマトソースだけで和え、味のアクセントに燻製リコッタをふりかけている。

① トマトソースをつくる。玉ネギの皮をむき、芯をつなげたまま6等分のくし形切りにする。鍋に入れ、ニンニクとオリーブ油を加えて弱火で約20分間炒める。ときおり軽く混ぜ返す程度にして、玉ネギの内側はふっくらと、外側は香ばしく色づくように炒める。
② ホールトマトを加えてざっとつぶし、一度煮立ててから弱火にする。バジリコと塩を加えて40〜50分間煮込む。バジリコを取り出して、ムーランで漉してトマトソースを仕上げる。
③ 鍋に人数分のトマトソースを入れて温める。7〜8分間ゆでたピーチを入れて和える。バターを加えて和え、パルミジャーノとコショウをふりかけて和え、よくなじませる。皿に盛り、燻製リコッタをすりおろしてかける。

パスタの種類：ピーチ (P.430)

ソースの主な材料：ホールトマト、ニンニク、バジリコ、オリーブ油

October

9

ブカティーニのアマトリチャーナ

今井雅博 ●アル・チェッポ

アマトリチャーナのソースは、本来はパンチェッタ、玉ネギ、トマトでつくるが、ここでは生ハムを使って軽めに仕上げている。チーズはペコリーノとパルミジャーノを半量ずつ合わせ、香り、塩気、旨みのバランスをとっている。

① 薄切りしたニンニクをオリーブ油で炒めて香りを引き出し、スライスした玉ネギと小角切りにした生ハムを加えて、焦がさないようにさらに炒める。玉ネギがしんなりしたら白ワインを加えてアルコール分をとばし、ホールトマトを加えて軽く煮込む。塩で味をととのえる。

② ソースをフライパンにとって火にかけ、温める。ゆでたブカティーニ（「No.9」バリラ）を加え、さっとからめる。

③ すぐに皿に盛り、ペコリーノ少量をおろしかけ、さらにすりおろしたパルミジャーノをかける（本来は薄めのソースにたっぷりのペコリーノをかけるのが伝統スタイルだが、それだとかなり塩からいので、パルミジャーノと半々に使う）。

パスタの種類：ブカティーニ

ソースの主な材料：ホールトマト、生ハム

ソースのベース：玉ネギ、ニンニク

October
10

スパゲッティ・アル・ポモドーロ
杉原一禎 ●オステリア・オ・ジラソーレ

ナポリのトマトソースはプチトマトが主流。酸味とコクが凝縮した仕上がりになる。プチトマトの水煮はメーカーや製造時期によって状態が違うので、皮が厚くて水分が少ない場合は多め、水分が多ければ少なめの個数を使う。

① ニンニクのスライスをオリーブ油で炒める。軽く色づき始めたらバジリコを枝ごと加えて素早く香りを移し、すぐにプチトマト（皮が厚く、汁の少ないもの）を加え、スプーンでつぶしながら煮る。プチトマトから汁気が出てこなければパスタのゆで汁を少量加え、トマトを揚げてしまわないようにする。
② 水分がなくなり、油が分離する直前の段階（長くても5分間）で火を止める。
③ スパゲッティをゆでて湯をきり、別鍋にとる。②を加えて和える。
④ 皿に盛り、パルミジャーノをふる。バジリコの葉をのせる。

パスタの種類：スパゲッティ
ソースの主な材料：プチトマト、オリーブ油、ニンニク、バジリコ

October

11

発酵トマトのカレッティエーラ

平 雅一　●ドンブラボー

ホールトマトを使ったソースと、フレッシュのトマトを発酵させてつくるソースの2種を合わせ、旨みが強くて奥行きのある味わいに仕上げている。極細のスパゲッティーニを合わせ、繊細で上品な印象に。アクセントに発酵させたレモンの皮をすりおろす。

① トマトは食品乾燥機で1週間かけて乾燥・発酵させる。
② フライパンにオリーブ油をひき、皮をむいて半割にしたニンニクを温める。ニンニクが色づいたら皮とヘタを取り除いた①を加える。塩をふる。トマトが柔らかくなったらトマトの形をくずしてさっと合わせる。乳化したら氷水にあてて冷やす。
③ オリーブ油、ニンニクのみじん切り、砕いたトウガラシを加熱し、香りが立ったらトマトソース（解説省略）と②を加える。スパゲッティーニ（直径1.45mm、ラ・モリサーナ社）をかためにゆでて加え、ソースをからめる。
④ 発酵レモンの皮（食品乾燥器で1週間乾燥・発酵させる）を包丁で細かく叩いて加え、器に盛る。きざんだイタリアンパセリ、E.V.オリーブ油をふる。

パスタの種類：スパゲッティーニ

ソースの主な材料：トマト、トマトソース、オリーブ油、ニンニク、トウガラシ、発酵レモンの皮

October

12

ピンチのアリオーネ

渡邊雅之　●ヴァッカ・ロッサ

ピンチの地元はニンニクの産地でもあり、"ニンニクたっぷり"を意味するアリオーネは伝統的な一皿。トマトソースバージョンのほか、シンプルなオイル仕立てもある。いずれもニンニクの風味が主役。

① フライパンにオリーブ油、漉したホールトマト、きざんだ赤トウガラシを入れてぐつぐつ煮立てる。
② トマトの色が変わってきたら、みじん切りにしたニンニクを入れ、塩をふってニンニクに火が通るまで煮る。
③ ピンチを塩湯でゆでる。若干早めにゆで上げて②の鍋に加え、少し長めに煮る。E.V. オリーブ油を加えて仕上げる。

パスタの種類：ピンチ (P.431)

ソースの主な材料：ホールトマト、ニンニク、
　　　　　　　　　赤トウガラシ、E.V. オリーブ油

October

13 豆の日

ひよこ豆のニョケッティ 北海道産蛸とひよこ豆のストゥファート

星山英治　●ヴィルゴラ

やわらかく煮たタコと、ホコホコのヒヨコマメ。もっちりとしたニョケッティ。食感の組み合わせも、煮豆料理のような見た目もユニークなパスタ料理。あっさりとしたソースが小粒のパスタにからみ、軽やかながらしっかりとした味わい。

パスタの種類：ひよこ豆のニョケッティ(P.424)

ソースの主な具材：水ダコ

ソースのベース：ホールトマト、ソッフリット、アンチョビ、白ワイン

① 水ダコの脚は吸盤をはずし、適当な大きさに切る。
② 玉ネギ、ニンジン、セロリ、ニンニク、タカノツメ、ローリエでソッフリットをつくる。アンチョビを加え混ぜる。続いて①を入れ、鍋の中のオイルをからめるように炒める。
③ 白ワインを加えて、強火でアルコール分をとばす。裏漉ししたホールトマトを加え、弱火にして4時間煮込む。
④ フライパンにソースを取って温める。ひよこ豆のニョケッティを7分間ゆでて加え、和える。
⑤ 細かくきざんだローズマリーとイタリアンパセリを加えて混ぜる。E.V.オリーブ油を回しかけ、全体を和えて皿に盛る。

October

14

牡蠣と黒キャベツの
スパゲットーニ
カブラのピュレ

鈴木浩治 ●ラ・ルッチョラ

蒸し煮にした牡蠣のピュレにイカスミを合わせ、磯の香りを前面に出したソース。カブラをピュレにして加え、丸みのある甘さをプラスしている。軽やかな仕立てながら、魚介らしさを存分に味わえる。

① 玉ネギ、ニンニク、カブのスライスをバターとオリーブ油で炒める。カブが柔らかくなったらフード・プロセッサーにかけてピュレにする。
② 別のフライパンでタカノツメ、ニンニクのみじん切りをオリーブ油で炒める。香りが立ったらアンチョビペースト、イカスミを順に加える。香りが立ったら水洗いした加熱用牡蠣を入れて、蓋をして蒸し焼きにする。
③ 牡蠣に約8割火が入ったら半量を取り出し、フード・プロセッサーでピュレにする。
④ ②に①と③を加えて温める。黒キャベツを6mm幅にきざみ、パスタがゆで上がる約2分前にゆで、③に加える。スパゲットーニをゆでて加え、よくからめて皿に盛る。

パスタの種類：スパゲットーニ

ソースの主な具材：牡蠣、黒キャベツ

ソースのベース：カブ、イカスミ

October

15 きのこの日

ブラウンマッシュルームの
スパゲッティーニ、トリュフ添え

本多哲也　●リストランテ・ホンダ

オリーブ油でじっくりと煮たブラウンマッシュルームペーストとさまざまなキノコのソテーをスパゲッティーニにからめたキノコづくしのパスタ。仕上げにはトリュフを削りかける。

パスタの種類：スパゲッティーニ

ソースの主な材料：ブラウンマッシュルーム、
　　　　　　　　　シメジ、シイタケ、エリンギ、
　　　　　　　　　マッシュルーム、サマートリュフ

① ブラウンマッシュルームはミキサーで粗めのミンチにする。
② ニンニクのみじん切り、赤トウガラシをオリーブ油で炒め、キツネ色になったら①を加えて弱火で炒める。キノコから出た水分がとんだら、白ワインを加え、アルコールをとばす。オリーブ油をひたひたに加え、弱火で汁気がなくなるまで煮込む。
③ ニンニクのみじん切りと赤トウガラシをオリーブ油で炒める。香りが立ったら、ひと口大に切ったシメジ、シイタケ、エリンギ、マッシュルームを加えてソテーする。②を加えてさらに炒め、香りが立ったらイタリアンパセリ、白ワインを順に加える。少量の水を加えてひと煮立ちさせ、火を止める。ゆでたスパゲッティーニ（グラニャーノ）を加え、塩、コショウ、オリーブ油（トリュフオイルでもよい）を加えて和える。皿に盛り、サマートリュフのスライスをたっぷりとのせる。

October 16

ストロッツァプレティ
豚耳とアスパラ、小松菜

小林寛司　●ヴィラ・アイーダ

もちもちとした食感のストロッツァプレティに、もちっとした食感の豚耳と白いんげん豆を合わせ、さらにコマツナやプンタレッラなどの青菜をたっぷり使ったひと皿。ハーブペーストが素材同士をつなぐ。

パスタの種類：ストロッツァプレティ(P.410)

ソースの主な具材：豚耳、白インゲン豆、グリーンアスパラガス、プンタレッラ、コマツナ

ソースのベース：ハーブペースト

① 豚耳は掃除し、クールブイヨンとともに鍋に入れ、弱火で約3時間やわらかくなるまで煮る。
② 白インゲン豆は一晩浸水し、やわらかくなるまで煮る。ゆで汁は取りおく。
③ グリーンアスパラガス、プンタレッラ、コマツナはそれぞれ4〜5cm長さに切り、歯応えよくゆでる。
④ つぶしたニンニクとオリーブ油をフライパンに入れ、弱火にかける。香りが立ってきたら、ニンニクを取り出す。ストロッツァプレティをゆでて加え、②とゆで汁少量、③、ハーブペースト(イタリアンパセリ、ディル、チャービル、クレソンなど、そのときにあるハーブと生の松の実、E.V.オリーブ油、塩をフード・プロセッサーでペースト状にしたもの)を加える。全体にからめ、①を5mm幅に切って加える。器に盛り、黒コショウを挽きかける。

October

17

ラディッキオと丹波の黒枝豆で和えたペンネとフォワグラ、バルサミコソース、スカモルツァチーズの香り

渡辺武将　●カ・デルヴィアーレ

炒めた賀茂ナスとゆでた黒豆を水煮し、パスタとラディッキオを加えて和える。上に盛りつけたフォワグラのソテーからにじみ出る脂が、オイルの役割を果たす。ショートパスタだからこそできる手法。

パスタの種類：ペンネ・リガーテ

ソースの主な材料：鴨のフォワグラ、トレヴィス、丹波黒エダ豆、賀茂ナス

① 賀茂ナスは切り分け、オリーブ油で軽くソテーする。黒エダ豆は塩ゆでしてサヤと薄皮をむく。合わせて鍋に入れ、全体がなじむ程度の水を加えて火にかける。塩をして、水分がほとんどなくなるまで煮る。
② 鴨のフォワグラの両面に薄力粉をまぶしてソテーし、ペーパータオルにとって脂をきる。
③ ①の鍋に12分ゆでたペンネ・リガーテ（ディ・チェコ社）を加える。適宜にカットしたトレヴィスも加えて全体を混ぜ、すぐに火からはずす。
④ 皿に盛り、②をのせる。バルサミコ酢をふり、黒コショウを挽き、ローズマリーを添える。スカモルツァ・アッフミカータをすりおろす。

October
18

ブシアーティ
マグロホホ肉の軽いラグー和え

小池教之
●オステリア デッロ スクード サポーリ アンティキ

シチリア州トラパニの名物であるトマトとマグロのラグー。伝統的にはトマトソースで煮込むが、ここでは生のプチトマトで軽めに仕上げている。マグロをイワシやカジキマグロにしてもよい。

パスタの種類：ブシアーティ
ソースの主な材料：マグロホホ肉、ウイキョウ、
　　　　　　　　　プチトマト、黒オリーブ、
　　　　　　　　　緑オリーブ、ケイパー

① フライパンにE.V.オリーブ油、つぶしたニンニク、タカノツメを入れて弱火にかける。香りがたったらニンニクとタカノツメを取り出す。玉ネギとウイキョウの茎のスライスを加え、透き通ってきたら、ざく切りにした黒オリーブ、緑オリーブ、ケイパーを加える。
② マグロホホ肉は流水にさらして血抜きをする。塊のまま①に加え、表面の色がうっすら変わるまでソテーする。白ワインを注ぎ、デグラッセする。全体が浅くかぶる程度に水（分量外）を加え、肉が軽くほぐれるまでさっと煮込む。取り出してほぐし、ラップフィルムで覆って温かいところに置く。煮汁にプチトマトとウイキョウの葉のみじん切りを加え、さらに軽く煮詰める。
③ ホホ肉とゆでたブシアーティを加えてよくからめる。器に盛り、ウイキョウの葉をあしらう。パン粉をニンニクといっしょにあぶったものを散らす。

October

19

ニョッキと毛ガニのラグー

堀江純一郎　●リストランテ イ・ルンガ

室で越冬させ、風味を凝縮させたジャガイモでつくるニョッキは、口中でほろりと崩れたあとも余韻が残る。毛ガニの殻、ミソ、身を使って旨みを抽出した、カニの魅力全開のラグーを合わせて。

① 毛ガニは蒸して、殻から身を取り出す。ミソは別に取りおく。

② すりおろしたニンニク、タカノツメ、エシャロット、みじん切りにした玉ネギとバジリコをオリーブ油で炒める。香りがたったら、①の身とミソを加えて全体をなじませる。コニャックをふり入れてアルコール分をとばし、ソース・アメリケーヌ（P.397）を加えて煮詰める。トマトソース（解説省略）を加え、塩、コショウで味をととのえる。

③ ②を温め、ニョッキをゆでて加え、からめる。ペスト・アッラ・ジェノヴェーゼ（P.398）を加え混ぜ、器に盛る。

パスタの種類：ニョッキ（P.423）

ソースの主な材料：毛ガニの身とミソ、
　　　　　　　　　ソース・アメリケーヌ、
　　　　　　　　　トマトソース、
　　　　　　　　　ペスト・アッラ・ジェノヴェーゼ

October

20

少し変わったボスカイオーラ

浅井信之

「ボスカイオーラ（木こり風ソース）」は、本来はキノコとツナのラグーだが、ここでは強火で炒めたキノコとクロッカンテにしたツナの組み合わせで。浅井氏のかつての修業先のスペシャリテへのオマージュ。

① ツナをオーブン皿にとって軽くほぐす。100℃のオーブンで約1時間加熱し、カラカラに乾かす。
② キノコ（シロシメジ、アワビタケ、シイタケ、アカエノキタケ、エリンギタケ）は食べやすい大きさに切る。
③ 鍋につぶしたニンニク、赤トウガラシ、オリーブ油を入れて火にかける。ニンニクが色づいたら②を加えて塩をふり、強火で一気に炒める。乾燥ポルチーニのもどし汁を少量加え、煮詰める。トマトソース（解説省略）を少量加えて混ぜる。ゆでたバヴェッティーニ（パオーネ）とケイパーを加え、軽く煮て仕上げる。
④ 皿に盛り、①をかける。

パスタの種類：バヴェッティーニ
ソースの主な具材：ツナ、キノコ
ソースのベース：オリーブ油、ニンニク、赤トウガラシ、トマトソース、ケイパー、乾燥ポルチーニのもどし汁

October
21

ミルクとドライバジリコを練り込んだ"シャラティエッリ" スカンピと魚介類のクロスターチ リストランテの風景

植村慎一郎
● ラ・クチーナ・イタリアーナ・ダル・マテリアーレ

シャラティエッリは、牛乳やチーズ、バジルなどを練り込んだ古典的な手打ちパスタ。リストランテらしく、魚介を贅沢に合わせて。

パスタの種類：シャラティエッリ（P.409）

ソースの主な具材：スカンピ、ムール貝、イカ

ソースのベース：フォン・ド・クロスターチ

① 種を除いたタカノツメ、つぶしたニンニクをオリーブ油で炒める。ニンニクが色づいてきたら、縦半分に割ったスカンピ、掃除したムール貝、筒切りにしたイカを入れて、強火でさっと炒める。具材の表面の色が変わったらブランデーをふり入れ、アルコール分をとばす。フォン・ド・クロスターチ（P.398）、ホールトマトを加え、塩、コショウして味をととのえる。ニンニクとタカノツメを取り出す。魚介類は半分ほど火が入ったら取り出す。

② ゆでたシャラティエッリを加えて和える。皿に盛り、取り出した魚介類を盛りつけて、E.V.オリーブ油をかける。イタリアンパセリを飾る。

October

22

ピスタチオペーストのリングイネ

小林寛司　●ヴィラ・アイーダ

皿の主役は香り豊かなシチリア州産のピスタチオでつくるペースト。ルッコラで苦みを加え、ナッツ類の風味と相性がよく、甘みのあるエビとともにリングイネにからめる。

① ピスタチオは殻をはずし、薄皮をむき、ルッコラ、グレープシードオイルとともにフード・プロセッサーでペーストにする。
② クマエビは頭と殻を除き、背ワタを抜く。オリーブ油でさっと炒める。リングイネはゆでて、ゆで汁少量とともに加える。①を加えてからめる。
③ 器に盛り、ローストして砕いたピスタチオ、きざんだ黒オリーブとルッコラを散らし、黒コショウを挽く。

パスタの種類：リングイネ

ソースの主な具材：クマエビ、ルッコラ

ソースのベース：ピスタチオ、グレープシードオイル

October 23

フジッリ
焼き野菜のラグー オレガノ風味

重 康彦 ●アチェート

野菜はものによって蒸し煮、グリル、ボイルと異なる下処理をほどこし、最後に炒め合わせることで、それぞれの味わいを凝縮している。トマトソースにはバジリコとオレガノを効かせ、噛みしめて味わうフジッリの力強さとバランスをとる。

パスタの種類：フジッリ

ソースの主な具材：赤パプリカ、黄パプリカ、ナス、ズッキーニ、エリンギ、玉ネギ、ニンジン、セロリ、ブロッコリー、カリフラワー

ソースのベース：トマトソース

① 赤パプリカ、黄パプリカ、ナス、玉ネギ、ニンジン、セロリは適宜に切り、塩とオリーブ油で約1時間蒸し煮にする。
② ズッキーニ、ナス、エリンギは、グリルし、細かく切る。
③ オリーブ油でニンニクをソテーし、②を加えてさらにソテーする。①を加える。それぞれゆでたブロッコリーとカリフラワーを加えてソテーし、香ばしさを引き出す。タカノツメを加え、香りが立ったら白ワインを注ぎ入れる。トマトソース（解説省略）、バジリコ、オレガノ、きざんだグリーンオリーブ、塩漬けのケイパーを加えて煮込む。
④ フジッリ（乾麺）をアルデンテにゆでて加え、からめる。薄く削ったペコリーノ・ロマーノ、生のトレヴィスを加えて提供する。

October

24

まぐろカラスミとブロッコリーのスパゲッティ

馬場圭太郎
● タロス

ブロッコリーをくたくたに煮たソースでスパゲッティを和え、自家製カラスミをたっぷりとふる。同店はサルデーニャ料理店だが、ランチではこのパスタのように郷土性にはこだわらず、わかりやすさを重視し、専門店ならではのクオリティを生かしたメニューを用意する。

① 鍋にオリーブ油とつぶしたニンニクを入れて火にかける。香りが立ってきたら、きざんだアンチョビを加える。
② ゆでたスパゲッティ、適宜に切って塩ゆでしたブロッコリー、スパゲッティのゆで汁を加えて全体を和える。
③ 皿に盛り、自家製マグロのカラスミ(解説省略)をすりおろしてふりかける。

パスタの種類:スパゲッティ
ソースの主な具材:マグロのカラスミ、ブロッコリー
ソースのベース:オリーブ油、ニンニク、アンチョビ

October

25

トーストしたペンネッテ ドルチェ見立て

浅井卓司　●イ・ヴェンティチェッリ

ペンネを香ばしく煎り焼いて、ほんのり甘いドルチェ風の仕立てに。薄めの鶏のブロードで炊いたペンネに柿とイチジクを加え、仕上げに牛乳の泡でやさしい風味を、ミントでさわやかさを添えている。

① テフロン加工のフライパンにごく少量のオリーブ油をひき、ペンネッテ（ラ・モリサーナ社）を弱火で焼く。キツネ色になったらコニャックを加え、フランベする。
② ドライイチジクは白ワインに浸してもどし、ひと口大に切る。カキは5mm角の角切りにする。
③ 鶏のブロード（解説省略）を沸かし、①とサフランを加え、中火で約10分間加熱する。ほどよいかたさになったら②のイチジク、カキの半量、ハチミツを加えて煮る。
④ 器に盛り、縁に②の残りのカキとタレッジョをのせる。ペンネッテの上に牛乳をハンドミキサーで撹拌して泡状にしたものをのせ、ミントを散らす。

パスタの種類：ペンネッテ
ソースの主な具材：カキ、ドライイチジク、タレッジョ
ソースのベース：鶏のブロード、サフラン、ハチミツ、牛乳

October
26

鴨のオレンジソース 生ハムとフレッシュトマトのアクセント

植村慎一郎
●ラ・クチーナ・イタリアーナ・ダル・マテリアーレ

オレンジの甘み、トマトの酸味、生ハムの塩気のバランスがポイントになる一皿。トマトはその酸味でオレンジの甘みをうまくおさえたいので、酸味のある桃太郎などの品種が適している。

① オリーブ油で、ニンニクのみじん切り、半分に割って種を除いたタカノツメ、細かく切ったプロシュートと鴨胸肉を炒める。塩、コショウする。
② オレンジ果汁を加えて少し煮る。トマトの角切りと、切った時に出るトマトの水分も加える。
③ スパゲッティをゆでて加え、強火で一気に和える。
④ 器に盛る。E.V.オリーブ油をかけ、イタリアンパセリを飾る。

パスタの種類：スパゲッティ

ソースの主な具材：鴨胸肉、プロシュート

ソースのベース：オレンジ果汁、トマト

October

27

ヴェネト風ビーゴリ

斎藤智史 ●プリズマ

伝統的な「ビーゴリ・イン・サルサ」のアレンジ版。玉ネギの代わりにチポロット（葉タマネギ）の薄切りをさっと炒め、アンチョビとともにドライトマトの小角切りも加えてさわやかに仕上げている。

①ビーゴリを10～12分間ゆでる。
②チポロットは根元を薄切りにし、茎の部分を斜め切りにする。ニンニクと赤トウガラシをラルドで炒め、香りが立ってきたらアンチョビとチポロットを加えて炒める。火が通ったらセミドライトマト（ミニトマト・自家製）を加える。
③ゆで上がったビーゴリを入れて和え、塩、コショウで味をととのえる。ニンニクを取り除いて皿に盛り、イタリアンパセリ（みじん切り）をかける。

パスタの種類：ビーゴリ（P.428）
ソースの主な具材：チポロット、セミドライトマト
ソースのベース：ラルド、ニンニク、赤トウガラシ

October 28

ビーツのラヴィオリ ケシの実のソース

小池教之
●オステリア・デッロ・スクード サポーリ アンティキ

このラヴィオリはイタリア北部のドイツ国境近くで見かける「カスンツィエイ」というもの。ビーツをたっぷりと詰め、ケシの実の甘い香りのバターソースと合わせている。紫色が透けて見える、大人向けの繊細なひと皿。

① ラヴィオリの詰めものをつくる。ビーツは皮をむいて約1cm角に切る。バターでやわらかくなるまでソテーし、裏漉す。ジャガイモは皮つきのままやわらかくなるまでゆで、皮をむいて裏漉す。温かいうちに混ぜ合わせ、バターを練り込む。塩、シナモンパウダー、ナッツメッグパウダーで味をととのえる。薄力粉とグラナ・パダーノでかたさを調整する。
② ラヴィオリをつくる。丸く型抜きした生地の中央に①を絞り出して半分に折る。縁を折り込むようにして成形する。
③ バターを溶かし、ケシの実を加えて弱火で香りを抽出する。②をゆでて加え、ソースをからめる。器に盛り、リコッタとグラナ・パダーノをすりおろす。きざんだイタリアンパセリを散らす。

パスタの種類：ラヴィオリ（生地のつくり方→ P.439）

ソースの主な具材：ビーツ、ジャガイモ

ソースのベース：バター、ケシの実

October

29

栗粉のキタッラ
野キジとアサツキのソース

古田 剛　●オステリア アバッキオ

キタッラには栗粉を加えてグルテンの生成を抑え、ねっちりとした歯ごたえに。キジの滋味にアサツキの青々とした香りを合わせたメリハリのあるソースを合わせている。

① キジは胸肉、腿肉、手羽、ガラに分ける。
② 手羽とガラはオリーブ油でソテーする。フライパンにソッフリットをつくり、ソテーした手羽と骨を加え、蓋をして150℃のオーブンで20分間蒸し焼きする。オーブンから出して10分間蒸らし、ガラだけを取り除く。
③ オリーブ油で胸肉と腿肉を軽く焼く。さいの目に切る。
④ フライパンに②と少量のトマトソース（解説省略）を温める。栗粉のキタッラをゆでて加え、からめる。火を止める寸前にアサツキを加える。皿に盛り、ペコリーノをかける。

パスタの種類：栗粉のキタッラ（P.407）

ソースの主な材料：キジ（丸）、トマトソース

October 30

うにとピスタチオのスパゲティ

松橋ひらく　●ラ ビッタ

上質なバフンウニからほのかに感じられるナッツ香にヒントを得た、ウニとピスタチオの組み合わせ。ウニは塩をして脱水させ、旨みを凝縮させて自家製の塩ウニに。シンプルな見た目とは裏腹に、主張のある味わい。

① ニンニクのスライス、タカノツメ、E.V.オリーブ油を弱火で温め、香りを引き出す。ニンニクとタカノツメを取り出し、水とピスタチオペーストを加えて沸騰したら火をとめる。

② スパゲティをゆでて加え、自家製塩ウニ（生ウニに5％の塩をふり、金属製ではないザルに入れて5日間ほど水気を切ったもの）と磯バター（無塩バター、焼きばら海苔、ワカメの茎をフード・プロセッサーにかけてなめらかにしたもの）を加える。ゴムベラで塩ウニをほぐしつつ、火が入りすぎないよう注意しながら全体に絡める。

③ 器に盛り、縦四等分にスライスしたピスタチオと、黒コショウをふる。

パスタの種類：スパゲティ

ソースの主な具材：自家製塩ウニ、ピスタチオ

ソースのベース：ピスタチオペースト、海草バター

October 31 ハロウィン

パスタ入りカボチャの煮込み

小谷聡一郎
●トラットリア ピッツェリア チーロ

筒形の乾燥パスタ「トゥベットーニ」をカボチャととも に煮込んだひと皿。地元で採れたカボチャを使ってい る。ブロードを加えずにつくる素朴な煮込みながら、 ソッフリットによって旨みが加わり、滋味深い味わいに。

① 深めの鍋にオリーブ油とニンニクのみじん切り、赤トウガラシを入れて火にかける。ニンニクの香りが立ったらバジリコを加え、粗みじん切りにした玉ネギとニンジンも加えて炒め、ソッフリットを作る。
② カボチャは皮をむいて1cm角に切り、①に加えて軽く炒める。パスタのゆで汁を加えて、カボチャに火が通るまで煮込む。
③ トゥベットーニ（グラニャネージ）を3～4分間ゆで、中心に芯が残っている状態で引き上げる。②に加え、3～4分間煮込む。
④ トゥベットーニがアルデンテの状態になったら、パルミジャーノを加える。
⑤ 皿に盛り、イタリアンパセリのみじん切り、パルミジャーノを散らす。

パスタの種類：トゥベットーニ
ソースの主な具材：カボチャ
ソースのベース：ソッフリット、パルミジャーノ

II
November

November

ジャガイモのラヴィオリ 黒トリュフがけ

渡邊雅之　●ヴァッカ・ロッサ

薄いラヴィオリ生地の中には、ゆっくりと煮詰めたなめらかなジャガイモのピュレが。とろけるようなピュレの食感が軽さの決め手。ゆで汁でのばした焦がしバターソースをかけ、黒トリュフを削る。

① ジャガイモのピュレをつくる。ジャガイモは皮をむいて薄く切り、水とともに火にかけ、1時間煮詰める。漉して塩をする。
② ラヴィオリをつくる。ラヴィオリの生地は麺棒で厚さ0.5mmにのばして半分に切り、1枚に直径5cmの丸型で印をつける。①を印の中央に絞り出す。もう1枚の生地をかぶせ、詰めものの周囲を指で押さえて空気を抜く。直径5cmの丸型で抜き、指で縁を押さえて密着させる。
③ 焦がしバターをつくり、パスタのゆで汁を加え混ぜて乳化させ、さらりとしたソースにする。
④ ②をゆでて皿に盛り、③をかける。黒トリュフを削りかける。

パスタの種類：ラヴィオリ（生地のつくり方→P.439）

詰めものの材料：ジャガイモ

ソースのベース：バター

November
2

タマゴ茸と
スカモルツァ・アッフミカータの
フジッリ・ルンギ

林 亨　●トルッキオ

タマゴ茸の繊細な風味を柱に、パルミジャーノの香り、スカモルツァの燻製香を重ねた、香り豊かな一品。「卵を使わないフジッリ・ルンギはさまざまなソースと合わせやすい」(林氏)。

① フライパンにオリーブ油を熱し、つぶしたニンニクとスライスしたタマゴダケを入れて炒める。塩、コショウする。
② 白ワインとイタリアンパセリのみじん切り、ブロード・ディ・カルネ(解説省略)を加えて炊く。
③ ソースの入ったフライパンに E.V. オリーブ油をまわしかける。フジッリ・ルンギを約6分間ゆでて加え、和える。
④ 皿に盛り、スライスしたスカモルツァ・アッフミカータをのせる。160℃のオーブンに入れてスカモルツァ・アッフミカータを溶かす。オーブンから取り出し、イタリアンパセリのみじん切りを散らす。

パスタの種類：フジッリ・ルンギ

ソースの主な材料：タマゴダケ、
　　　　　　　　スカモルツァ・アッフミカータ、
　　　　　　　　ブロード・ディ・カルネ

November

3

文化の日

ポルチーニのとろみスープで茹でた茨城産塩鳩の炭火焼きとポルチーニのラヴィオリ マンジマップ産黒トリュフの香り

筒井光彦　●キメラ

塩漬けして旨みを凝縮させた鳩に、ポルチーニとトリュフを合わせて贅沢に。生地に包むことで旨みと香りを閉じ込め、ポルチーニのスープで軽くゆでて生地だけに火を通す。噛むと口中に旨みと香りが広がる。

パスタの種類：ポルチーニのラヴィオリ

（生地のつくり方→P.439）

詰めものの主な具材：鳩、ポルチーニ、黒トリュフ

ソースのベース：ポルチーニ、生ハム、鶏のブロード

① 鳩（窒息させたもの）の頭を落として内臓を抜き、重量の1.5％の塩をまぶす。真空パックにし、冷蔵庫で5～7日間おく。炭火で焼き、骨から肉をはずしてきざむ。ポルチーニの軸をスライスして、E.V.オリーブ油で炒め、細かくきざむ。

② ①、きざんだ黒トリュフ、パルミジャーノを混ぜ合わせる。

③ ラヴィオリ生地を波刃のパスタカッターで2cm角に切る。生地2枚で②を包み、縁は溶いた卵黄をぬってとめる。

④ 鍋にポルチーニの軸と生ハムを入れ、鶏のブロード（解説省略）をひたひたに注ぎ、約10分間煮る。漉して鍋に戻し入れる。沸かし、水溶きコーンスターチでとろみをつける。

⑤ 鍋に④を入れて沸かし、ラヴィオリと5mm幅にスライスしたポルチーニの傘を入れる。40～60秒間沸騰した状態を保ち、ラヴィオリを煮上げる。器に盛り、E.V.オリーブ油をたらす。

November

4

ミートソースとキノコのタリアテッレ

星 誠　●オステリア アッサイ

牛（短角牛）と豚（白金豚）の端肉を赤ワインで1週間マリネし、マリネ液と香味野菜とともに煮込んだラグーに。マイタケ、シメジ、シャンピニオン・ド・パリ、トマトソースを加え、厚みをもたせたタリアテッレと和えている。

パスタの種類：タリアテッレ

ソースの主な材料：牛と豚の端肉、マイタケ、シメジ、シャンピニオン・ド・パリ、トマトソース、生クリーム

① ミートソースをつくる。白金豚と短角牛の端肉、スジ、脂を粗く切り、赤ワインで約1週間マリネする。E.V.オリーブ油をひいた鍋でオイル漬けのニンニク、粗く切った玉ネギ、ニンジン、セロリ、細かくきざんだローズマリーを強火で炒める。マリネした肉とトマトソース（解説省略）を加え、弱火で約6時間煮る。塩、コショウする。
② フライパンにE.V.オリーブ油とバターを敷き、オイル漬けのニンニク、粗く切ったマイタケとシメジ、スライスしたシャンピニオン・ド・パリを強火で炒める。香りが立ったら塩をふり、②とトマトソースを加えて全体をよく混ぜる。生クリームを加え、煮詰まってきたら水を加えて濃度を調節する。タリアテッレを約3分間ゆでて加え、全体をよく混ぜ合わせ、麺にソースの味を含ませる。塩をする。
④ 皿に盛る。パルミジャーノ、挽いた黒粒コショウ、E.V.オリーブ油をふる。

November

5

ポルチーニを練り込んだウンブリッチ マルサラ風味の仔鳩のラグー

星山英治　●ヴィルゴラ

小鳩はマルサラ酒とともに煮込んで、旨みを凝縮させ、ソースに。ポルチーニを練り込んで香り高く仕上げたウンブリッチは、噛みしめるごとに香りの余韻が広がる。濃厚なソースながら、香りと食感のコントラストによって抑揚が効いたひと皿に。

パスタの種類：ポルチーニを練り込んだウンブリッチ (P.400)

ソースの主な材料：小鳩、ソフリット、鶏のブロード、マルサラ

① 玉ネギ、ニンジン、セロリ、ニンニク、タカノツメ、ローリエでソフリットをつくる。
② 仔鳩は掃除して、塩とコショウをふる。ピュアオリーブ油をしいたフライパンで焼き色をつける。
③ ②を①の鍋に入れ、鶏のブロード（解説省略）とマルサラを加えて弱火で1時間ほど煮込む。
④ 仔鳩を取り出し、骨ははずし、身はひと口大に切って戻し入れ、再度煮込む。塩で味をととのえる。
⑤ ④を温める。ポルチーニを練り込んだウンブリッチを12〜13分間ゆで、加えて和える。
⑥ きざんだイタリアンパセリ、パルミジャーノ、E.V.オリーブ油を加え、全体を混ぜて皿に盛る。

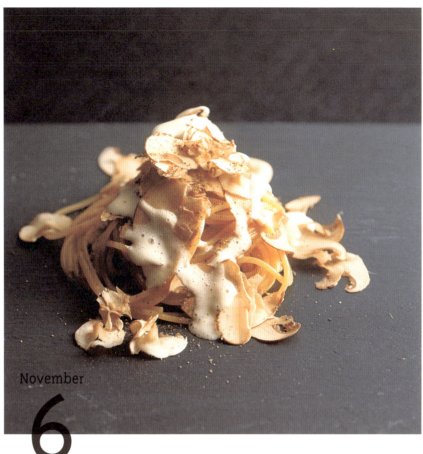

November
6

ブラウンマッシュルームのスパゲッティーニ

藤原哲也 ● Fujiya1935

キノコでとっただしをスパゲッティーニに吸わせ、生のブラウンマッシュルームをたっぷりと削りかけ、香り豊かな仕上がりに。生クリームとレモン果汁を温めて泡立てたレモンクリームを添え、全体を引き締める。

パスタの種類：スパゲッティーニ
ソースの主な材料：ブラウンマッシュルーム、マッシュルーム、乾燥ポルチーニ、生クリーム、レモン果汁、鶏のカルド

① 乾燥ポルチーニは5分間ほど水（分量外）でもどし、もどし汁ごと鍋に入れる。マッシュルームの薄切り、マルサラ、鶏のカルド（解説省略）、水を加えて火にかける。沸いたら弱火にして1時間ほど煮出す。漉して冷まし、キノコのカルドとする。
② キノコのカルドを温め、かためにゆでたスパゲッティーニを加える。カルドを吸わせるように和えながら加熱し、バターを加えて乳化させる。
③ パルミジャーノ・レッジャーノを加えて味をととのえ、温めておいた器に盛る。トリュフスライサーでブラウンマッシュルームを削りかける。④ 生クリームとレモン果汁を合わせ、70℃の湯せんにかけながらハンドミキサーで泡立てる。泡をすくい、③にまわしかける。黒コショウを挽く。

November

7

キタッラ　きのこのラグー

奥村忠士　●アカーチェ

ウンブリアの修業先で覚えたというキノコのソース。シャンピニオン・ド・パリをたっぷりときざみ、ニンニクとオリーブオイルで煮てベースをつくり、エリンギやシメジのソテーを加えて香ばしさを出している。ブルスケッタにのせても。

① シャンピニオン・ド・パリは肉叩きで叩き、5mm角程度の大きさにきざむ。多めのオリーブ油でニンニクのみじん切りを炒め、香りが立ったらシャンピニオン・ド・パリと塩を加える。黒く色づくまで、弱火で約1時間炒め煮にする。
② オリーブ油とバターを温め、適宜に切ったエリンギ、白マイタケ、シメジを加えて香ばしく焼き色がつくまで炒める。
③ ①と②を合わせて温める。キタッラを約4分間ゆで、加えて和える。必要ならばゆで汁を加えてなじませる。
④ 器に盛り、イタリアンパセリのみじん切りを散らす。

パスタの種類：キタッラ（P.407）
ソースの主な具材：シャンピニオン・ド・パリ、エリンギ、白マイタケ、シメジ
ソースのベース：オリーブ油、ニンニク

November 8

フェデリーニ
舞茸のバルサミコクリームソース

権田雅康　●ペルバッコ イタリアーノ

ソースは、マイタケのソテーに、半量に煮詰めたバルサミコ酢と生クリームを合わせたクリームベース。パルミジャーノ、黒コショウをふって仕上げる。ランチで提供しているメニュー。

① フライパンにオリーブ油とニンニクのみじん切りを入れて熱し、ニンニクが色づいてきたらマイタケを小房に分けて加える。塩をふり、さっと炒める。
② 生クリーム、半量に煮詰めたバルサミコ酢を入れて混ぜ合わせる。
③ フェデリーニを塩分濃度3～5%の塩湯で4分20秒間ゆでる。
④ ③がゆで上がる直前に、②のフライパンにパルミジャーノ、黒コショウを加える。
⑤ ④にゆで上げた③を加えてからめ、皿に盛る。黒コショウ、ちぎったパセリをふる。フォカッチャ、サラダ（ともに解説省略）を添えて提供する。

パスタの種類：フェデリーニ

ソースの主な具材：マイタケ

ソースのベース：生クリーム、バルサミコ酢

November

9

京都美山産アライグマとポルチーニ茸のラグー 蓮根を練り込んだビーゴリ マイクロコリアンダーの繊細な香り

吉岡正和　●祇園245

アライグマの肉をポルチーニと合わせて力強いラグーに。パスタはラグーに負けないよう、噛みごたえのあるビーゴリにレンコンの粉末を練り込んで、風味豊かに。

パスタの種類：蓮根を練り込んだビーゴリ（P.426）

ソースの主な具材：アライグマ

ソースのベース：アライグマのブロード

① 内臓を抜いたアライグマは適宜の大きさに切る。塩、粗挽きの黒粒コショウをふり、準強力粉をまぶす。オリーブ油をひいたフライパンで焼き色をつけ、骨を取り除く。
② 乾燥ポルチーニは水でもどしてみじん切りにする。もどし汁は取りおく。
③ 圧力鍋にオリーブ油をひき、エシャロットのスライスと塩を入れて弱火で炒める。②のみじん切りを加えてさらに炒め、香りが立ったら①を加える。②のもどし汁とアライグマのブロード（解説省略）も加える。約30分間加圧しながら炊き、常温で冷ます。
④ ③をフライパンで温める。蓮根を練り込んだビーゴリを7分間ゆでて加え、和える。グラーナ・パダーノ、E.V.オリーブ油を加えてさっと和える。
⑥ 皿に盛り、グラーナ・パダーノのチュイル（解説省略）を添え、コリアンダーのスプラウトを飾る。グラーナ・パダーノをふる。

November 10

きのこのペーストの クリームソーススパゲッティ

平井正人　●ダルマット西麻布本店

ソースのベースは数種類のフレッシュキノコを炒め、クリームで煮たもの。マッシュルームのペーストとパルミジャーノを加えて仕上げる。フレッシュなキノコの食感にペーストのコクの強さが加わり、風味に奥行がでる。

パスタの種類：スパゲッティ

ソースの主な具材：シイタケ、エリンギ、本シメジ、マイタケ

ソースのベース：E.V.オリーブ油、ニンニク、赤トウガラシ、生クリーム、マッシュルーム

① 鍋にニンニクとひたひたのE.V.オリーブ油を入れてゆっくり加熱する。ニンニクが色づいたら赤トウガラシを加え、さらにシイタケ、エリンギ、本シメジ、マイタケを手でほぐしながら加える。しんなりしたら塩をして、火を止める。

② ①からニンニクと赤トウガラシを取り除き、フードプロセッサーにかける。

③ 鍋に移し生クリーム（乳脂肪分38%）を加えて軽く煮立たせる。塩で味をととのえ、マッシュルームのペースト（エシャロットのみじん切りをオリーブ油で炒めて香りを出し、マッシュルームのみじん切りを加えて炒める。水分が出てきたら、黒っぽくなるまでごく弱火で数時間、時々混ぜながら加熱する）を加える。30秒間ほど煮てから、かためにゆで上げたスパゲッティ（バリラ）を加え、よく混ぜ合わせる。パルミジャーノを軽くふってひと混ぜし、皿に盛る。

November

11

麺の日

ピーチのマッシュルームのラグー

奥村忠士　●アカーチェ

ピーチの故郷であるトスカーナ産のキノコやオリーブ油をふんだんに使ったラグーをピーチに合わせて。マッシュルームは挽き肉状にきざみ、パン粉を混ぜて、太めのパスタにからみやすい仕上がりにしている。

① マッシュルームのラグーをつくる。マッシュルームをよく水洗いして、赤トウガラシ、ニンニクとともにミンサーかフードプロセッサーで粗く挽く。鍋に入れてオリーブ油を加え、塩をふって炒める。水分が出てきたら弱火にして約1時間煮る。
② ピーチを7〜8分間ゆでる。鍋に人数分のラグーを入れて温め、ゆでたピーチを入れて和える。コショウをふり、イタリアンパセリを加えて和え、パン粉（バゲットを乾燥させ、ミキサーで粉末にしたもの）をふり入れてよくからめる。
③ 皿に盛り、イタリアンパセリのみじん切りをふる。

パスタの種類：ピーチ（P.431）

ソースの主な材料：マッシュルーム、赤トウガラシ、ニンニク、オリーブ油

November

12

キタッラ、干ダラとポルチーニ

西口大輔　●ヴォーロ・コズィ

干ダラを使ったアブルッツォ州の伝統料理からヒントを得て、ポルチーニやトマトなど同地で使うことの多い食材を組み合わせた魚介のキタッラ。セモリナ粉を加えることで、強く噛みしめて味わわせる食感にしたキタッラに合わせ、ソースには貝のジュも加えて旨みを強めている。

① バッカラ（ノルウェー産の塩漬け乾燥品を使用。1日に2回は水を換えて4日間水に浸し、塩抜きしながらもどし、骨と皮を取り除いたもの）を1cm幅に切り分ける。ポルチーニも1cm厚さに切って塩をふる。
② フライパンにオリーブ油と皮付きのニンニクを入れて熱し、色づいてきたら、①とトマトの小角切りを加えて炒める。火が通ったら貝のジュ（P.270 ①参照）を入れて沸かし、味をととのえる。火を止めてイタリアンパセリのみじん切りとE.V.オリーブ油を加え、再び火にかけて煮詰める。
③ 10分間強ゆでたキタッラを②に加えて和え、皿に盛る。イタリアンパセリのみじん切りをふる。

パスタの種類：キタッラ（P.406）

ソースの主な具材：バッカラ、ポルチーニ

ソースのベース：トマト、貝のジュ

November
13

タヤリンとキノコのラグー

堀江純一郎　●リストランテ イ・ルンガ

ピエモンテ州を代表するパスタのひとつ、タヤリン。歯ごたえのある食感とつるりとしたのど越しの麺に、旨みがたっぷり詰まったキノコのラグーを合わせている。

① シャンピニオン・ド・パリ、プルロット茸、シャントレル茸は汚れを落とし、適宜に切り分ける。
② フライパンにバターを溶かし、手でたたいてつぶしたニンニクを加えて香りを移す。①を炒め、白ワインをふってアルコール分をとばす。牛のブロード（解説省略）を注ぎ、キノコに吸わせながら煮詰める。塩、コショウで味をととのえる。
③ ゆでたタヤリンを加え、あおって和える。バターとパルミジャーノを加え、さらに和える。
④ きざんだイタリアンパセリを混ぜ、器に盛る。

パスタの種類：タヤリン（P.414）
ソースの主な具材：シャンピニオン・ド・パリ、プルロット茸、シャントレル茸
ソースのベース：牛のブロード

November 14

アンコウと能勢原木椎茸の ケッパー風味 長居春菊のストロッツァプレティ

他谷憲司　●ワイン食堂 トキワ

アンコウの旨みとシイタケの香りを合わせた軽やかなラグーを、香り高い長居春菊を練り込んだストロッツァプレティにからめる。香りによる奥行きを楽しむひと皿。

① オリーブ油とニンニクを熱し、香りがたったら1cm弱に切ったアンコウを加え、塩、コショウをふってソテーする。
② さいの目に切った能勢原木シイタケと玉ネギを加え、しんなりしてきたらケイパーを加える。
③ パスタのゆで汁を注ぎ、E.V.オリーブ油を加えて乳化させる。
④ 能勢原木シイタケのソッフリット（解説省略）を少量加え、塩、コショウで味をととのえる。長居シュンギクのストロッツァプレティをゆでて加え、よく和えて皿に盛る。

パスタの種類：長居シュンギクの
　　　　　　　ストロッツァプレティ（P.409）
ソースの主な具材：アンコウ、能勢原木シイタケ、
　　　　　　　　玉ネギ、ケイパー
ソースのベース：オリーブ油、ニンニク

November

15 七五三

真ダコと天王寺カブのオレキエッテ

古田 剛　●オステリア アバッキオ

大阪の地野菜、天王寺カブを丸ごと蒸し煮に。甘みを引き出した根の部分に、ピュレにした葉のほのかな苦みと青い香りをプラス。オレキエッテを噛みしめながら、マダコとともに各素材の旨みを味わう。

① マダコは下処理して塩もみし、炭酸水で2時間下ゆでする。さらに水から約4時間煮て、ひと口大に切る。
② 天王寺カブは根と葉に分け、葉はやわらかくゆでてミキサーにかけ、ピュレにする。
③ ②の根はスライスしてオリーブ油で炒め、①のタコと煮汁、グリーンオリーブ、ケイパー、ドライトマトを加える。蓋をして蒸し煮にする。
④ 全体がなじんだら②とゆでたオレキエッテを加え、よくからめて皿に盛る。E.V.オリーブ油と黒コショウをふる。

パスタの種類：オレキエッテ（P.400）

ソースの主な具材：マダコ、天王寺カブ、グリーンオリーブ、ケイパー、ドライトマト

ソースのベース：天王寺カブのピュレ

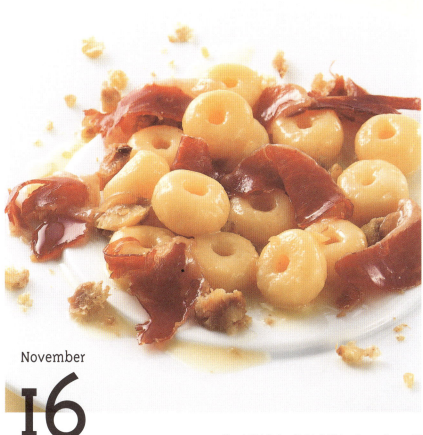

November

16

五郎島金時のチャンベリーニ ハモンイベリコ・デ・ベジョータ "ホセリート"と 丹波栗のローストと共に

筒井光彦　●キメラ

水分を飛ばしながら低温で焼いたサツマイモの甘みと、イベリコ豚の生ハムの塩味の対比が効果的。イベリコ豚が木の実を食すことから連想し、栗を添えて。チャンベリーニはイタリア語で小さなドーナツの意味。ニョッキ生地でつくるオリジナルメニューだ。

① クリは塩水で約30分間ゆでる。スプーンで実をほじり出し、200℃のオーブンに約5分間入れて表面を乾燥させる。
② チャンベリーニを3分間ゆでる。
③ フライパンに鶏のブロード（解説省略）とバターを入れて火にかけ、沸騰したら②を入れ、煮詰めるようにしてからめる。
④ 全体がなじんだら少量のバターを加え溶かし、パルミジャーノを加えて和える。
⑤ 皿に④を盛り、厚めにスライスした生ハムと①を散らし、E.V.オリーブ油をかける。

パスタの種類：五郎島金時のチャンベリーニ(P.419)

ソースの主な具材：クリ、生ハム

ソースのベース：バター、鶏のブロード

November
17

直江津産アミ漁の真鴨のラグーのピンチ

渡邊雅之　●ヴァッカ・ロッサ

丸の真鴨は骨ごとぶつ切りにして少なめの水分でじっくりと煮込み、コクを凝縮させた野趣あふれるソースに。太めに打ったピーチを合わせた、食べごたえのあるひと皿。

① 丸の鴨は羽をむしってさばき、心臓、砂肝、肝臓は取りおき、身は骨ごと3～4cm角に切る。
② 鍋にオリーブ油を熱し、玉ネギの粗みじん切りと①を焼く。30～40分間加熱し、全体が飴色になったら、①の内臓を加える。赤ワインを少量注ぎ、さらに焼く。
③ 鍋の中身が浸かるか浸からない程度に水を注ぎ、常に混ぜながら2時間半～3時間煮込む。
④ 冷めたら、骨を除いて肉をほぐす。ゆでた太めのピーチを加えてからめ、皿に盛る。

パスタの種類：太めのピーチ（P.431）

ソースの主な材料：鴨（丸）、玉ネギ、赤ワイン

November 18

ラヴィオリアペルト ノルマ風

樋口敬洋　●ロットチェント

「ラヴィオリアペルト」とは、開いたラヴィオリの意味。具材は詰めずに生地の上にのせる。ノルマ風とは、ナス、トマトソース、バジリコ、リコッタ・サラータの組み合わせ。塩を加えて熟成させた個性の強いリコッタの風味が味わいのアクセント。

① トマトソース（解説省略）に水、E.V.オリーブ油（「フラントイア」シチリア・バルベラ社。以下同）を加えて練り、ペルタータ・ディ・ポモドーロを作る。
② 鍋につぶしたニンニクとE.V.オリーブ油を入れて熱し、香りが立ったら厚さ2cm程度の輪切りにした赤ナス（長さ30cmほど。熊本県の特産品。皮の色は赤みがかった紫で、果肉は柔らかく、アクはなくて甘みが強い）を加えて両面をソテーし、塩で味をととのえる。
③ ②に野菜と魚のブロード（解説省略）をひたひた程度まで注ぎ、軽く煮詰める。約5分間ゆでたラヴィオリアペルトを加えて和える。
④ 皿に①を敷き、上に③と②を交互に重ねて並べる。フレーク状にしたリコッタ・サラータ（リコッタを塩漬けし、熟成させたもの）、バジリコの細切り、オレガノをのせる。

パスタの種類：ラヴィオリアペルト（P.437）
ソースの主な具材：赤ナス
ソースのベース：トマトソース、野菜と魚のブロード

November

19

赤ワインを練り込んだキタッラ 鰻と玉ネギのソース

京 大輔 ●コルニーチェ

ウナギは蒸してからグリルにし、クローブを効かせた玉ネギのフォンドゥータで和えてソースに。カシスリキュールを加えた赤ワイン風味のキタッラに、ウナギの旨みと玉ネギの甘みを感じる濃厚なソースがほどよいバランス。

① ウナギを背開きにして、内臓と骨を取り除き、流水で血とぬめりを洗い流す。
② ①の水気をふき取り、塩、コショウをふってから約10分間鍋で蒸す。次に、香ばしくグリルパンで焼き目をつけ、ひと口大に切る。
③ フライパンにオリーブ油、ニンニクのみじん切り、タカノツメを入れて火にかけ、ニンニクが薄く色づいたら②と玉ネギのフォンドゥータ（玉ネギをオリーブ油、ニンニク、クローヴとともに弱火で色づかないように長時間炒めたもの）、野菜のブロード（解説省略）を入れて軽く煮詰める。
④ 赤ワインを練り込んだキタッラを1％の塩湯でゆで、③とからめる。器に盛る。

パスタの種類：赤ワインを練り込んだキタッラ(P.407)
ソースの主な具材：ウナギ
ソースのベース：玉ネギ、ニンニク、タカノツメ、オリーブ油、野菜のブロード

November

20

タヤリン ピエモンテ風 鴨のラグーとキクイモ

岡野健介
●リストランテ カシーナ カナミッラ

鴨肉のラグーと鴨のブロードを合わせた旨みの強いソースと、真空調理してソテーした歯ざわりのよいキクイモをタヤリンにからめる。麺は細く切って上品に仕立てたいので、卵黄だけでなく卵白も加えて切れにくい生地に。

パスタの種類：タヤリン（P.413）

ソースの主な具材：鴨（丸）、キクイモ

ソースのベース：オリーブ油、香味野菜、赤ワイン、鴨のジュ、水飴

① 鴨はさばき、腿肉と端肉はミンサーで粗挽きにする。玉ネギ、ニンジン、セロリは粗く切り、ミンサーで細かく挽く。オリーブ油でニンニクとローリエを炒め、香りが立ったら挽いた野菜を加える。しんなりしたら挽いた肉を加えて炒める。赤ワインを加えてフランベし、煮詰まったら水を足しながら中火で約3時間半煮込む。塩で味をととのえる。

② 鴨のジュをとる。鴨の骨は適宜に切り、210℃のオーブンで20分間焼く。トマトペースト、ニンジン、玉ネギ、セロリ、ニンニクの小角切り、ローリエ、ひたひたの水を加え、1/4に煮詰める。粗熱をとり、冷蔵庫で一晩ねかせる。油脂を取り除いて漉し、弱火で1/3に煮詰める。

③ ①と②を合わせて温める。タヤリンを約30秒間ゆでて加え、和える。塩で味をととのえ、キクイモのコンカッセ（P.398）を加える。

④ 皿にキクイモのクレーマ（P.398）を敷き、③を盛る。キクイモのコンカッセを散らし、水飴と赤ワインを煮詰めたソースをまわしかける。

November
21

鯵のたたきを
冷たいカペッリーニで
ウイキョウとミカンの香り

岡尾岳史　●オステリア エルベッタ

マリネしたアジはウイキョウとミカンと合わせ、ショウガを加えたヴィネグレットで和えてたたき風に。細いカペッリーニの上にのせて、冷製パスタに仕立てている。

パスタの種類：カペッリーニ

ソースの主な具材：アジ、ウイキョウ、ミカン、芽ネギ

ソースのベース：トマトジュース、ウイキョウ、白ワインヴィネガー

① トマトジュース、塩、コショウ、白ワインヴィネガーをフードプロセッサーにかける。ニンニクオイル、E.V.オリーブ油、ざく切りにしたウイキョウの葉、きざんだエシャロットを加えてさらにまわす。
② アジは三枚におろし、両面に塩と砂糖を6対4の割合でふる。E.V.オリーブ油、ウイキョウの葉とともに真空パックにし、約1時間マリネする。水気をふき、5mm角に切る。エシャロット、ショウガ、ウイキョウのみじん切り、万能ネギの小口切り、ほぐしたミカンの果肉、ニンニクチップのみじん切りと合わせ、粒マスタードヴィネグレット（粒マスタード、ディジョンマスタード、白ワインヴィネガー、E.V.オリーブ油、白コショウを混ぜる）で和える。
③ ゆでたカペッリーニは冷水にとり、水気をきって、E.V.オリーブ油をからめる。
④ 皿に①を流し、③を盛る。②をのせ、芽ネギを散らす。

November

22

ジャガイモと栗粉のニョッキ ホロホロ鳥のラグー和え

西口大輔　●ヴォーロ・コズィ

クリ粉とジャガイモを使い、甘くほろほろと崩れるような食感に仕立てたニョッキに、赤ワインや鶏のブロードで煮たホロホロ鳥のラグーを合わせている。軽やかなニョッキと味わい深いソースが調和するひと皿。

パスタの種類：栗粉のニョッキ（P.423）

ソースの主な材料：ホロホロ鳥腿肉、クリ、鶏のブロード、香味野菜、トマトペースト、赤ワイン、

① ホロホロ鳥腿肉の骨をはずし、栗粉のニョッキと同じ大きさに切り分ける。塩とコショウをふり、オリーブ油をひいたフライパンでさっと炒める。
② 別鍋にきざんだ玉ネギ、ニンジン、セロリを入れてしっかりと炒め、ローリエと①を加える。
③ 赤ワインを注いで煮詰め、鶏のブロード（解説省略）とトマトペースト（解説省略）を加える。適宜、鶏のブロードを足しながら、ホロホロ鳥の味が煮汁に出るまで1時間半ほど煮込む。粗熱をとって一晩ねかせ、表面に浮いた脂を取り除く。
④ フライパンに③とバターを温め、鶏のブロードでのばす。ローストして皮をむいたクリを適宜に切って加え、ジャガイモと栗粉のニョッキ（軽くゆでて氷水にとり、水気をふいたもの）を入れて和える。グラナ・パダーノをふる。皿に盛り、イタリアンパセリとタイムを散らす。

November

23 勤労感謝の日

ラザニエッテ
赤エビソース ラルド風味
レモンのマルメラータ添え

樋口敬洋　●ロットチェント

赤エビは香ばしいパン粉焼きと濃厚なソースとに仕立てて盛り合せ、赤エビ尽くしのひと皿に。食べごたえのあるラザニエッテの生地にからめる。レモンを丸ごと使ったジャムが、シチリアらしいさわやかなアクセント。

パスタの種類：ラザニエッテ（P.438）

ソースの主な材料：赤エビ、ラルド、生クリーム、赤エビのブロード

付け合わせ：赤エビ、パン粉

① 赤エビソースラルド風味をつくる。赤エビは頭をはずして殻をむき、角切りにする。鍋に少量のE.V.オリーブ油をひき、薄切りにしたラルドを入れてソテーする。角切りにした赤エビを加えて炒め、塩、赤エビのブロード（解説省略）、少量の生クリームを加えて軽く煮詰める。

② 赤エビのインパナータをつくる。アカエビは頭をはずして殻をむき、塩をふってE.V.オリーブ油にくぐらせる。パン粉をまとわせ、230℃のオーブンで3分間焼く。

③ ①のソースを温める。ラザニエッテを7〜8分間ゆでて加え、和える。ラザニエッテを三つ折りにして、ソースとともに皿に盛る。②の赤エビのインパナータをのせ、フレーク状にしたリコッタ・サラータ、ローストしたスライスアーモンド、エストラゴンを散らす。レモンのマルメラータ（P.398）を添える。

November

24

ビゴリのブーザラ風味

西口大輔　●ヴォーロ・コズィ

全粒粉やソバ粉入りの生地を圧搾機で搾るヴェネト州のパスタ、ビーゴリ。最近は精製粉のみでつくられることも多いが、西口氏は小麦の表皮の香りや食感が感じられる全粒粉を使っている。伝統的な漁師料理「ブーザラ」のソースで。

① オマールの頭を10分間ゆでて、ミソを取り出す。
② 鍋につぶしたニンニクとオリーブ油を入れて加熱する。香りが立ったら、①のミソ、トマトソース（解説省略）、魚のブロード（解説省略）を加えて5分間煮る。
③ ②を漉して、塩、コショウで味をととのえる。
④ ビゴリを塩を入れたたっぷりの湯（ともに分量外）で12分間ほどゆでる。
⑤ オリーブ油をひいたフライパンにオマールの頭、ニンニク、魚のブロード、塩、コショウを入れて温め、トマトソースを加えてのばす。
⑥ ⑤に水気をきった④を入れてからめ、器に盛る。きざんだイタリアンパセリを散らし、E.V.オリーブ油をたらす。

パスタの種類：ビーゴリ（P.427）

ソースの主な具材：オマールの頭、トマトソース、魚のブロード

November
25

シナモンを練り込んだカッペレッティ かぼちゃとタレッジョのリピエーノ

京 大輔　●コルニーチェ

ローマでの修業時代に味わったシナモン風味のカボチャのグリルをヒントに考案したパスタ料理。カボチャの甘みにタレッジョの塩気を効かせる。ねっとりとしたシナモン風味の生地に香り高いバターソースがよくなじむ。

パスタの種類：シナモンを練り込んだカッペレッティ
（生地のつくり方→P.402）

詰めものの主な具材：カボチャ、タレッジョ

ソースのベース：バター、野菜のブロード

① カボチャのピュレをつくる。カボチャは皮をむき、種を取り除く。アルミホイルで包み、竹串がすっと通るやわらかさになるまで150℃のオーブンに入れる。熱いうちに裏漉しし、バター、塩、グラニュー糖で味をととのえ、常温に冷ます。
② カペレッティをつくる。シナモンを練り込んだカッペレッティの生地を丸型で抜き、片面に溶き卵をぬる。カボチャのピュレと手でちぎったタレッジョを中心にのせる。半分に折りたたんで半月型に成形し、両端をくっつける。
③ フライパンに野菜のブロード（解説省略）を入れて火にかけ、沸いたらバターを入れて乳化させる。
④ 1％の塩湯でゆでたカペレッティを③に入れて和える。パルミジャーノをからめ、皿に盛る。

November 26

タヤリン、甲殻類のスーゴ和え

斎藤智史 ●プリズマ

タヤリンの伝統的なレシピにはない、甲殻類のソースとのオリジナルな組み合わせ。殻付きのカニやエビを煮出して漉し、コクの強いシンプルなソースとすることで、タヤリン自体の風味とのど越しが際立つ。

パスタの種類：タヤリン（P.413）

ソースの主な材料：甲殻類の殻、ホールトマト、ブロード、フォン・ド・ヴォー、香味野菜、赤ワイン、バジリコ、エストラゴン

① 甲殻類（蟹、伊勢エビ、オマールなど）を殻付きのままぶつ切りにし、オリーブ油で時間をかけてしっかり炒めて旨みを引き出す。ブランデーをふりかけてアルコール分をとばす。別のフライパンで、玉ネギ、ニンジン、セロリ（すべて小角切り）をオリーブ油できつね色になるまでよく炒めて甲殻類の鍋に移す。

② 別鍋で赤ワインを1/5量まで煮詰め、①の鍋に入れる。ブロード、フォン・ド・ヴォー（ともに解説省略）を加え、ホールトマト、バジリコ、エストラゴンを入れ、塩、コショウして弱火で40〜50分間煮込む。漉しておく。

③ タヤリンを2分間弱、塩湯でゆでる。②のソースを人数分鍋にとって温め、バターでつなぐ。ゆで上がったタヤリンとエストラゴンのみじん切りを入れて和え、皿に盛る。

November
27

赤ワインでゆがいた パッケリ 仔羊のラグー

浅井卓司　●イ・ヴェンティチェッリ

厚めのパッケリに仔羊のラグーを添えて、プリモとセコンドを兼ねたひと皿。パッケリは赤ワインでゆでて豊かな香りを含ませている。仕上げに加えた生の金柑でフレッシュな酸味を、ゴルゴンゾーラのソースでクリーミーなコクを加味。

パスタの種類：パッケリ

ソースの主な具材：仔羊腿肉、キンカン、マイクロリーフ

ソースのベース：ソッフリット、赤ワイン、ゴルゴンゾーラ、牛乳

① 玉ネギ、セロリ、ニンジン、ニンニクのみじん切りをオリーブ油で炒め、赤ワインと1cm角前後に切った仔羊腿肉を加えてさらに熱する。蓋をして180℃のオーブンで2時間加熱する。氷水にあて、冷え固まった油脂を取り除く。火にかけ、沸いたら塩、コショウする。

② ボウルにゴルゴンゾーラと牛乳を合わせ、溶けてなじむまで湯煎で混ぜ合わせる。

③ パスタがひたひたになるくらいの量の赤ワイン（イタリア・アブルッツォ産・DOC認定のモンテプルチアーノ・ダブルッツォ）を鍋に入れ、沸かしてアルコール分をとばし、岩塩を加える。パッケリ（ラ・ファブリカ・デッラ・パスタ）を加えてほどよい柔らかさにゆでる。

④ ①と③を合わせて加熱し、4等分に切って種を除いたキンカンを加えてさっと火を入れる。皿に盛り、②を周囲に流し、マイクロリーフをのせる。

November 28

トリッパ

平 雅一 ●ドンブラボー

トリッパを鶏のブロードでシンプルに煮込み、同様の形とサイズに切った手打ちパスタと和える。添えたのは、ゴボウのチップス、八丁味噌のパウダー、少量のべったら漬けのペーストなど。イタリアと日本の定番的な内臓料理の出会いがテーマ。

パスタの種類：マルタリアーティ(P.435)

ソースの主な具材：ハチノス、ゴボウ、アマランサス

ソースのベース：オリーブ油、ニンニク、トウガラシ、べったら漬け、八丁味噌

① ハチノス（牛の第二胃）は、適宜に切った玉ネギ、ニンジン、セロリ、ニンニク、岩塩とともに3時間ゆでてくさみ抜きする。適宜に切る。
② オリーブ油、ニンニクのみじん切り、セージとローズマリー（ともに乾燥）を熱し、①を加えて塩をする。ソッフリット（解説省略）を加えてさらに炒め、鶏のブロード（解説省略）を加えて煮込む。
③ ザルに生ハムとトウガラシを入れて②の鍋に入れる。だしが出きったら、ザルごと取り出し、約2時間煮込む。
④ マルタリアーティはハチノスと同じ形に切り、約2分間ゆでる。
⑤ ニンニクのみじん切りと砕いたトウガラシをオリーブ油で炒め、水、③のハチノス、④を順に加えて和える。器に盛る。少量のべったら漬けソース(P.398)を添え、八丁味噌パウダー(P.398)、アマランサス、ゴボウのチップス(P.398)を散らす。

November 29

タヤリンと蝦夷鹿のラグー

堀江純一郎　●リストランテ イ・ルンガ

エゾシカはさまざまな香草や酒とともにじっくりと煮込み、冬らしいラグーに。細身でしなやかなタヤリンに濃厚なソースがよくからみ、生地の存在感を明確にする。

パスタの種類：タヤリン (P.412)

ソースの主な材料：蝦夷鹿腿肉、ソフリット、

ソースのベース：バルサミコ酢、ポルト酒、
　　　　　　　マルサラ、赤ワイン、
　　　　　　　肉のブロード、香草、スパイス

① 蝦夷鹿のラグーをつくる。鹿腿肉をひと口大に切り、塩、コショウして薄力粉をまぶす。オリーブ油で表面に焼き色をつけ、赤ワインを加えて煮詰め、アルコール分をとばす。
② オリーブ油で玉ネギ、ニンジン、セロリ、ニンニク、パセリの軸、ローズマリー、セージ、タイム、ジュニパーベリー（すべてみじん切り）をじっくりと炒めてソフリットをつくる。①の鹿肉を入れ、バルサミコ酢、ポルト酒、マルサラを加えて煮詰める。①の赤ワインと肉のブロード（解説省略）を入れてひたひたにし、クローヴとローリエを入れて肉がやわらかくなるまで煮込む。肉を取り出してざく切りにしてもどし、ひと煮立ちさせる。塩、コショウ、ブロードで味をととのえる。
③ ②を鍋で温める。やや強めに塩をきかせた湯でタヤリンを20〜30秒ゆで、ゆで上がったら鍋に入れて和える。イタリアンパセリのみじん切りとパルミジャーノを入れて和え、皿に盛る。

November

30

タラのトマトソース オレガノ風味のリガトーニ

高橋直史　●イル・ジョット

筒形のショートパスタ「リガトーニ」に、しっかり煮込んだトマトソースを合わせている。マダラの皮と肉のぷりんとした歯ごたえと、リガトーニのしっかりとした食感の両方を、よく噛んで味わってもらう。

① 鍋にE.V.オリーブ油と丸のままのニンニクを入れて火にかける。香りが立ってきたらニンニクは取り出す。ホールトマトを加えて約20分間煮て、塩で味をととのえ、ミキサーにかける。これを漉して種を取り除き、トマトソースとする。
② マダラの切り身は塩をして、約1時間おき、水分をふいて角切りにする。
③ フライパンにE.V.オリーブ油を熱し、強火で②に焼き色をつける。ニンニクのみじん切りを加え、色づく手前で①、玉ネギのソッフリット（解説省略）、ケイパーを加えて15分間ほど煮る。マダラは煮崩れてもよい。
④ ゆでたリガトーニを加えて和え、ソースがなじむまでやや煮詰めてから器に盛りつける。オレガノをふる。

パスタの種類：リガトーニ
ソースの主な具材：マダラ、玉ネギ、ケイパー
ソースのベース：ホールトマト、オレガノ

12
December

とちおとめの冷たいカペリーニ

渡辺 明 ●イル・リフージョ・ハヤマ

イチゴがおいしくなる冬の定番パスタ。冷やしたカペッリーニにイチゴのスライスとピュレにしたトマトを合わせる。塩をしっかり効かせてイチゴの甘みを引き立て、レモンの酸味で全体を引き締める。

① イチゴは縦に厚さ2mmに切り、塩をふってなじませる。イチゴから水分が出てきたらレモンを搾る。搾る量は、イチゴの甘さにあわせて調整する。
② フルーツトマトは湯むきし、種ごとざく切りにする。塩とE.V.オリーブ油を加え、ハンドミキサーでピュレ状にする。
③ カペッリーニはやや長めにゆで、流水にさらして粗熱をとる。氷水に入れ、芯まで冷やす。ペーパータオルで水気をしっかり取り、少量の塩とE.V.オリーブ油で和え、②に加えてよく混ぜる。
④ 冷やしておいた器に盛り、①をのせる。せん切りにしたミントをのせる。

パスタの種類：カペッリーニ

ソースの主な具材：イチゴ、レモン、フルーツトマト

ソースのベース：E.V.オリーブ油

December
2

パッパルデッレ ウサギのスーゴで

田村 崇
● オステリア イル・カント・デル・マッジョ

骨ごとぶつ切りにしたウサギを煮込んだ力強いソースに、パッパルデッレを合わせたトスカーナでは定番の郷土料理。レバーとサルシッチャを加えて淡白なウサギの旨みを下支えし、さわやかなハーブで香りを添えて風味豊かに仕上げる。

パスタの種類：パッパルデッレ（P.426）

ソースの主な材料：ウサギの肉と肝臓、サルシッチャ、レモンの皮、香味野菜、香草、鶏のブロード

① ウサギ（丸）はさばいて肝臓は取り置き、身は骨ごと適当な大きさのぶつ切りにして、フライパンで炒める。焼き色がついたらサルシッチャのみじん切りを加えてさらに炒める。
② レモンの皮、玉ネギ、ニンジン、セロリ、ニンニクのみじん切りを加えてさらに炒める。①の肝臓をぶつ切りにして加える。色が変わったら、きざんだタイム、セージ、ローズマリーを加えてさっと炒め、赤ワインを加える。アルコール分がとんだら、鶏のブロード（解説省略）を加え、肉に火が入るまで煮詰める。適宜に切ったトマトを加えて再び煮詰め、塩、コショウで味をととのえる。
③ 約1分間ゆでたパッパルデッレを加え、ソースをからめる。
④ 皿に盛り、黒粒コショウの粗挽き、E.V.オリーブ油をふる。

December

3

塩漬け玉子とトリュフのスパゲッティーニ

藤原哲也　● Fujiya1935

塩漬け玉子は、鶏の未成熟卵を「卵黄のみそ漬け」の要領でインゲン豆のペーストに漬け込んでつくる。スパゲッティーニにはパンセタ（スペインのパンチェッタ）と鶏のだしを吸わせ、トリュフの香りを添える。

① 幅1〜2cm、厚さ5mmに切ったパンセタ（スペインのパンチェッタ）、鶏のカルド（解説省略）、水を合わせて沸かす。弱火にし、1〜1時間半煮出し、漉す。冷めたら鍋に入れ、殻つきのアサリを入れて加熱する。弱火にして30〜40分間煮出し、漉す。
② フライパンにニンニクオイルと①を入れて火にかける。ゆでたスパゲッティーニを加え、カルドを吸わせるように和えながら加熱する。オリーブ油を加え、とろみをつける。
③ 塩漬け玉子（P.398）は表面を水洗いし、水気をふき取って②に加える。ヘラなどで崩しながら和える。
④ 器に盛り、5mm角に切ったトリュフ、マイクロプレーンですりおろしたパルミジャーノをふる。

パスタの種類：スパゲッティーニ
ソースの主な具材：パンセタ、塩漬け玉子、トリュフ
ソースのベース：鶏のカルド、アサリ、ニンニクオイル

December

4

フォワグラとブロッコリー、アーモンドのパッパルデッレ

辻 智一　●リストランテ オッツィオ

ソースの核は、じっくり炒めた新タマネギのピュレ。すっきりとした甘みが特徴で、フォワグラとアーモンドがコクや食感のリズムを添える。歯ごたえと風味を高めるため、パッパルデッレは成形後に半日ほど乾燥させている。

① フライパンでオリーブ油を温め、きざんだ新玉ネギを30分間ほどかけてソテーし、甘みを引き出す。鶏のブイヨン（解説省略）を加えて15分間ほど煮出し、裏漉しする。火にかけてタイムの枝を入れ、香りが移ったら取り出す。E.V.オリーブ油を加え、塩、コショウする。
② パッパルデッレをゆでて加え、なじませて皿に盛る。ブール・ノワゼットでソテーした角切りのフォワグラ、ニンニクオイルでソテーし、イタリアンパセリを混ぜたブロッコリーをのせる。バルサミコ酢とE.V.オリーブ油を合わせたもの、鴨のジュ（解説省略）を流し、煎って砕いたアーモンドとローズマリーの葉を散らす。

パスタの種類：パッパルデッレ（P.426）

ソースの主な具材：フォワグラ、ブロッコリー

ソースのベース：新玉ネギ、鶏のブイヨン、バルサミコ酢、鴨のジュ

December

5

猪のラグーのピーチ ルッコラを添えて

林 亨 ●トルッキオ

太くモチモチとした食感のピーチに、イノシシのほほ肉を香味野菜や赤ワインで煮込んだ濃厚なラグーを合わせている。仕上げにルーコラをたっぷりとあしらい、清涼感を添えて。

① イノシシのほほ肉を赤ワインとマリネ用の香味野菜と香辛料 (玉ネギ、ニンジン、セロリ、ニンニク、クローヴ、ジュニパーベリー、ローリエ、ローズマリー、タイム、セージ) で6時間以上マリネする。
② 鍋にオリーブ油とつぶしたニンニクを熱して香りを出し、大きめに切ったニンジン、玉ネギ、セロリを約1時間半炒める。ブロード (解説省略) を加えて煮て、ミキサーにかけてペースト状にする。
③ ①に塩、コショウし、薄力粉をまぶす。オリーブ油で表面を焼く。
④ 鍋に③、赤ワイン、②、ブーケガルニを入れ、蓋をしてオーブンで約2時間半蒸し煮する。塩、コショウで味をととのえる。ほほ肉は切り分けて、ソースにもどす。
⑤ 鍋に④を人数分とって温め、ゆでたピーチを加える。E.V.オリーブ油を加えて仕上げる。皿に盛り、ルッコラをたっぷりとのせ、黒コショウを挽きかける。

パスタの種類：ピーチ (P.431)

ソースの主な材料：イノシシのほほ肉、香味野菜、ブロード、赤ワイン

December 6

鰯のポルペッティーネと野菜のガルガネッリ

斎藤智史　●プリズマ

イワシをミートボール状に仕上げたポルペッティーネを、ナスやピーマン、ズッキーニ、松の実、レーズンなどを組み合わせたシチリア風のソースで和えている。具だくさんのソースを楽しむひと皿。

パスタの種類：ガルガネッリ（P.404）

ソースの主な具材：イワシ、ピーマン（赤・黄）、ナス、ズッキーニ、松の実、レーズン、ケイパー

ソースのベース：トマトソース、ブロード

① ピーマン（赤・黄）は220℃のオーブンで約20分間ローストしてから直火で焼いて皮をむき、角切りにする。

② つぶしたニンニクと赤トウガラシはピュアオリーブ油で炒め、玉ネギのみじん切りを加えてきつね色に炒める。①を加えて混ぜ、塩、コショウする。白ワイン、白ワインヴィネガーを加えて煮詰め、塩、砂糖、トマトソース、ブロード（解説省略）を加えて煮つめる。ドライオレガノときざんだバジリコを混ぜる。

③ フライパンにニンニク、タカノツメ、ピュアオリーブ油を入れて炒め、香りが出てきたらマイワシのポルペッティーニ（解説省略）、ナスとズッキーニの角切りを入れて炒める。火が通ったら②を加え、松の実、レーズン（水でもどしたもの）、塩漬けケイパー（塩抜きしたもの）も加えて混ぜる（ニンニクと赤トウガラシは除く）。3分間弱ゆでたガルガネッリを加えて和え、皿に盛る。イタリアンパセリをふる。

December 7

鱈とじゃがいもの
リグーリア風煮込みの
コルゼッティ

松橋ひらく　●ラ ビッタ

リグーリア州の「ブランダ・クリョン」は、ローズマリーの香りをきかせたタラとジャガイモの素朴な煮込み料理。これをパスタにアレンジ。ジャガイモはピュレにし、タラは水分をとばしてフレーク状にした自家製干ダラを使っている。

① ジャガイモは皮つきのまま塩ゆでし、やわらかくなったら皮をむく。牛乳、バター、メース、塩を加え、つぶし混ぜながらピュレ状になるまで火にかける。
② E.V. オリーブ油とニンニクのスライスを温め、香りが立ってきたら、タラフレーク（タラをおろして適宜に切り、テフロン加工のフライパンで約3時間弱火で炒め、ほぐしながら水分をとばしたもの）、ローズマリー、水、①を加え、中火でとろみがつくまで煮る。
③ コルツェッティをゆでて加え、ソースをからめる。皿に盛る。

パスタの種類：コルツェッティ（P.409）

ソースの主な具材：タラ、ジャガイモ、牛乳、バター、E.V. オリーブ油、ニンニク

December 8

ニョッキを詰めたムール貝
南イタリアのマンマの味で

岡尾岳史　●オステリア エルベッタ

生のムール貝にニョッキを詰め、ソースで煮込むという沿岸部ならではのひと皿。岡尾シェフが、イタリア修業中に出会った忘れられない調理法で、友人のマンマがつくってくれたものだという。豪快に鍋ごと提供したい。

① ムール貝はよく掃除して、殻の間にナイフを刺し込み、身だけを半分に切る。身の間にニョッキの生地を詰める。殻を閉じ、開かないようタコ糸でしばる。
② 鍋にオリーブ油と丸のままつぶしたニンニクを入れて弱火にかける。ニンニクがこんがりと色づいてきたら取り出し、半分に切ったプチトマトを入れる。
③ トマトがとろっとしてきたら①を入れて、白ワインを注ぐ。アルコール分がとんだら、蓋をして中弱火で10分間煮込む。ムール貝を取り出し、タコ糸をはずす。
④ 器または鍋に③のソースをしき、ムール貝を盛る。きざんだイタリアンパセリを散らし、E.V. オリーブ油をまわしかける。

パスタの種類：ニョッキ（生地のつくり方→ P.423）

ソースの主な具材：ムール貝

ソースのベース：プチトマト、白ワイン、ニンニク、オリーブ油

December 9

ラザーニャ アルバ風

小西達也　●オマッジオ ダ コニシ

ピエモンテ州アルバの伝統料理。仔牛の胸腺肉や牛のアキレス腱などを鶏のブロードとともに煮詰め、豚の血と牛乳をベースとしたソースと合わせる。

① オリーブ油で自家製サルシッチャ(解説省略)を炒め、いったん取り出す。バターを少量加え、エシャロットのみじん切りを炒める。下ゆでして適宜に切った仔牛の胸腺肉と牛のアキレス腱、ローズマリーのみじん切りを加えてさっと炒める。鶏のブロード(解説省略)を加え、サルシッチャを戻し入れて煮る。

② 豚の血ソースベース(新鮮な豚の血に倍量の牛乳を混ぜたもの)を鍋にとり、弱火でとろみがつくまで温める。ラザーニャを2分半～3分間ゆでて加え、和える。①、パルミジャーノ、イタリアンパセリのみじん切りも加えてざっと混ぜる。皿に盛る。

パスタの種類：ラザーニャ (P.438)

ソースの主な具材：自家製サルシッチャ、仔牛の胸腺肉、牛のアキレス腱

ソースのベース：豚の血

December

10

鱈の白子と群馬産赤ネギの スパゲッティーニ 黒トリュフのスライス

菅沼 恒　●弘屋

タラの白子、炒めて甘みを引き出した赤ネギ、トリュフからなる香り、食感、風味の三位一体を楽しませる。白子を軽くつぶしながら赤ネギと炒めてつくるソースはとろりとして、冬ならではの芳醇な味わい。

① タラの白子は掃除して、ぶつ切りにする。
② フライパンにオリーブ油をひき、2～3cm幅に切った赤ネギを炒める。しんなりしてきたら、①とパスタのゆで汁少量を加える。白子を軽くつぶして和え、ソース全体を乳化させる。
③ ジュ・ド・トリュフ（市販）、カイエンヌ・ペッパー、ゆでたスパゲッティーニを順に加え、よく和える。
④ 皿に盛り、黒トリュフを削りかける。

パスタの種類	スパゲッティーニ
ソースの主な具材	タラの白子、赤ネギ、黒トリュフ
ソースのベース	ジュ・ド・トリュフ、オリーブ油

December

11

タリオリーニ、自家製生カラスミと ヤリイカのティエーピド

斎藤智史　●プリズマ

おまかせコースにはプリモ・ピアットを2皿組みこんでいるが、その1皿目として提供。生カラスミ入りのバターソースで和えたタリオリーニに合わせたのは、さっとあぶった半生のヤリイカ。パスタのやわらかな食感とのシンクロを楽しませる。

パスタの種類：タリオリーニ (P.418)

ソースの主な具材：ヤリイカ

ソースのベース：E.V.オリーブ油、ニンニク、
　　　　　　　　アンチョビ、バター、
　　　　　　　　自家製生カラスミ

① ヤリイカの身は開き、両面に格子状の切り目を入れ、細切りにする。片面をバーナーであぶり、焼き色をつけながらほんのりと温める。

② タリオリーニはゆでる5分ほど前に常温に出し、わずかに解凍する。硬水（コントレックスと浄水を1対2で合わせたもの）で柔らかく塩ゆでする（ゆで時間の目安は2〜3分間ほど）。

③ つぶしたニンニクをE.V.オリーブ油で炒め、香りが立ってきたら少量のアンチョビ（フィレ）を加えて溶かす。バターとタリオリーニのゆで汁を加えて乳化させる。火からはずして温度を下げ、自家製生カラスミ（ボラの卵巣の塩漬け。乾燥はさせない）の薄切りを加えて溶かし込む。

④ ゆで上がった②の湯をきり、③で和える。器に盛り、①をのせて、ヘベス（スダチやカボスに似た香りの、宮崎県日向市特産の柑橘）の皮をおろしかける。

December

12

村上農場 男爵のニョッキ ホロホロ鳥と リードヴォーのラグー 熟成モンヴィーゾ

山本久典　●一花 icca NYC

収穫後に低温の貯蔵庫で6か月間熟成させた男爵芋を、オーブンで焼いて細かくつぶし、水分を完全にとばし、少なめの粉を加えてつくるニョッキ。鶏のブロードで煮込んだホロホロ鳥と仔牛の胸腺肉、ポルチーニのラグーを合わせている。

パスタの種類：男爵のニョッキ（P.424）

ソースの主な具材：ホロホロ鳥の腿肉、
仔牛の胸腺肉、ポルチーニ

ソースのベース：鶏のブロード、乾燥ポルチーニ

① ホロホロ鳥の腿肉（骨付き）は塩、コショウする。仔牛の胸腺肉は血抜きして掃除し、適宜に切って薄力粉をまぶす。それぞれ、オリーブ油で焼き、マルサラをふる。

② ソッフリットをつくり、①、水でもどしてみじん切りにした乾燥ポルチーニ、鶏のブロード（解説省略）を加え、約1時間煮込む。仔牛の胸腺肉は取り出して冷まし、1cm角に切る。残りはさらに約1時間煮込む。ホロホロ鳥は取り出して冷まし、身を骨からはずして適宜に切る。煮汁は煮詰め、塩を加える。仔牛の胸腺肉とホロホロ鳥の身に煮汁をかけて冷ます。

③ E.V.オリーブ油とバターを温め、適宜に切ったポルチーニを炒める。白ワインを加え、鶏のブロードを加えて5分間煮詰める。②を加える。ニョッキを浮き上がるまでゆでて加え、バターとE.V.オリーブ油を加える。皿に盛り、すりおろしたモンヴィーゾ（P.398）をふりかける。

December

13

アミアータ風のピンチ

渡邊雅之　●ヴァッカ・ロッサ

「ピンチ」はピーチより太めに生地を伸ばした手打ちのロングパスタ。発祥の地であるシエナ県モンテ・アミアータ周辺はポルチーニ茸の産地としても有名で、このラグーにもふんだんに使っている。太い麺にラグーの煮汁を含ませるように煮込んで仕上げるのがポイント。

① 玉ネギと牛肉をそれぞれ粗くきざみ、オリーブ油で炒める。表面を焼いていくイメージで1時間くらいかけ、深いきつね色になるまで火を入れる。赤ワインを加えてアルコール分をとばし、裏漉ししたホールトマトを加えて、1時間ほど煮る。
② ポルチーニを厚めにスライスしてオリーブ油で炒める。①に加え、塩、コショウで味をととのえる。
③ ピーチをゆで、②に加え、やや長めに煮て仕上げる。

パスタの種類：ピンチ（P.432）

ソースの主な材料：牛肉、ポルチーニ、玉ネギ、ホールトマト、赤ワイン

December

14

牛テール赤ワイン煮込みのヌイユ

菅沼 恒 ●弘屋

フランス料理の定番「クー・ド・ブフ」(牛テールの煮込み)に、バスク産の香りと甘みのある赤唐辛子「ピマン・デスペレッド」を練り込んだヌイユを添える。ヌイユはフランス語で「麺」の意。食べごたえがあり、満足感の高い味わい。

パスタの種類：ヌイユ

ソースの主な材料：牛テール、赤ワイン、赤ワインの澱、トマトペースト、香味野菜、ローリエ、タイム、ローズマリー、パセリ

① 牛テールは脂身を除いて取りおき、節で切り分ける。塩、黒・白コショウをふり、冷蔵庫に2～3日おく。タコ糸でしばり、取りおいた脂身で表面を焼きかためる。

② ニンニクの半割、1cm角に切ったニンジンとセロリ、2cm角に切った玉ネギ、エシャロット、ポワローの青い部分を加えて炒め、野菜がしんなりしたらフライパンの中身をザルにあけ、脂をきる。

③ 鍋に赤ワイン（カベルネ・ソーヴィニヨンのもの）、赤ワインの澱（ボルドーの赤ワインのもの）、ローリエ、タイム、ローズマリー、黒コショウを入れて火にかけ、沸かさずにアルコール分をとばす。②でザルにあけた肉と野菜、トマトペーストを加え、弱火で2時間半～3時間煮込む。漉し、冷蔵庫にひと晩おく。

④ 牛テールを取り出して煮汁を煮詰め、牛テールを戻し入れる。200℃のオーブンに20分入れる。

⑤ ゆでたヌイユ（解説省略）をバターときざんだローズマリーで和える。④とともに器に盛る。

December 15

ピーチ、トマトソースのアマトリチャーナ

斎藤智史　●プリズマ

セモリナ粉を加えてコシを出したピーチの強い印象に合わせ、アマトリチャーナのソースにはパンチェッタや赤トウガラシを効かせている。仕上げに卵黄や生クリームを少量からめて、まろやかさをプラス。

① ニンニクと赤トウガラシをオリーブ油で炒める。香りが立ってきたら、棒状に切ったパンチェッタを加えて炒める。脂分がほどよく抜けるまで炒めたら白ワインを加えてアルコール分をとばし、トマトソースと玉ネギのソッフリット（ともに解説省略）を加え、軽く煮る。黒コショウとピーチのゆで汁を加えて煮詰め、濃度をととのえる。
② ピーチを8〜10分間ゆでる。①に加えて和え、バターを混ぜ入れて火からおろす。卵黄と生クリームを混ぜ合わせたものを加えて素早く混ぜ、ペコリーノを加えて和える。ニンニクとタカノツメを取り除いて皿に盛り、ペコリーノ・ロマーノをふる。

パスタの種類：ピーチ（P.431）

ソースの主な材料：パンチェッタ、トマトソース、玉ネギのソッフリット、バター、卵黄、生クリーム

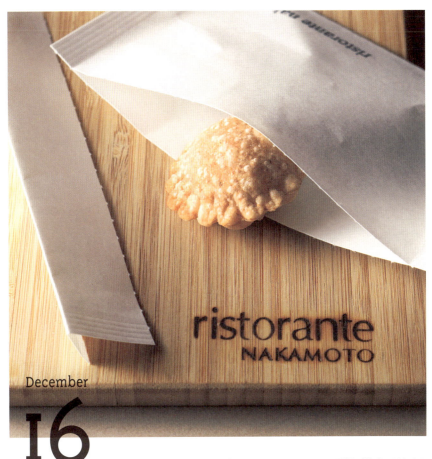

December 16

全粒粉の香り、ラグーの旨味、ゴルゴンゾーラの刺激

仲本章宏　●リストランテ ナカモト

全粒粉ベースの生地に、ゴルゴンゾーラと豚挽き肉のラグーを詰めてからりと揚げた、ラヴィオリのフリット。チーズの塩味や肉の旨み、全粒粉の香りが拮抗して小さいながら満足感のある逸品に。耐油性の紙袋に入れてお客に手渡しする。

パスタの種類：オリジナルパスタ
(生地のつくり方→P.437)

詰めものの主な具材：豚肉、ソッフリット、白ワイン、ゴルゴンゾーラ・ピカンテ

① ソッフリットをつくる。別鍋で郷ポーク(奈良県「村田商店(村田畜産)」)の粗挽き肉を炒め、塩をふってさらに炒め、焼き色がついたらザルに上げて油脂をきる。ソッフリットの鍋に加えて炒め、野菜がキツネ色になったら白ワインをひたひたに加え、蓋をして2時間半弱火で煮込む。蓋をしたまま火からおろし、2時間おく。蓋をはずして弱火にかけ、水分をとばすように約2時間半煮込む。氷をあてて冷ます。

② 生地に①を絞り出し、その1/3量のゴルゴンゾーラ・ピカンテ * をのせる。生地を折って包み、直径5cmのパスタ型で抜く。フォークで周囲を押さえて生地を密着させる。160℃の太白ゴマ油で1分半揚げる。240℃・湿度0％のスチコンに2分間入れ、油を落とす。

③ 燻製にしたリコッタ(解説省略)を削りかけ、専用の袋に詰めて提供する。

December

17

カカオを練り込んだタリアテッレ ホロホロ鳥とオリーヴ、干しブドウのブラザート

星山英治　●ヴィルゴラ

熟成した味噌を思わせる、深いコクと甘みを帯びたソースは、ホロホロ鳥、黒オリーブ、マルサラ酒、香味野菜などをゆっくりと煮込んだもの。カカオの苦みと土っぽい香りを加えたタリアテッレを合わせ、重層的な香りと味わいを創造する。

パスタの種類：カカオを練り込んだタリアテッレ
（生地のつくり方→P.415）

ソースの主な材料：ホロホロ鳥の腿肉、トマト
鶏のブロード、トマトペースト、
黒オリーブ、サルタナレーズン

① 玉ネギ、ニンジン、セロリ、ニンニク、タカノツメ、ローリエでソッフリットをつくり、トマトペーストを加える。さらに、黒オリーブ、サルタナレーズン、マルサラを加えて煮込む。
② ホロホロ鳥の腿肉は掃除して、塩とコショウをふる。オリーブ油をしいたフライパンに皮を下にして入れる。焼き色がついたら身側も焼く。
③ ①に②、鶏のブロード（解説省略）、水を加えて強火にかける。沸騰したらアクを取り除き、150℃のオーブンに入れて1時間30分ほど煮込む。
④ ホロホロ鳥を取り出す。骨は取り除き、身はひと口大に切って戻し入れる。塩で味をととのえる。
⑤ 鍋に④を入れて温め、種を取り除いたトマトのコンカッセ、きざんだイタリアンパセリを加える。
⑥ カカオを練り込んだタリアテッレを2分半〜3分間ゆで、②に加えて和える。パルミジャーノを加え混ぜ、皿に盛る。

バッカラとヒヨコ豆のロリギッタス

小池教之
●オステリア・デッロ・スクード サポーリ アンティキ

指輪という意味をもつサルデーニャのパスタ「ロリギッタス」。表面を少し乾かしてからゆでると、もっちりとした食感が出やすい。タラやマグロはもちろん、サルデーニャらしく仔羊のラグーを合わせてもよい。

① 自家製バッカラ（解説省略）は4～5日間かけて水を替えながらもどし、骨と皮を取り除く。
② ヒヨコ豆はひと晩浸水してもどし、塩ゆでする。
③ フライパンにE.V.オリーブ油、つぶしたニンニク、タカノツメを入れて弱火にかける。香りが立ってきたらニンニクとタカノツメを取り出す。①を加えてさっとソテーし、漉したホールトマトを加えて煮込む。②を加え、塩で味をととのえる。
④ ゆでたロリギッタスを加え、ソースをからめる。器に盛る。

パスタの種類：ロリギッタス (P.440)
ソースの主な材料：自家製バッカラ、ヒヨコ豆、ホールトマト

December 19

蟹とミモレット 青大豆のディタリーニ

藤原哲也　● Fujiya1935

ディタリーニは直径5mmほどの筒状のパスタ。小粒で噛みごたえがあるので、ソースをしっかり味わわせることができる。合わせたのはトマトとカニのソース。仕上げにミモレットをごく薄く削りかけ、コクを足すとともに、カニの内子に見立てている。

パスタの種類：ディタリーニ
ソースの主な具材：ワタリガニ、発芽青大豆、
　　　　　　　　ミモレット、セージの花
ソースのベース：トマトソース、ワタリガニのカルド、
　　　　　　　ニンニクオイル、タカノツメ

① フライパンにニンニクオイル、タカノツメ、ワタリガニのカルドとトマトソース（ともに解説省略）を入れて中火にかける。
② 蒸したワタリガニの身をほぐして加え、ゆでたディタリーニも加える。ソースをからめる。
③ 器に盛る。下ゆでした発芽青大豆とミモレットを、それぞれマイクロプレーンですりおろして散らす。セージの花をあしらう。

December 20

里芋のニョッキ 根菜ソース

古田剛　●オステリア アバッキオ

「野菜をおいしく食べられるニョッキを」(古田氏) と考案した一皿。粉の割合は極力少なくして、サトイモのねっとり感を残している。さまざまな根菜の香りと食感をとり合わせたソースも個性的。

① キクイモ、ゴボウ、カブはみじん切りにし、きび砂糖とバターで炒め、鶏のブロード (解説省略) を加えて煮込む。
② やわらかくなったら、ミキサーにかけてピュレ状にする。
③ キクイモ、ゴボウ、金時ニンジンはせん切りにし、バターときび砂糖とともに炒め、蓋をして蒸し焼きにする。
④ ③に②を加え、塩で味をととのえる。ゆでたサトイモのニョッキ、白ワインヴィネガーを加え、よく和える。皿に盛る。

パスタの種類：サトイモのニョッキ (P.424)

ソースの主な材料：キクイモ、ゴボウ、カブ、金時ニンジン、鶏のブロード

December 21

ブルーチーズとピスタチオのペンネッティ

菅沼 恒　●弘屋

ワインとよく合うゴルゴンゾーラのペンネに、ピスタチオのペーストとローストを合わせている。定番のパスタにひと工夫加えることで、合わせるワインの幅も広がり、印象深いひと皿に。

① フライパンに、適宜に切ったゴルゴンゾーラ、ピスタチオペースト、生クリーム、ニンニクのみじん切りを入れ、中火にかける。
② ゴルゴンゾーラが溶けて全体がなじんできたら、ゆでたペンネッティを加えて和える。
③ 器に盛り、ローストしてみじん切りにしたピスタチオ、すりおろしたパルミジャーノをふる。

パスタの種類：ペンネッティ

ソースの主な材料：ゴルゴンゾーラ、ピスタチオペースト、生クリーム、ニンニク

December 22

蛎と水菜のスパゲッティ、ゆずとボッタルガのアクセント

岡尾岳史　●オステリア エルベッタ

牡蠣は半生に火入れし、噛みしめた時にしみ出るエキスをソースに見立てる。ユズのすっきりとした香りとボッタルガのコクと塩気がアクセント。仕上げにのせたミズナが、立ち上る湯気でしんなりとしたところを楽しんでもらう。

① 牡蠣はさっと湯にくぐらせる。ゆで汁は取りおく。
② フライパンにバター（無塩）を入れて火にかけ、溶けたら、アンチョビのみじん切りを加える。ざく切りにした下仁田ネギを加え、①のゆで汁を加えて煮詰める。
③ ①の牡蠣を加える。スパゲッティはアルデンテの約1分前にあげて加え、よくからめる。
④ 皿に盛り、ミズナ、ユズの皮のせん切り、やつこネギのみじん切り、ボッタルガのスライスを添え、菊花をあしらう。

パスタの種類：スパゲッティ

ソースの主な材料：牡蠣、下仁田ネギ、バター、アンチョビ

December 23

尾長鴨の
トルテッリーニ・イン・ブロード
白トリュフと九条ねぎ
1860年のマルサラ風味

斎藤智史　●プリズマ

冬に捕獲される新潟県産のオナガ鴨の腿肉をパスタの詰めものとスープの浮き実の双方に使用。仕上げに年代もののマルサラ酒をたらして香りづけし、旬の白トリュフを削って浮かべる。

パスタの種類：トルテッリーニ（生地のつくり方→P.420）

詰めものの主な具材：オナガ鴨、モルタデッラ

ソースのベース：コンソメ、マルサラ

---

① オナガ鴨（骨付き）の腿肉は塩、コショウし、香味野菜、香草とともにフライパンで油を敷かずに約10分間焼く。途中、5分間ほどしたらモルタデッラの角切りを加える。鴨肉に火が入ったら白ワインをふり、デグラッセする。

② ニンニクと香草を除き、腿肉は骨をはずす。そのほかをフード・プロセッサーでピュレにする。生クリーム、レモン果汁、パルミジャーノのすりおろし、卵黄を加えて練り、裏漉しする。生地に少量ずつ絞り、トルテッリーニの形に包む。提供直前まで、-12℃で冷凍保管する。

③ ②を冷凍のまま、硬水（コントレックスと浄水を1対2で合わせたもの）で約1～2分間ゆでる。

④ オナガ鴨のコンソメ（P.398）を温め、火を止めてマルサラ（1860年産）を少量たらす。九条ネギの斜め切りを加える。器にオナガ鴨のグリル（P.398）と③を盛り、温めたコンソメを注ぐ。白トリュフの薄切りを浮かべる。

December 24 クリスマスイブ

キャビアの温製パスタ

菅沼 恒 ●弘屋

タヤリンはセオリー通り、小麦粉と卵黄だけでつくって卵の風味を味わわせる仕立てに。卵つながりでのせたキャビアとの相性は最高。調味料、かつソースの一部でもあるので、豪勢にたっぷりとのせる。

① フライパンでオリーブ油、ニンニクの薄切り、ピマン・デスプレット（粉末）、アンチョビのみじん切りを入れ、弱火にかける。
② 香りが立ち、ニンニクの端がキツネ色になったら、ゆでたタヤリンを加え、和える。
③ 皿に盛り、キャヴィアをのせて、イタリアンパセリのざく切りを散らす。レモンのくし形切りを添える。

パスタの種類：タヤリン (P.413)

ソースの主な材料：キャビア、ニンニク、アンチョビ、レモン、オリーブ油

December

25 クリスマス

ジャガイモとクレーマ・ディ・ラルド・ディ・チンギアーレのトルテッリーニ

笹森通彰
●オステリア エノテカ ダ・サスィーノ

イノシシの脂でつくったラルドを、塩ゆでしてつぶしたジャガイモと合わせてトルテッリーニの詰めものに。ソースは煮詰めた赤ワインにイノシシのスーゴを加えたやわらかい酸味のあるもの。ラルドとジャガイモの風味をほどよく引き締める。

パスタの種類：トルテッリーニ（生地のつくり方→P.420）

詰めものの主な具材：ジャガイモ、クレーマ・ディ・ラルド・ディ・チンギアーレ

ソースのベース：イノシシのスーゴ、赤ワイン、バター

① クレーマ・ディ・ラルド・ディ・チンギアーレをつくる。イノシシ（青森・鯵ヶ沢産）の腹脂（内臓を覆っている脂）を適宜に切り、鍋に入れる。80℃で加熱して溶かし、漉す。塩、たっぷりのコショウ、多めのニンニクのみじん切り、細かくきざんだローズマリーを混ぜる。

② トルテッリーニをつくる。ジャガイモ（インカのひとみ）を塩ゆでし、130℃のオーブンで加熱する。皮をむき、フォークでつぶす。①を合わせて和える。塩、コショウする。生地に包む。

③ ソースをつくる。赤ワイン（サンジョヴェーゼ）を1/3量に煮詰める。イノシシのスーゴ（解説省略）を加えて、塩とバターで調味する。

④ 皿にソースを敷き、①をゆでて盛る。E.V.オリーブ油をまわしかける。

December 26

ビーゴリのホロホロ鳥のラグー

奥村忠士 ●アカーチェ

ホロホロ鳥はビーゴリの故郷であるヴェネト州で多く飼育され、主に北イタリアで食べられている。骨からはおいしいだしがとれ、肉も淡泊ながら深みのある味わいでラグー向き。肉を噛みしめたときの歯ごたえもビーゴリに似て、互いを引き立て合う相性。

パスタの種類：ビーゴリ (P.428)

ソースの主な材料：ホロホロ鳥の腿肉、香味野菜、ホロホロ鳥のブロード

① ホロホロ鳥の腿肉から骨をはずす。骨はたっぷりの量の水に入れて火にかけ、アクを除いた後、玉ネギ、ニンジン、セロリを入れて弱火で40〜50分間煮出してブロードをとる。

② 肉は粗めのミンチにしてサラダ油で炒め、塩、コショウする。表面に火が通ったら、白ワインを加えてアルコール分をとばす。

③ 別鍋にみじん切りのニンニクとオリーブ油を入れて炒め、色づいてきたらみじん切りの玉ネギとニンジンを加えて炒める。しんなりしたら②のミンチを加え、よく混ぜて①のブロードと水を適量加えてひたひたにし、ローズマリーとローリエを入れる。蓋をして約1時間煮込み、ラグーを仕上げる。

④ ビーゴリを約8分間、塩湯でゆでる。鍋に人数分のラグーをとって温め、ゆで上がったビーゴリを入れて和える。コショウとパルミジャーノをふって和える。

⑤ 皿に盛り、パルミジャーノの薄切りとイタリアンパセリを散らす。

December 27

丹波産月の輪熊とカーボロネロのフジッリ

菅沼 恒　●弘屋

カルボナーラの要素を分解し、再構築した一品。脂身のおいしい熊肉はパンチェッタに見立て、卵黄は温泉玉子に置きかえている。パルミジャーノと黒コショウは仕上げにたっぷりと加える。カーボロネロとプティヴェールの青々とした味わいが、熊肉の野性味を引き立てる。

① フライパンにオリーブ油、ニンニクの薄切り、タカノツメを入れて中火にかける。ニンニクの香りが立ち、端がキツネ色になったら、3〜4cm幅に切ったカーボロネロを加える。強火にし、白ワインを加えてアルコール分をとばす。ハマグリとムール貝のだし（解説省略）、パスタのゆで汁少量を加える。
② 熊肉（丹波産ツキノワグマ）は厚さ2〜3mmに切って塩をする。半分に切ったプティヴェールとともに①に加え、さっと炒め合わせる。蓋をして強火で肉に火を通す。
③ ゆでたフジッリを加え、よく和える。塩で味をととのえ、器に盛る。温めた温泉玉子をのせ、パルミジャーノ・レッジャーノと黒コショウをふる。

パスタの種類：フジッリ

ソースの主な材料：熊肉、卵、カーボロネロ、プティヴェール、ハマグリとムール貝のだし

December 28

ジャガイモのニョッキ、黒トリュフ風味

斎藤智史 ●プリズマ

ジャガイモが持つ"大地"のイメージから展開した料理。ニョッキはジャガイモの風味をシンプルに生かし、ソースはフォン・ド・ヴォーに土の香りのする黒トリュフを加えている。ニョッキの上には、"大地に芽吹く緑"に見立てたハーブ、砕いた乾燥芽キャベツなどを。

① エシャロットの薄切りはバターで炒め、透き通ってきたら黒トリュフのみじん切りを加えて香りが立つまで炒める。ブランデーを加えてアルコール分をとばし、鶏のブロード、フォン・ド・ヴォー（ともに解説省略）を加えて10分間ほど煮詰めて漉す。さらに煮詰め、バターを加え混ぜる。
② ニョッキを1分間ほどゆで、浮いてきたら穴空きレードルですくい取り、E.V.オリーブ油をからめる。
③ 器に①のソースを流し、②を盛る。香草のミックス（ディル、セルフイユ、シブレット、ムラメのみじん切りと、ゆでて低温乾燥後に粉砕した芽キャベツ、低温乾燥後にみじん切りにした黒オリーブを混ぜたもの）をたっぷり盛る。

パスタの種類：ニョッキ
ソースの主な材料：バター、エシャロット、黒トリュフ、鶏のブロード、フォン・ド・ヴォー、香草

December 29

ビーゴリ、真イワシと黒キャベツのマントヴァ風

藤田政昭　●ラチェルバ

イワシと黒キャベツを軽く煮込んだソースには、イワシの内臓の塩漬けを加え、イワシの旨みと風味を強調する。ビーゴリには黒コショウを練り込んでおり、加水率を高めて高いコシが持続する配合としている。

① マイワシは腹開きにして骨をはずす。内臓は塩をして24時間おく。
② 鍋にE.V.オリーブ油とつぶしたニンニクを入れて火にかけ、香りが立ったら適当な大きさに切った黒キャベツを加えて炒める。
③ 黒キャベツがしんなりしたら、トマト（ガーネットトマトというプチトマトよりもひと回り大きな楕円形をした、甘みが強く果肉がかためのトマトを使用）、①のイワシの身と内臓を加える。
④ 木ベラでイワシをほぐしながら5分間煮て、塩で味をととのえる。
⑤ ビーゴリをゆで、ソース、パン粉（オリーブ油と香草とともに炒ったもの）をからめて皿に盛る。

パスタの種類：ビーゴリ（P.428）

ソースの主な具材：マイワシ、黒キャベツ、トマト

ソースのベース：E.V.オリーブ油、ニンニク

December 30

コルデッレの鴨コンフィとネギのソース

小林寛司　●ヴィラ・アイーダ

「鴨がネギを背負って来た」という慣用句があるくらい好相性の組み合わせをパスタに。鴨はコンフィにし、炒めた赤ネギと合わせる。コルデッレは「コード」の意で、細長い溝のあるショートパスタ。溝に鴨とネギの旨みを含んだソースがしっかりとたまる。

パスタの種類：コルデッレ

ソースの主な具材：鴨腿肉、赤ネギ

ソースのベース：玉ネギ、鶏のブロード

① 鴨のコンフィをつくる。鴨腿肉は岩塩、砂糖、つぶしたニンニク、ローズマリー、タイム、黒コショウ、クローヴ、ジュニパーベリーで12時間ほどマリネする。取り出して洗い、約8時間ほど水に浸して塩抜きする。水気をふいて網にのせ、冷蔵庫でひと晩乾かす。グレスドワとともに真空パックにし、90℃のお湯で3時間湯煎する。パックから取り出し、250〜300℃のオーブンで15〜20分間焼く。
② 鴨のコンフィは骨をはずし、コルデッレに合わせて切る。赤ネギも同様に切る。
③ 赤ネギはオリーブ油を敷いたフライパンでこんがりと炒め、いったん取り出す。フライパンにあめ色に炒めた玉ネギ、鶏のブロード、オリーブ油を加えて混ぜ、乳化させる。
④ 赤ネギを戻し入れ、鴨のコンフィを加える。ゆでたコルデッレとパルミジャーノを加えて和える。
⑤ 器に盛り、アサツキの小口切り、薄く削ったパルミジャーノ、黒コショウ、E.V.オリーブ油をふる。

December 31 大晦日

猪のラグーとそば粉のニョッキ ショウガの甘み

宮川圭輔　●ラピ

イノシシ肉はかたまりのまま煮込んでから大ぶりに切り分け、食べごたえたっぷりのラグーに。ジビエらしい野趣をストレートに打ち出した、個性の強いソースとのバランスを考慮し、そば粉を加えた風味の強いニョッキを合わせる。

① 玉ネギ、ニンジン、セロリのみじん切りをバターで炒めてソッフリットをつくる。
② イノシシ腿肉（かたまり）は塩、コショウしてオリーブ油で表面に焼き色をつける。赤ワイン、野菜のブロード（解説省略）、トマトペーストを加えてひと煮立ちさせ、アクをすくってから、弱火で約3時間煮る。イノシシ腿肉を取り出して食べやすい大きさに切り分け、鍋に戻し入れる。
③ ゆでた黒ダイコン、ショウガのコンフィチュール少量を加えて温め、ゆでたニョッキとバターを加えて和える。皿に盛り、パルミジャーノをふる。

パスタの種類：そば粉のニョッキ（P.424）
ソースの主な材料：イノシシ腿肉、黒ダイコン
　　　　　　　　　野菜のブロード、
　　　　　　　　　トマトペースト、
　　　　　　　　　ショウガのコンフィチュール

+
補足レシピ
+
手打ちパスタの配合とつくり方
+
索引
+

補足レシピ

1月2日 (P.13)

☞ **ソッフリット**

① オリーブ油とニンニクのみじん切りを熱し、ニンニクが色づいたら、ニンジン、玉ネギ、セロリのみじん切りを加える。ごく軽く塩をふり、全体が茶色っぽくなって野菜から甘みが出るまで、1時間ほどかけて炒める。

1月5日 (P.16)

☞ **イセエビのアメリケーヌソース**

① イセエビの頭はオリーブ油で焼き、ブランデーでフランベする。玉ネギのみじん切りを加えて炒め、水とホールトマトを加えて煮詰める。漉す。

1月29日 (P.40)

☞ **牛ホホ肉の赤ワイン煮込み**

① 牛ホホ肉は適宜に切り、筋を取り除く。塩をふって薄力粉をまぶし、サラダ油を敷いたフライパンで表面をこんがりと焼く。
② E.V.オリーブ油を敷いた別の鍋で、適宜に切ったミルポワ(ニンジン、玉ネギ、セロリ)を炒める。火が通ったら①と赤ワイン、赤ワインの10%の量のトマトソース*を加えて合わせる。蓋をして2時間半弱火で煮込む。
③ ②の蓋を取って弱火で1時間半、水分をとばすようにしながらさらに煮込む。
④ フライ返しで牛のホホ肉をほぐしながら煮詰め、水分がなくなったらハンドミキサーで撹拌する。バターを加えて濃度をつけ、混ぜる。

*半割りにした玉ネギとニンジンをフライパンで焼き、片面に焼き色がついたらホールトマトと塩を加えて¼量まで煮詰める。玉ネギとニンジンを取り出し、ハンドミキサーで撹拌する。

2月12日 (P.55)

☞ **自家製モッツァレッラ**

① 牛乳(ジャージー牛)を湯煎にかけて32℃を維持する。乳酸菌(市販品)を加えてしばらくおいた後、凝固剤(市販品)を加えてカード(凝固物)とホエー(乳清)が分離するのを待つ。
② カードを細かく切って凝固物内の水分(ホエー)の排出をうながす。
③ 型に入れ、冷蔵庫に一晩入れてさらにホエーを排出させる。
④ 80℃の湯に入れてもむ。表面がなめらかになって粘りが出てきたら、適宜の大きさに引きちぎって冷水にとる。
⑤ 1％の塩水に30分間浸ける。取り出して、冷ましたホエーに浸けて保存する。

3月4日 (P.77), **3月21日** (P.94)

☞ **トマトソース**

① エシャロットのみじん切りをオリーブ油でよく炒める。きざんだトマト、粗くきざんだホールトマトとその汁、塩を加え、ジャム状になるまで煮詰める。

3月7日 (P.80)

☞ **イカスミのグリッシーニ**

① 自家製グリッシーニを砕き、イカスミを吸わせる。80℃のオーブンで乾燥させる。

3月11日 (P.84)

☞ **魚のだし**

① 魚の骨はゆでこぼして洗い、ニンニクと一緒に湯に入れる。沸騰させずに約1時間炊き、だしが澄んできたら火を止める。
② そのまま3～4時間おき、漉す。

3月12日 (P.85)

☞ **鯵のブロード**

① 鍋に水、白ワイン、アジの骨を入れて煮出す。アクが出たら取り除き、玉ネギ、ニンジン、セロリ、トマトのスライスを加え、約20分間煮出す。漉す。

4月9日 (P.114)

☞ **フキノトウペースト**

① 鍋にオリーブ油を敷き、ニンニクとエシャロットのみじん切りを入れる。香りが立ったら、ざく切

りにしたフキノトウを加え、油をなじませる。
② ①に軽く白ワインをふり、煮詰める。肉のブロード（解説省略）を加えて煮詰める。

☞ **バジリコペースト**
① きざんだバジリコとニンニク、パルミジャーノ、ローストしたクルミと松ノ実、塩、コショウ、E.V. オリーブオイルをフード・プロセッサーで回す。

4月20日 (P.125)

☞ **ラーナのフリット**
① 00粉、生イースト、白ワイン、水、行者ニンニクのみじん切り、塩少量を合わせ、よくこねてひとまとめにする。30℃前後の場所で、生地の表面に気泡が出てくるまで発酵させる。
② カエル（フランス・ドンブ産）は掃除をし、腿肉を適当な大きさに切る。塩、コショウ、小麦粉をまぶし、①の中をくぐらせる。170℃のオリーブ油で揚げて、油をきり、塩、レモン果汁をふる。

☞ **木ノ芽のソース**
① ミキサーに木ノ芽、ローストして漉したカブ、米油、塩、アンチョビーを入れ、なめらかになるまで回す。

☞ **パセリの泡**
① ミキサーにパセリ、水、乾燥卵白を入れて回し、漉す。
② 使うときに必要量だけ取って再度ミキサーにかけ、表面の泡をすくって盛る。

5月3日 (P.140)

☞ **エビのブロード**
① エビの頭は、ハサミでカットしてミソを取り出し、水洗いする。
② 鍋に E.V. オリーブ油とニンニクのスライスを入れ、弱火で炒めて香りを出す。①を入れて焦がさないように弱火でソテーし、水分がなくなってきたら玉ネギ、ニンジン、セロリのスライスを加えてしんなりするまでさらにソテーする。
③ 白ワインとブランデーを加えて、強火でアルコール分をとばす。水、トマトペースト、赤ピーマンのピュレ（解説省略）、パセリの軸、ローリエ、黒粒コショウを加え、適宜アクを取りながら、約10分間煮る。
④ 網で漉し、再度火にかける。アクを取りながら30分間ほど煮詰める。

6月1日 (P.170)

☞ **アユのコンフィ**
① アユは内臓を抜き、内臓は取り置き（塩漬けにする）、身は水洗いして水気をふく。重量の1.2%の塩をまぶす。バットに並べてラップフィルムで覆い、冷蔵庫で半日ねかせる。
② アユから出た水分をていねいにふき取り、ウイキョウの葉、ローリエ、黒粒コショウとともに耐熱容器に並べる。オリーブ油をひたひたに注ぎ、油温を100℃に維持した状態で4時間加熱する。常温に冷まし、冷蔵庫で丸1日おく。
③ 表面の油をきり、フライパンで焼く。頭と胴と尾に切り分ける。

6月3日 (P.172)

☞ **ニンニクオイル**
① ニンニクは皮付きのまま株ごと横半分に切り、種を抜いた赤トウガラシ（中国または韓国産）とともに鍋に入れ、E.V. オリーブ油を注ぐ。
② ごく弱い日にかけ、じっくりと加熱する。ニンニクがキツネ色になったら火を止める。

6月5日 (P.174)

☞ **大和肉鶏のブロード**
① 鍋に丸鶏（大和肉鶏＊・中抜き）と少量の水を入れ、強火で一気に沸かす。すぐに鶏を冷水にとる。
② 鍋に①、水、大きめに切った玉ネギ、ニンジン、セロリ、ニンニク、ローズマリー、セージ、タイム、ローリエ（フレッシュ）、ネズの実、白粒コショウを入れて火にかける。沸騰させないようにして約3時間煮る。
③ 冷水にあてて冷ます。30℃くらいの生温かい状態になったら、モリーユ（乾燥）を加え、モリーユがもどるまで常温に置いておく。漉す（モリーユは他の料理に用いる）。

＊名古屋種とニューハンプシャー種、シャモとを交配して作った肉用鶏で、奈良県の特産。脂肪が適度にのった締まった肉質で、甘みとしっかりとした旨みがある。

☞ **アミガサタケのソテー**
① モリーユ（フレッシュ）は縦に半割にし、流水で洗う。
② フライパンにオリーブ油を敷き、ニンニクとエシャロットのみじん切り、ローリエ（フレッシュ）を入れる。香りが立ったら、水気をきった①を加えて炒め、塩、コショウする。
③ モリーユの香りが立ってきたら、マルサラを加える。炎がついて消えたら白ワインを注ぎ、煮

詰める。肉のブロードとグラス・ド・ヴィアンド（ともに解説省略）を順に加えて煮詰める。

☞ 鴨のフォワグラのマリネ
① 鴨のフォワグラは塩、コショウ、ミックススパイス（シナモン、クローヴ、スターアニス、コリアンダーなど、10種類ほどのスパイスが合わさった製品。イタリア製）、ハチミツ、カルヴァドス、コニャックとともに真空パックにして一晩マリネする。
② 70～80℃のスチームコンベクションオーブンで30～40分間蒸し、急冷する。

6月11日 (P.180)

☞ イカスミのペースト
① 鍋にソッフリットをつくり、1cm角に切ったスミイカの脚と肝を加える。
② ブランデー、赤ワイン、適宜に切ったトマトも加えて煮詰める。スミイカのスミ袋と水を加え、約30分間煮て、ミキサーで撹拌する。

6月16日 (P.185)

☞ 魚のカマのスーゴ
① ニンニクと赤トウガラシをオリーブ油で炒めて香りを出し、魚の頭を加え、少量の水を足して弱火で蒸し煮する。
② 魚が自身の水分で蒸され、ゼラチンが浮いてくる。湯気に潮の香りを感じたら、バジリコとタイムを加え、再び蓋をしてさらに1分間加熱して香りを移す。
③ 白ワインを加えてアルコール分をとばし、水を加え、蓋をする。約10分間煮てシノワで漉す。冷えるとゼリー状にかたまる。その日のうちに使いきるのが望ましい。

7月3日 (P.204)

☞ エビだし
① 鍋にサラダ油を敷いて高温に熱し、アカザエビの頭（爪のついた状態のもの）を入れ、かきまぜながら一気に火を入れる。
② 玉ネギとニンニクのみじん切り、ローリエ（フレッシュ）を加え、香りが立ったら、コニャックを加える。炎がついて消えたら白ワインを注ぎ、アルコール分をとばす。
③ 180℃のオーブンに入れ、アカザエビの頭や爪が木ベラで叩くと割れるほどカラカラになるまで約1時間加熱する。
④ 水をひたひたに注ぎ、バジリコを加える。蓋をして180℃のオーブンで2～3時間加熱する。
⑤ ローリエを取り除き、残りはすべてフード・プロセッサーにかけてよく回す。粗めのシノワで漉す。
⑥ 少量のトマトソース（解説省略）を加え、煮詰める。

☞ イカのペースト
① イカの耳とゲソはきざみ、オリーブ油を熱した鍋で、ニンニク、エシャロット、タカノツメのみじん切り、ローリエ（フレッシュ）とともに炒める。
② 塩、コショウして、白ワインを注ぐ。イカの耳とゲソに火が通り、白ワインが煮詰まってきたら、ローリエを抜き、残りはすべてフード・プロセッサーにかける。みじん切りくらいの状態になるまで回す。

☞ アマダイのウロコ焼き
① 皮付きのアマダイの上身から、小さめのフィレを切り出す。加熱中にウロコの根元まで油がいきわたるよう、密集したウロコを少し間引き、軽く塩をする。
② フライパンにオリーブ油を敷き、①を皮目から焼く。コショウをふり、返して身側も焼く。
③ 身側を下にしたまま180℃のオーブンに入れ、全体をふっくらと焼き上げる。

☞ アサリとムールの蒸し煮
① アサリとムールはそれぞれ、オリーブ油、香味野菜、白ワインで蒸し煮し、漉した煮汁に身を浸しておく。

☞ アワビのスプマンテ煮と肝のソース
① アワビは半分浸かる量のスプマンテとともに3～4時間弱火で蒸し煮する。身はスライスする（アワビのスプマンテ煮）。
② ①の肝は少量の煮汁とともにミキサーにかける。マルサラとポルトを煮詰めたところにそれを加え、卵黄を落としてよく混ぜてとろみをつけ、塩、コショウで味をととのえる（肝のソース）。

☞ ウニソース
① 塩水ウニはアサリの蒸し煮汁（上記）で軽く温める。卵黄を加えてよく混ぜ、とろみがついたらすぐに急冷する。

☞ バジリコペースト
① きざんだバジリコとニンニク、パルミジャーノ、ローストしたクルミと松の実、塩、コショウ、E.V.オリーブオイルをフード・プロセッサーで回す。

7月14日 (P.215)

☞ **チョコレートのグリッシーニ（10人分）**

① 強力粉30g、カカオパウダー3g、ドライイースト1g、水10cc、グラニュー糖10g、塩少量を合わせ、フード・プロセッサーにかけて、全体がまとまるくらいまで撹拌する。
② 生地をひとまとめにしてボウルに入れ、ラップフィルムで覆う。温かい場所に50分間おいて発酵させる。
③ 充分に発酵したら、叩いてガス抜きをする。ごく細い棒状に成形し、天板に並べてラップフィルムをかけ、温かい場所に25分間おいて二次発酵させる。
④ 全体に霧を吹き、170℃に熱したオーブンで4～5分間焼く。

7月17日 (P.218)

☞ **鮎のコンフィ**

① アユはウロコを引いて水洗いし、水気をふき取る。重量の1.2％の塩をまぶし、冷蔵庫で3時間ねかせる。
② アユから出た水分をていねいにふき取り、耐熱容器に並べる。ローリエ、黒粒コショウをのせ、オリーブ油をひたひたまで注ぎ入れる。110℃のオーブンで約4時間加熱する。常温で冷まし、オイルに浸けたまま冷蔵庫に1日おく。
③ アユの表面の油をきり、目、エラ、内臓を取り除く。オリーブ油を敷いたフライパンでソテーし、ひと口大の大きさにカットする。

7月24日 (P.225)

☞ **ジェノベーゼ**

① ミキサーにバジル、イタリアンパセリ、ディル、セルフイユ、ニンニク、アンチョビー、パルミジャーノ、E.V.オリーブ油を入れて回す。

8月23日 (P.256)

☞ **トマト風味のパン粉**

① 粗めの生パン粉にニンニクオイルとトマトペーストを混ぜたものを吸わせる。90℃のオーブンで乾燥させ、粉砕する。

9月13日 (P.278)

☞ **ハモのブロード**

① ボウルにハモの骨と頭、日本酒、水を入れて一晩おき、臭みを抜く。

② 鍋に水気をきった①、水、適当な大きさに切った玉ネギ、ニンジン、セロリを入れ、強火にかける。沸騰したらアクを除き、弱火で鍋の湯をゆっくりと対流させるようにして25分間加熱する。
③ シノワで漉して鍋に戻し、半量に煮詰める。

9月16日 (P.281)

☞ **トマトソース**

① トマトは皮付きのまま粗く切る。鍋にオリーブ油を敷き、芯を取り除いてつぶしたニンニクと玉ネギのみじん切りを入れて炒め、香りが出たらトマトを加えて弱火で煮る。
② 1/3～1/4量まで減ったら、フード・プロセッサーで撹拌し、ムーランで漉す。

9月19日 (P.284)

☞ **ポルチーニ茸のムース**

① ポルチーニ（フレッシュ）はスーゴ・ディ・カルネ（解説省略）で煮て、ミキサーでペースト状にする。
② ①が熱いうちに板ゼラチンを加え溶かし、バターと塩で味をととのえる。常温に冷ます。
③ 8分立てにした生クリームをあわせ、冷やしかためる。

9月27日 (P.292)

☞ **マッシュルームペースト**

① エシャロットのみじん切りをオリーブ油で炒め、香りが出てきたらすぐにマッシュルームのみじん切りを加え、弱火から中火で炒める。
② 水分が出ていたら、ごく弱火にして（ストーブの天板上の、火力の弱い部分に置く）、じっくり火を通す。
③ ときおり混ぜながら、水分が完全にとんで全体に黒っぽくなるまで数時間加熱する。密閉容器に入れて冷蔵庫で2～3週間は保存可能。

10月19日 (P.316)

☞ **ソース・アメリケーヌ**

① フライパンにオリーブ油を敷き、ニンニクを炒める。香りが立ったら、パセリ、バジル、玉ネギのみじん切りを加えて炒める。
② 毛ガニの殻は叩き、①に加えて炒める。香りがたったらコニャックをふり入れる。アルコール分をとばし、白ワインを加えて煮詰める。
③ ひたひたに水を注ぎ、煮詰めて漉す。

☞ ペスト・アッラ・ジェノヴェーゼ
① ミキサーにバジル、ニンニク、松の実、パルミジャーノ、塩、コショウを入れ、ペースト状になるまで回す。

10月21日 (P.318)

☞ フォン・ド・クロスターチ
① 鍋にオリーブ油をひき、適宜に切った玉ネギ、ニンジン、セロリを炒める。オマールエビの殻、頭を加えてよく炒める。
② ブランデーと白ワインを加えてアルコール分をとばし、強火で煮詰める。ひたひたの水、トマト、ローリエ、黒コショウ、ショウガを加え、4〜5時間煮込む。漉す。

11月20日 (P.349)

☞ キクイモのコンカッセ
① キクイモは皮をむき、塩とオリーブ油とともに真空パックにする。袋ごと約30分間、やわらかくなるまでゆでる。
② ①の袋からキクイモを取り出してさいの目に切り、オリーブ油とバターを敷いたフライパンで炒め、塩とコショウする。

☞ キクイモのクレーマ
① キクイモは皮をむいて薄切りにし、オリーブ油とバターを敷いたフライパンで炒めて、塩をする。
② 鍋に移し、牛乳を加えてやわらかくなるまで弱火で煮る。煮詰まったら適宜水を足す。
③ やわらかくなったキクイモをザルに取り、生クリームとともにミキサーにかける。

11月23日 (P.352)

☞ レモンのマルメラータ
① レモンは丸のまま3回ゆでこぼす。種を取り除き、ミキサーでペースト状にする。ハチミツを加えて味とかたさを調整する。

11月28日 (P.357)

☞ べったら漬けソース
① ミキサーにべったら漬け（既製品）と鶏のブロード（解説省略）を入れ、回す。

☞ ゴボウのチップス
① ヒマワリ油と太白ゴマ油を合わせて低温で熱し、スライスしたゴボウをじっくりと揚げる。火が入ったら徐々に油の温度を上げて油をきる。

※八丁味噌パウダー…三河産大豆八丁味噌を粉末状にした、カクキュー社製「三河産大豆 八丁味噌パウダー」を使用。

12月3日 (P.364)

☞ 塩漬け玉子
① 乾燥白インゲンマメはひと晩浸水してもどし、翌日水を替えてやわらかくなるまでゆでる。
② フードプロセッサーでピュレ状にし、乾燥時の重量に対して1.6倍の塩、半量の砂糖を加え混ぜる。
③ バットに移し、比内地鶏の未成熟卵（体内にある産卵前の卵）を生のまま入れ、1日弱漬け込む。

12月23日 (P.384)

☞ オナガ鴨のコンソメ
① オナガ鴨の骨を細かく切ってサラダ油で香ばしく色づくまで炒める。鶏のブロードを注ぎ、ソッフリット（解説省略）、適宜に切ったポワロー、ローリエ、パセリの軸、塩、つぶした白粒コショウを加えて1時間半煮出して漉す。容器に入れ、氷水をあてて冷ます。
② ①を鍋に移し、卵白とソッフリットを混ぜたものを加え、火にかける。混ぜながら72℃まで温めた後、弱火にし、以降は混ぜずに10分間ほど煮て澄ませる。細かい目のペーパーで漉す。

☞ オナガ鴨のグリル
① オナガ鴨の腿肉は骨をはずし、塩、コショウする。グリル板で焼き、レアに仕上げた後、一口大に切り分ける。

12月12日 (P.373)

※モンヴィーゾ…北海道白糠郡の白糠酪恵舎で作られる、6ヵ月間以上熟成させたハードタイプのチーズ。ピエモンテ州で作られる熟成タイプのチーズ「ブラ・ドゥーロ」と同じ製法で作られ、ほくほくした食感と、しっかりとした旨みが特徴。

手打ちパスタの配合とつくり方

※分量は特に記載がない場合は各店の仕込み量。
※ねかせる際、特に記載がない場合は、ラップフィルムで包むかビニール袋に入れる。
※必要に応じて打ち粉する。

《アニョロッティ》

4月1日（P.106）

秋田産仔兎ウサギを詰めた
アニョロッティ セージバターの香り

他谷憲司●ワイン食堂 トキワ

☞ アニョロッティの生地

卵黄…4個
全卵…4個
強力粉…500g
オリーブ油…少量
塩…少量

① 強力粉はふるい、卵黄、全卵、オリーブ油、塩を加えて練る。
② 表面にツヤが出てきたらラップフィルムに包み、冷蔵庫で一晩やすませる。
③ パスタマシンで厚さ1㎜弱にのばす。

7月21日（P.222）

アニョロッティ ダル プリン

堀江純一郎●リストランテ イ・ルンガ

☞ アニョロッティ ダル プリンの生地

00粉…500g
全卵…5個
塩…10〜15g
E.V.オリーブ油…50cc

① 材料をすべて混ぜて5分間ほどこねる。ラップフィルムで包み、冷蔵庫で1時間やすませる。
② ①を何回かくり返す。
③ パスタマシンに通し、生地が透けるくらいごく薄くのばす。幅10㎝の帯状に切る。

6月19日（P.188）

干し草の香りで包んだ
アニョロッティ ダル プリン

小林省吾●トルナヴェント

☞ アニョロッティ ダル プリンの生地

セモリナ粉（イタリア・ピエモンテ産）…50g
00粉（イタリア・ピエモンテ産）…100g
強力粉（国産）…125g
薄力粉（国産）…125g
卵液*…250g
塩…適量
オリーブ油…適量
＊全卵2個に卵黄を加えて250gにして、溶き合わせたもの

① 材料をすべてボウルに合わせ、なめらかにまとまるまでこねる。
② 専用の袋に入れて真空にかけ、冷蔵庫で1日やすませる。

《ウンブリチェッリ》

2月19日（P.62）

豚バラと芽キャベツのウンブリチェッリ

藤田政昭●ラチェルバ

☞ ウンブリチェッリ

強力粉…500g
水…適量
塩…10g

① 材料をすべて混ぜ合わせ、表面にツヤが出るまでしっかりこねる。
② ①をラップフィルムで包んで室温におく。20分後、ラップフィルムをはずして生地を軽くこね、再度ラップフィルムで包む。この工程を3回くり返した後、生地をビニール袋に入れて冷蔵庫で3時間半やすませる。
③ 生地を冷蔵庫から取り出して常温に20分間おく。手で適当な厚さにのばし、長い拍子木状に切る。これを1本ずつ手のひらで転がしながら直径6㎜にのばす。

5月12日 (P.149)

ウンブリチェッリ
アーティチョークと空豆のソース

渡邊雅之●ヴァッカ・ロッサ

☞ **ウンブリチェッリ**

強力粉…300g
ぬるま湯…220ml
塩…1g
E.V. オリーブ油…少量

① ふるった強力粉に塩を合わせ、ぬるま湯を少しずつ注ぎながら、フォークで生地を混ぜる。E.V. オリーブ油を加え、手で10回ほどこねる。
② 表面がなめらかになったら生地をまとめ、最低1時間ねかせる。
③ 生地を台に出して打ち粉をする。10gずつ細長く切り出し、左手で引っ張りながら右手で転がし、直径1cmほどのひも状にする。
④ 長さ5cmに切り分け、軽くひねって成形する。

11月5日 (P.334)

ポルチーニを練り込んだウンブリッチ
マルサラ風味の仔鳩のラグー

星山英治●ヴィルゴラ

☞ **ポルチーニを練り込んだウンブリッチ**

強力粉…300g
全卵＋ぬるま湯…150g
ポルチーニ（乾燥）…8g
オリーブ油…適量
塩…ひとつまみ

① 強力粉、全卵とぬるま湯の混合液、もどしたポルチーニ、オリーブ油、塩を合わせてフード・プロセッサーで10分間混ぜる。
② フード・プロセッサーから取り出し、なめらかにまとまるまでこねる。
③ 太さ4～5mmの棒状にのばして成形する。

《オレキエッテ》

5月10日 (P.147)

オレキエッテ タコのラグーソース
セロリのせ

百瀬幸治●バンディエラ

☞ **オレッキエッテ**

00粉…200g
水…100ml
オリーブ油…適量
塩…適量

① 00粉はふるい、水、オリーブ油、塩を合わせてこね、冷蔵庫で一晩ねかせる。
② 約1.2cmの厚さにのばし、1.5cm角に切り分ける。
③ ナイフで押さえて小さい円板状にのばし、親指にかぶせて中央をくぼませる。

7月20日 (P.221)

天然うなぎのオレキエッテ

林 冬青● acca

☞ **オレキエッテ**

薄力粉（国産。漂白していないもの）…50g
セモリナ粉（カナダ産）…50g
湯…38～40ml
塩…少量

① 材料をすべて混ぜ合わせ、粘り気がでるまで手でよくこねる。
② 適当な大きさに切り分ける。棒状にのばして短くカットし、小指の先程度の大きさに丸める。肉用ナイフの刃先を当てて生地に細い溝をつけながら、小さな耳たぶ状に成形し、裏返す。
③ ②をバットに並べて、常温で表面を軽く乾かす。

11月15日 (P.334)

真ダコと天王寺カブのオレキエッテ

古田 剛●オステリア アバッキオ

☞ **オレキエッテ**

中力粉（00粉）…200g
セモリナ粉…100g
湯（70℃）…140ml
塩…適量

① 中力粉とセモリナ粉をふるって合わせ、湯と塩を加える。ひとまとまりになるまで練る。
② ラップに包み、冷蔵庫で30分間やすませる。
③ 棒状にのばし、親指大に切る。包丁の背を当てて手前に引き、厚さ約1mmのオレキエッテに成形する。

3月13日 (P.86)

オレッキエッテ、
高杉馬肉サルスィッチャと菜の花、
自家製リコッタ・アッフミカータ風味

笹森通彰●オステリア エノテカ ダ・サスィーノ

☞ **オレキエッテ**

強力粉…100g
薄力粉（青森産）…150g
ぬるま湯…125cc
塩…ひとつまみ

① 材料をすべて合わせ、耳たぶ程度の硬さになるまでこねる。
② 真空パックにし、冷蔵庫で一晩やすませる。
② 麺棒で約1cmの厚さにのばし、棒状に切り分ける。さらに約1cm幅に切り分け、打ち粉をして1つずつ手のひらで転がして丸みをもたせる。
③ 一つずつナイフを押しあて、転がすようにしてくぼみと溝を作る。

《オンブリケッリ》

2月27日（P.70）

赤ワインを練り込んだオンブリケッリ
浅利とトレヴィスの軽いラグー

百瀬幸治●バンディエラ

☞ **オンブリケッリ**

セモリナ粉…250g
赤ワイン（モンテプルチアーノ・ダブルッツォ）…100ml
卵黄…1個分

① ふるったセモリナ粉に赤ワインと卵黄を合わせてこね、冷蔵庫で一晩ねかせる。
② パスタマシンで3mmの厚さにのばし、キタッラで切る。

《カヴァテッリ》

6月13日（P.182）

鮎と獅子唐、茗荷のカヴァテッリ
カラスミ添え

湯本昌克●シエロ アズッロ

☞ **カヴァテッリ**

強力粉（「カメリア」日清製粉）…200g
ぬるま湯…76g
塩…3g
E.V. オリーブ油…小さじ1

① 材料をすべて練り合わせる。ビニール袋に入れて空気を抜き、常温で15〜20分間おく。
② ①の生地をビニール袋から取り出してこね、再度ビニール袋に入れて常温で15〜20分間おく。この作業を計3回ほどくり返す。
③ ②をビニール袋に入れた状態で冷蔵庫へ入れ、半日以上ねかせる。

④ 生地をビニール袋から取り出し、パスタマシンにかけて約3mmの厚さにする。長さ2cm×幅5mmほどの棒状に切る。人差し指と中指を生地にあてて指を手前に引いて成形し、カヴァテッリとする。

《カッペレッティ》

3月8日（P.81）

ジャガ芋生地の菜の花詰めカッペレッティ
えんどう豆のスープ アサリと緑野菜

浅井 努●トム クリオーザ

☞ **カッペレッティの生地**

ジャガイモ（男爵）…500g
強力粉（「はるゆたかブレンド50」江別製粉）…580g
全卵…1個
オリーブ油…25g
塩…ひとつまみ

① ジャガイモは皮付きのままスチームコンベクションオーブン（温度170℃・湿度40%）で蒸し焼きにする。皮をむき、裏漉しする。
② ①とそのほかの材料を合わせ、よく練る。ひとまとめにし、真空パックにして冷蔵庫で1日ねかせる。
③ 生地を取り出し、パスタマシンで厚さ約1.5mmにのばす。直径4cmのセルクルで抜く。

3月24日（P.97）

ホワイトアスパラのクリームを詰めた
全粒粉のカッペレッティ
ヨモギ風味のスープ 筍と芹

西山哲平●センプリチェ

☞ **カッペレッティの生地**

全粒粉（「キタノカオリ100」江別製粉）…160g
薄力粉（「ドルチェ」江別製粉）…40g
卵白…10g
卵黄…120g
水…少量

① 材料をすべて合わせて2〜3回こねた後、ぎゅっと押し合わせるようにしてまとめる（ぼろぼろの状態でよい）。
② ラップフィルムで包み、冷蔵庫で1日ねかせる。
② ラップフィルムをはずし、生地をパスタマシンで厚さ約1.5mmにのばし、直径7cmのセルクルで抜く。

8月4日（P.237）

熟成ポテトのピューレを詰めた
カッペレッティ オーヴォリ茸のソース

小林省吾●トルナヴェント

☞ **カペレッティの生地**

セモリナ粉（イタリア・ピエモンテ産）…適量
00粉（イタリア・ピエモンテ産）…適量
ホウレンソウ（塩ゆでしてミキサーにかけたもの）
　…200g
全卵…1個
オリーブ油…適量
水…適量
塩…適量

① セモリナ粉（イタリア・ピエモンテ産）と00粉（同）を1対2の割合で合わせたもの500gに、そのほかの材料を加え、なめらかにまとまるまでこねる。
② 真空パックにし、冷蔵庫で1日やすませる。

11月25日（P.354）

シナモンを練り込んだカッペレッティ
かぼちゃとタレッジョのリピエーノ

京 大輔●コルニーチェ

☞ **シナモンを練り込んだカッペレッティの生地**

強力粉…600g
シナモンパウダー…12g
全卵…5個
塩…少量
E.V. オリーブ油…適量

① 材料をすべて混ぜ合わせてツヤが出るまでよく練る。ラップフィルムに包んで一晩ねかせる。
② パスタマシンで厚さ約1mmにのばし、9号の丸形で抜く。

《カネロニ》

9月24日（P.289）

ポルチーニのトロンケッティ

西口大輔●ヴォーロ・コズィ

☞ **トロンケッティの生地**

00粉…800g
セモリナ粉…200g
卵黄…8個
全卵…5個

① 粉類を合わせ、そこに卵黄と全卵を混ぜ合わせてよくこねる。
② 真空パックにし、冷蔵庫で一晩ねかせる。
③ 袋から取り出し、パスタマシンで厚さ約0.5mmにのばし、10cm×15cm程度に切り分ける。
③ 塩を入れたたっぷりの湯（ともに分量外）でさっとゆでて氷水にとり、すぐに水気をふき取る。

《ガルガネッリ》

ペッティネについて：ガルガネッリを成形するための器具。櫛状の歯が並んでついている板で、棒に巻きつけた生地をのせて転がすか、板の上で生地を棒に巻きつけるかして、生地に筋状の模様をつける。

2月15日（P.58）

カカオ風味のガルガネッリ
仔羊のラグーソース

井上裕一●アンティカ ブラチェリア ベッリターリア

☞ **カカオ風味のガルガネッリ**

強力粉（「カメリヤ」日清製粉）…660g
セモリナ粉…60g
カカオパウダー…30g
卵黄…250g
卵白…120g
塩…12g
オリーブ油…少量

① 材料をすべて混ぜてこねる。そぼろ状になったら真空パックにして、冷蔵庫で一晩ねかせる。
② 生地を袋から出してこね、丸くまとめてビニール袋に入れて2～3時間やすませる。生地がつややかになるまでこの作業をくり返す。ビニール袋に入れて冷蔵庫で一晩ねかせる。
③ 袋から生地を出し、パスタマシンで厚さ1mmにのばす。3.5cm角の正方形に切り、棒に巻きつけてペッティネの上を転がす。

2月1日（P.44）

ガルガネッリ、キャベツと豚バラ肉のラグー

5月20日（P.157）

ガルガネッリ、ナスとグリーンアスパラの
アーリオ・オーリオ風、リコッタを添えて

濱﨑龍一●リストランテ濱﨑

☞ **ガルガネッリ**

00粉…100g
セモリナ粉…100g

卵黄…3個
全卵…1個
E.V.オリーブ油…15㎖
塩…適量

① 粉類を合わせる。卵黄と全卵を混ぜて、粉類に加える。生地がほぼまとまるまで、手でこねる。
② ひとまとまりになったら、表面は粉っぽくてもよいので、パスタマシンにかけ、なめらかになってツヤがでるまで、生地を折り重ねてはマシンにかけることを数回繰り返す。
③ 厚さ5㎜に伸ばす。ロール状に巻き、ラップフィルムで包んで冷蔵庫で4〜5時間休ませる。
④ 巻いた生地を開き、パスタマシンにかけて厚さ1㎜に伸ばす。5㎝の正方形に切る。
⑤ 生地1枚の対角線上に芯棒(直径7㎜)を置き、手前側の角から巻きつけ、そのまま転がし、巻き終わりは台に強めに押しつけてくっつける。芯棒をつけたまま生地をペッティネ(ガルガネッリの成形専用の道具)の端にのせ、指先で押さえながらペッティネの上を転がし、筋をつける。芯棒を抜く。
⑥ セモリナ粉をふったバットに重ならないように入れてしばらくおき、表面のみを軽く乾燥させる。ラップフィルムで覆い、営業時まで冷蔵庫で保管する。

2月28日 (P.71)

ラカン産鳩のラグーボロネーゼ ガルガネッリ
沼尻芳彦●トラットリア ダディーニ

☞ **ガルガネッリ**

00粉…210g
卵黄…6個分
E.V.オリーブ油…適量
塩…少量

① 材料をすべて合わせ、よくこねてひとまとめにする。ラップフィルムで包んで30分間ねかせる。
② ①をパスタマシンで薄くのばし、2.5㎝角の正方形に切る。
③ ペッティネの上に②の生地を角が上下左右にくるようにおき、生地の下隅に直径5㎜の棒をのせ、ペッティネの溝に沿って棒を上下に転がし、生地を巻きつける。

4月13日 (P.118)

ガルガネッリのウサギもも肉と春野菜のラグー和え
西口大輔●ヴォーロ・コズィ

☞ **ガルガネッリ**

00粉(マリーノ社)…300g
セモリナ粉(マリーノ社)…200g
ナツメッグ…ひとつまみ
パルミジャーノ…大さじ1
卵黄…5個分
ぬるま湯…125㎖

① 材料をすべて混ぜ合わせる。均一な状態になったらパスタマシンにかけ、厚さ1㎜に伸ばす。
② 生地を3㎝の正方形に切り、直径9㎜の棒で巻く。常温におき、通常のパスタよりもやや強めに乾燥させる。

5月29日 (P.166)

セロリを練り込んだガルガネッリ
牛テールの煮込み
京 大輔●コルニーチェ

☞ **セロリを練り込んだガルガネッリ**

強力粉…300g
セモリナ粉…300g
セロリの葉(ゆでたもの)…120g
全卵…3個
E.V.オリーブ油…適量
塩…少量

① ミキサーにセロリの葉と全卵を入れて回し、ピュレ状にする。
② ①と残りの材料を混ぜ合わせてツヤが出るまでよく練る。
③ ラップフィルムに包んで一晩ねかせ、翌日成形する。

7月12日 (P.213)

ガルガネッリ、但馬牛の生ハムとインゲン豆のソース
有馬邦明●パッソ・ア・パッソ

☞ **ガルガネッリ**

強力粉(北海道産地粉)…350g
セモリナ粉(グラノーロ社)…200g
青大豆の粉…50g
全卵…4個
水(中硬水)…50〜80㎖
オリーブ油…10〜15㎖
塩…ひとつまみ

① 材料を① ボウルに強力粉、セモリナ粉、青大豆の粉を合わせる。全卵、塩、オリーブ油を加え、水を少しずつ加えながら混ぜる。まず指先で全体に水を回すように混ぜる。
② 全体がしっとりとしてまとまってきたら、生地

を端から折りたたむようにして全体を均一にする。力を入れて練り込む必要はない。粗い状態にまとまったら、ラップフィルムで包んで冷蔵庫で30分休ませる。
③ 生地を半分に分けて平たく伸ばし、パスタマシンに何回かかけて厚さ1mmに伸ばす。網にのせ、風通しのよいところ（換気扇の下など）に5分間ほど置いて表面の水分を適度にとばす（表面がさらりと乾いているが、端が割れない程度に乾かす）。
④ 生地を3cm幅に切って数枚重ね、さらに3cmごとにカットして一辺3cmの正方形にする。乾燥を防ぐために布巾をかぶせる。正方形の対角線上に菜箸の太いほうをあて、生地を1枚巻きつける。ペッティネの端にのせ、菜箸の両端を持って転がして筋をつける。バットに並べ、ラップフィルムをかけて冷蔵保存する。

8月6日 (P.239)

ガルガネッリ
生ハムとイチジク、フルーツトマト
林 亨●トルッキオ

☞ **ガルガネッリ**

強力粉…320g
セモリナ粉…140g
卵黄…420g
オリーブ油…15mℓ

つくり方解説省略。この配合は卓上ミキサーで生地をつくる場合のもの。厚み0.9cmにのばし、約2.5cm四方に切って巻く。セモリナ粉を使わずに強力粉＋薄力粉でつくるバージョンもあり、その場合は生地を若干厚めにする。張りのあるしっかりとした生地にしないと空洞がつぶれてしまう。

9月5日 (P.270)

ガルガネッリ、牛ほほ肉のラグー

9月15日 (P.280)

ガルガネッリ、焼きナスのピュレ和え
鈴木弥平●ピアット・スズキ

☞ **ガルガネッリ**

強力粉…300g
水…40mℓ
塩…3g
卵白…100g
オリーブ油…10g

つくり方解説省略。卵黄入り生地のタヤリンと変化をつけるため、ガルガネッリには卵白を配合。卵白を入れると、すきっとした歯切れになる。厚さ1mmに伸ばして成形する。

12月6日 (P.367)

鰯のポルペッティーネと野菜のガルガネッリ
斎藤智史●プリズマ

☞ **ガルガネッリ**

00粉（カプート）…500g
全卵…2個
卵黄…10個分
E.V.オリーブ油…10mℓ
塩…2g

つくり方解説省略。生地は厚さ1.2mmにのばし、2.5cm四方に切る。棒の直径は6mm。薄いとつぶれやすく、厚いと野暮ったいので、その中間を狙う。噛んだときにモソモソせず、しなやかに感じられるように。他のパスタ同様、少し乾燥させてから冷凍で保管する。

《キタッラ》

キタッラ：木枠に多数の金属の線を張り渡した、まるで弦を張ったキタッラ（ギター）のような道具。板の表裏にこの木枠が1枚ずつ付いた構造が一般的で、どちらの面を使うかによって細切り（幅3mm前後）、太切り（幅5mm前後）を選べる。生地は切り幅と同じ厚みにのばし、切り口が正方形になるように成形するのが伝統的なスタイル。この器具でつくるパスタの正式名称は「マッケローニ・アッラ・キタッラ」だが、略してキタッラとだけ呼ぶことが多い。

2月4日 (P.47)

温かい海老芋のソースと
冷たい春菊のパウダー、カラスミ、
北寄貝と芽キャベツのキタッラ
仲本章宏●リストランテ ナカモト

☞ **キタッラ**

① ドッピオラヴィオリの生地(P.435)から必要分を切り出し、パスタマシンにかけて厚さ2.5mmにのばす。
② キタッラの弦の幅の狭い方（2.5mm幅）で①を抜く

2月10日 (P.53)

クロワゼ鴨のラグー和えキタッラ

軽いじゃがいものクレマ
辻 智一●リストランテ オッツィオ
☞キタッラ
00粉…1kg
卵黄…960g
オリーブ油…少量
塩…少量

① ふるった00粉に卵黄、塩、オリーブ油を合わせて15分間こねる。ラップフィルムをかぶせて冷蔵庫で30分間やすませる。
② 生地をのばしてキタッラで切る。

3月2日 (P.75)

アマトリチャーナ・ヴェルデ
星 誠●オステリア アッサイ
☞キタッラ
00粉（ムリーノ・マリーノ社）…375g
卵黄…140g
卵白…0g

① 材料をすべて混ぜ、よくこねる。ひとまとめにしてラップフィルムで包み、冷蔵庫で1日ねかせる。
② パスタマシンで厚さ約3mmにのばす。キタッラで3mm幅のひも状に切る。00粉をまぶし、丸くまとめる。

4月15日 (P.120)

キタッラ"ロ・スコーリオ"
林 冬青● acca
☞キタッラ
セモリナ粉（カナダ産）…300g
中力粉（フランスパン用）…300g
全卵…3個
卵黄…5個
水…20ml
塩…少量

① 材料をすべて混ぜ合わせて手でよくこねる（水分が足りない場合は卵白を加えて調節する）。生地がしっとりとするまで、こねてはやすませることを数回くり返す。
② パスタマシンに数回通し、厚さ3mm程度にのばす。キタッラで幅約3mm、長さ約25cmにカットする。

5月5日 (P.142)

キタッラの仔羊のラグー
伊藤延吉●リストランテ・ラ・バリック・トウキョウ
☞キタッラ
セモリナ粉（イタリア産。雪和食品）…50g
00粉（「ダッラーリ」モリーニ社）…300g
卵白…80g
水…80ml
E.V.オリーブ油…3ml
塩…3g

① ボウルに粉類を入れる。そのほかの材料を加えて指先で混ぜ合わせたあと、手のひらで強く押しながらまとめていく。
② こね台に出し、水分を生地全体に回すような感覚で2分間ほどよくこねる。いったん球状に整える。表面が多少ボソボソしていてよい（これ以上こねてもあまり変化がない）。ラップフィルムで包み、常温で10分間休ませる。
③ 取り出すと、表面が少しなめらかになっている。再び軽くこねて、生地を押している感覚がなめらかになってくればこねあがり。
④ ラップフィルムで二重に包み、冷蔵庫で一晩休ませたのち、取り出して常温にもどす。表面はさらになめらかになっている。
⑤ 生地を手でつぶして厚さ2cmに整え、打ち粉をしながら、パスタマシンで厚さ約2mmにのばす。包丁で17×10cmに切り分ける（6枚分がとれる）。キタッラ（3mm幅の面）に1枚ずつのせて、麺棒で押し切る。
⑥ 打ち粉用の小麦粉（00粉）を入れたボウルにすぐに移し、1本ずつほぐしながら粉をまぶす。時間をおくとほぐれなくなってしまう。バットにクッキングペーパーを敷き、1人分ずつ丸めて並べる。冷凍庫に入れて30分間ほどおき、凍りはじめたところで蓋付きバットに入れ替えて冷凍庫で保管する。6日以内に使いきる。

5月19日 (P.156)

キタッラ マーレ エ モンテ風
伊沢浩久●アンビグラム
☞キタッラ
セモリナ粉（カプート社）…300g
薄力粉（「バイオレット」日清製粉）…450g
全卵…4個
卵黄…8個

① ミキサーボウルに材料をすべて入れ、中速のビーターでよく混ぜ合わせる。
② ひとまとめにし、真空パックにして、一晩冷蔵庫でねかせる。
③ 袋から生地を取り出し、パスタマシンに数回

通して厚さ2.5mmにのばす。キタッラ専用の道具で2.5mm幅に切る。セモリナ粉を軽くまぶして丸くまとめる。

5月28日 (P.165)

中国の香りのするキタッラ、スパゲッティ アッラ カルボナーラのイメージで
浅井卓司●イ・ヴェンティチェッリ

☞ キタッラ（できあがり約1kg）

セモリナ粉…700g
全卵…6個（約320g）
四川ザンショウ…適量

① 材料を合わせて練り、パスタマシンにかける。キタッラでカットする。

6月1日 (P.170)

塩漬け鮎のオイルコンフィと茴香のキタッラ 茴香の花とうるかを添えて
筒井光彦●キメラ

☞ キタッラ

セモリナ粉…100g
強力粉…250g
全卵…3個
卵黄…2個分
オリーブ油…10ml
塩…4g

① 強力粉とセモリナ粉をふるい、そのほかの材料を加えてこねる。
② ①を袋に入れて真空にかけ、冷蔵庫で2時間〜半日間ねかせる。
③ パスタマシンで厚さ3mmにのばし、キタッラの幅の狭いほう（約4mm幅）で切る。

6月23日 (P.192)

アブルッツォ風キタッラ、仔羊と赤ピーマンのラグー和え

11月12日 (P.341)

キタッラ、干ダラとポルチーニ
西口大輔●ヴォーロ・コズィ

☞ キタッラ

セモリナ粉（マリーノ社）…500g
全卵…5個

① セモリナ粉に全卵を加え混ぜ、約20分間かけて充分に練り、コシを引き出す。セモリナ粉100%でつくる伝統的なスタイル。

② パスタマシンで約10回（途中で三つ折りにしながら）伸ばし、ギュッと詰まった生地をつくる。
② 厚さ3mmにのばし、キタッラで幅3mmにカットする。

7月6日 (P.207)

キタッラの菜園風
奥村忠士●アカーチェ

☞ キタッラ

セモリナ粉（グラノーロ社）…100g
00粉（カプート社）…200g
全卵…3個
E.V. オリーブ油…8ml
塩…1.5g

つくり方解説省略。セモリナ粉100%でつくるとかたくなりすぎるので、倍量の00粉を配合している。キタッラの両面を利用して、太め（5mm）、細め（3mm）の2種類を用意。細めは断面をほぼ正方形に、太めは正方形にするとかたくなりすぎるので平麺のタリアテッレ状にする。ここでは太めを使用。

7月28日 (P.229)

キタッラ風マカロニ、アンチョビとチリメンキャベツ、イベリコ豚の舌、サマートリュフがけ
林 亨●トルッキオ

☞ キタッラ

セモリナ粉…210g
強力粉…462g
水…約230ml
オリーブ油…約50ml
塩…6g

① ミキサーボウルに強力粉、セモリナ粉、オリーブ油、塩を入れ、空気を入れないよう低速でフックを回す。すぐに水15〜30mlを加える。この後も少量ずつ加えながらこねていく。「練る」というよりそば打ちの「水回し」の感覚。空気を入れないように少しずつ水を加えながらこねることで、見た目はまだバラバラでも、グルテン網がこまやかにのびて締まりのよい生地ができる。
② 小さい固まりができてきたら（まだ粉っぽい状態）、一度ミキサーを止め、手で生地をにぎって状態を確かめてから、さらに水を少しずつ加えていく。徐々に固まりが大きくなり、生地にも湿り気が感じられるようになる。全体はまとまっていないが、手でにぎるとしっとり感があり、粉に水がいき

わたっていたら、生地を袋に入れて真空機にかける。生地中の空気を抜き、圧力を加えることでグルテンがでて、つながりがよくなる。
③　すぐに開封し、適当にちぎってボウルにもどす。生地は水分がよく回ってしっとりとし、容易にちぎれないほどがっちりとかたく、グルテンが強く張っていることがわかる。中速で回し、生地を全体にほぐす。大きな固まりがなくなればよい。
④　再度真空パックにして、1日ねかせる。グルテンが安定し、全体がしっとりとする。
⑤　パスタマシンにかけて厚さ3mmに伸ばす。作業しない生地は乾かないようにラップで包んでおく。生地をカットしてキタッラにのせて打ち粉をし、麺棒を転がして生地を押し切る。布巾を敷いた網にのせ、布巾をかけて恒温高湿庫に入れておく。

8月19日 (P.252)
万願寺唐辛子と天然鮎のキタッラ
有馬邦明●パッソ・ア・パッソ

☞ **ドライトマトを練り込んだキタッラ**

セモリナ粉（グラノーロ社）…250g
強力粉（地粉）…250g
ドライトマトパウダー…70g
全卵…7個
水…少量
オリーブ油…少量
塩…少量

つくり方解説省略。モチっとした食感を出すために、強力粉とセモリナ粉を半々に配合している。ただ生地がかたいとキタッラに負担がかかって線が切れるので、卵の量を多めにして若干やわらかめに調整する。生地が線にくっつかないよう、表面がさらっとするまで乾かしてから切る。

10月29日 (P.326)
栗粉のキタッラ　野キジとアサツキのソース
古田剛●オステリア アバッキオ

☞ **栗粉のキタッラ**

中力粉（00粉）…350g
栗粉…100g
全卵（L玉）…3個
オリーブ油…少量
塩…少量

①　中力粉と栗粉をふるい合わせ、そのほかの材料を加えて、まとまる程度まで練る。
②　ひとまとめにしてラップフィルムに包み、冷蔵庫で30分間やすませる。
③　パスタマシンで厚み1mmにのばして、キタッラでカットする。

11月7日 (P.336)
キタッラ　きのこのラグー
奥村忠士●アカーチェ

☞ **キタッラ**

00粉（カプート社）…300g
全卵…3個
E.V. オリーブ油…適量
塩…少量

①　材料をすべて混ぜ合わせて手でよくこねる。生地を丸くまとめてラップフィルムをかけ、冷蔵庫で一晩ねかせる。
②　①の生地をパスタマシンに数回通し、厚さ3mm程度にのばす。キタッラを使って幅約3mm、長さ約20cmにカットする。

11月19日 (P.348)
赤ワインを練り込んだキタッラ
鰻と玉ねぎのソース
コルニーチェ●京 大輔

☞ **赤ワインを練り込んだキタッラ**

強力粉…200g
セモリナ粉…400g
全卵…4個
赤ワインベース*…60g
E.V. オリーブ油…適量
塩…少量

*赤ワインとクレーム・ド・カシスを合わせ、スターアニスを加えて煮詰めたもの。スターアニスを取り出して使用。

①　材料をすべて混ぜ合わせてツヤが出るまでよく練る。
②　ラップフィルムに包んで一晩ねかせる。
③　翌日、のばしてキタッラでカットする。

《グラミーニャ》

4月18日 (P.123)
グラミーニャ　仔羊ラグーとアーティチョーク
樋口敬洋●ロットチェント

☞ **グラミーニャ**

セモリナ粉…500g
全卵…1個

ぬるま湯…200cc
E.V. オリーブ油…8g
塩…1g

① 材料をすべて混ぜ合わせてこね、ひとまとめにする。
② 真空パックにし、冷蔵庫で一晩やすませる。
③ パスタマシンで厚さ3mmにのばし、4cm幅の帯状にカットする。パスタマシンにかけ、長さ4cm・3mm幅になるように切る。

《クリスタイアーテ》

1月26日（P.37）

クリスタイアーテ
兎腿肉とタジャスカオリーヴのソース

百瀬幸治◉バンディエラ

☞ <mark>クリスタイアーテ</mark>

00粉…300g
ポレンタ粉…200g
全卵…1個
水…130㎖
塩…適量

① 00粉とポレンタ粉を合わせ、全卵、水、塩を加えてこねる。冷蔵庫で一晩ねかせる。
② パスタマシンで厚さ約1mmにのばし、ひし形にカットする。

《クリスタイアーティ》

9月26日（P.291）

クリスタイアーティ
ペーザロ風トリッパとヒヨコ豆

小西達也◉オマッジオ ダ コニシ

☞ <mark>クリスタイアーテ</mark>

ポレンタ粉…185g
00粉…適量
水…750㎖
塩…8g

① 水に塩を加えて沸かし、ポレンタ粉を加えて炊く。バットに流し、ひと晩やすませる。
② ①をフードプロセッサーにかける。同量の00粉を加えて練り、ラップフィルムに包んでやすませる。
③ パスタマシンで厚さ2mmにのばし、ひし形にカットする。

《クレスペッレ》

2月12日（P.55）

大鰐シャモロックと
ジャージー乳自家製モッツァレッラの
クレスペッレ

笹森通彰◉オステリア エノテカ ダ サスィーノ

☞ <mark>クレスペッレ</mark>

薄力粉（青森産）…50g
全卵（烏骨鶏）…2個
牛乳（ジャージー牛）…250cc
焦がしバター…大さじ2
塩…ひとつまみ

① 材料を混ぜ合わせる。
② 鍋にバターを熱し、①を薄くのばして焼く。

《コルツェッティ》

コルツェッティ用スタンプ：木製で持ち手のついたものと台がセットになっており、双方にことなる文様が彫られている。台の文様がない側はセルクル状になっており、のばした生地にこちら側を押しあてて生地を丸く抜く。抜いた生地を台の文様のある側にのせ、持ち手のついた方のスタンプを押しあてて、生地の両面に文様をつける。

8月20日（P.253）

オリーブを練り込んだコルテッツィ
帆立とフレッシュトマトのソース
リグーリアの思い出

横江直紀◉ラパルタメント ディ ナオキ

☞ <mark>黒オリーブを練り込んだコルツェッティ</mark>

00粉（モリーニ社）…300g
黒オリーブのペースト（解説省略）…60g
ぬるま湯…10g

① ミキサーボウルに材料をすべて入れ、低速で軽く混ぜ合わせる。
② 真空パックにし、袋を開封する。再度真空パックにし、冷蔵庫で一晩ねかせる。
③ 袋から生地を取り出し、パスタマシンに数回通して厚さ約1.5mmにのばす。
④ 専用のスタンプ（直径約5.5cm）の台の文様がない側を押しあてて生地を丸く抜く。台の文様のある側に生地をのせ、対のスタンプを少しひねるような感覚で強く押しあて、生地の両面に文様をつける。

6月15日 (P.184)

フェンネルとチポロッティの鰯、
オリーブのコルツェッティ

小林寛司●ヴィラ・アイーダ

☞ **コルツェッティ**

セモリナ粉…200g
00粉…300g
卵黄…15〜17個

① セモリナ粉と00粉を合わせてボウルにふるい入れ、溶いた卵黄を混ぜる。ひとまとまりになるまでこねる。
② 真空パックにし、冷蔵庫で約半日ねかせる。
③ パスタマシンで厚さ2mmにのばし、セルクルで丸く抜く。コルツェッティ用の木製スタンプではさみ、模様をつける。

12月7日 (P.368)

鱈とじゃがいものリグーリア風煮込みの
コルゼッティ

松橋ひらく●ラ ビッタ

☞ **コルツェッティ**

フランスパン用粉…100g
セモリナ粉…20g
全卵…1個
E.V. オリーブ油…5ml
塩…ひとつまみ

① ボウルに粉類と塩をふるい入れ、全卵を加えて混ぜ合わせる。全体がまとまってきたら、E.V. オリーブ油を加える。
② 粉全体に水分がいきわたったらひとまとめにし、空気を抜きながらビニール袋などに入れてやすませる。
③ こねてからやすませる工程を数回くりかえし、表面にツヤが出てきたらパスタマシンで厚さ2mmにのばす。
④ スタンプを使って丸く抜き、はさみで文様をつける。

《サーニェ ンカンヌラーテ》

4月23日 (P.128)

プーリア州サレントの螺旋形パスタ
サーニェ ンカンヌラーテ豚と
内臓のラグーと春の豆

藤田政昭●ラチェルバ

☞ **サーニェンカンヌラーテ**

セモリナ粉…500g
水…適量
塩…15g

① 材料をすべて混ぜ合わせ、しっかりとこねる。ラップフィルムで包んで冷蔵庫で2時間やすませる。
② パスタマシンで厚さ2mmにのばし、約2mm幅に切る。
③ 適当な太さの棒に螺旋状に巻きつけて成形する。

《シャラティエッリ》

10月21日 (P.318)

ミルクとドライバジリコを練り込んだ
"シャラティエッリ" スカンピと
魚介類のクロスターチ リストランテの風景

植村慎一郎
●ラ・クチーナ・イタリアーナ・ダル・マテリアーレ

☞ **シャラティエッリ**

強力粉…125g
薄力粉…125g
牛乳…120g
バジル(乾燥)…適量
E.V. オリーブ油…10ml
塩…4g

① 材料をすべて合わせてこねる。
② ひとまとめにし、ラップフィルムで包み、約1時間冷蔵庫でやすませる。
③ 麺棒で厚さ約2mmにのばし、幅5mm、長さ5cmに切る。

《ストロッツァプレティ》

11月14日 (P.343)

アンコウと能勢原木椎茸のケッパー風味
長居春菊のストロッツァプレティ

他谷憲司●ワイン食堂 トキワ

☞ **長居シュンギクのストロッツァプレティ**

強力粉…400g
セモリナ粉…200g
シュンギク(大阪府長居産)…200g
全卵…3個
オリーブ油…適量

① シュンギクはゆでて水気を絞り、全卵と合わせてフード・プロセッサーにかけ、ペースト状にす

る。
② 強力粉とセモリナ粉をふるって合わせ、①とオリーブ油を加えてよく練る。ツヤが出てきたら、ひとまとめにしてラップフィルムに包み、冷蔵庫で一晩やすませる。
③ 厚さ1mm弱にのばし、幅2cmに切る。ひねって成形し、長さ4～5cmに切る。

10月16日 (P.313)

ストロッツァプレティ
豚耳とアスパラ、小松菜

小林寛司●ヴィラ・アイーダ

☞ **ストロッツァプレティ**

00粉…250g
セモリナ粉…250g
牛乳…270～300㎖

① 粉類を合わせてふるい、牛乳を加えて表面がなめらかになるまでこねる。
② 真空パックにして、冷蔵庫で半日ねかせる。
③ パスタマシンで厚さ2mmにのばし、幅1cm、長さ4cmの短冊状に切り、こよりをつくるようにしてねじる。

《スパッツェレ》

6月20日 (P.189)

パッションフルーツのスパッツェレ
サルシッチャのラグー、ミント風味

星山英治●ヴィルゴラ

☞ **パッションフルーツのスパッツェレの生地**

強力粉…300g
全卵…3個
パッションフルーツのピュレ…400g
ハチミツ…大さじ2

① 卵は割りほぐし、パッションフルーツのピュレとハチミツを加えてよく混ぜる。
② ボウルにふるった強力粉を入れ、①を加えてむらなく混ぜる。
③ 冷蔵庫で10分間ほどやすませる。

3月26日 (P.99)

ビーツのシュペッツリ、アンチョビのクレーマ、卵黄の燻製、シュペックのパウダー

中本敬介●ビーニ

☞ **ビーツを練り込んだスペッツリ**

強力粉（太陽製粉社）…300g
ビーツのピュレ（解説省略）…180g
全卵…160g
牛乳…約100g
塩…少量

① 材料をすべて混ぜ合わせる。
② 鍋に湯を沸かし、①をポテトマッシャーですくい、鍋の中に落とす。浮いてきたら取り出す。

《セダニーニ》

9月1日 (P.266)

セダニーニ 伊勢海老 ボッタルガ オレンジ

ルカ・ファンティン

●ブルガリ イル・リストランテ ルカ・ファンティン

☞ **セダニーニ**

セモリナ粉（ディ・チェコ社）…800g
00粉（スピノージ社）…200g
水…350㎖

① 材料をすべて合わせてミキサーにかけ、5分間混ぜる。
② パスタマシンに直径6mmのセダニーニ用ダイスをセットして押し出し、長さ4.5cmに切る。
② 網にのせ、風通しのいい場所で1時間半～2時間乾燥させる。

《タッコーニ》

6月12日 (P.181)

タッコーニ マーレ・エ・モンテ

辻 大輔●コンヴィーヴィオ

☞ **タッコーニ**

中力粉（「リスドオル」日清製粉）…800g
セモリナ粉（「デュラム小麦セモリナ」雪和食品）
　…250g
全卵…5個
卵黄…9個
E.V.オリーブ油…適量
塩…適量

① ボウルに材料をすべて入れ、手でよく混ぜ合わせる。
② ひとまとめにして真空パックにし、半日間以上冷蔵庫でねかせる。
③ 常温にもどし、生地を袋から出す。パスタマシンに数回通して厚さ約1mmにのばし、波刃のパ

イカッターで約3×4cmの長方形にカットする。セモリナ粉を軽くまぶす。

《タヤリン》

2月21日 (P.64)

ヴァンデ産仔鳩の煮込みのタヤリン トリュフ風味

他谷憲司●ワイン食堂 トキワ

☞ タヤリン

強力粉…500g
全卵…2個
卵黄…16個
塩…少量

① 強力粉はふるい、そのほかの材料を加えてよく練る。
② ラップフィルムで包んで冷蔵庫で一晩やすませる。
③ パスタマシンで厚さ1mmにのばし、幅1mmに切る。

4月3日 (P.80)

タヤリンのスカンピと空豆のソース、からすみ和え

鈴木弥平●ピアット・スズキ

強力粉(「カメリア」日清製粉)…260g
卵黄…180g
オリーブ油…10g
塩…2g

① ミキサーボウルに材料をすべて入れ、低速で練る。卵黄が全体に行き渡ったら台に取り出し、力を入れてこねる。
② ラップフィルムで包み、冷蔵庫で3～4時間やすませる。
③ パスタマシンにかけて厚さ1mmに伸ばす。このとき、あえてダクトの風が当たるようにして乾燥させながら伸ばす。
④ 伸ばした生地を25cm長さにカットし、包丁で2mm幅に切る。

4月9日 (P.114)

春野菜の"タヤリン"

堀江純一郎●リストランテ イ・ルンガ

☞ タヤリン

00粉…600g
セモリナ粉…180g
全卵…5個
卵黄…9個
E.V.オリーブ油…25cc
塩…9g

① 材料をすべて混ぜて5分間ほどこねる。ラップフィルムで包み、冷蔵庫で1時間やすませる。
② くり返しパスタマシンに通し、薄くのばす。長さ15cmに切り、台に広げて7～10分間おき、軽く乾かす。パスタマシンで幅2mmに切る。
③ 台に広げ、空気を入れるように数回、両手ですくい上げてほぐす。広げて3～4分間おき、返してさらに3～4分間おく。
④ ③の作業を数回くり返し、軽く乾燥させる。乾きが悪い時はセモリナ粉（分量外）をまぶす。
⑤ 網に硫酸紙を敷き、④を1人分ずつ軽く丸めて並べ、上から硫酸紙をかぶせ、厨房内で一晩乾燥させる。

4月25日 (P.130)

タヤリンのチーズフォンデュ仕立て バッサーノのホワイトアスパラガス

林 亨●トルッキオ

強力粉…680g
セモリナ粉…280g
卵黄…700g
塩…4g
オリーブ油…20g

つくり方解説省略。1本1本の麺の離れよく、また喉ごしをよくするためにセモリナ粉を配合。麺離れがよく、それでいてしっとりとしてパサつきのない仕上がりをめざす。

5月6日 (P.143)

タヤリンのカルチョフィソース

8月24日 (P.257)

タヤリンの夏のトリュフがけ

鈴木弥平●ピアット・スズキ

☞ タヤリン

強力粉(「カメリア」日清製粉)…260g
卵黄…180g
オリーブ油…10g
塩…2g

① ミキサーボウルに材料を入れ、低速のフックで練る。卵黄が全体に行きわたったらひとまとめにし、台に取り出す（これ以上はミキサーで練っても

まとまらない）。
② 台の上で生地を力を入れてこね、ひとつにまとめる。かたさはあるが、ふれるとしっとり感が伝わる状態になったらラップフィルムで包み、冷蔵庫で3～4時間やすませる。
③ 生地からラップフィルムをはがし、麺棒で軽くのばす。パスタマシンにかけて厚さ1mmにのばす。この時、マシンにあえてダクトから風が当たるようにし、適度に乾燥させながらのばす。伸ばした生地に風を当て（ハンガーにかけておくことが多い）、しっとりしていた表面がさらりとするまで約15分間おく。
④ 生地を包丁で長さ約25cmに切り、約2mm幅に切る。バットに移し、もう一枚のバットを返して蓋代わりにかぶせ、営業まで冷蔵庫に入れておく（あえてラップをかけず、軽く乾燥させる）。

5月18日 (P.155)
タヤリンとホワイトアスパラガス、モリーユ茸

11月29日 (P.358)
タヤリンと蝦夷鹿のラグー
堀江純一郎●リストランテ イ・ルンガ

☞ **タヤリン**

00粉（グアッチ社）…600g
セモリナ粉（マリーノ社）…180g
全卵…5個
卵黄…9個
E.V. オリーブ油…25mℓ
塩…9g

① ボウルに00粉、セモリナ粉、塩を入れて混ぜ、全卵、卵黄、E.V. オリーブ油を加える。最初は指先でぐるぐると混ぜ合わせ、べたつきはじめたら生地をつかみながらまとめていく。生地がボウルから離れて固まりになったら、こね台に取り出す。
② 手のひらの付け根で強く押し広げながら、適宜打ち粉をしてしっかりとこねる。最初はべたつくが、次第にまとまってくる。表面にツヤが出てきたら、直方体に整えてラップフィルムで包み、冷蔵庫で1時間休ませる。
③ 軽くこねてほぐし、最大目盛のパスタマシンに5～6回通す（そのつど、適宜打ち粉をしながら二つ折りにする）。目盛No.10を2回、No.9を1回通してから二つ折りにし、再度No.10～No.2まで一目盛りずつ下げながら1回ずつ通す。
④ 生地を15cm幅に切る。さらに目盛No.1で伸ばす。出てきた生地を両手で軽くひっぱってより薄くする。
⑤ 台に広げて7～10分間（時間は季節による）おいて軽く乾かす。パスタマシンで2mm幅に切る。台の上に広げ、空気を入れるように数回下から両手で大きくすくい上げてほぐす。台に薄く広げて3～4分間、裏返してさらに3～4分間おく。これを2～3回繰り返して軽く乾燥させる。乾きが悪い時は、適宜セモリナ粉（分量外）をまぶす。
⑥ 金網にクッキングペーパーを敷き、生地を1人分の分量にふんわり丸めて並べる。同紙をかぶせて厨房内に一晩置く。紙に載せたまま、業務用コンテナに重ね入れ、蓋をして冷蔵庫で保管する。3～4日間で使いきる。

5月30日 (P.167)
タヤリンのカルボナーラ、野生のアスパラガス添え

7月31日 (P.232)
タヤリン、鮎とクレソンのソース
伊藤延吉●リストランテ・ラ・バリック・トウキョウ

00粉（「ダッラーリ」モリーニ社）…400g
全卵…1個
卵黄…15個分
E.V. オリーブ油…5mℓ
塩…5g

① 材料を混ぜ合わせて、やすませる。
② のばし、パスタマシンにかけて幅1.8mmにカットする。

6月6日 (P.175)
タヤリンパスタ カエルのブロード ういきょうピュレ添え
古田剛●オステリア アバッキオ

☞ **タヤリン**

中力粉（00粉）…500g
卵黄…10個
水…230mℓ

① 中力粉はふるい、卵黄と水を合わせたものを加え、まとまる程度に練る。
② ひとまとめにしてラップフィルムに包み、冷蔵庫で30分間やすませる。
③ ラップフィルムをはがし、生地をパスタマシンで厚さ1～2mmにのばす。折りたたみ、30分間やすませる。パスタマシンで厚さ1mmにのばし、5mm幅にカットする。バットに広げ、自然乾燥させる。

7月27日 (P.228)
タヤリン、白桃とレモンのクリームソース

有馬邦明●パッソ・ア・パッソ
強力粉（北海道産地粉）…500g
卵黄…10個分
塩…少量
白ワイン…50mℓ

つくり方解説省略。ソースに合わせて白ワインまたは赤ワインを生地に加えるのが特徴。卵黄の香りが引き立ち、生地自体の風味が心地よくなる。

9月4日 (P.269)

タヤリン 干し草の香り
岩坪 滋●イル プレージョ

☞ タヤリン

00粉…270g
セモリナ粉…130g
全卵…56g
卵黄…216g
E.V.オリーブ油…10g
塩…8g

① 材料をすべて合わせ、よくこねてひとまとめにし、真空パックにする。そのまま半日〜1日間ねかせる。
② メモリを約1.3mmに設定したパスタマシンで数回のばして、包丁で1.6mm幅に切る。
③ 台の上に広げて、30分〜1時間乾燥させる。1人分の分量にふんわり丸める。

11月20日 (P.349)

タヤリン ピエモンテ風鴨のラグーとキクイモ
岡野健介●リストランテ カシーナ カナミッラ

☞ タヤリン

00粉（ムリーノ・マリーノ社）…500g
セモリナ粉（ムリーノ・マリーノ社）…50g
全卵…250g
塩…10g

① 材料をすべて混ぜ合わせ、こねる。ひとまとめにしてラップフィルムで包み、冷蔵庫で一晩ねかせる。
② パスタマシンで厚さ約1mm程度にのばし、包丁で約1.5mm幅のひも状に切る。セモリナ粉と米粉を軽くまぶし、丸くまとめる。

11月26日 (P.355)

タヤリン、甲殻類のスーゴ和え
斎藤智史●プリズマ

00粉（カプート社）…500g
全卵…2個
卵黄…10個分
E.V.オリーブ油…10mℓ
塩…2g

つくり方解説省略。卵黄を多めに配合し、"やわらかさの中にコシのある"生地に。卵黄は完全に卵白をとり除いて使う。コシと透明感を出すため、いったん冷凍して翌日〜翌々日に使う。配合もつくり方もタリオリーニと同じだが、タヤリンはより細くして違いを出す。

8月28日 (P.261)

山山椒を練り込んだタヤリンに鰻と胡瓜を合わせて
岡尾岳史●オステリア エルベッタ

☞ 山山椒（やまざんしょう）のタヤリン

強力粉…600g
セモリナ粉…80g
トレハロース…30g
塩…5g
粉ヤマザンショウ…20g
E.V.オリーブ油…20mℓ
全卵…4個
卵黄…4個分

① 強力粉、セモリナ粉、トレハロース、塩、粉ヤマザンショウを合わせてふるう。
② E.V.オリーブ油、溶いた全卵と卵黄を加え、表面がなめらかになるまで練る。
③ 真空パックにし、冷蔵庫で約半日ねかせる。
④ ゆでる直前にパスタマシンで厚さ1mmにのばし、マシンで5mm幅に切る。

12月24日 (P.385)

キャビアの温製パスタ
菅沼 恒●弘屋

☞ タヤリン

00粉…600g
卵黄…300g

① 00粉はふるい、打ち台に盛る。中央をへこませて溶いた卵黄を流し込み、フォークで混ぜる。生地がまとまってきたら、表面がなめらかになるまで手でこねる。
② ラップフィルムに包み、常温で1時間以上ねかせる。
③ パスタマシンで厚さ0.8mmにのばし、2〜3mm幅に切る。穴あきバットに重ならないように並べ、

風通しのよい冷暗所におく。乾いたら、50gずつ丸めてさらに乾燥させる。

11月13日 (P.342)

タヤリンとキノコのラグー
堀江純一郎●リストランテ イ・ルンガ

☞ **タヤリン**

00粉…750g
セモリナ粉…250g
全卵…2個
卵黄…8個
E.V. オリーブ油…適量
塩…適量

① ボウルに00粉、セモリナ粉、塩を合わせてふるい、溶いた卵黄と全卵、E.V.オリーブ油を加えて混ぜる。
② 表面にツヤが出てきたらひとまとめにし、ラップフィルムで包んで冷蔵庫で1時間ねかせる。
③ パスタマシンで厚さ1mm弱にのばし、1.8mm幅に切り出す。ほぐして木の板などに並べ、適度に水分をとばし、1人分ずつ涼しいところで乾燥させる。

《タリアテッレ》

7月7日 (P.208)

鱧をタリアテッレで、紫蘇をタリアテッレに
吉岡正和●祇園 245

☞ **紫蘇を練り込んだタリアテッレ**

準強力粉（日本製粉）…250g
オオバの粉末（解説省略）…2g
水…90g
E.V. オリーブ油…少量
塩…少量

① 材料をすべてよく混ぜ合わせる。ひとまとめにして真空パックにし、冷蔵庫で約1時間やすませる。
② 袋から生地を取り出して約10分間こね、再度真空パックにする。冷蔵庫で約1時間やすませる。
③ 袋から生地を取り出し、パスタマシンに数回通して厚さ約1.5mmにのばす。パスタマシンのカッターで幅約7mmの帯状に切り、丸くまとめる。

9月9日 (P.274)

タリアテッレ仔牛の内臓のマルサラ風味
権田雅康●ペルバッコ イタリアーノ

☞ **タリアテッレ**

強力粉…260g
セモリナ粉…60g
全卵…2個
卵黄…3個
塩…適量
オリーブ油…スープスプーン2杯分

① ふるった強力粉とセモリナ粉を合わせ、そのほかの材料を加えてよく混ぜ合わせ、なめらかになるまで手でこねる。
② ラップフィルムで包み、冷蔵庫で8時間ほどやすませる。
③ 提供直前に、パスタマシンでのばしてたたみ、再度のばしてたたむ。これを数回くり返し、厚さ1.5mmにのばし、パスタマシンについている刃で幅6mmにカットする。

9月16日 (P.281)

ズワイ蟹のタリアテッレ 旨味たっぷりのトマトソース
ファロ資生堂

☞ **タリアテッレ**

00粉（カプート社）…1.5kg
全卵…7個
卵黄…20個
塩…適量
オリーブ油…適量

① ミキサーに材料をすべて入れ、途中生地の状態を手で確かめながら、表面がしっとりとするまでこねる。
② ひとまとめにして真空パックにする。冷蔵庫で一晩ねかせる。
③ 袋から出してパスタマシンに何度か通し、厚さ約2mmにのばす。幅約1cm、長さ約25cmにカットする。

11月4日 (P.333)

ミートソースとキノコのタリアテッレ
星 誠●オステリア アッサイ

☞ **タリアテッレ**

00粉（ムリーノ・マリーノ社）…375g
卵黄…140g
卵白…40g

① 材料を混ぜ、よくこねる。ひとまとめにしてラップフィルムで包み、冷蔵庫で1日ねかせる。

② パスタマシンで厚さ1.5mmにのばし、幅約1cmのひも状に切る。00粉を軽くまぶし、丸くまとめる。

12月17日 (P.378)

カカオを練り込んだタリアテッレ
ホロホロ鳥とオリーヴ、
干しブドウのブラザート

星山英治●ヴィルゴラ

☞ **カカオを練り込んだタリアテッレ**

強力粉…550g
カカオパウダー…50g
卵…5個
オリーブ油…大さじ1

① 材料をすべて混ぜ合わせ、全体がまとまったら平らな板状に形を整える。
② パスタマシンでのばしてたたみ、再度のばしてたたむ。これを数回くり返し、表面がなめらかになったら板状にして、ラップフィルムに包んで冷蔵庫で3時間やすませる。
③ パスタマシンで1mmの薄さにのばし、幅1cmにカットする。網の上に並べ、常温に一晩おいて乾燥させる。

《リバーシブルタリアテッレ》

3月19日 (P.92)

ラ パスタ ビコローレ "パリア フィエーノ"
グリーンピースと生ハムのクリームソース

佐藤 護●トラットリア ビコローレ ヨコハマ

☞ **リバーシブルタリアテッレ**

卵麺
　00粉（カプート社）…400g
　全卵…3個
　卵黄…2個
ホウレンソウの麺
　00粉（カプート社）…200g
　セモリナ粉…100g
　クロロフィル…60g
　全卵…1個
　卵黄…1個
　塩…適量
　オリーブ油…適量

① 卵麺をつくる。材料をフード・プロセッサーでそぼろ状になるまで撹拌する。ひとまとめにし、真空パックにして冷蔵庫で一晩ねかせる。
② 袋から取り出し、パウタマシンで厚さ約1.5mmにのばす。
③ ホウレンソウの麺をつくる。材料を①～②と同様に撹拌してねかせ、のばす。
④ 卵麺とホウレンソウの麺を重ねてパスタマシンに通し、厚さ約1.5mmにのばす。約1mm幅のひも状に切る。セモリナ粉をまぶし、丸くまとめる。

《タリオリーニ》

3月6日 (P.79)

アワビとふきのとうのタリオリーニ

八木康介●リストランテ ヤギ

☞ **タリオリーニ**

00粉（カプート社）…300g
E.V. オリーブ油…30ml
卵黄…260～280g
塩…ひとつまみ

① 材料をすべて混ぜ、ひとまとまりになったらこねる。
② ラップフィルムで包み、冷蔵庫で5～6時間ねかせる。
③ パスタマシンで厚さ2mmにのばし、木製の麺台の上で約1時間半乾燥させる。
④ 幅3mm、長さ約30cmに切りそろえ、乾燥している場所に半日～1日おき、完全に乾燥させる。

4月10日 (P.115)

イカスミを練り込んだタリオリーニ
～サクラエビとカチュッコ和え

岡谷文雄●ロッシ

☞ **タリオリーニ**

強力粉…450g
セモリナ粉…50g
イカスミ…50ml
全卵…200g
白ワイン…少量
E.V. オリーブ油…少量
塩…少量

① ボウルに強力粉とセモリナ粉を合わせ入れ、イカスミ、白ワインを加えて混ぜる。
② 塩とE.V.オリーブ油を加え混ぜ、さらに全卵を加えて混ぜ、弾力が出て生地がまとまるまでこねる。
③ 真空パックにし、12～13℃のところで1時間以上やすませる。
④ パスタマシンで厚さ1mmにのばし、5～10分

間おいて表面を乾かす。幅3mmにカットする。

4月12日（P.117）

ソラマメとペコリーノで和えた
タリオリーニタルト仕立て

芝先康一●リストランテ シーヴァ

セモリナ粉（「デュラム小麦セモリナ」雪和食品）
　…175g
強力粉（「カメリヤ」日清製粉）…125g
全卵…2個
卵黄…1/2個分
E.V. オリーブ油…5g
塩…0.75g

① フードプロセッサーに材料をすべて入れて回す。
② ひとまとまりになったら真空パックにし、2時間ねかせる。
③ 袋から生地を取り出し、パスタマシンに数回通して厚さ1mm程度にのばし、幅1mm程度に切る。セモリナ粉を軽くまぶして丸くまとめる。

5月1日（P.138）

スモークしたメカジキのタリオリーニ

井上裕一●アンティカ プラチェリア ベッリターリア

☞ タリオリーニ

強力粉（「カメリヤ」日清製粉）…75g
セモリナ粉…45g
卵黄…265g
卵白…94g
オリーブ油…20g
塩…12g

① 材料をすべて合わせ、そぼろ状になるまでこねる。ひとまとまりにし、ビニール袋に入れて空気を抜く。常温でねかせる。
② 袋のまま再度こね、2〜3時間やすませる。これを生地にまとまりがでるまで繰り返し、一晩ねかせる。
③ 生地を袋から出し、パスタマシンで厚さ約1.5mmにのばす。セモリナ粉を軽くまぶし、丸くまとめる。

5月9日（P.146）

タリオリーニ 野生のアスパラガス
ゴルゴンゾーラとピスタチオのピュレ和え

小林幸司

●フォリオリーナ・デッラ・ポルタ・フォルトゥーナ

☞ タリオリーニ

0粉…220g
塩…小さじ1.5
ホロホロ鶏の卵…3個

① 材料を混ぜ合わせてこねる。
② パスタマシンで厚さ2mmにのばし、幅2mmに切り分ける。

5月15日（P.152）

白エビとチコリのタリオリーニ

沼尻芳彦●トラットリア ダディーニ

☞ タリオリーニ

薄力粉…147g
00粉…63g
卵黄…6個
卵白…適量
E.V. オリーブ油…適量
塩…少量

① 材料をすべて合わせ、こねてひとまとめにする。
② ラップフィルムで包んで15分間ほどやすませる。
③ パスタマシンの目盛りを1.5に合わせて①を薄くのばす。表面を軽く乾かしてから、タリオリーニ用カッターでカットし、1人分ずつにまとめて保存する。

6月8日（P.177）

野菜のタヤリン

小林省吾●トルナヴェント

☞ タヤリン

セモリナ粉（イタリア・ピエモンテ産）…適量
00粉（イタリア・ピエモンテ産）…適量
卵黄…320g
オリーブ油…適量
塩…適量

① セモリナ粉と00粉を1対2の割合で合わせる。
② ①450gに卵黄、オリーブ油、塩を混ぜ合わせる。卵黄と粉がなじみ、そぼろ状になるまで練る。まとめて真空パックにし、半日ほど冷蔵庫におく。
③ 袋から取り出し、20分間練る。再び真空にかけて冷蔵庫で1日やすませる。
④ パスタマシンにかけて、厚さ0.5mmにのばす。幅1mm、長さ20cmに切り、打ち粉をして半日ほど乾燥させる。

7月2日 (P.203)

タリオリーニ 砕いたグリーンピースと明石ダコのラグーソース

権田雅康●ペルバッコ イタリアーノ

☞**タリオリーニ**

強力粉…300g
セモリナ粉…30g
全卵…2個
卵黄…2個分
塩…適量
オリーブ油…スープスプーン2杯分

① 強力粉とセモリナ粉を合わせ、そのほかの材料を加えてよく混ぜ合わせ、なめらかになるまで手でこねる。
② ①をラップフィルムで包み、冷蔵庫で8時間ほどやすませる。
③ 提供直前に、②をパスタマシンでのばしてたたみ、再度のばしてたたむ。これを数回くり返し、厚さ約2mmにのばし、パスタマシンについている刃で約2mm幅にカットする。

7月9日 (P.210)

イカスミを練り込んだタリオリーニ 甲殻類のラグー和え

八島淳次●ダ ジュンジーノ

☞**タリオリーニ**

強力粉…450g
セモリナ粉…50g
イカスミ…50mℓ
白ワイン…少量
E.V. オリーブ油…少量
全卵…200g
塩…少量

① ボウルに強力粉とセモリナ粉を合わせ入れ、イカスミ、白ワインを加えて混ぜる。
② 塩とE.V. オリーブ油を加え混ぜ、さらに全卵を加えて混ぜ、弾力が出て生地がまとまるまでこねる。
③ 生地を袋に入れて真空にし、12〜13℃のところで1時間以上やすませる。
④ パスタマシンで1mmにのばして5〜10分間おいて表面を乾かし、幅3mmにカットする。

7月23日 (P.224)

夏ピーマンと唐辛子を練り込んだタリオリーニ

黒羽 徹●リストランテ プリマヴェーラ

☞**赤トウガラシの粉を練り込んだタリオリーニ**

00粉…125g
セモリナ粉…125g
赤トウガラシ(粉)*…5g
塩…ひとつまみ
全卵…1個
卵黄…4個分

＊赤トウガラシ(粉)：韓国で完全無農薬で作られ、天日干しされたものを、店で粉にしている。一年前に収穫されたものを使用

① ふるった00粉、セモリナ粉、赤トウガラシ粉、塩を合わせ、全卵と卵黄を加える。手でよくこねてまとめる。
② 袋に入れて真空にかけ、半日ほど冷蔵庫でねかせる。
③ パスタマシンで生地をのばし、三つ折りにする。この作業をくり返し、生地がなじんだら1〜2mmの厚さにのばす。
④ タリオリーニ用のカッターをパスタマシンに装着し、③をカットする。

8月22日 (P.255)

イカスミを練り込んだタリオリーニ オマール海老入りズッキーニのペースト

星山英治●ヴィルゴラ

☞**イカスミを練り込んだタリオリーニ**

強力粉…600g
卵黄…5個分
イカスミ(スペイン産)…52g
卵白…5個分
レモン果汁…1/8個分

① 麺台に強力粉を盛り、中央をへこませる。
② ミキサーで卵黄とイカスミを混ぜて①の中央に入れる。ミキサーに卵白とレモン汁果を入れ、残っている卵黄をすすぐように軽く回し、これも①の中央に加える。
③ 粉と液体をフォークで混ぜ、全体が混ざったらこねてまとめ、平らな板状に形を整える。パスタマシンでのばしてたたみ、再度のばしてたたむ。これを数回くり返す。
④ 表面がなめらかになったら板状にして、ラップフィルムに包んで冷蔵庫で3時間やすませる。
⑤ パスタマシンで2mmの薄さにのばし、幅7mmにカットする。網の上に並べ、常温に一晩おいて乾燥させる。

8月26日（P.259）

香草を打ち込んだタリオリーニ ムギイカとズッキーニ和え

高師宏明●アルベラータ

☞ **タリオリーニ**

強力粉…500g
セモリナ粉…200g
イタリアンパセリ…30g
バジル…20g
ローズマリー…1枝
全卵（L玉）…5個
E.V. オリーブ油…大さじ2
塩…8g

① ミキサーに全卵3個とイタリアンパセリ、バジル、ローズマリーを入れて回す。
② 粉類をふるってボウルに入れ、①と残りの全卵、塩、E.V. オリーブ油を加えてよく練る。
③ 冷蔵庫で半日ほどやすませてから、パスタマシンで厚さ2mmにのばし、幅3.5mmに切る。

9月7日（P.272）

赤タマネギのタリオリーニ パルミジャーノのクロッカンテ

宮川圭輔●ラピ

☞ **タリオリーニ**

強力粉…600g
セモリナ粉…600g
全卵…10個
米油…少量
塩…少量

① 強力粉とセモリナ粉はふるって合わせ、全卵、塩、米油を加えて混ぜ合わせる。
② ラップフィルムで包み、一晩やすませる。パスタマシンで厚さ1mmにのばし、幅2mmにカットする。
③ セモリナ粉をまぶし、表面を軽く乾燥させる。

12月11日（P.372）

タリオリーニ、自家製生カラスミとヤリイカのティエーピド

斎藤智史●プリズマ

☞ **タリオリーニ**

00粉（スパドーニ社）…500g
全卵…2個
卵黄…10〜12個分
E.V. オリーブ油…少量

塩…少量

① 材料をすべて混ぜ合わせ、塊にまとめてこねる。真空パックにし、冷蔵庫で1日やすませる。
② 袋から出した生地を1mm以下に薄くのばし、タリオリーニの幅（1〜2mm）と長さ（約30cm）に切り分ける。適度に乾燥させ、2人分ずつに束ねて冷凍する。最初は急速冷凍でマイナス26℃に下げ、4時間後にマイナス12℃に上げて冷凍保管する。4日後から使いはじめる（1週間以内に使いきる）。

9月20日（P.285）

とこぶしとハーブのタリオリーニ

小林寛司●ヴィラ・アイーダ

☞ **タリオリーニ**

セモリナ粉…200g
00粉…300g
卵黄…15〜17個

① 粉類を合わせてボウルにふるい入れ、溶いた卵黄を加える。表面がなめらかになるまでこねる。
② 真空パックにし、半日ほど冷蔵庫でねかせる。
③ パスタマシンで厚さ2mmにのばし、2mm幅に切る。

4月8日（P.113）

サザエさんとふきのとうのタリオリーニ

渡辺明●グットドール・アッキアーノ

☞ **タリオリーニ**

00粉…350g
セモリナ粉…150g
全卵…3個
卵黄…7個
塩…10g

① ボウルに粉類を入れ、そこに全卵、卵黄、塩を混ぜたものを加える。混ぜて全体に水分がまわったらひとまとめにする。ラップフィルムで包み、冷蔵庫で一晩やすませる。
② 生地を取り出し、パスタマシンで厚さ1mmにのばし、2mm幅に切り出す。

《チカテッリ》

1月25日（P.36）

いんちきジェノヴェーゼ

小谷聡一郎●トラットリア ピッツェリアチーロ

セモリナ粉（イタリア・グラニャネージ社製、または

「ジョーカー」日本製粉)…1kg
熱湯…450㎖
塩…適量

① セモリナ粉をふるいにかけてボウルに入れ、熱湯を注ぐ。適量の塩を加えて混ぜ合わせる。
② ①の熱湯と粉がなじみ、表面にツヤが出るまでこねる。ラップフィルムで覆い、常温になるまでやすませる。
③ ②を冷蔵庫に入れ、2～3時間やすませる。
④ 麺台に③を置き、打ち粉をして直径7㎜ほどの棒状にのばす。長さ5㎝に切り、指を3本並べて生地に押し付けるように転がしてくぼみをつける。

《チャンベリーニ》

11月16日（P.345）

五郎島金時のチャンベリーニ
ハモンイベリコ・デ・ベジョータ
"ホセリート"と丹波栗のローストと共に

筒井光彦●キメラ

☞ 五郎島金時のチャンベリーニ

サツマイモ（五郎島金時*）…1kg
強力粉…約60g
塩…5g
卵黄…1個分

*五郎島金時:加賀の伝統野菜の一つ。繊維質が比較的少なく、甘みが強い。じっくり加熱するとさらに甘みが増す

① サツマイモは水洗いして、皮ごと100℃のオーブンで1～2時間焼く。オーブンの温度を200℃まで上げ、さらに20～30分間焼いて水分をとばす。
② 焼き上がったサツマイモの皮を熱いうちにむき、裏漉しする。強力粉と塩、卵黄を加え混ぜ、生地がまとまるまでよくこねる。
③ ひと口大に丸めて、円柱状の棒で真ん中に穴を開け、ドーナツ状に成形する。

《トルテッリ》

1月16日（P.27）

ウサギとサルシッチャのトルテッリ
黒トリュフ添え

西口大輔●ヴォーロ・コズィ

☞ トルテッリの生地

00粉…800g
セモリナ粉…200g
卵黄…8個
全卵…5個

① 粉類に卵黄と全卵を加えて混ぜ合わせ、よくこねる。
② 袋に入れて真空にかけ、一晩冷蔵庫でねかせる。

1月20日（P.31）

リコッタチーズのトルテッリ
オマール海老の香り高いクリームソース

ファロ資生堂

☞ トルテッリの生地

基本の生地
　00粉（カプート社）…65g
　卵白…35g
　塩…少量
緑色の生地
　バジリコの葉…5g
　00粉（カプート社）…70g
　塩…少量
赤色の生地
　ビーツ…20g
　卵白…15g
　00粉（カプート社）…65g
　塩…少量

① 基本の生地をつくる。材料をすべて混ぜ合わせる。卓上ミキサーに入れ、生地の状態を手で確かめながら、表面がしっとりとするまで回す。
② ひとまとめにして真空パックにする。冷蔵庫で一晩ねかせる。
③ パスタマシンに何度か通し、厚さ2㎜にのばす。一部は大きいまま取り置き、一部は幅約1㎝、長さ約25㎝の帯状にカットして取りおく。
④ 緑色の生地をつくる。バジリコの葉5gはゆでて冷水にとり、冷やしたゆで汁少量と一緒にミキサーにかける。これに00粉と塩を加えて混ぜ合わせる。①～③と同様にこねてのばし、カットする。
⑤ 赤色の生地を作る。ビーツは下ゆでしてミキサーにかけ、卵白を加える。00粉と塩を加えて混ぜ合わせる。①～③と同様にこねてのばし、カットする。
⑥ ③の大きいまま取りおいた生地を広げ、上に帯状にカットした基本の生地、緑色の生地、赤色の生地を3色の縞模様になるよう交互にのせる。上から軽く押さえ、パスタマシンに通して厚さ2㎜にのばす。
⑦ ⑥を直径10㎝のセルクルで抜く。

3月18日 (P.91)

カリアータを詰めたトルテッリとグリーンアスパラガス、ヘーゼルナッツ風味

中本敬介●ピーニ

☞ **トルテッリの生地**

セモリナ粉（ムリーノ・マリーノ社）…50g
00粉（ムリーノ・マリーノ社）…300g
全卵…150g
卵黄…20g
塩…3g

① 材料をすべて合わせてこねる。
② ひとまとまりになったらラップフィルムで包み、1時間ねかせる。
③ ラップフィルムをはずし、生地を一度こねる。パスタマシンで厚さ約1mmにのばす。直径8.5cm弱のセルクルで抜く。

4月7日 (P.112)

鳩と筍のトルテッリ

八木康介●リストランテ ヤギ

☞ **トルテッリの生地**

00粉（カプート社）…300g
E.V.オリーブ油…30ml
卵黄…260～280g（13～14個分）
塩…ひとつまみ

① 材料をすべてボウルに入れて、混ぜ合わせる。まとまってきたらこねる。
② なめらかな状態になったらひとまとめにしてラップフィルムで包み、冷蔵庫で5～6時間やすませる。
③ パスタマシンで厚さ1.5mmにのばし、5cm角の正方形に切る。

《トルテッリーニ》

6月5日 (P.174)

鴨とフォアグラのトルテッリーニ 大和肉鶏とアミガサ茸のブロード仕立て

堀江純一郎●リストランテ イ・ルンガ

☞ **トルテッリーニの生地**

00粉…500g
全卵…5個
塩…10～15g
E.V.オリーブ油…50cc

① 材料をすべて混ぜて5分間ほどこねる。
② ラップフィルムで包み、冷蔵庫で1時間やすませる。
③ ①をくり返しパスタマシンに通して、薄くのばす。8cm角の正方形に切る。

12月23日 (P.384)

尾長鴨のトルテッリーニ・イン・ブロード 白トリュフと九条ねぎ1860年のマルサラ風味

斎藤智史●プリズマ

☞ **トルテッリーニの生地**

00粉（スパドーニ社）…250g
卵黄…12～14個分
E.V.オリーブ油…少量
塩…少量

① 材料をすべて混ぜ合わせ、塊にまとめてこねる。
② 真空パックにし、冷蔵庫で1日やすませる。
③ 1mm以下の薄さにのばし、1.5cm四方に切り分ける。

12月25日 (P.386)

ジャガイモとクレーマ・ディ・ラルド・ディ・チンギアーレのトルテッリーニ

笹森通彰●オステリア エノテカ ダ・サスィーノ

☞ **トルテッリーニの生地**

セモリナ粉…400g
薄力粉…100g
全卵（烏骨鶏）…300g
塩…ふたつまみ

① 材料をすべて合わせてこねる。
② 真空パックにし、冷蔵庫で12時間ねかせる。
③ 厚さ約0.5mmにのばし、約6cm四方に切る。

1月6日 (P.17)

トルテリーニ・イン・ブロード

沼尻芳彦●トラットリア ダディーニ

☞ **トルテリーニの生地**

薄力粉…700g
00粉…300g
全卵…9～10個
E.V.オリーブ油… 適量
塩…少量

① 材料をすべて合わせ、よくこねてひとまとめにする。

② ラップフィルムで包んで低めの常温で15分間以上ねかせる。すぐにのばさない場合は冷蔵庫に入れる。
③ パスタマシンの目盛りを1〜2に合わせて生地をのばし、3cm角の正方形に切る。

《トレネッテ》

7月17日 (P.218)

鮎のコンフィとサラミ
胡瓜入りジェノベーゼのトレネッテ
山本久典● ICCA (NY)

☞ **トレネッテ**

小麦粉（北海道産）…500g
セモリナ粉…50g
全卵…4個半
E.V. オリーブ油…適量
塩…適量

① 材料をすべて合わせ、フードプロセッサで混ぜ合わせる。
② 真空パックにし、冷蔵庫で3時間やすませる。
③ 常温にもどす。パスタマシンの目盛りを10〜5に合わせてのばし、三つ折りにする。これを6回ほどくり返す。再度真空パックにし、冷蔵庫で1日ねかせる。
④ パスタマシンの目盛りを10〜0に合わせて2回のばし、包丁で幅3〜4mmにカットする。
⑤ 1人分（約65g）ずつにまとめてバットに並べ、ラップフィルムをかぶせて冷凍する。

《トロフィエ》

6月4日 (P.173)

トロフィエ マグロの
ボッタルガ・ムシャーメ・心臓の塩漬けと
アーティチョーク・アマドコロ・レモン
岩坪 滋● イル プレージョ

☞ **トロフィエ**

00粉…500g
ぬるま湯…230g
E.V. オリーブ油…10g
塩…6g

① 材料をすべて合わせ、よくこねてひとまとめにする。
② 真空パックにし、半日〜1日間ねかせる。
③ 常温にもどし、適当な大きさにちぎって軽く丸める。台に生地をおいて、親指のつけ根あたりでこすりつけるように軽く押し出し、手前に引いて、生地をドリル形の棒状に成形する。冷凍保存する。

6月21日 (P.190)

セロリとタコのトロフィエ
セロリのジェノベーゼ
ラビ● 宮川圭輔

☞ **トロフィエ生地**

強力粉…500g
塩…少量
米油…少量
ぬるま湯…220ml

① 強力粉はふるい、塩、米油、ぬるま湯を加えて混ぜ合わせる。ひとまとめにしてラップフィルムに包み、一晩やすませる。
② 細い棒状にのばし、長さ2cmに切り分ける。1つずつこより状にのばし、両端をひねる。

7月24日 (P.225)

千葉県柏産米粉で練ったトロフィエ
石井さんのハーブとドライトマトのソース
鮑とサザエ、サマーポルチーニ茸のソテー添え
フェリチェリーナ● 濱本直希

☞ **トロフィエ**

米粉（千葉県柏産）…70g
強力粉（「カメリヤ」日清製粉）…30g
水…50g
オリーブ油…20g
塩…少量

① 材料をすべて合わせてフードプロセッサーで撹拌する。
② ひとまとめにしてラップフィルムで包み、約3時間常温でやすませる。冷蔵庫に移し、半日間ねかせる。
③ ラップフィルムをはがし、生地を小さくちぎって直径約1cmの球形にする。両手のひらで挟んでこすり合わせ、両端が細くて中央にふくらみのある、長さ5cmほどのこより状に成形する。セモリナ粉（カブート社・分量外）を軽くまぶす。

《トロフィエッテ》

3月17日 (P.90)

バジルを練り込んだトロフィエッテ
活け鯵とドライトマト タジャスカのソース
浅井信之

強力粉…320g
セモリナ粉…130g
バジリコ（葉）…20g
ぬるま湯…140㎖
塩…適量

① バジリコの葉とぬるま湯をミキサーに入れて回し、ピュレ状にする。
② ボウルにふるった強力粉とセモリナ粉、塩を合わせて入れ、①を加えて混ぜる。よく練り混ぜて、全体が柔らかい粘土くらいの硬さになるまで20分間ほどこねる。
③ ひとまとめにしてラップフィルムに包み、冷蔵庫で1時間やすませる。
④ 冷蔵庫から出して台の上で20分間ほどこねる。再度ラップフィルムに包んで冷蔵庫で1時間やすませる。
⑤ 冷蔵庫から出して台の上で20分間ほどこねる。適当な大きさにちぎり、親指で軽く押して平たくし、手のひらで挟んでこすり合わせ、細い棒状にする。両端を指でひねり、よじれた形に成形する。

《ニョッキ》

3月9日 (P.82)

ホタルイカと菜の花のニョッキ
星 誠●オステリア アッサイ

☞ニョッキ

ジャガイモ（男爵）…適量
強力粉（「カメリヤ」日清製粉）…80g
卵黄…1個
E.V.オリーブ油
塩…適量

① ジャガイモは皮付きのままゆで、熱いうちに皮をむいてマッシャーでつぶす。粗熱をとる。
② ①を160gとそのほかの材料を混ぜ合わせ、よくこねる。
③ ひとまとめにし、小さくちぎり、直径2㎝、長さ30㎝の棒状に手でのばす。幅1.5㎝に切る。

5月24日 (P.161)

ジャガイモのニョッキ
小柱とフォンドゥータの
ソースビアンケット・トリフ添え
沼尻芳彦●トラットリア ダディーニ

☞ジャガイモのニョッキ

ジャガイモ…500g
粗塩…適量
薄力粉…適量
パルミジャーノ（すりおろし）…40g
卵黄…1個分
バター…少量

① ジャガイモは皮付きのまま粗塩を敷いた天板に並べ、180℃のオーブンで40分〜1時間焼く。皮をむき、裏漉しする。
② ①に薄力粉、パルミジャーノ、卵黄、バターを加えて練り、やわらかめの生地とする。
③ ②を両端が尖った細い楕円のような形に成形する。すぐに冷凍保存する。

7月14日 (P.215)

かぼちゃのニョッキ
白桃のズッパとピーチティーのジュレ添え
浅井信之

カボチャ…400g
強力粉…50g
アーモンドパウダー…100g
全卵…1/2個
グラニュー糖…約10g
アマレット…10㎖

① カボチャの皮と種を取り除いて適当な大きさに切り、アルミ箔で包んで160℃のオーブンで40分間焼く。
② カボチャが熱いうちに裏漉しして、強力粉、アーモンドパウダー、全卵、グラニュー糖、アマレットを合わせて混ぜる。
③ 全体がまとまるまでこねたら細い棒状にまとめて、小指の先くらいの大きさに切る。平らに押しつぶして成形する。

8月30日 (P.263)

ジャガ芋のニョッキとトマト
小林寛司●ヴィラ・アイーダ

☞ジャガイモのニョッキ

ジャガイモ（男爵）…適量
00粉…100g

塩…6g

① 天板に岩塩を敷き、皮つきのジャガイモをのせる。180℃のオーブンに30〜40分間ほど入れて、途中上下を返しながら火を通す。
② ①の皮をむいて熱いうちにつぶしたもの200gに00粉、塩を加えて混ぜ、親指大の大きさに成形する。

9月13日 (P.278)

シソを練り込んだジャガイモのニョッキ 活け鱧と焼きもろこしのソース 茗荷のアクセントで

浅井信之

☞ **シソを練り込んだジャガイモのニョッキ**

ジャガイモ（インカのめざめ）…450g
強力粉…100g
大葉…10枚
全卵…1個
パルミジャーノ（すりおろし）…25g
塩、コショウ…各適量

① ジャガイモは皮付きのままゆで、ゆで上がったら熱いうちに皮をむいて裏漉しする。
② ミキサーに全卵と大葉を入れてピュレ状にする。
③ ボウルに①、②、強力粉、パルミジャーノを入れて混ぜ、塩とコショウで味をととのえる。体がまとまるまでこねたら棒状にまとめ、親指の先ほどの大きさに丸めて、平らにつぶして成形する。

10月19日 (P.316)

ニョッキと毛ガニのラグー

堀江純一郎●リストランテ イ・ルンガ

☞ **ニョッキ**

ジャガイモ*…適量
00粉…300g
卵黄…5〜6個
E.V.オリーブ油…適量
ナツメグパウダー…少量
パルミジャーノ（すりおろし）…40g

*キタアカリを収穫後、室に入れて冷温で越冬させて風味を凝縮させたもの。

① ジャガイモは皮付きのまま塩ゆでし、熱いうちに皮をむいてマッシャーでつぶす。
② ①1kgにそのほかの材料をすべて加えて混ぜ合わせ、耳たぶ程度のかたさにする。親指大に成形し、フォークの背でころがすように丸める。

11月22日 (P.351)

ジャガイモと栗粉のニョッキ ホロホロ鳥のラグー和え

西口大輔●ヴォーロ・コズィ

ジャガイモ（レッドムーン）*…250g
卵黄…1〜2個分
ナッツメッグ
グラーナパダーノ（すりおろす）
塩、コショウ…各適量
00粉…約50g
栗粉…約50g
オリーブ油…少量

*メイクイーンのように細長くて煮崩れしにくく、皮は赤みがかっていて中身は濃い黄色をしている。

① ジャガイモはゆでて皮をむき、ポテトマッシャーでつぶす。卵黄、ナッツメッグ、グラーナパダーノ、塩、コショウを加えて混ぜる。
② 00粉と栗粉を少しずつふりかけながら合わせる。カードを使い、練らずに切るようにして混ぜる。
③ 全体がなじんだら直径1.5cmほどの細長い棒状にのばしてひと口大に切り分ける。フォークにのせて指で軽く押して転がし、溝をつけながら成形する。
④ 塩を入れたたっぷりの湯（ともに分量外）に入れ、浮き上がるまで軽くゆでる。氷水にとり、すぐに引き上げて水気をきる。オリーブ油をふり、広めのバットに並べて保管する。

12月8日 (P.369)

ニョッキを詰めたムール貝 南イタリアのマンマの味で

☞ **ニョッキの生地**

ジャガイモ…500g
薄力粉…200g
パルミジャーノ・レッジャーノ…25g
全卵…1個

① ジャガイモはアルミ箔できっちりと巻き、160〜180℃のオーブンで2時間焼いて、中まで火を通す。
② 皮をむいて熱いうちに裏漉し、ふるった薄力粉、パルミジャーノ・レッジャーノ、溶いた全卵を加えて混ぜる。
③ 冷めたら、真空パックにして保存しておく。

12月12日 (P.373)

**村上農場 男爵のニョッキ
ホロホロ鳥とリードヴォーのラグー
熟成モンヴィーゾ**

山本久典●ICCA (NY)

☞ **男爵のニョッキ**

皮付きのジャガイモ…500g
強力粉(北海道産・春よ恋)…100g
卵黄…2個分
塩…少量

① 皮付きのジャガイモは岩塩とともにアルミ箔で包み、天板に並べる。180℃のオーブンで30〜40分間加熱する。
② ①の皮をむき、ポテトマッシャーでつぶしてバットに広げ、水分をとばす。
③ ②に強力粉、卵黄、塩を加えて練り、ラップフィルムで包む。室温で30分間やすませる。
④ ③を親指の先ほどの大きさに丸めて、平らにつぶして成形する。

12月20日 (P.381)

里芋のニョッキ 根菜ソース

古田 剛●オステリア アバッキオ

☞ **サトイモのニョッキ**

サトイモ…300g
中力粉(00粉)…100g
塩…適量

① サトイモは皮ごと蒸し、熱いうちに皮をむいて、冷めたらつぶす。
② 中力粉をふるって加え、塩も加える。練り、ひとまとまりになったら、直径2cmの棒状にのばし、5mm幅に切る。フォークで軽く押さえ、フォークを手前に引いて成形する。

12月28日 (P.389)

ジャガイモのニョッキ、黒トリュフ風味

斎藤智史●プリズマ

☞ **ジャガイモのニョッキ**

ジャガイモ*…300g
パルミジャーノ…10g
塩…少量
00粉(スパドーニ社)…50g
卵黄…1個

*男爵芋、メークインなど品種を問わず、粘りの少ないものを使用。

① ジャガイモは皮付きのまま柔らかくゆで、皮をむいて裏漉しする。
② ①にそのほかの材料を加えて練らないように均一に混ぜ合わせる。ひとまとめにし、約15gずつの小片に形作る。

12月31日 (P.392)

猪のラグーとそば粉のニョッキ ショウガの甘み

宮川圭輔●ラピ

☞ **ニョッキ**

そば粉…200g
ジャガイモ…600g
卵黄…2個
セモリナ粉…適量

① ジャガイモはゆでて皮をむき、熱いうちにつぶして裏漉しする。ソバ粉と卵黄を加えて混ぜ合わせ、こねる。
② 1cm幅の棒状にのばし、親指大に切る。セモリナ粉で打ち粉をして、バットに広げて冷凍する。

《ニョッケッティ》

10月13日 (P.310)

**ひよこ豆のニョケッティ
北海道産の蛸とひよこ豆のストゥファート**

星山英治●ヴィルゴラ

☞ **ひよこ豆のニョケッティ**

ヒヨコマメ粉…150g
強力粉…100g
ぬるま湯…120g
オリーブ油…適量
塩…ひとつまみ

① フード・プロセッサーに材料をすべて入れ、20分間混ぜる。
② 取り出して、太さ0.7cmの棒状にのばす。
③ 長さ1cmに切り、打ち粉をしながら丸め、中心を指で押して成型する。

《ニョッケティ・サルド》

5月26日 (P.163)

**佐島のウニと庭のカルチョーフィの
ニョケッティサルディオリスターノ風**

渡辺 明●イル・リフージョ・ハヤマ

☞ **ニョッケッティ・サルディ**

00粉(カプート社)…200g

セモリナ粉（ともにカプート社）…240g
水…200ml
オリーブ油…少量
塩…ひとつまみ
サフラン…少量

① フードプロセッサーに材料をすべて入れ、撹拌する。
② ひとまとめにしてラップフィルムで包み、冷蔵庫で約5時間ねかせる。
③ 生地を切り分け、直径2cm、長さ約10cmの棒状にのばし、1cm幅に切る。ニョッキボード（木の板に溝がついた専用の道具）に生地をのせ、親指を押しあてながら溝に平行に転がして巻き、筋の入った貝殻のような形に成形する。00粉を軽くまぶす。

《パッパルデッレ》

2月13日（P.56）

松原河内鴨もも肉と河内蓮根のラグーカカオ風味のパッパルデッレ

他谷憲司●ワイン食堂 トキワ

☞ **カカオ風味のパッパルデッレ**

強力粉…300g
セモリナ粉…200g
カカオパウダー…50g
卵黄…4個
全卵…4個
オリーブ油…少量
塩…少量

① 強力粉、セモリナ粉、カカオパウダーを合わせてふるい、卵黄、全卵、オリーブ油、塩を加えてよく練る。
② ラップフィルムで包み、冷蔵庫で一晩ねかせる。
③ パスタマシンで厚さ1mmにのばし、幅1.5cmに切る。バットに広げて乾燥させる。

3月31日（P.104）

冷製パスタ ホタルイカと春野菜のパッパルデッレ 新タマネギのエキス

西山哲平●センプリチェ

☞ **パッパルデッレ**

強力粉（「キタノカオリ100」江別製粉）…150g
セモリナ粉（カプート社）…150g
全卵…300g
卵黄…450g

水…少量

① 材料をすべて合わせ、軽くこねてひとまとめにする。ラップフィルムで包み、2時間ねかせる。
② ラップフィルムをはずし、1分間ほどこね、再びラップフィルムで包んで2時間ねかせる。
③ ラップフィルムをはずし、1分間ほどこね、表面がつるりとしたらひとまとめにしてラップフィルムで包み、冷蔵庫で1日ねかせる。
④ ラップフィルムをはずし、パスタマシンで厚さ約1mmにのばし、幅2.5cmに切る。セモリナ粉を軽くまぶして丸くまとめる。

5月21日（P.158）

ホロホロ鳥のパッパルデッレ

今井雅博●アル・チェッポ

☞ **パッパルデッレ**

セモリナ粉…200g
強力粉…400g
薄力粉…400g
ルーコラ（粗みじん切り）…適量
全卵…10個
オリーブ油…適量
塩…適量

① ルーコラ以外の材料を合わせて練る。ルーコラを混ぜ込む。パスタマシンにかけ、成形する。

6月28日（P.164）

濃厚卵で練ったパッパルデッレ 丹波黒地鶏のラグーソース炭火焼き内臓と湯河原産天然クレソン添え

濱本直希●フェリチェリーナ

☞ **パッパルデッレ**

00粉（カプート社）…500g
強力粉（「カメリヤ」日清製粉）…300g
卵黄…10個分
オリーブ油…適量
塩…少量

① 材料をすべてフードプロセッサーにかける。水分が少ないようなら卵白を足す。
② ひとまとめにしてラップフィルムで包み、冷蔵庫で半日間ねかせる。
③ ラップフィルムをはずし、生地をパスタマシンに数回通して厚さ約1.5mmにのばし、波刃のパイカッターで幅約2cmの帯状に切る。セモリナ粉（カプート社）を軽くまぶし、丸くまとめる。

12月2日 (P.363)

パッパルデッレ ウサギのスーゴで
田村 崇●オステリアイル・カント・デル・マッジョ

☞ **パッパルデッレ**

強力粉（「イーグル」日本製粉）…100g
全卵…1個
E.V.オリーブ油…大さじ1
塩…少量

① 材料をすべて混ぜ合わせ、なめらかになるまでこねる。ラップフィルムで包み、5〜10分間やすませる。
② ①をパスタマシンでのばし、三つ折りにして再度のばす。これを3回ほどくり返し、約0.5mmの厚さにのばす。包丁で約2cm幅に切り分ける。

12月4日 (P.365)

フォアグラとブロッコリー、アーモンドのパッパルデッレ
リストランテ オッツィオ●辻 智一

☞ **パッパルデッレ**

00粉…500g
全卵…5個
水…適量

① 粉をふるい、そのほかの材料を混ぜ合わせて15分間こねる。
② ラップフィルムをかぶせて冷蔵庫で30分間やすませる。
③ 生地をのばし、網の上にのせて冷蔵庫で半日ほど乾燥させる。折りたたんで包丁で約2cm幅に切る。

《ピサレイ》

6月10日 (P.179)

ピサレイ カルチョーフィのピュレとフリット添え
芝先康一●リストランテ シーヴァ

☞ **ピサレイ**

セモリナ粉（「デュラム小麦 セモリナ」雪和食品）…750g
強力粉（「カメリヤ」日清製粉）…500g
パン粉…180g
全卵…1個
水…540g
オリーブ油…大さじ1

① 鍋にパン粉と水を入れて沸かす。
② セモリナ粉、強力粉、全卵、オリーブ油をフード・プロセッサーで撹拌する。①を加え、さらに撹拌する。
③ ひとまとまりになったら、直径約1cmの棒状にのばす。端から幅1cmに切り、ニョッキをつくる要領で成形する。強力粉を軽くまぶす。

《ビーゴリ》

トルキオ：ビーゴリ専用の圧搾器。生地を詰めたら、ねじ式のハンドルを回して圧搾し、ダイス（抜き穴）からにょろにょろと押し出して成形する。

7月11日 (P.212)

ペペロンチーノを練り込んだビーゴリ 仔羊と夏野菜のラグーソース
横江直紀●ラパルタメント ディ ナオキ

☞ **ペペロンチーノを練り込んだビーゴリ**

00粉（モリーニ社）…225g
セモリナ粉（ムリーノ・マリーノ社）…25g
カイエンヌペッパー…2g
全卵…17g
塩…少量
オリーブ油…少量

① ミキサーボウルに00粉、セモリナ粉、カイエンヌペッパー、塩を入れる。溶いた全卵を加えながら、低速で軽く混ぜ合わせる。
② 真空パックにし、すぐに袋を開封する。再度真空パックにし、冷蔵庫で一晩ねかせる。
③ 袋から生地を取り出し、パスタマシンに数回通す。真空パックにし、冷蔵庫で一晩ねかせる。
④ 袋から生地を取り出して軽くこね、トルキオのシリンダーに入る太さの筒形に整える。生地をトルキオに詰めて絞り出し、25cmの長さになったら包丁でカットして、丸くまとめる。

11月9日 (P.338)

京都美山産アライグマとポルチーニ茸のラグー 蓮根を練り込んだビーゴリ マイクロコリアンダーの繊細な香り
吉岡正和●祇園245

☞ **蓮根を練り込んだビーゴリ**

フランスパン用準強力粉（「ジェニー」日本製粉）…250g
レンコンの粉末（解説省略）…20g

卵黄…6個
ぬるま湯…30g
E.V.オリーブ油…少量
塩…少量

① 卵黄、ぬるま湯、E.V.オリーブ油、塩を混ぜる。
② ボウルに準強力粉とレンコンの粉末を入れ、①を少しずつ加えながら混ぜ、手でこねる。
③ ひとまとめにして真空パックにし、冷蔵庫で約1時間やすませる。
④ 袋から生地を取り出して約10分間こねる。再度真空パックにして、冷蔵庫で約1時間やすませる。
⑤ 袋から生地を取り出して軽くこね、トルキオのシリンダーに入る太さの筒形にする。トルキオに生地を詰めて絞り出し、30cmの長さになったら包丁でカットして準強力粉をまぶし、丸くまとめる。

4月27日 (P.132)

ビーゴリの玉ネギとアンチョビのソース

11月24日 (P.353)

ビゴリのブーザラ風味

西口大輔●ヴォーロ・コズィ

☞ ビーゴリ

全粒粉…300g
00粉…200g
全卵…1個
卵黄…8個分
E.V.オリーブ油…5㎖
ぬるま湯…80㎖
セモリナ粉…少量

① 全粒粉と00粉をボウルに入れ、全卵、卵黄、E.V.オリーブ油を加え混ぜる。まとめながら硬さを確かめ、ぬるま湯を少しずつ加えてこねる。
② 真空パックにし、一晩冷蔵庫でねかせる。
③ トルキオで絞り出し、25cmの長さになったら切る。セモリナ粉をまぶす。

1月22日 (P.30)

ビーゴリ、ホロホロ鳥の内臓とうずら豆のラグー

☞ ビーゴリ

有馬邦明●パッソ・ア・パッソ

強力粉（北海道の地粉）…200g
セモリナ粉（グラノーロ社）…300g
ハタケシメジの粉末…30g

全卵…4個
オリーブ油…少量
塩…少量

つくり方解説省略。水分を最小限に抑えて練り、コシの強い、歯ごたえのある生地とする。休ませた後、専用器にかける。ちぎれやすいので、ゆでるときには手でばらしながら塩湯に入れ、表面が固まってから混ぜるようにする。

2月5日 (P.48)

フォアグラの脂でソテーした黒キャベツのビーゴリ

宮川圭輔●ラピ

☞ ビーゴリ

強力粉…600g
セモリナ粉…600g
全卵…10個
米油…少量
塩…少量

① 強力粉とセモリナ粉はふるって合わせ、全卵、塩、微量の米油を加えて混ぜ合わせる。
② ひとまとめにしてラップフィルムで包み、一晩やすませる。
③ トルキオで製麺する。セモリナ粉をふり、表面を軽く乾燥させる。

8月1日 (P.234)

ビーゴリ 伊勢海老、イカ、岩ガキ、ムール貝、アサリとポルチーニで

林 亨●トルッキオ

☞ ビーゴリ

強力粉…1300g
セモリナ粉…700g
全卵…50g
卵白…240g
水…420㎖
塩…5g
オリーブ油…50㎖

つくり方解説省略。全粒粉入りのビーゴリもつくるが、これは強力粉にセモリナ粉を配合した「白生地」。水分量を抑え、空気もなるべく入らないように練ってがっちりとした生地にまとめ、強いグルテンを形成。ざらつきや噛みごたえを強調するならセモリナ粉、コシを強調するなら強力粉、つるんとした食感を出すなら卵白の配合を増やしている。

9月11日 (P.276)

ビーゴリのカッソ・ピーパ

西口大輔●ヴォーロ・コズィ

☞ **ビーゴリ**

全粒粉（マリーノ社）…300g
00粉（マリーノ社）…200g
全卵（L玉）…1個
卵黄（L玉）…8個
E.V.オリーブ油…5㎖
ぬるま湯…50㎖

① 全粒粉と00粉をふるいにかけずにボウルに入れ、全卵、卵黄、E.V.オリーブ油を加える。指先でかき混ぜ、そぼろ状になってきたら、手のひらで押しつけながら少しずつまとめていく。かたさを感じたらぬるま湯を加える。
② 粉と水分がなじんで湿っぽくなったら、こね台に取り出す。10〜15分間、両手で力を込めてこねる。最初はボロボロと崩れるので、それらを集めながらひとつにまとめていく。生地がかなりかたいので、ときどき、手のひらを水で湿らせるとやりやすい。こねあがりは表面が多少ひび割れていてもよい。直方体に整え、真空パックにして冷蔵庫で1日休ませる。
③ 生地を半分に切り分け、軽くこねてトルキオに入る太さの筒形に整える。ビーゴリ用のダイスを器具にセットして生地を詰める。
④ 絞り出し口の下にセモリナ粉入りのボウルを置く。ハンドルを回転させて生地を絞り出し、25cmの長さになったら包丁でカットしてボウルに落とし、セモリナ粉をまぶす。
⑤ バットに布巾を敷いてセモリナ粉をふり、ビーゴリを1人分（70g）単位で束ね、二つ折りにしてねじって並べる。上からも布巾をかけて冷蔵庫で保管し、その日のうちに使いきる。

10月27日 (P.324)

ヴェネト風ビーゴリ

斎藤智史●プリズマ

☞ **ビーゴリ**（でき上がり約250g）

00粉（カプート社）…125g
卵黄…3個分
ぬるま湯…15㎖
牛乳…15㎖
E.V.オリーブ油…5㎖
塩…1g

① 00粉（カプート社）をボウルに入れ、塩、E.V.オリーブ油、卵黄、ぬるま湯、牛乳の順に加え、指先でかき混ぜる。
② ボロボロとした状態になってきたら両手でこすり合わせながら、少しずつまとめていく。かたさによって適宜、水と牛乳を加える（分量外）。
③ ひとかたまりになったら、打ち粉（00粉）をしたこね台に取り出し、手のひらの付け根で押し広げながら、表面がつるっとして光沢がでるまで3分間ほどよくこねる。
④ ラップフィルムで包んで筒形に整え、冷凍庫で3〜6時間休ませて生地を落ち着かせる。
⑤ 軽くこねて細い筒形に整え、4等分に切る。トルキエット（ミンサーと同様の構造をした製麺器）に詰め、親指で生地を強く押さえながらハンドルを回して絞り出す。
⑥ 25cm長さに切ってバットなどに並べ、セモリナ粉をまぶす。パスタ同士がくっつかなくなるまで、しばらくおいて乾かす。
⑦ 1人分（60g）ずつ束ねて二つ折りにし、ラップフィルムでぴったりと包んで冷凍庫で凍らせ、保管する。翌日、または翌々日に使う。

10月26日 (P.387)

ビーゴリのホロホロ鳥のラグー

奥村忠士●アカーチェ

00粉（カプート社）…300g
全粒粉…80g
全卵…3個
水…大さじ1/2
塩…2g
E.V.オリーブ油…10㎖

つくり方解説省略。00粉を主体に全粒粉を約2割ブレンドし、ビーゴリらしい力強い風味と、生地のなめらかさのバランスをとっている。生地はこねて休ませたあと、いったんパスタマシンで3回ほど伸ばし、コシを強めてからトルキオにかける。

12月29日 (P.390)

ビーゴリ、真イワシと黒キャベツのマントヴァ風

藤田政昭●ラチェルバ

☞ **ビーゴリ**

セモリナ粉…50g
強力粉…300g
全卵…3個
塩…8g
オレガノ…適量
黒コショウ…適量

① 材料をすべて混ぜ合わせ、まとまる程度にこねる。
② パスタマシンで扱いやすい厚さにのばし、筒状に巻いてラップフィルムで包む。冷蔵庫で半日間やすませる。
③ トルキオで製麺する。

9月18日 (P.283)

ライ麦のビーゴリー
去勢鶏とトランペットジロールのラグー
岩坪 滋●イル プレージョ

☞ ライ麦のビーゴリー

ライ麦粉…400g
00粉…200g
全卵…4個
牛乳…50g
塩…6g

① 材料をすべて合わせ、よくこねてひとまとめにする。
② 真空パックにし、半日〜1日間やすませる
③ パスタマシンにかけて厚さ3mmにのばし、トルキオに入る大きさに丸める。トルキオに詰めて、絞り出す。1人分ずつ束ね、バットなどに並べて冷凍保存する。

《ピーチ》

1月5日 (P.16)

地の魚介のラグーと庭のバジルのピーチ
渡辺 明●イル・リフージョ・ハヤマ

☞ ピーチ

00粉（カプート社）…500g
湯…220㎖
卵白…1個分
塩…少量

① 材料をすべて合わせてフード・プロセッサーで撹拌する。
② ひとまとめにしてラップフィルムで包み、冷蔵庫で約5時間ねかせる。
③ 約7.5cmの長さの棒状に切り、両手のひらを使って台上で転がしながら直径3〜4mm、長さ約30cmのひも状にのばす。00粉を軽くまぶして丸くまとめる。

2月6日 (P.49)

ピーチのオリーブオイルと
ペコリーノ・トスカーノ

10月12日 (P.309)

ピンチのアリオーネ
渡邊雅之●ヴァッカ・ロッサ

強力粉（「カメリア」日清製粉）…260g
ぬるま湯（人肌くらいの温度）…100㎖
オリーブ油…少量
塩…ひとつまみ

① ボウルにぬるま湯、オリーブ油、塩を入れてフォークで混ぜて塩を溶かす。
② 強力粉を入れて混ぜる。ある程度まとまったら、手でこねてまとめる。
③ バットに移し、平らにする。オリーブ油（分量外）を表面にまぶし、1時間〜1時間半やすませる。
④ 生地の端を3〜4mm幅にカットし、打ち粉をして木製のこね台に置く。生地の端を引っ張り、同時に台上で生地を転がしながら細長く伸ばしていく。人数分（1人分60g）ができたら、すぐに1分半〜2分間ゆでる。湯に入れてすぐに混ぜると麺が伸びるので、しばらくして表面が固まってから混ぜる。

2月22日 (P.65)

ピーチのフィノッキオーナのソース
伊藤延吉●リストランテ・ラ・バリック・トウキョウ

00粉（マリーノ社）…500g
ぬるま湯…200g
塩…5g
E.V.オリーブ油…5㎖

つくり方解説省略。より風味のある石挽きの00粉を使用し、水分はやや少なめに配合。伸ばした生地をキタッラの器具（幅5㎜）でカットし、でき上がった麺を手で軽く転がしてかどを丸くしている。

3月27日 (P.100)

ピーチ、馬ハラミと山葵のラグー
有馬邦明●パッソ・ア・パッソ

強力粉（北海道産地粉）…500g
水（中硬水）…200㎖
塩、オリーブ油…各少量

つくり方解説省略。強力粉（北海道産地粉）、塩、オリーブ油、中硬水を合わせて手打ちする。ピーチの醍醐味はうどんのような歯ごたえにあるととらえ、強力粉のみを使って、強いコシとつるんとした舌ざわりを出している。

4月2日 (P.107)

**ガーリック・アンチョヴィーオイルで和えた
冷たいピーチ 桜海老のフリット
フレッシュトマトと赤ピーマンのパッサート**

辻 智一●リストランテ オッツィオ

☞ ピーチ

強力粉…2kg
セモリナ粉…700g
ぬるま湯…1.2〜1.3ℓ

① 粉類はふるって合わせ、ぬるま湯を加えて15分間こねる。ラップフィルムで包み、冷蔵庫で30分間やすませる。
② のばしてパスタカッターで細く切り、台に並べる。両手のひらを使い、転がすようにしてさらに長くのばす。

6月30日 (P.199)

淡路産鱧と鱧子、夏野菜のピーチ

藤田政昭●ラチェルバ

☞ ピーチ

00粉（ムリーノ・マリーノ社）…500g
水…170〜185g
塩…12g

① 材料をすべて混ぜて練り合わせる。空気が入らないようにラップフィルムで二重に包み、冷蔵庫に入れる。
② 1時間ほどしたら冷蔵庫から取り出してラップフィルムをはずし、数回折りたたむようにして、適度にこねる。再度ラップフィルムで二重に包んで冷蔵庫へ入れる。この作業を計3回ほどくり返す。
③ 平らにし、包丁で約1cm幅に切り分ける。両端をつまんでのばしながら、手のひらで転がして、ピーチに成形する。
④ 1皿分（125g）ずつ分け、麺同士がくっつかないよう00粉をまぶす。ラップフィルムをかぶせて、注文が入るまで冷蔵庫に入れておく。

10月2日 (P.299)

フレッシュトマトと唐辛子のピーチ

渡邊雅之●ヴァッカ・ロッサ

強力粉…300g
ぬるま湯…220mℓ
塩…1g
E.V.オリーブ油…少量

① ふるった強力粉に塩を合わせ、ぬるま湯を少しずつ注ぎながら、フォークで生地を混ぜる。E.V.オリーブ油を加えたら、手で10回ほどこねる。
② 表面がなめらかになったら生地をまとめ、最低1時間ねかせる。
③ 打ち粉をし、スケッパーで生地を10gずつ細長く切り出し、左手で引っ張りながら右手で擦って直径3mmほどのひも状に成形する。

10月8日 (P.305)

**ピーチのトマトソース、
燻製したリコッタチーズがけ**

奥村忠士●アカーチェ

00粉（カプート社）…200g
強力粉（「カメリヤ」日清製粉）…200g
水…190mℓ
塩…2g
E.V.オリーブ油…10mℓ

① ボウルに粉と塩を入れてフォークで混ぜ、水とオリーブ油を加えてさらに混ぜる。水分が粉に吸収されたら、こね台にあける。周りの粉を集めながら両手で強く押さえ、ひとつの固まりにまとめていく。
② 少しずつ回転させながらこねて、コシを引き出す。こね上げの目安は、生地をつまんで引っ張ると少し伸びるようになるまで。
③ ボール状に整えてラップフィルムで二重に包み、冷蔵庫で最低2時間、理想的には約8時間休ませる。
④ 休ませたら生地の形を整えるためにパスタマシンに通す。まず目盛りNo.10で2回、次に三つ折りにしてNo.9で2回通して、1cm厚さにする。その間、適宜打ち粉をする。
⑤ 包丁で1cm幅に切り分け、ラップフィルムを敷いたバット上に並べる。上からもラップをかけて冷蔵庫で約1時間休ませる。
⑥ 打ち粉をしていないスペースに生地を横におき、1本ずつ手のひらで転がして、直径3mmの太さになるように伸ばしていく。転がすときに打ち粉をすると滑ってやりにくいので、水を湿らせた布巾にときどき手を当て、湿らせてやるとよい。
⑦ 伸ばした生地を長さ12〜13cmごとにちぎり、打ち粉の上に重ならないように並べる。転がして粉をまぶす。1人分（30〜35g）ずつ丸め、バットに並べる。
⑧ 1時間ほどおいて表面が少し乾いてきたらそのまま冷凍庫に1〜2時間入れ、凍ったところでビニール袋に詰め直して保管する。1週間以内に使いきる。

11月11日 (P.340)

ピーチのマッシュルームのラグー
アカーチェ●奥村忠士

☞ **ピーチ**

00粉（カプート社）…400g
水…190㎖
E.V. オリーブ油…10㎖
塩…2g

① ボウルに00粉と塩を入れてフォークで混ぜ、水とE.V.オリーブ油を加えてさらに混ぜる。水分が行きわたったら、台にあける（まとまっていなくてよい）。
② 周りの粉を集めながら両手で強く押さえ、ひとつの固まりにまとめていく。さらに少しずつ回転させながらこねて、コシを引き出す。かたくてこねにくい場合は、手を水で濡らす。生地をつまんで引っ張ると少し伸びるようになったら、こねあがりの目安。ボール状に整えてラップフィルムで二重に包み、冷蔵庫で最低2時間、できれば約8時間休ませる。
③ やすませたら生地の形を整えるためにパスタマシンに通す。まず目盛りNo.10で2回、次に三つ折りにしてNo.9で2回通して、1cm厚さにする。その間、適宜打ち粉をする。
④ 包丁で1cm幅に切り分け、ラップフィルムを敷いたバット上に並べ、上からもラップをかけて冷蔵庫で約1時間休ませる。
⑤ こね台の端に小麦粉で打ち粉をしておく。打ち粉をしていないスペースに生地を横におき、1本ずつ手のひらで転がして、直径3mmの太さになるよう伸ばしていく。転がすときに打ち粉をすると滑ってやりにくいので、水で湿らせた布巾にときどき手を当て、湿らせてやるとよい。
⑥ 伸ばした生地を長さ12～13cmごとにちぎり、打ち粉の上に重ならないように並べる。転がして粉をまぶす。1人分（30～35g）ずつに丸め、バットに並べる。
⑦ 1時間ほどおいて表面が少し乾いてきたらそのまま冷凍庫に1～2時間入れ、凍ったところでビニール袋に詰め直して保管する。1週間以内に使いきる。

11月17日 (P.346)

直江津産アミ漁の真鴨のラグーのピンチ
渡邊雅之●ヴァッカ・ロッサ

☞ **太めのピーチ**

強力粉…300g
塩…1g
ぬるま湯…220㎖
E.V. オリーブ油…少量

① 強力粉はふるい、塩を混ぜる。ぬるま湯を少しずつ注ぎながら、フォークで生地を混ぜる。E.V.オリーブ油を少量加え、手で約10回こねる。表面がなめらかになったらひとまとめにし、1時間以上ねかせる。
② 生地に打ち粉をし、スケッパーで20gずつ細長く切り出す。生地を台に乗せ、片端を左手で引っ張りながら右手で数回転がしてのばし、直径1cmほどのひも状に成形する。

12月5日 (P.366)

猪のラグーのピーチ ルーコラを添えて
林 亨●トルッキオ

強力粉…280g
ぬるま湯…160㎖
塩…2g
オリーブ油…28㎖

つくり方解説省略。ねっちり、モチモチとした生地。成形は生地を厚さ8mmに伸ばしておよそ8cm×3mmにカットし、1本ずつ手で約30cmの長さに伸ばす。オリーブ油を加えると伸びがよくなり、成形しやすくなる。

12月15日 (P.376)

ピーチ、トマトソースのアマトリチャーナ
斎藤智史●プリズマ

00粉（カプート社）…400g
セモリナ粉…180g
卵白…80g
ぬるま湯…150㎖
E.V. オリーブ油…10㎖
塩…2g

つくり方解説省略。00粉にセモリナ粉を混ぜる手法をつかい、通常余りがちな素材の卵白を有効利用してコシを出す。作業効率を考え、キタッラの器具（3.5mmの面）で切った生地を手で軽く転がして丸くしている。

《ピンチ》

12月13日 (P.374)

アミアータ風のピンチ
ヴァッカ・ロッサ●渡邊雅之

☞ **ピンチ**

強力粉(「カメリア」日清製粉)…260g
ぬるま湯(人肌くらいの温度)…100mℓ
オリーブ油…少量
塩…ひとつまみ

① ボウルに人肌のぬるま湯、オリーブ油、塩を入れてフォークで混ぜて塩を溶かす。強力粉を加えて混ぜる。ある程度まとまったら、手でこねてひとまとまりにし、台の上に移してこねてまとめる(ここまで3分もかからない)。
② バットに移し、平らな形にする。オリーブ油(分量外)を表面にまぶす。ラップフィルムをかけて室温で1時間〜1時間半休ませる。休ませると、生地全体がなめらかになり、もっちりとやわらかくなる。
③ オーダーが入ったら、生地にかけたラップフィルムの手前をめくり(乾燥させないよう、全部ははずさない)、生地の端をスケッパーで約3〜4mm幅にカットし、スケッパーにのせて素早く取り出す。
④ 両端を両手でつまんで伸ばし、打ち粉をした台に置く。左手で生地の端を引っ張り、同時に右手で生地を台上で転がしながら細長く伸ばす。1m50cmほどに伸ばしたら、すぐに扱いやすい長さに折りたたむ。作業は手早く行うこと。
⑤ セモリナ粉をふったバットに、重ならないように置き、オーダーの入った人数分をのばし終えたら、すぐに1分半〜2分間ゆでる。ゆでる際は、湯に入れてすぐに混ぜると麺が伸びるので、しばらくして表面が固まってから混ぜる。

※上記の生地をスケッパーで幅約1cmにカットし、約65cmに伸ばすと太めのピーチになり、切り出した生地を短く切って両端からひねるとウンブリチェッリに、短く切って親指でつぶすとニョッケッティになる。

《ファルファッレ》

7月8日 (P.209)

牛トリッパのトマト煮込みとゴーヤのファルファッレ
湯本昌克●シエロ アズッロ

☞ **ファルファッレ**

強力粉(「カメリア」日清製粉)…200g
全卵…110g(卵白を多めに入れる)
塩…3g
E.V.オリーブ油…小さじ1

① 材料をすべて練り合わせる。ビニール袋に入れて空気を抜き、常温で15〜20分間おく。
② ビニール袋から取り出してこね、再度ビニール袋に入れて常温で15〜20分間おく。この作業を計3回ほどくり返す。
③ ビニール袋に入れた状態で冷蔵庫へ入れ、半日以上ねかせる。
④ 生地をビニール袋から取り出し、パスタマシンにかけて約2mmの厚さにする。波の刃のパイカッターで約3cm角の正方形に切り分ける。生地の中央部分から向こう側を折り、左右の端を手前に折って、ひだの上部だけグッとつまんでくっつけ、ファルファッレとする。

《フェットゥッチーネ》

1月12日 (P.23)

カーチョ・エ・ペペ
辻 大輔●コンヴィーヴィオ

☞ **フェットゥッチーネ**

フランスパン用準強力粉(「リスドオル」日清製粉)…800g
セモリナ粉(「デュラム小麦セモリナ」雪和食品)…250g
全卵…5個
卵黄…9個
水…適量
E.V.オリーブ油…適量
塩…適量

① 材料をすべてボウルに入れ、手でしっかりと混ぜ合わせる。
② ひとまとめにして真空パックにし、半日間以上冷蔵庫でねかせる。
③ 常温にもどし、生地を袋から出す。パスタマシンに数回通して厚さ1.5mm程度にのばし、包丁で1.5cm幅の帯状に切る。セモリナ粉を軽くまぶして丸くまとめる。

5月23日 (P.160)

フェットチーネ カルチョーフィのコンフィとボッタルガ ピスタチオの香り
岡野健介●リストランテ カシーナ カナミッラ

☞ **フェットゥッチーネ**

00粉(ムリー・マリーノ社)…500g

セモリナ粉（ムリー・マリーノ社）…50g
全卵…250g
塩…10g

① 材料をすべて合わせ、よくこねる。
② ひとまとめにしてラップフィルムで包み、冷蔵庫で一晩ねかせる。
③ ラップフィルムをはがし、生地をパスタマシンに数回通して厚さ約1.5mmにのばし、包丁で約1cm幅の帯状に切る。セモリナ粉と米粉を軽くまぶして丸くまとめる。

4月6日 (P.111)

レモンを練り込んだフェットチーネ スカンピのレモンバター風味
京 大輔●コルニーチェ

☞ **レモンを練り込んだフェットチーネ**

強力粉…400g
セモリナ粉…200g
レモンの皮（すりおろし）…3個分
レモン果汁…1/2個分
全卵…5個
E.V. オリーブ油…適量
塩…少量

① 材料をすべて混ぜ合わせてツヤが出るまでよく練る。ラップフィルムに包んで一晩ねかせ、翌日パスタマシンで成形する。

5月3日 (P.140)

近海でとれた海老と マスカルポーネチーズのフェットチーネ
山田直喜●リストランテ カステッロ

☞ **フェットチーネ**

セモリナ粉…1.2kg
強力粉（0粉）…800g
全卵…8個
卵黄…10個分
塩…少量
E.V. オリーブ油…15㎖
水…70㎖

① ボウルに粉類をふるって入れ、全卵と卵黄を加えて混ぜ合わせる。塩、E.V. オリーブ油、水を加えてよく練り、3～6時間ほど冷蔵庫でねかせる。
② パスタマシンでのばし、幅8～10mmにカットする。

《ブシアーティ》

10月18日 (P.315)

ブシアーティ マグロホホ肉の軽いラグー和え
小池教之●オステリア・デッロ・スクード サポーリ アンティキ

☞ **ブシアーティ**

00粉…250g
セモリナ粉…250g
ぬるま湯（40～42℃程度）…200㎖
塩…ひとつまみ

① 00粉とセモリナ粉をふるって合わせ、塩を溶いたぬるま湯を加え、細かいそぼろ状になるまで混ぜ合わせる。30分間やすませる。
② 全体に水分がまわったらこねる。耳たぶ程度のかたさになり、表面がなめらかになったらラップフィルムで包んでやすませる。
③ 適宜に切り分けて棒状にのばし、竹串などに巻きつける。軽く押しながらころがして成形する。竹串を抜き、食べやすい長さに切る。1人分ずつ冷凍しておく。

《ブシャーテ》

5月17日 (P.154)

ブシャーテ タコラグーとセロリ風味
樋口敬洋●ロットチェント

☞ **ブシャーテ**

セモリナ粉…700g
強力粉…500g
全卵…8個
卵黄…2個
E.V. オリーブ油…20g
塩…3g

① 材料をすべて混ぜ合わせてこねて、ひとまとめにする。
② 真空パックにし、一晩やすませる。
③ パスタマシンで厚さ2mmにのばし、幅8mmのひも状にカットする。金串に、すき間ができないようにらせん状に巻きつけ、少し乾燥させてから金串を抜く。

《フレーグラ》

6月25日 (P.194)

貝類とチェリートマトのフレーグラ

馬場圭太郎●タロス

☞ フレーグラ

セモリナ粉(粗挽き)…適量
セモリナ粉(細挽き)…適量
水…適量

① 粗挽きのセモリナ粉1に対して細挽きのセモリナ粉4を合わせる。水を加えて生地がまとまらないようにかき混ぜながら、手のひらで転がして粒状に形作る。
② 天板に広げて90℃のオーブンで乾かす。

《マッケロンチーニ》

3月4日 (P.77)

マッケロンチーニ 春の野菜と蒸しアワビ、その肝のソース

浅井努●トム クリオーザ

☞ マッケロンチーニ

強力粉(「はるゆたかブレンド」江別製粉)…800g
セモリナ粉(エコファームアサノ社)…200g
卵白…280g
オリーブ油…30g
塩…ひとつまみ

① 材料をすべて合わせ、よくこねる。
② ひとまとまめにし、真空パックにして冷蔵庫で1~2日ねかせる。
③ 生地を袋から出し、パスタマシンで厚さ1.5mm強にのばす。パイカッターで2.5cm角の正方形に切る。セモリナ粉を軽くまぶし、ペッティネで成形する。

3月7日 (P.80)

スカンピとペコリーノであわせた
マッケロンチーニイカスミのグリッシーニ添え

岡野健介●リストランテ カシーナ カナミッラ

☞ マッケロンチーニ

セモリナ粉(ギャバン)…250g
水…125mℓ
塩…10g

① 材料をすべて合わせ、よくこねる。
② ひとまとめにしてラップフィルムで包み、冷蔵庫で1時間ねかせる。
③ 生地をパスタマシンに数回通して厚さ約5mmにのばし、1cm×5mm程の大きさに切る。金属製の棒を押し当てながら巻き、棒を抜く。セモリナ粉と米粉をまぶす。

6月9日 (P.178)

マッケロンチーニのカルボナーラ ローマ風

伊沢浩久●アンビグラム

☞ マッケロンチーニ

セモリナ粉(カプート社)…300g
薄力粉(「バイオレット」日清製粉)…450g
全卵…4個
卵黄…8個

① ミキサーボウルに材料をすべて入れ、中速でよく混ぜ合わせる。
② ひとまとめにして真空パックにし、一晩冷蔵庫でねかせる。
③ 袋から生地を取り出し、トルキオのシリンダーに入る太さの筒形に整える。マッケロンチーニ用のダイスをシリンダーの底にセットして生地を詰め、絞り出す。長さ30cmになったら包丁でカットする。風通しのよい場所に置いて生地をある程度乾かしてから長さ4~5cmに切る。セモリナ粉を軽くまぶす。

《マッケローニ》

7月22日 (P.223)

ブロンテ産ピスタチオと海老のマッケローニ

横井拓広●トラットリア イルフィーコディンディア

☞ マッケローニ

セモリナ粉(「セモリナ」昭和産業㈱)…400g
ぬるま湯(約42℃)…170cc

① セモリナ粉とぬるま湯を合わせ、よくこねる。
② 水分が行きわたったらひとまとめにしてラップフィルムに包み、常温で30分間ほどねかせる。
③ 四等分にし、セモリナ粉で打ち粉をした台で棒状に伸ばし親指くらいの大きさにちぎる。竹串を生地にのせ、生地を竹串に巻きつけるように両手の手のひらで転がし、筒状に成形する。生地同士がくっつかないよう打ち粉をして、バットに並べ冷凍する。

《マルタリアーティ》

4月4日（P.109）

丹波産イノシシのラグー
吉野産ヨモギのマルタリアーティ

堀江純一郎●リストランテ イ・ルンガ

☞ ヨモギのマルタリアーティ

ヨモギの葉（奈良県吉野産）…適量
00粉…750g
セモリナ粉…250g
全卵…2個
卵黄…8個
E.V. オリーブ油…適量
塩…少量

① ヨモギの葉はやわらかくなるまで塩ゆでする。水気を絞り、フード・プロセッサーで回してピュレにする。
② 00粉、セモリナ粉、①のピュレ250〜300g、全卵、卵黄、塩、E.V. オリーブ油を混ぜて5分間ほどこねる。ラップフィルムで包み、冷蔵庫で1時間やすませる。
③ ②をくり返しパスタマシンに通して、薄くのばす。幅20cmに切り出して四つ折りにする。
④ 右下角の1cmほど上の位置から斜め左上に向かって包丁を入れ、三角形を切り出す。続いて、その斜め左上の角より1cmほど右の位置に縦に包丁を入れ、台形を切り出す。これを交互にくり返して切り出す。

11月28日（P.357）

トリッパ

平 雅一●ドンブラボー

☞ マルタリアーティ

00粉（カプート社）…180g
セモリナ粉（モンテフィオーレ・ファリーナ ディ セモラ社）…60g
牛乳…320〜330g
オリーブ油…少量
塩…少量

① 材料を合わせてこねる。
② 真空パックにし、冷蔵庫で1日ねかせる。厚さ2mmにのばす。

《メッザルーナ》

9月30日（P.295）

じゃがいものメッザルーナ、
ノッチョーラの香りのパスタで包んで

黒羽 徹●リストランテ プリマヴェーラ

☞ メッザルーナの生地

00粉…250g
ジャガイモ（ゆでて裏漉ししたもの）…80g
ヘーゼルナッツペースト…50g
全卵…1個
卵黄…1個分
塩…ひとつまみ

① 00粉、ゆでて裏漉ししたジャガイモ、ヘーゼルナッツペースト、塩を合わせる。全卵と卵黄を加え、生地がなめらかになるまでよく手でこねる。
② 真空パックにし、半日ほど冷蔵庫でねかせる。
③ パスタマシンでのばし、三つ折りにすることをくり返す。生地がなじんだら厚さ2mmにのばし、直径7cmの丸型で抜く。

《ラヴィオリ》

1月29日（P.40）

和牛牛頬肉の赤ワイン煮とクリーミーな
自家製リコッタを詰めたドッピオラヴィオリ、
百合根、パルメザンチーズと
カヌレの旨味と苦味

仲本章宏●リストランテ ナカモト

☞ ドッピオラヴィオリの生地

セモリナ粉（イマフン社）…350g
E.V. オリーブ油…30g
卵黄…295g

① セモリナ粉をボウルに入れて、E.V. オリーブ油を加え、卵黄の1/3量を加えて混ぜる。そぼろ状になるように指と指の腹をこすり合わせる。
② ①に、残りの卵黄を5回に分けて少量ずつ加え、そのつど、指と指をこすり合わせるようにしてそぼろを少しずつ大きくしていく。
③ 最終的にそぼろをひとまとめにし、ラップフィルムで包んで2日間冷蔵庫で熟成させてから使いはじめる。
④ パスタマシンで厚さ1mmにのばす。

2月16日 (P.59)

鮑と海老を詰めたラヴィオリ
岡谷文雄●ロッシ

☞ **ラヴィオリ生地**

強力粉（「ファリーナ ルスティカ」日清製粉）…500g
全卵…4個
塩…少量

① 材料をすべて混ぜ合わせ、コシが出るまでこね、やわらかめに仕上げる。かたければ水を加えて調整する。
② ひとまとめにしてラップフィルムで包み、冷蔵庫に2～3時間おく。
③ パスタマシンで厚さ約1mmにのばす。

3月23日 (P.96)

アーリオ・オーリオをちがった表現で
小松岳史●レストラン San

☞ **ラヴィオリ生地**

プレーン生地
　強力粉（北海道産・キタノカオリ）…90g
　セモリナ粉…90g
　卵白…1個分
　水…40g
　E.V. オリーブ油…適量
　塩…適量
パセリの生地
　強力粉（北海道産・キタノカオリ）…90g
　セモリナ粉…90g
　卵白…1個分
　パセリのピュレ（解説省略）…40g
　E.V. オリーブ油…適量
　塩…適量

① プレーン生地を作る。強力粉とセモリナ粉を合わせ、そのほかの材料を加え混ぜ合わせる。
② ひとまとめにしてラップフィルムで包み、室温で30分間やすませる。
③ ラップフィルムをはずして軽く練り、再度ラップフィルムで包んで冷蔵庫で一晩ねかせる。
④ パスタマシンで厚さ1mmにのばし、横半分に切る。
⑤ ①～④と同様にしてパセリ生地をつくる。

3月28日 (P.101)

鰺ヶ沢ジャージー仔牛レヴァーと
ジャージー乳自家製チーズのWラヴィオリ
笹森通彰●オステリア エノテカ ダ サスィーノ

☞ **ラヴィオリの生地**

セモリナ粉…400g
薄力粉…100g
全卵（烏骨鶏）…300g
塩…ふたつまみ

① 材料を合わせてこねる。袋に入れて真空パックにし、冷蔵庫で12時間やすませる。

5月2日 (P.139)

新じゃがのラヴィオリ
鳩の煮込みとカルチョフィのソース
藤田政昭●ラチェルバ

☞ **ラヴィオリの生地**

小麦粉…320g
全卵…2個
卵黄…2個
E.V. オリーブ油…適量
塩…6g

① 材料をすべて合わせ、全体がまとまる程度に混ぜる。ラップフィルムに包んで冷蔵庫で2時間やすませる。

6月2日 (P.171)

ブローデットを詰めたラビオリ
尾鷲産魚介とバジリコのソース
佐藤 護●トラットリア ピッコローレ ヨコハマ

☞ **ラヴィオリの生地**

00 粉（カプート社）…200g
セモリナ粉…100g
トマトパウダー…55g
全卵…2個
オリーブ油…適量
塩…適量

① フード・プロセッサーに材料をすべて入れ、そぼろ状になるまで撹拌する。
② ひとまとめにして真空パックにし、冷蔵庫に一晩おく。
③ パスタマシンで厚さ約1mmにのばし、直径3.5cmのセルクルで抜く。

7月26日 (P.227)

ウイキョウを詰めたラヴィオリ
鮎とそのインテリオーラソース
八島淳次●ダ ジュンジーノ

☞ **ウイキョウを詰めたラヴィオリの生地**

強力粉…500g
全卵…200g
卵黄…50g
E.V. オリーブ油…少量
塩…少量
エストラゴンの葉…20枚

① 強力粉、全卵、卵黄、塩、E.V. オリーブ油を合わせ、全体をムラなく混ぜる。生地に張りが出てまとまるまでこねる。
② 真空パックにし、12〜13℃で1時間以上やすませる。
③ パスタマシンで厚さ0.3mmにのばす。のばした生地2枚の間にエストラゴンの葉をはさみ、再度パスタマシンにかけて0.5mmの厚さにのばす。直径5cmのセルクルで半円形に抜く。

7月30日 (P.231)

ジャガイモのラヴィオリ
豚のラグー添え サマートリュフの香り

高師宏明●アルベラータ

☞ **ジャガイモのラヴィオリの生地**

強力粉…200g
全粒粉…50g
全卵…2個
塩…3g
水…大さじ1/2

① ふるった粉類に全卵と塩を加え、グルテンが出るまでよく混ぜ合わせる。水を加えてさらに混ぜ合わせ、冷蔵庫で半日やすませる。
② パスタマシンで0.5mmの厚さにのばし、5cm幅の帯状に切る。

8月15日 (P.248)

ローストトマトと赤ピーマン、
雲丹を詰めたラヴィオリ
ブルターニュ産オマール海老のソースとレンズ豆

林 亨●トッキオ

☞ **ラヴィオリ**

強力粉（日清製粉）…250g
薄力粉（日清製粉）…120g
卵黄…400g
オリーブ油…20cc
塩…2g

① 材料をすべて練り合わせる。打ち粉（強力粉）をして、こねる。
② ①をパスタマシンにかけて厚さ約1mmにのば

す。波の刃のパイカッターで約8cm角の正方形に切り出す。

12月16日 (P.377)

全粒粉の香り、ラガーの旨味、
ゴルゴンゾーラの刺激

仲本章宏●リストランテ ナカモト

☞ **ラヴィオリ**

全粒粉（イマフン社）…200g
00粉（イマフン社）…150g
水…150g
E.V. オリーブ油…30g

① ボウルに粉類を合わせ、E.V. オリーブ油を加える。
② 水を少量ずつ加え混ぜ、指と指の腹をこすり合わせ、そぼろ状の粒を作る。
③ ②の動きをくり返し、最終的に大きな球形の塊にしてラップフィルムで包む。冷蔵庫で1日ねかせる。
④ パスタマシンで厚さ2mmにのばす。

《ラヴィオリ・アペルト》

11月18日 (P.347)

ラビオリアペルト ノルマ風

樋口敬洋●ロットチェント

☞ **ラビオリアペルト**

セモリナ粉…700g
強力粉…400g
全卵…8個
卵黄…2個
E.V. オリーブ油…20g
塩…3g

① 材料をすべて混ぜ合わせてこねる。
② ひとまとめにして真空パックにし、一晩やすませる。
③ パスタマシンで厚さ1mmにのばし、直径4cmのセルクルで丸く抜く。

《ラザニエッテ》

8月21日 (P.254)

フレッシュポルチーニと毛がにのラザニエッテ

浅井信之

☞ ラザニエッテ

強力粉…90g
セモリナ粉…10g
全卵…1個
E.V. オリーブ油…5㎖
塩…ひとつまみ
イタリアンパセリ…適量

① ボウルにふるった強力粉とセモリナ粉、そのほかの材料を入れてよく混ぜる。全体が混ざったら、台の上で20分間ほどこねる。
② 生地をまとめてラップフィルムで包み、冷蔵庫で1時間やすませる。
④ 冷蔵庫から生地を出し、台の上で20分間ほどこねてまとめる。再度ラップフィルムに包み、冷蔵庫で1時間やすませる。
⑤ 冷蔵庫から生地を出して、台の上で20分間ほどこねる。生地をパスタマシンで厚さ1mmにのばす。のばした生地2枚の間にイタリアンパセリを挟み、再度パスタマシンで厚さ0.3mmにのばし、7cm×11cmに切る。

11月23日 (P.352)

ラザニエッテ 赤エビソース ラルド風味レモンのマルメラータ添え

樋口敬洋●ロットチェント

☞ ラザニエッテ

セモリナ粉…700g
強力粉…400g
全卵…8個
卵黄…2個
塩…3g
E.V. オリーブ油…20g

① 材料をすべて混ぜ合わせてこねる。
② ひとまとめにして真空パックにし、一晩やすませる。
③ パスタマシンで厚さ2mmにのばし、4×10cmの帯状に切る。

《ラザーニャ》

3月1日 (P.74)

カーニバルのラザニア

渡辺陽一●パルテノペ

☞ ラザーニャ生地

強力粉…500g
薄力粉…500g
全卵…8〜9個
塩…ひとつまみ

解説省略。

6月27日 (P.196)

夏野菜のラザーニャ

☞ ラザーニャ

江部敏史●リストランテ コルテジーア

小麦粉（イタリア産）…200g
全卵…2個
塩…適量

① 材料を練り合わせてまとめ、常温で40分間ねかせる。麺棒で約1mmの厚さにのばし、20cm角に切り分ける。

12月9日 (P.370)

ラザーニャ アルバ風

小西達也●オマッジオ ダ コニシ

☞ ラザーニャ

00粉…450g
セモリナ粉…50g
全卵…3個
卵黄…6個
E.V. オリーブ油…10g
塩…6g

① 材料をすべて合わせ、よくこねる。
② ひとまとめにして真空パックにし、一晩やすませる。
③ パスタマシンで厚さ1.5mmの厚さにのばし、3.5×12cmにカットする。

《ラヴィオリ》

9月19日 (P.284)

ポルチーニ茸のラヴィオリ なめらかなムース添え

山田直喜●リストランテ カステッロ

☞ ポルチーニ茸のラヴィオリの生地

強力粉…520g
薄力粉…290g
卵黄…40個分
E.V. オリーブ油…適量
塩…適量

① 粉類をふるってボウルに入れ、卵黄、塩、E.V. オリーブ油を加えてよく練り、3〜6時間ねか

せる。
② パスタマシンで厚さ0.8mmにのばし、帯状にカットする。

11月1日 (P.330)
ジャガイモのラヴィオリ 黒トリュフがけ
渡邊雅之●ヴァッカ・ロッサ

強力粉…200g
全卵…120g
塩…1g
E.V.オリーブ油…少量

① 生地を作る。ふるった強力粉に塩と全卵を合わせ、フォークで生地を混ぜる。E.V.オリーブ油を少量加えたら、手で10回ほどこねる。
② 表面がなめらかになったら生地をまとめ、最低1時間ねかせる。

11月3日 (P.332)
ポルチーニのとろみスープで茹でた茨城産塩鳩の炭火焼きとポルチーニのラヴィオリ マンジマップ産黒トリュフの香り
筒井光彦●キメラ

☞ **ラビオリの生地**

強力粉…300g
セモリナ粉…150g
卵黄…15個分
塩…4g
オリーブ油…50㎖

① ふるった粉類に卵黄、塩、オリーブ油を加えてこねる。
② 真空ぱっくにし、冷蔵庫で2時間〜半日ねかせる。
③ パスタマシンで厚さ1mmにのばし、波刃のパスタカッターで2cm角に切る。

10月28日 (P.325)
ビーツのラヴィオリ ケシの実のソース
小池教之
●オステリア・デッロ・スクード サポーリ アンティキ

☞ **ラビオリの生地**

0粉…250g
強力粉…250g
ぬるま湯…200㎖
塩…ひとつまみ

① 粉類と塩を合わせてふるう。ぬるま湯200㎖を加え、粉全体に水分がいきわたるように混ぜ合わせ、ひとまとめにして1時間やすませる。
② 生地を再度こね、パスタマシンで厚さ1mmにのばす。型で丸く抜く。

《リングイネッテ》

3月22日 (P.95)
カリフラワーのリングイネッテ
黒羽 徹●リストランテ プリマヴェーラ

☞ **リングイネッテ** (5人分)

小麦（完全無農薬）*…120g
セモリナ粉…40g
塩…ひとつまみ
卵白…70g（約2個分）
＊ミルで細挽きし、ふるいにかけたもの。

① ボウルに小麦粉、セモリナ粉、塩を入れて混ぜ、卵白を加える。生地の表面がなめらかになるまでよく手でこねる。
② 真空パックにし、半日ほど冷蔵庫でねかせる。
③ パスタマシンで生地をのばし、三つ折りにする。この作業をくり返し、生地がなじんだら厚さ2mmにのばす。キタッラに生地をのせ、麺棒を前後に動かしながらカットする。

《ルンゲッティ》

2月7日 (P.50)
マッコと和えたルンゲッティうにのマリネのせ
樋口敬洋●ロットチェント

☞ **ルンゲッティ**

セモリナ粉…700g
強力粉…500g
全卵…8個
卵黄…2個
E.V.オリーブ油…20g
塩…3g

① 材料をすべて混ぜ合わせてこね、ひとまとめにする。
② 真空パックにし、一晩やすませる。
③ パスタマシンで厚さ1.5mmにのばし、幅2mmにカットする。

《ロッリ》

2月3日 (P.46)

4種の豆のロッリ モディカ風

横井拓広●トラットリア イルフィーコディンディア

☞ ロッリ

セモリナ粉（「セモリナ」昭和産業㈱）…400g
ぬるま湯（約42℃）…260cc

① ボウルにセモリナ粉を入れ、ぬるま湯を加えてよくこねる。
② 生地に水分が行きわたったら四等分にし、セモリナ粉で打ち粉をした台で直径0.7cmの棒状に伸ばす。
③ ②を指3本分くらいの幅にカットする。3本の指の腹で強く押さえながら手前に引き、筋状のくぼみを作る。
④ 生地同士がくっつかないよう打ち粉をして、バットに並べて冷凍する。

《ロリギッタス》

4月17日 (P.122)

ロリギッタス
サルシッチャとナスのトマトソース

百瀬幸治●バンディエラ

☞ ロリギッタス

セモリナ粉（細挽き）…100g
水…60mℓ
塩…適量
オリーブ油…適量

① ふるったセモリナ粉に水とオリーブ油、塩を合わせてこね、まとまったら冷蔵庫で一晩ねかせる。
② 直径2mmほどの細長いひも状にのばす。2本揃えた左手の人差し指と中指に2周巻きつけ、右手でねじるようにして指から抜いて、ひも状の2本の生地がよじり合わさったリング状のパスタを作る。

12月18日 (P.379)

バッカラとヒヨコ豆のロリギッタス

小池教之
●オステリア・デッロ・スクード サポーリ アンティキ

☞ ロリギッタス

セモリナ粉…500g
ぬるま湯（40〜42℃程度）…200mℓ
塩…ひとつまみ

① セモリナ粉をふるい、塩ひとつまみを溶いたぬるま湯を加え、細かいそぼろ状になるまで混ぜ合わせる。ラップフィルムに包み、30分間やすませる。
全体に水分がまわったら、こねる。耳たぶ程度のかたさになり、表面がなめらかになったらラップフィルムで包んでやすませる。
③ 適宜に切り分け、太さ約3〜5mm・長さ7〜8cmのひも状にのばす。両端をつなげて輪状にし、こよりをつくるときのように指でねじる。
④ ザルに並べ、表面の水分を軽くとばす。

《ロートロ》

5月13日 (P.150)

ロートロ 花ズッキーニ、
プロシュット・コット、
プロヴォローネ花ズッキーニの
フリットを添えて

芝先康一●リストランテ シーヴァ

☞ ロートロの生地

セモリナ粉（「デュラム小麦 セモリナ」雪和食品）
　…140g
強力粉（「カメリヤ」日清製粉）…80g
全卵…2個
E.V.オリーブ油…3g
塩…1g

① 材料をすべてフード・プロセッサーで撹拌する。
② ひとまとまりになったら真空パックにして2時間ねかせる。
③ 生地を袋から取り出し、パスタマシンで厚さ約2mmにのばす。包丁で15×17cmの長方形に切る。セモリナ粉を軽くまぶす。

《オリジナル》

◎オリジナル縮れ麺
3月14日 (P.87)

イカスミのオリジナル縮れ麺と
生のアオリイカ、菜花

中本敬介●ビーニ

☞ イカスミのオリジナル縮れ麺

セモリナ粉（ムリーノ・マリーノ社）…150g

00粉（ムリーノ・マリーノ社）…450g
イカスミ…30g
全卵…約330g

① 材料をすべて合わせてこねる。ひとまとまりになったらラップフィルムで包み、1時間ねかせる。
② ラップフィルムをはずし、一度こねる。パスタマシンで厚さ約2mmにのばす。キタッラにのせ、幅2mmに切る。
③ セモリナ粉をまぶして木の板に広げ、室温で30分間ほど乾燥させる。
④ セモリナ粉をまぶしてまとめ、手でぎゅっとわしづかみにしてからほぐし、不揃いに縮れさせる。さらに1～1時間半室温で乾燥させる。

◎シガリーニ
4月16日（P.121）

シガリーニ 乳飲み仔羊と
チーマ・ディ・ラーパのラグー

小林幸司

●フォリオリーナ・デッラ・ポルタ・フォルトゥーナ

☞ **シガリーニ**

0粉…100g
水…60cc
塩…ひとつまみ

① 材料をすべて混ぜてこね、手で直径5mmの棒状にのばす。3cmの長さに切り分ける。

◎手打ちパスタ
3月16日（P.89）

イワシ・ウイキョウ・みかん・カラスミ・
ペコリーノの冷製パスタ

平 雅一●ドンブラボー

☞ **手打ちパスタ**

00粉（カプート社）…150g
強力粉（ニシノカオリ・平和製粉㈱）…300g
卵黄…8個
卵白＊…適量
塩…少量

＊卵黄と足して約220gになる量を使用。

① 材料をすべて混ぜ合わせる。
② 真空パックにし、冷蔵庫で一晩ねかせる。
③ パスタマシンで厚さ2mmにのばし、幅2mmにカットする。

索引
―パスタ別―

手打ち・ショート

●オレキエッテ

5月10日 ……………………………(P.147)
オレキエッテ タコのラグーソース セロリのせ

5月31日 ……………………………(P.168)
季節のグリーン野菜のソース オレキエッテ

7月20日 ……………………………(P.221)
天然うなぎのオレキエッテ

11月15日 ……………………………(P.344)
真ダコと天王寺カブのオレキエッテ

3月13日 ……………………………(P.86)
オレッキエッテ、高杉馬肉サルスィッチャと菜の花、自家製リコッタ・アッフミカータ風味

●カヴァテッリ

6月13日 ……………………………(P.182)
鮎と獅子唐、茗荷のカヴァテッリ カラスミ添え

●ガルガネッリ

2月15日 ……………………………(P.58)
カカオ風味のガルガネッリ 仔羊のラグーソース

2月1日 ……………………………(P.44)
ガルガネッリ、キャベツと豚バラ肉のラグー

2月28日 ……………………………(P.71)
ラカン産鳩のラグーボロネーゼ ガルガネッリ

4月13日 ……………………………(P.118)
ガルガネッリのウサギもも肉と春野菜のラグー和え

5月20日 ……………………………(P.157)
ガルガネッリ、ナスとグリーンアスパラのアーリオ・オーリオ風、リコッタを添えて

5月29日 ……………………………(P.166)
セロリを練り込んだガルガネッリ 牛テールの煮込み

7月12日 ……………………………(P.213)
ガルガネッリ、但馬牛の生ハムとインゲン豆のソース

8月6日 ……………………………(P.239)
ガルガネッリ 生ハムとイチジク、フルーツトマト

9月5日 ……………………………(P.270)
ガルガネッリ、牛ほほ肉のラグー

9月15日 ……………………………(P.280)
ガルガネッリ、焼きナスのピュレ和え

12月6日 ……………………………(P.367)
鰯のポルペッティーネと野菜のガルガネッリ

●グラミーニャ

4月18日 ……………………………(P.123)
グラミーニャ 仔羊ラグーとアーティチョーク

●クリスタイアーテ

1月26日 ……………………………(P.37)
クリスタイアーテ
兎腿肉とタジャスカオリーヴのソース

9月26日 ……………………………(P.291)
クリスタイアーテ ペーザロ風トリッパとヒヨコ豆

●コルツェッティ

6月15日 ……………………………(P.184)
フェンネルとチポロッティの鰯、オリーブのコルツェッティ

8月20日 ……………………………(P.253)
オリーブを練り込んだコルテッツィ
帆立とフレッシュトマトのソースリグーリアの思い出

12月7日 ……………………………(P.368)
鱈とじゃがいものリグーリア風煮込みのコルゼッティ

●シガリーニ

4月16日 ……………………………(P.121)
シガリーニ
乳飲み仔羊とチーマ・ディ・ラーパのラグー

●ストロッツァプレティ

10月16日 ……………………………(P.313)
ストロッツァプレティ 豚耳とアスパラ、小松菜

11月14日 ……………………………(P.343)
アンコウと能勢原木椎茸のケッパー風味
長居春菊のストロッツァプレティ

●スパッツェレ

6月20日 ……………………………(P.189)
パッションフルーツのスパッツェレ
サルシッチャのラグー、ミント風味

3月26日 ——————————(P.99)
ビーツのシュペッツリ、アンチョビのクレーマ、
卵黄の燻製、シュペックのパウダー

●セダニーニ
9月1日 ——————————(P.266)
セダニーニ 伊勢海老 ボッタルガ オレンジ

●タッコーニ
6月12日 ——————————(P.181)
タッコーニ マーレ・エ・モンテ

●チカテッリ
1月25日 ——————————(P.36)
いんちきジェノヴェーゼ

●チャンベリーニ
11月16日 ——————————(P.345)
五郎島金時のチャンベリーニ
ハモンイベリコ・デ・ベジョータ
"ホセリード"と丹波栗のローストと共に

●トロフィエ
6月4日 ——————————(P.174)
トロフィエ マグロの
ボッタルガ・ムシャーメ・心臓の塩漬けと
アーティチョーク・アマドコロ・レモン

6月21日 ——————————(P.190)
セロリとタコのトロフィエ セロリのジェノベーゼ

7月24日 ——————————(P.225)
千葉県柏産米粉で練った
トロフィエ石井さんのハーブと
ドライトマトのソース鮑とサザエ、
サマーポルチーニ茸のソテー添え

9月28日 ——————————(P.293)
トロッフィエのバジリコ・ペスト和え

●トロフィエッテ
3月17日 ——————————(P.90)
バジルを練り込んだトロフィエッテ
活け鯵とドライトマト タジャスカのソース

●ニョケッティ
10月13日 ——————————(P.310)
ひよこ豆のニョケッティ
北海道産の蛸とひよこ豆のストゥファート

●ニョケッティ・サルディ
1月13日 ——————————(P.24)
ニョケッティ・サルディ 信州和牛のミートソース

5月26日 ——————————(P.163)
佐島のウニと庭のカルチョーフィの
ニョケッティサルディオリスターノ風

●ニョッキ
3月9日 ——————————(P.82)
ホタルイカと菜の花のニョッキ

5月24日 ——————————(P.161)
ジャガイモのニョッキ
小柱とフォンドゥータのソース
ビアンケット・トリフ添え

7月14日 ——————————(P.215)
かぼちゃのニョッキ
白桃のズッパとピーチティーのジュレ添え

8月30日 ——————————(P.263)
ジャガ芋のニョッキとトマト

9月13日 ——————————(P.278)
シソを練り込んだジャガイモのニョッキ
活け鱸と焼きもろこしのソース
茗荷のアクセントで

10月19日 ——————————(P.316)
ニョッキと毛ガニのラグー

11月22日 ——————————(P.351)
ジャガイモと栗粉のニョッキ
ホロホロ鳥のラグー和え

12月8日 ——————————(P.369)
ニョッキを詰めたムール貝
南イタリアのマンマの味で

12月12日 ——————————(P.373)
村上農場 男爵のニョッキ
ホロホロ鳥とリードヴォーのラグー
熟成モンヴィーゾ

12月20日 ——————————(P.381)
里芋のニョッキ 根菜ソース

12月28日 ——————————(P.389)
ジャガイモのニョッキ、黒トリュフ風味

12月31日 ——————————(P.392)
猪のラグーとそば粉のニョッキ ショウガの甘み

●パッパルデッレ
2月13日 ——————————(P.56)
松原河内鴨もも肉と河内蓮根のラグー
カカオ風味のパッパルデッレ

3月31日 ——————————(P.104)
冷製パスタ
ホタルイカと春野菜のパッパルデッレ
新タマネギのエキス

5月21日 ——————————(P.158)
ホロホロ鳥のパッパルデッレ

6月28日 ・・・・・・・・・・・・・・・・・・・・・・・・(P.197)
濃厚卵で練ったパッパルデッレ
丹波黒地鶏のラグーソース
炭火焼き内臓と湯河原産天然クレソン添え

12月2日 ・・・・・・・・・・・・・・・・・・・・・・・・(P.363)
パッパルデッレ ウサギのスーゴで

12月4日 ・・・・・・・・・・・・・・・・・・・・・・・・(P.365)
フォアグラとブロッコリー、
アーモンドのパッパルデッレ

●ピサレイ
6月10日 ・・・・・・・・・・・・・・・・・・・・・・・・(P.179)
ピサレイ カルチョーフィのピュレとフリット添え

●ファルファッレ
7月8日 ・・・・・・・・・・・・・・・・・・・・・・・・(P.209)
牛トリッパのトマト煮込みと
ゴーヤのファルファッレ

●フェットチーネ
4月6日 ・・・・・・・・・・・・・・・・・・・・・・・・(P.111)
レモンを練り込んだフェットチーネ
スカンピのレモンバター風味

●フレーグラ
6月25日 ・・・・・・・・・・・・・・・・・・・・・・・・(P.194)
貝類とチェリートマトのフレーグラ

●マッケロンチーニ
3月4日 ・・・・・・・・・・・・・・・・・・・・・・・・(P.77)
マッケロンチーニ
春の野菜と蒸しアワビ、その肝のソース

3月7日 ・・・・・・・・・・・・・・・・・・・・・・・・(P.80)
スカンピとペコリーノであわせた
マッケロンチーニイカスミのグリッシーニ添え

6月9日 ・・・・・・・・・・・・・・・・・・・・・・・・(P.178)
マッケロンチーニのカルボナーラ ローマ風

●マッケローニ
7月22日 ・・・・・・・・・・・・・・・・・・・・・・・・(P.223)
ブロンテ産ピスタチオと海老のマッケローニ

●マルタリアーティ
11月28日 ・・・・・・・・・・・・・・・・・・・・・・・・(P.357)
トリッパ

●ラヴィオリ・リアペルト
11月18日 ・・・・・・・・・・・・・・・・・・・・・・・・(P.347)
ラヴィオリアペルト ノルマ風

●ロッリ
2月3日 ・・・・・・・・・・・・・・・・・・・・・・・・(P.46)
4種の豆のロッリ モディカ風

●ロリギッタス
4月17日 ・・・・・・・・・・・・・・・・・・・・・・・・(P.122)
ロリギッタス サルシッチャとナスのトマトソース

12月18日 ・・・・・・・・・・・・・・・・・・・・・・・・(P.379)
バッカラとヒヨコ豆のロリギッタス

手打ち・ロング

●ウンブリチェッリ
2月19日 ・・・・・・・・・・・・・・・・・・・・・・・・(P.62)
豚バラと芽キャベツのウンブリチェッリ

5月12日 ・・・・・・・・・・・・・・・・・・・・・・・・(P.149)
ウンブリチェッリ
アーティチョークと空豆のソース

●ウンブリッチ
11月5日 ・・・・・・・・・・・・・・・・・・・・・・・・(P.334)
ポルチーニを練り込んだウンブリッチ
マルサラ風味の仔鳩のラグー

●オリジナル縮れ麺
3月14日 ・・・・・・・・・・・・・・・・・・・・・・・・(P.87)
イカスミのオリジナル縮れ麺と
生のアオリイカ、菜花

●オンブリケッリ
2月27日 ・・・・・・・・・・・・・・・・・・・・・・・・(P.70)
赤ワインを練り込んだオンブリケッリ
浅利とトレヴィスの軽いラグー

●キタッラ
2月4日 ・・・・・・・・・・・・・・・・・・・・・・・・(P.47)
温かい海老芋のソースと冷たい春菊のパウダー、
カラスミ、北寄貝と芽キャベツのキタッラ

2月10日 ・・・・・・・・・・・・・・・・・・・・・・・・(P.53)
クロワゼ鴨のラグー和えキタッラ
軽いじゃがいものクレマ

3月2日 ・・・・・・・・・・・・・・・・・・・・・・・・(P.75)
アマトリチャーナ・ヴェルデ

4月15日 ・・・・・・・・・・・・・・・・・・・・・・・・(P.120)
キタッラ"ロ・スコーリオ"

5月5日 ・・・・・・・・・・・・・・・・・・・・・・・・(P.142)
キタッラの仔羊のラグー

5月19日 ···(P.156)
キタッラ マーレ エ モンテ風

5月28日 ···(P.165)
中国の香りのするキタッラ、
スパゲッティ アッラ カルボナーラのイメージで

6月23日 ···(P.192)
アブルッツォ風キタッラ、
仔羊と赤ピーマンのラグー和え

7月6日 ···(P.207)
キタッラの菜園風

7月28日 ···(P.229)
キタッラ風マカロニ、
アンチョビとチリメンキャベツ、
イベリコ豚の舌、サマートリュフがけ

8月19日 ···(P.252)
万願寺唐辛子と天然鮎のキタッラ

10月29日 ·······································(P.326)
栗粉のキタッラ 野キジとアサツキのソース

11月7日 ···(P.336)
キタッラ きのこのラグー

11月12日 ·······································(P.341)
キタッラ、干ダラとポルチーニ

11月19日 ·······································(P.348)
赤ワインを練り込んだキタッラ
鰻と玉ねぎのソース

● サーニェ ンカンヌラーテ

4月23日 ···(P.128)
プーリア州サレントの
螺旋形パスタサーニェンカンヌラーテ
豚と内臓のラグーと春の豆

● シャラティエッリ

10月21日 ·······································(P.318)
ミルクとドライバジリコを練り込んだ
"シャラティエッリ" スカンピと魚介類の
クロスターチ リストランテの風景

● タヤリン

2月21日 ···(P.64)
ヴァンデ産仔鳩の煮込みのタヤリン
トリュフ風味

4月3日 ···(P.108)
タヤリンのスカンピと空豆のソース、からすみ和え

4月9日 ···(P.114)
春野菜の "タヤリン"

4月25日 ···(P.130)
タヤリンのチーズフォンデュ仕立て
バッサーノのホワイトアスパラガス

5月6日 ···(P.143)
タヤリンのカルチョフィソース

5月18日 ···(P.155)
タヤリンとホワイトアスパラガス、モリーユ茸

5月30日 ···(P.167)
タヤリンのカルボナーラ、
野生のアスパラガス添え

6月6日 ···(P.175)
タヤリンパスタ カエルのブロード
ういきょうピュレ添え

7月27日 ···(P.228)
タヤリン、白桃とレモンのクリームソース

7月31日 ···(P.232)
タヤリン、鮎とクレソンのソース

8月24日 ···(P.257)
タヤリンの夏のトリュフがけ

8月28日 ···(P.261)
山山椒を練り込んだタヤリンに
鰻と胡瓜を合わせて

9月4日 ···(P.269)
タヤリン 干し草の香り

11月13日 ·······································(P.342)
タヤリンとキノコのラグー

11月20日 ·······································(P.349)
タヤリン ピエモンテ風鴨のラグーとキクイモ

11月26日 ·······································(P.355)
タヤリン、甲殻類のスーゴ和え

11月29日 ·······································(P.358)
タヤリンと蝦夷鹿のラグー

12月24日 ·······································(P.385)
キャビアの温製パスタ

● タリアテッレ

3月19日 ···(P.92)
ラ パスタ ビコローレ "バリア フィエーノ"
グリーンピースと生ハムのクリームソース

7月7日 ···(P.208)
鱧をタリアテッレで、紫蘇をタリアテッレに

9月9日 ···(P.274)
タリアテッレ 仔牛の内臓のマルサラ風味

9月16日 ···(P.281)
ズワイ蟹のタリアテッレ旨味たっぷりの
トマトソース

11月4日 ···(P.333)
ミートソースとキノコのタリアテッレ

12月17日 ……………………… (P.378)
カカオを練り込んだタリアテッレ
ホロホロ鳥とオリーヴ、干しブドウのブラザート

● タリオリーニ
3月6日 ……………………… (P.79)
アワビとふきのとうのタリオリーニ

4月8日 ……………………… (P.113)
サザエさんとふきのとうのタリオリーニ

4月10日 ……………………… (P.115)
イカスミを練り込んだタリオリーニ
〜サクラエビとカチュッコ和え

4月12日 ……………………… (P.117)
ソラマメとペコリーノで和えた
タリオリーニ タルト仕立て

5月1日 ……………………… (P.138)
スモークしたメカジキのタリオリーニ

5月9日 ……………………… (P.146)
タリオリーニ 野生のアスパラガス
ゴルゴンゾーラとピスタチオのピュレ和え

5月15日 ……………………… (P.152)
白エビとチコリのタリオリーニ

6月8日 ……………………… (P.177)
野菜のタヤリン

7月2日 ……………………… (P.203)
タリオリーニ砕いた
グリーンピースと明石ダコのラグーソース

7月9日 ……………………… (P.210)
イカスミを練り込んだタリオリーニ
甲殻類のラグー和え

7月23日 ……………………… (P.224)
夏ピーマンと唐辛子を練り込んだタリオリーニ

8月22日 ……………………… (P.255)
イカスミを練り込んだタリオリーニ
オマール海老入りズッキーニのペースト

8月26日 ……………………… (P.259)
香草を打ち込んだタリオリーニ
ムギイカとズッキーニ和え

9月7日 ……………………… (P.272)
赤タマネギのタリオリーニ
パルミジャーノのクロッカンテ

9月20日 ……………………… (P.285)
とこぶしとハーブのタリオリーニ

12月11日 ……………………… (P.372)
タリオリーニ、
自家製生カラスミとヤリイカのティエーピド

● トレネッテ
7月17日 ……………………… (P.218)
鮎のコンフィとサラミ
胡瓜入りジェノベーゼのトレネッテ

● ヌイユ
12月14日 ……………………… (P.375)
牛テール赤ワイン煮込みのヌイユ

● パスタ
3月16日 ……………………… (P.89)
イワシ・ウイキョウ・みかん・カラスミ・
ペコリーノの冷製パスタ

● ビーゴリ
1月22日 ……………………… (P.33)
ビーゴリ、ホロホロ鳥の内臓とうずら豆のラグー

2月5日 ……………………… (P.48)
フォアグラの脂でソテーした
黒キャベツのビーゴリ

4月27日 ……………………… (P.132)
ビーゴリの玉ネギとアンチョビのソース

7月11日 ……………………… (P.212)
ペペロンチーノを練り込んだ
ビーゴリ仔羊と夏野菜のラグーソース

8月1日 ……………………… (P.234)
ビーゴリ 伊勢海老、イカ、岩ガキ、
ムール貝、アサリとポルチーニで

9月11日 ……………………… (P.276)
ビーゴリのカッソ・ピーパ

9月18日 ……………………… (P.283)
ライ麦のビーゴリー
去勢鶏とトランペットジロールのラグー

10月27日 ……………………… (P.324)
ヴェネト風ビーゴリ

11月9日 ……………………… (P.338)
京都美山産アライグマとポルチーニ茸のラグー
蓮根を練り込んだビーゴリマイクロコリアンダーの
繊細な香り

11月24日 ……………………… (P.353)
ビゴリのブーザラ風味

12月26日 ……………………… (P.387)
ビーゴリのホロホロ鳥のラグー

12月29日 ……………………… (P.390)
ビーゴリ、真イワシと黒キャベツのマントヴァ風

● ピーチ
1月5日 ……………………… (P.16)
地の魚介のラグーと庭のバジルのピーチ

2月6日 ······(P.49)
ピーチのオリーブオイルとペコリーノ・トスカーノ

2月22日 ······(P.65)
ピーチのフィノッキオーナのソース

3月27日 ······(P.100)
ピーチ、馬ハラミと山葵のラグー

4月2日 ······(P.107)
ガーリック・アンチョヴィーオイルで和えた
冷たいピーチ 桜海老のフリット
フレッシュトマトと赤ピーマンのパッサート

5月8日 ······(P.145)
蝦夷豚サルシッチャとホワイトアスパラのピーチ
黒トリュフ添え

6月30日 ······(P.199)
淡路産鱧と鱧子、夏野菜のピーチ

10月2日 ······(P.299)
フレッシュトマトと唐辛子のピーチ

10月8日 ······(P.305)
ピーチのトマトソース、
燻製したリコッタチーズがけ

10月12日 ······(P.309)
ピンチのアリオーネ

11月11日 ······(P.340)
ピーチのマッシュルームのラグー

11月17日 ······(P.346)
直江津産アミ漁の真鴨のラグーのピンチ

12月5日 ······(P.366)
猪のラグーのピーチ ルーコラを添えて

12月13日 ······(P.374)
アミアータ風のピンチ

12月15日 ······(P.376)
ピーチ、トマトソースのアマトリチャーナ

● フェットゥッチーネ

1月12日 ······(P.23)
カーチョ・エ・ペペ

5月23日 ······(P.160)
フェットチーネ
カルチョーフィのコンフィと
ボッタルガ ピスタチオの香り

5月3日 ······(P.140)
近海でとれた海老と
マスカルポーネチーズのフェットチーネ

8月10日 ······(P.243)
フェットチーネ、トウモロコシのソース、
馬肉のラグー、自家製ブルーチーズ添え

● フジッリ・ルンギ

11月2日 ······(P.331)
タマゴ茸とスカモルツァ・アッフミカートの
フジッリ・ルンギ

● ブシャーテ

5月17日 ······(P.154)
ブシャーテ タコラグーとセロリ風味

● マルタリアーティ

4月4日 ······(P.109)
丹波産イノシシのラグー吉野産ヨモギの
マルタリアーティ

● リングイネッテ

3月22日 ······(P.95)
カリフラワーのリングイネッテ

● ルンゲッティ

2月7日 ······(P.50)
マッコと和えたルンゲッティうにのマリネのせ

手打ち・詰めもの

● アニョロッティ

4月1日 ······(P.106)
秋田産仔兎ウサギを詰めたアニョロッティ
セージバターの香り

● アニョロッティ ダル プリン

7月21日 ······(P.222)
アニョロッティ ダル プリン

6月19日 ······(P.188)
干し草の香りで包んだ
アニョロッティ ダル プリン

● カッペレッティ

3月8日 ······(P.81)
ジャガ芋生地の菜の花詰めカッペレッティ
えんどう豆のスープ アサリと緑野菜

3月24日 ······(P.97)
ホワイトアスパラのクリームを詰めた
全粒粉のカッペレッティ
ヨモギ風味のスープ 筍と芹

8月4日 ······(P.237)
熟成ポテトのピューレを詰めた
カッペレッティオーヴォリ茸のソース

11月25日 ······(P.354)
シナモンを練り込んだカッペレッティ
かぼちゃとタレッジョのリピエーノ

●カネロニ
9月24日……………………………(P.289)
ポルチーニのトロンケッティ

●クレスペッレ
2月12日……………………………(P.55)
大鰐シャモロックと
ジャージー乳自家製モッツァレッラの
クレスペッレ

●チャロンチェ
4月20日……………………………(P.125)
モエナ風チャロンチェ
ラーナのフリット "白神山地より" 山菜の香り

●トルテッリ
1月16日……………………………(P.27)
ウサギとサルシッチャのトルテッリ
黒トリュフ添え

1月20日……………………………(P.31)
リコッタチーズのトルテッリ
オマール海老の香り高いクリームソース

3月18日……………………………(P.91)
カリアータを詰めたトルテッリと
グリーンアスパラガス、ヘーゼルナッツ風味

4月7日……………………………(P.112)
鳩と筍のトルテッリ

●トルテッリーニ
6月5日……………………………(P.174)
鴨とフォアグラのトルテッリーニ
大和肉鶏とアミガサ茸のブロード仕立て

12月23日……………………………(P.384)
尾長鴨のトルテッリーニ・イン・ブロード
白トリュフと九条ねぎ
1860年のマルサラ風味

12月25日……………………………(P.386)
ジャガイモと
クレーマ・ディ・ラルド・ディ・チンギアーレの
トルテッリーニ

1月6日……………………………(P.17)
トルテリーニ・イン・ブロード

●メッザルーナ
9月30日……………………………(P.295)
じゃがいものメッザルーナ、
ノッチョーラの香りのパスタで包んで

●ラヴィオリ
1月29日……………………………(P.40)
和牛牛頬肉の赤ワイン煮とクリーミーな
自家製リコッタを詰めたドッピオラヴィオリ、
百合根、パルメザンチーズとカヌレの旨味と苦味

2月16日……………………………(P.59)
鮑と海老を詰めたラヴィオリ

3月23日……………………………(P.96)
アーリオ・オーリオをちがった表現で

3月28日……………………………(P.101)
鯵ヶ沢ジャージー仔牛レヴァーと
ジャージー乳自家製チーズのWラヴィオリ

4月26日……………………………(P.131)
クルルジョネス

5月2日……………………………(P.139)
新じゃがのラヴィオリ鳩の煮込みと
カルチョフィのソース

7月26日……………………………(P.227)
ウイキョウを詰めたラヴィオリ
鮎とそのインテリオーラソース

7月30日……………………………(P.231)
ジャガイモのラヴィオリ 豚のラグー添え
サマートリュフの香り

8月15日……………………………(P.248)
ローストトマトと赤ピーマン、
雲丹を詰めたラヴィオリ
ブルターニュ産オマール海老の
ソースとレンズマメ

9月19日……………………………(P.284)
ポルチーニ茸のラヴィオリ
なめらかなムース添え

10月28日……………………………(P.325)
ビーツのラヴィオリ ケシの実のソース

11月1日……………………………(P.330)
ジャガイモのラヴィオリ 黒トリュフがけ

11月3日……………………………(P.332)
ポルチーニのとろみスープで茹でた
茨城産塩鳩の炭火焼きとポルチーニのラヴィオリ
マンジマップ産黒トリュフの香り

12月16日……………………………(P.377)
全粒粉の香り、ラグーの旨味、
ゴルゴンゾーラの刺激

●ラザニア
3月1日……………………………(P.74)
カーニバルのラザニア

5月13日……………………………(P.150)
ロートロ 花ズッキーニ、プロシュット・コット、
プロヴォローネ花ズッキーニのフリットを添えて

6月27日……………………………(P.193)
夏野菜のラザーニャ

12月9日 ·············· (P.370)
ラザーニャ アルバ風

● ラザニエッテ
8月21日 ·············· (P.254)
フレッシュポルチーニと毛がにのラザニエッテ

11月23日 ·············· (P.352)
ラザニエッテ 赤エビソース
ラルド風味レモンのマルメラータ添え

乾麺・ショート

● カサレッチェ
3月3日 ·············· (P.76)
蛤、春野菜、サルディーニャ産
ボッタルガのカサレッチェ

4月29日 ·············· (P.134)
カサレッチェ仔羊肉のボロネーズ
ゴルゴンゾーラ風味

5月27日 ·············· (P.164)
カサレッチェ山田さんが育てた
濃厚卵のカルボナーラ
石井さんのカルチョーフィのフリット添え

● カザレッチ
2月17日 ·············· (P.60)
近江牛赤センマイのカザレッチ

● カラマレッティ
4月21日 ·············· (P.126)
カラマレッティとチーマ・ディ・ラーパ、
ガシラ、オリーブ、サフラン風味

4月30日 ·············· (P.135)
カラマレッティ、ジロール茸のクリームソース、
鴨の燻製とモストコット、
グリュイエールのパスタ添え

● カラマーリ
1月23日 ·············· (P.34)
カラマーリの田舎風

● ガルガネッリ
4月8日 ·············· (P.113)
サザエさんとふきのとうのタリオリーニ

● 米
1月3日 ·············· (P.14)
リゾット イゾラーナ

7月10日 ·············· (P.211)
魚介のスープで炊いたリゾット

8月18日 ·············· (P.251)
カルナローリ米を使った赤玉葱の
リゾットニノ ヴェルジェーゼ風

● コルデッレ
12月30日 ·············· (P.391)
コルデッレの鴨コンフィとネギのソース

● コンキリオーニ
5月7日 ·············· (P.144)
コンキリオーニ、尾鷲産サザエのバジリコソース

● ジリ
2月18日 ·············· (P.61)
ドライトマトのもどし汁と
E.V. オリーブオイルで和えたジリ

● ズィーティ
9月23日 ·············· (P.288)
ズィーティの靴磨き職人風

● セダニーニ
1月9日 ·············· (P.20)
セダニーニのボロネーゼ

● ディタリーニ
12月19日 ·············· (P.380)
蟹とミモレット 青大豆のディタリーニ

● トゥベッティ
6月14日 ·············· (P.183)
しっかりと味を含ませたトゥベッティ
本マグロと2種類の空豆
自家製本マグロ節を削って

● トゥベットーニ
10月31日 ·············· (P.328)
パスタ入りカボチャの煮込み

● トルッキエッティ
9月22日 ·············· (P.287)
トルッキエッティ、
和牛とジャガイモと生ハムのマドニエ風

● パッケリ
2月14日 ·············· (P.57)
三田牛テールのチョコレート煮込みを
パッケリに合わせて

4月24日 ·············· (P.129)
手長海老とアーティーチョークのパッケリ
リコッタチーズのクレマ

5月16日 ……………………………………(P.153)
アマトリチャーナソースを詰めこんだパッケリ
ペコリーノロマーノの泡自家製ラルドの
塩気とともに

6月18日 ……………………………………(P.187)
カサゴとナスのパッケリ

8月7日 ……………………………………(P.240)
オクラのパッケリ

11月27日 ……………………………………(P.356)
赤ワインでゆがいたパッケリ 仔羊のラグー

●ファルファッレ
1月10日 ……………………………………(P.21)
ファルファッレ リコッタチーズと小エビのソース

4月22日 ……………………………………(P.127)
農民風パスタ・エ・パターテ

●フジッリ
10月23日 ……………………………………(P.320)
フジッリ 焼き野菜のラグー オレガノ風味

12月27日 ……………………………………(P.388)
丹波産月の輪熊とカーボロネロのフジッリ

4月22日 ……………………………………(P.127)
農民風パスタ・エ・パターテ

●フジッリブカーティ
8月5日 ……………………………………(P.238)
フジッリブカーティ ムール貝とアサリのラグー

●フジッローネ
2月26日 ……………………………………(P.69)
フジッローネ 鴨とオレンジのラグー

●ペンネ
4月19日 ……………………………………(P.124)
イワシとウイキョウのペンネ

12月21日 ……………………………………(P.382)
ブルーチーズとピスタチオのペンネッティ

●ペンネ・リガーテ
1月2日 ……………………………………(P.13)
ペンネ・リガーテ
牛尾の煮込み ソース・ヴァチナーラ

10月17日 ……………………………………(P.314)
ラディッキオと丹波の黒枝豆で和えたペンネと
フォワグラ、バルサミコソース、
スカモルツァチーズの香り

●ペンネ・リッシェ
2月2日 ……………………………………(P.45)
ペンネ リッシェ
ペンネアラビアータのイメージで

●ペンネッテ
10月25日 ……………………………………(P.322)
トーストしたペンネッテ ドルチェ見立て

●マッケローニ
1月27日 ……………………………………(P.38)
マッケローニ アッラ カルボナーラ

●マファルデ
2月23日 ……………………………………(P.66)
イベリコ豚スペアリブの塩漬け
黒豚豚足のマファルデ

●マロレッドゥス
6月7日 ……………………………………(P.176)
自家製ソーセージ、
サフランと軽いトマトソースのマロレッドゥス

●リガトーニ
3月10日 ……………………………………(P.83)
マグロとミントのリガトーニ

11月30日 ……………………………………(P.359)
タラのトマトソース オレガノ風味のリガトーニ

●リゾーニ
1月14日 ……………………………………(P.25)
リゾーニ サフランのリゾット仕立て
牛の脊髄添え サルサ・グレモラータ

3月30日 ……………………………………(P.103)
穴子の焼きリゾッティーニ、
グリーンピースのラグー

●リッチョリ
2月24日 ……………………………………(P.67)
リッチョリ・アッラ・エガディ

4月22日 ……………………………………(P.127)
農民風パスタ・エ・パターテ

●ルマコーニ
6月24日 ……………………………………(P.193)
ルマコーニ
カタツムリのラグーとインカのめざめ

乾麺・ロング

●カペッリーニ

6月22日 ……(P.191)
毛ガニと茨城県産柔甘ねぎの冷製カッペリーニ
毛ガニの泡

7月4日 ……(P.205)
カペッリーニ 冷たいトマトソースとブッラータ

7月25日 ……(P.226)
毛ガニのカペッリーニ、ガスパチョ仕立て

8月3日 ……(P.236)
フルーツトマトと桃のカッペリーニ、焼き鱧添え

8月17日 ……(P.250)
幻のトマトの冷製カッペリーニ

8月27日 ……(P.260)
いろいろトマトの冷製カペッリーニ

11月21日 ……(P.350)
鯵のたたきを冷たいカッペリーニで
ウイキョウとミカンの香り

12月1日 ……(P.362)
とちおとめの冷たいカペリーニ

5月4日 ……(P.141)
生しらすの冷たいカペッリーニ
葉山の夏みかんと新生姜の香り

●キタッラ

5月25日 ……(P.162)
キタッラ スーゴ・フィント

●スパゲッティ

1月1日 ……(P.12)
スパゲッティ・アッラ・プッタネスカ

1月7日 ……(P.18)
セリのアーリオ・オーリオ

1月17日 ……(P.28)
ヤリイカのスミ煮のスパゲッティーニ、
北海道産生ウニ添え

1月18日 ……(P.29)
スパゲッティ・アッラ・カッレッティエラ

1月19日 ……(P.30)
ホロホロ鳥の内臓のスパゲッティ

1月30日 ……(P.41)
スパゲッティ 松の実とトレヴィスの
アンチョビバターソース

2月11日 ……(P.54)
スパゲッティ、フレッシュのトマトソース

3月5日 ……(P.78)
トマトソースのスパゲッティ

3月21日 ……(P.94)
スパゲッティ
ふきのとうとンドゥイヤのプッタネスカ

4月11日 ……(P.116)
スパゲッティ・アル・ポモドーロ

5月11日 ……(P.148)
生ウニと葉ニンニクの
アーリオ・オーリオ・エ・ペペロンチーノ

5月22日 ……(P.159)
カチョ・エ・ペペのスパゲッティ 温泉玉子のせ

6月29日 ……(P.195)
スパゲッティ・アル・ポモドーロ

7月1日 ……(P.202)
真鯵のスパゲッティ

7月3日 ……(P.204)
"潮"のスパゲッティ

7月16日 ……(P.217)
スパゲッティ・アッラ・マーレ・エ・モンテ

7月18日 ……(P.219)
赤エビとルッコラのスパゲッティ

8月2日 ……(P.235)
キャベツ畑のスパゲッティ

8月8日 ……(P.241)
昔のカルボナーラ

8月11日 ……(P.244)
スパゲッティ とかちマッシュルームの
クリームソース燻製をかけたフォワグラを
削りかけて

8月12日 ……(P.245)
海鞘とアサリのボンゴレ・ビアンコ

8月14日 ……(P.247)
焼きなすと丸さやオクラの
冷たい米粉スパゲッティ

8月23日 ……(P.256)
ヴィチドミーニの長いスパゲッティの冷製
うにとスカンピの
アーリオ・オーリオ ペペロンチーノ

8月25日 ……(P.258)
スパゲッティ ムール貝のラグー
シシリア産マグロのからすみ添え

9月3日 ……(P.268)
岩城のレモンのスパゲッティ

9月6日 ……(P.271)
イカ墨のスパゲッティ

9月14日 ……(P.279)
アワビと肝、アンチョビとケイパーのスパゲッティ

9月17日 ……………………………… (P.282)
新鮮なうにのスパゲッティ

9月27日 ……………………………… (P.292)
砂肝とニラのスパゲッティ

10月1日 ……………………………… (P.298)
スパゲッティ・アル・ポモドーロ

10月5日 ……………………………… (P.302)
トマトとバジリコのスパゲッティ

10月6日 ……………………………… (P.303)
トマトソースのスパゲッティ

10月7日 ……………………………… (P.304)
トマトソースのピリ辛スパゲッティ

10月10日 ……………………………… (P.307)
スパゲッティ・アル・ポモドーロ

10月24日 ……………………………… (P.321)
まぐろカラスミとブロッコリーのスパゲッティ

10月26日 ……………………………… (P.323)
鴨のオレンジソース
生ハムとフレッシュトマトのアクセント

10月30日 ……………………………… (P.327)
うにとピスタチオのスパゲティ

11月10日 ……………………………… (P.339)
きのこのペーストのクリームソーススパゲッティ

12月22日 ……………………………… (P.383)
牡蠣と水菜のスパゲッティ、
ゆずとボッタルガのアクセント

● スパゲッティーニ

1月4日 ……………………………… (P.15)
スパゲッティーニ
アーリオ・オーリオ・ペペロンチーノ

1月8日 ……………………………… (P.19)
鮑とその肝で和えたスパゲッティーニ、
ケイパー風味

2月20日 ……………………………… (P.63)
青とうがらしのアーリオオーリオ
ペペロンチーノ スパゲッティーニ

3月11日 ……………………………… (P.84)
メバルとオカヒジキ、菜花のスパゲッティーニ

3月12日 ……………………………… (P.85)
鯵のマリネと天然クレソン
ボッタルガのスパゲッティーニ
ヴェルガモットの香り

3月20日 ……………………………… (P.93)
活メオニオコゼと花ワサビのスパゲッティ

6月11日 ……………………………… (P.180)
イカスミのフィデワ

6月17日 ……………………………… (P.186)
紅さやかと二色のバラ
佐渡産南蛮エビのスパゲッティーニ

6月26日 ……………………………… (P.195)
海の幸とフルーツトマトの冷製スパゲッティーニ

7月15日 ……………………………… (P.216)
宮崎マンゴーと鴨の冷たいスパゲッティーニ

7月19日 ……………………………… (P.220)
白桃とグリーントマトの冷製スパゲッティーニ

8月13日 ……………………………… (P.246)
桃のスパゲッティーニ

8月31日 ……………………………… (P.264)
鬼怒川の鮎と農園野菜のペペロンチーノ
サルディーニャ仕込みの自家製カラスミがけ

10月3日 ……………………………… (P.300)
スパゲッティ、シンプルなトマトソース

10月11日 ……………………………… (P.308)
発酵トマトのカレッティエーラ

10月15日 ……………………………… (P.312)
ブラウンマッシュルームのスパゲッティーニ、
トリュフ添え

11月6日 ……………………………… (P.335)
ブラウンマッシュルームのスパゲッティーニ

12月3日 ……………………………… (P.364)
塩漬け玉子とトリュフのスパゲッティーニ

12月10日 ……………………………… (P.371)
鱈の白子と群馬産赤ネギのスパゲッティーニ
黒トリュフのスライス

● スパゲットーニ

1月11日 ……………………………… (P.22)
自家製サルシッチャと黒オリーブの
スパゲットーニ

9月12日 ……………………………… (P.277)
トマトソーススパゲッティのナス包み
オーブン焼き

10月14日 ……………………………… (P.311)
牡蠣と黒キャベツのスパゲットーニ
カブラのピュレ

1月31日 ……………………………… (P.42)
スパゲティーニ ンドゥヤ、
白インゲンのトマトソース

● バヴェッティ

1月28日 ……………………………… (P.39)
白子と九条ねぎのバヴェッテ、黄ゆずの香り

7月13日 ……… (P.214)
バヴェッティ
千倉産房州海老と斎藤さんの
フルーツトマトのソース

●バヴェッティーニ
4月14日 ……… (P.119)
甘エビとオレンジのバヴェッティーニ

8月16日 ……… (P.249)
積丹産海水うにのカルボナーラ仕立て

8月29日 ……… (P.262)
夏トリュフのバヴェッティーニ

9月21日 ……… (P.286)
太刀魚と賀茂ナスのバヴェッティーニ

10月20日 ……… (P.317)
少し変わったポスカイオーラ

●フィリンデゥ
9月10日 ……… (P.275)
サルデーニャ風湘南豚とフィリンデゥのスープ

●フェットゥチーネ
9月29日 ……… (P.294)
カラスミのフェットゥチーネ

●フェデリーニ
3月25日 ……… (P.98)
ホタルイカとグリルしたタケノコの
冷製フェデリーニ、木の芽のペースト和え

8月9日 ……… (P.242)
海の幸たっぷりの冷たいフェデリーニ

9月2日 ……… (P.267)
フェデリーニ 蛸のミンチソース

11月8日 ……… (P.337)
フェデリーニ 舞茸のバルサミコクリームソース

●ブカティーニ
4月28日 ……… (P.133)
カチョエ・ペペ

10月4日 ……… (P.301)
ブカティーニ アッラマトリチャーナ

1月24日 ……… (P.35)
ブカティーニ・アマトリチャーナ
モダンなスタイル

10月9日 ……… (P.306)
ブガティーニのアマトリチャーナ

●ブジアーテ
9月25日 ……… (P.290)
アラブ風ペーストのブジアーテ

10月18日 ……… (P.315)
ブシアーティ マグロホホ肉の軽いラグー和え

●マファルデ
9月8日 ……… (P.273)
鶏肉とパプリカのローマ風煮込みのマファルデ

●マファルディーネ
6月16日 ……… (P.185)
黒鯛のカマ肉とズッキーニのマファルディーネ、
バジリコ風味

●リングイネ
3月15日 ……… (P.88)
リングイネ、ケイパーと黒オリーブ入り
トマトソース、イワシのパン粉焼き添え

3月29日 ……… (P.102)
タイの白子のカルボナーラ

4月5日 ……… (P.110)
地ハマグリとふきのとうのリングイネ

5月14日 ……… (P.151)
リングイネ、
シコイワシのアリオ・エ・オーリオペコリーノ風味

7月29日 ……… (P.230)
リングイネ
やりイカとドライトマトのペペロンチーノ

10月22日 ……… (P.319)
ピスタチオペーストのリングイネ

1月15日 ……… (P.26)
リングイネのジェノヴェーゼ

7月5日 ……… (P.206)
穴子と枝豆のアマトリチャーナ リングイネ

1月21日 ……… (P.32)
ラルドでソテーした葉ブロッコリーと
短く折ったリングイーネのミネストラ

2月8日 ……… (P.51)
ヒイカのリングイーネ

2月25日 ……… (P.68)
リングイーネ 生ハムのクリームソース

●そのほか
2月9日 ……… (P.52)
パーネフラッタウ

索引
―ソースのベース、タイプ別―

●赤ワイン

2月19日················(P.62)
豚バラと芽キャベツのウンブリチェッリ

12月25日···············(P.386)
ジャガイモと
クレーマ・ディ・ラルド・ディ・チンギアーレの
トルテッリーニ

●イカスミ

1月17日················(P.28)
ヤリイカのスミ煮のスパゲッティーニ、
北海道産生ウニ添え

9月6日·················(P.271)
イカ墨のスパゲッティ

10月14日···············(P.311)
牡蠣と黒キャベツのスパゲットーニ
カブラのピュレ

●オイル

1月4日·················(P.15)
スパゲッティーニ
アーリオ・オーリオ・ペペロンチーノ

1月7日·················(P.18)
セリのアーリオ・オーリオ

2月6日·················(P.49)
ピーチのオリーブオイルとペコリーノ・トスカーノ

2月18日················(P.61)
ドライトマトのもどし汁と
E.V. オリーブオイルで和えたジリ

2月20日················(P.63)
青とうがらしのアーリオオーリオ
ペペロンチーノ スパゲッティーニ

3月13日················(P.86)
オレッキエッテ、
高杉馬肉サルスィッチャと菜の花、
自家製リコッタ・アッフミカータ風味

3月14日················(P.87)
イカスミのオリジナル縮れ麺と生のアオリイカ、
菜花

3月24日················(P.97)
ホワイトアスパラのクリームを詰めた全粒粉の
カッペレッティヨモギ風味のスープ 筍と芹

4月3日·················(P.108)
タヤリンのスカンピと空豆のソース、からすみ和え

4月15日················(P.120)
キタッラ "ロ・スコーリオ"

4月16日················(P.121)
シガリーニ
乳飲み仔羊とチーマ・ディ・ラーパのラグー

4月22日················(P.127)
農民風パスタ・エ・パターテ

5月6日·················(P.143)
タヤリンのカルチョフィソース

5月11日················(P.148)
生ウニと葉ニンニクの
アーリオ・オーリオ・エ・ペペロンチーノ

5月14日················(P.151)
リングイネ、
シコイワシのアリオ・エ・オーリオペコリーノ風味

5月15日················(P.152)
白エビとチコリのタリオリーニ

5月20日················(P.157)
ガルガネッリ、ナスとグリーンアスパラの
アーリオ・オーリオ風、リコッタを添えて

6月3日·················(P.172)
スパゲッティ、小柱と甘長とうがらしの
アーリオ・オーリオ・ペペロンチーノ、からすみがけ

6月8日·················(P.177)
野菜のタヤリン

6月13日················(P.182)
鮎と獅子唐、茗荷のカヴァテッリ カラスミ添え

6月15日················(P.184)
フェンネルとチポロッティの鰯、
オリーブのコルツェッティ

7月1日·················(P.202)
真鯵のスパゲッティ

7月6日·················(P.207)
キタッラの菜園風

7月20日················(P.221)
天然うなぎのオレキエッテ

7月28日················(P.229)
キタッラ風マカロニ、
アンチョビとチリメンキャベツ、
イベリコ豚の舌、サマートリュフがけ

7月29日 ……………………………(P.230)
リングイネ
やりイカとドライトマトのペペロンチーノ

8月2日 ……………………………(P.235)
キャベツ畑のスパゲッティ

8月6日 ……………………………(P.239)
ガルガネッリ 生ハムとイチジク、フルーツトマト

8月7日 ……………………………(P.240)
オクラのパッケリ

8月12日 ……………………………(P.245)
海鞘とアサリのボンゴレ・ビアンコ

8月14日 ……………………………(P.247)
焼きなすと丸さやオクラの
冷たい米粉スパゲッティ

8月26日 ……………………………(P.259)
香草を打ち込んだタリオリーニ
ムギイカとズッキーニ和え

8月28日 ……………………………(P.261)
山山椒を練り込んだタヤリンに
鰻と胡瓜を合わせて

9月21日 ……………………………(P.286)
太刀魚と賀茂ナスのバヴェッティーニ

9月27日 ……………………………(P.292)
砂肝とニラのスパゲッティ

9月29日 ……………………………(P.294)
カラスミのフェトゥチーネ

10月16日 ……………………………(P.313)
ストロッツァプレティ 豚耳とアスパラ、小松菜

10月24日 ……………………………(P.321)
まぐろカラスミとブロッコリーのスパゲッティ

11月2日 ……………………………(P.331)
タマゴ茸とスカモルツァ・アッフミカートの
フジッリ・ルンギ

11月14日 ……………………………(P.343)
アンコウと能勢原木椎茸のケッパー風味
長居春菊のストロッツァプレティ

11月19日 ……………………………(P.348)
赤ワインを練り込んだキタッラ
鰻と玉ネギのソース

11月28日 ……………………………(P.357)
トリッパ

12月3日 ……………………………(P.364)
塩漬け玉子とトリュフのスパゲッティーニ

12月11日 ……………………………(P.372)
タリオリーニ、自家製生カラスミと
ヤリイカのティエーピド

12月22日 ……………………………(P.383)
蚝と水菜のスパゲッティ、
ゆずとボッタルガのアクセント

12月24日 ……………………………(P.385)
キャビアの温製パスタ

12月27日 ……………………………(P.388)
丹波産月の輪熊とカーボロネロのフジッリ

12月29日 ……………………………(P.390)
ピーゴリ、真イワシと黒キャベツのマントヴァ風

12月30日 ……………………………(P.391)
コルデッレの鴨コンフィとネギのソース

●オリーブペースト

3月17日 ……………………………(P.90)
バジルを練り込んだトロフィエッテ
活け鰺とドライトマト タジャスカのソース

9月14日 ……………………………(P.279)
アワビと肝、アンチョビとケイパーのスパゲッティ

●カルボナーラ

1月27日 ……………………………(P.38)
マッケローニ アッラ カルボナーラ

3月29日 ……………………………(P.102)
タイの白子のカルボナーラ

5月27日 ……………………………(P.164)
カサレッチェ山田さんが育てた濃厚卵の
カルボナーラ石井さんの
カルチョーフィのフリット添え

5月28日 ……………………………(P.165)
中国の香りのするキタッラ、
スパゲッティ アッラ カルボナーラのイメージで

5月30日 ……………………………(P.167)
タヤリンのカルボナーラ、
野生のアスパラガス添え

6月9日 ……………………………(P.178)
マッケロンチーニのカルボナーラ ローマ風

8月8日 ……………………………(P.241)
昔のカルボナーラ

8月16日 ……………………………(P.249)
積丹産海水うにのカルボナーラ仕立て

●キノコペースト

8月29日 ……………………………(P.262)
夏トリュフのバヴェッティーニ

9月19日 ……………………………(P.284)
ポルチーニ茸のラビオリ なめらかなムース添え

10月15日 ········· (P.312)
1 ブラウンマッシュルームのスパゲッティーニ、トリュフ添え

11月6日 ········· (P.335)
ブラウンマッシュルームのスパゲッティーニ

11月7日 ········· (P.336)
キタッラ きのこのラグー

11月10日 ········· (P.339)
キノコのペーストのクリームソーススパゲッティ

11月11日 ········· (P.340)
ポーチのマッシュルームのラグー

● 魚介

1月5日 ········· (P.16)
地の魚介のラグーと庭のバジルのポーチ

1月8日 ········· (P.19)
鮑とその肝で和えたスパゲッティーニ、ケイパー風味

1月28日 ········· (P.39)
白子と九条ねぎのバヴェッテ、黄ゆずの香り

2月7日 ········· (P.50)
マッコと和えたルンゲッティうにのマリネのせ

2月27日 ········· (P.70)
赤ワインを練り込んだオンブリケッリ
浅利とトレヴィスの軽いラグー

3月3日 ········· (P.76)
蛤、春野菜、サルディーニャ産ボッタルガのカサレッチェ

3月4日 ········· (P.77)
マッケロンチーニ 春の野菜と蒸しアワビ、その肝のソース

3月6日 ········· (P.79)
アワビとふきのとうのタリオリーニ

3月7日 ········· (P.80)
スカンピとペコリーノであわせた
マッケロンチーニイカスミのグリッシーニ添え

3月11日 ········· (P.84)
メバルとオカヒジキ、菜花のスパゲッティーニ

3月20日 ········· (P.93)
活メオニオコゼと花ワサビのスパゲッティ

3月20日 ········· (P.102)
タイの白子のカルボナーラ

3月30日 ········· (P.103)
穴子の焼きリゾッティーニ、グリーンピースのラグー

4月8日 ········· (P.113)
サザエさんとふきのとうのタリオリーニ

4月21日 ········· (P.126)
カラマレッティとチーマ・ディ・ラーパ、ガシラ、オリーブ、サフラン風味

6月1日 ········· (P.170)
塩漬け鮎のオイルコンフィと茴香のキタッラ
茴香の花とうるかを添えて

6月2日 ········· (P.171)
ブロデットを詰めたラビオリ
尾鷲産魚介とバジリコのソース

6月4日 ········· (P.173)
トロフィエ マグロの
ボッタルガ・ムシャーメ・心臓の塩漬けと
アーティチョーク・アマドコロ・レモン

6月12日 ········· (P.181)
タッコーニ マーレ・エ・モンテ

6月18日 ········· (P.187)
カサゴとナスのパッケリ

6月30日 ········· (P.199)
淡路産鱧と鱧子、夏野菜のポーチ

7月2日 ········· (P.203)
タリオリーニ 砕いたグリーンピースと
明石ダコのラグーソース

7月3日 ········· (P.204)
"潮" のスパゲッティ

7月7日 ········· (P.208)
鱧をタリアテッレで、紫蘇をタリアテッレに

7月9日 ········· (P.210)
イカスミを練り込んだタリオリーニ
甲殻類のラグー和え

7月10日 ········· (P.211)
魚介のスープで炊いたリゾット

7月16日 ········· (P.217)
スパゲッティ・アッラ・マーレ・エ・モンテ

7月26日 ········· (P.227)
ウイキョウを詰めたラヴィオリ
鮎とそのインテリオーラソース

7月31日 ········· (P.232)
タヤリン、鮎とクレソンのソース

8月1日 ········· (P.234)
ビーゴリ 伊勢海老、イカ、岩ガキ、
ムール貝、アサリとポルチーニで

8月15日 ········· (P.248)
ローストトマトと赤ピーマン、雲丹を詰めた
ラヴィオリ ブルターニュ産オマール海老の
ソースとレンズマメ

8月19日 ········· (P.252)
万願寺唐辛子と天然鮎のキタッラ

8月21日 ……………………………………(P.254)
フレッシュポルチーニと毛がにのラザニエッテ

8月23日 ……………………………………(P.256)
ヴィチドーミニの長いスパゲッティの冷製
うにとスカンピの
アーリオ・オーリオ・ペペロンチーノ

8月31日 ……………………………………(P.264)
鬼怒川の鮎と農園野菜のペペロンチーノ
サルディーニャ仕込みの自家製カラスミがけ

9月11日 ……………………………………(P.276)
ビーゴリのカッソ・ピーパ

9月13日 ……………………………………(P.278)
シソを練り込んだジャガイモのニョッキ
活け鱸と焼きもろこしのソース
茗荷のアクセントで

9月20日 ……………………………………(P.285)
とこぶしとハーブのタリオリーニ

10月21日 ……………………………………(P.318)
ミルクとドライバジリコを練り込んだ
"シャラティエッリ" スカンピと魚介類の
クロスターチ リストランテの風景

11月23日 ……………………………………(P.352)
ラザニエッテ 赤エビソース
ラルド風味レモンのマルメラータ添え

12月10日 ……………………………………(P.371)
鱈の白子と群馬産赤ネギのスパゲッティーニ
黒トリュフのスライス

●クリーム

1月20日 ……………………………………(P.31)
リコッタチーズのトルテッリ
オマール海老の香り高いクリームソース

1月29日 ……………………………………(P.40)
和牛牛頬肉の赤ワイン煮とクリーミーな
自家製リコッタを詰めたドッピオラヴィオリ、
百合根、パルメザンチーズとカヌレの旨味と苦味

2月25日 ……………………………………(P.68)
リングイーネ 生ハムのクリームソース

3月19日 ……………………………………(P.92)
ラ パスタ ピコローレ "パリア フィエーノ"
グリーンピースと生ハムのクリームソース

3月26日 ……………………………………(P.99)
ビーツのシュペッツリ、アンチョビのクレーマ、
卵黄の燻製、シュペックのパウダー

4月30日 ……………………………………(P.135)
カラマレッティ、ジロール茸のクリームソース、
鴨の燻製とモストコット、
グリュイエールのパスタ添え

5月24日 ……………………………………(P.161)
ジャガイモのニョッキ
小柱とフォンドゥータのソース
ビアンケット・トリフ添え

7月13日 ……………………………………(P.214)
バヴェッティ 千倉産房州海老と
斎藤さんのフルーツトマトのソース

8月11日 ……………………………………(P.244)
スパゲッティ とかちマッシュルームの
クリームソース燻製をかけた
フォワグラを削りかけて

9月1日 ……………………………………(P.266)
セダニーニ 伊勢海老 ボッタルガ オレンジ

9月17日 ……………………………………(P.282)
新鮮なうにのスパゲッティ

11月8日 ……………………………………(P.337)
フェデリーニ舞茸のバルサミコクリームソース

●香草

3月23日 ……………………………………(P.96)
アーリオ・オーリオをちがった表現で

3月25日 ……………………………………(P.98)
ホタルイカとグリルしたタケノコの
冷製フェデリーニ、木の芽のペースト和え

4月20日 ……………………………………(P.125)
モエナ風チャロンチェ
ラーナのフリット "白神山地より" 山菜の香り

●ジェノベーゼ

1月15日 ……………………………………(P.26)
リングイネのジェノヴェーゼ

7月17日 ……………………………………(P.218)
鮎のコンフィとサラミ
胡瓜入りジェノベーゼのトレネッテ

7月24日 ……………………………………(P.225)
千葉県柏産米粉で練った
トロフィエ石井さんのハーブと
ドライトマトのソース鮑とサザエ、
サマーポルチーニ茸のソテー添え

9月28日 ……………………………………(P.293)
トロッフィエのバジリコ・ペスト和え

●スープ

1月6日 ……………………………………(P.17)
トルテリーニ・イン・ブロード

1月21日 ……………………………………(P.32)
ラルドでソテーした葉ブロッコリーと
短く折ったリングイーネのミネストラ

2月3日 ············(P.46)
4種の豆のロッリ モディカ風

6月5日 ············(P.174)
鴨とフォアグラのトルテッリーニ
大和肉鶏とアミガサ茸のブロード仕立て

9月10日 ············(P.275)
サルデーニャ風湘南豚とフィリンドゥのスープ

10月25日 ············(P.322)
トーストしたペンネッテ ドルチェ見立て

11月3日 ············(P.332)
ポルチーニのとろみスープで茹でた
茨城産塩鳩の炭火焼き
ポルチーニのラビオリ
マンジマップ産黒トリュフの香り

12月23日 ············(P.384)
尾長鴨のトルテッリーニ・イン・ブロード
白トリュフと九条ねぎ 1860年のマルサラ風味

● チーズ
1月10日 ············(P.21)
ファルファッレ リコッタチーズと小エビのソース

1月12日 ············(P.23)
カーチョ・エ・ペペ

1月16日 ············(P.27)
ウサギとサルシッチャのトルテッリ
黒トリュフ添え

1月27日 ············(P.38)
マッケローニ アッラ カルボナーラ

3月28日 ············(P.101)
鰺ヶ沢ジャージー仔牛レヴァーと
ジャージー乳自家製チーズのWラヴィオリ

4月25日 ············(P.130)
タヤリンのチーズフォンデュ仕立て
バッサーノのホワイトアスパラガス

5月3日 ············(P.140)
近海でとれた海老と
マスカルポーネチーズのフェットチーネ

5月9日 ············(P.146)
タリオリーニ 野生のアスパラガス
ゴルゴンゾーラとピスタチオのピュレ和え

5月22日 ············(P.159)
カチョ・エ・ペペのスパゲッティ 温泉玉子のせ

5月23日 ············(P.160)
フェットチーネ カルチョーフィのコンフィと
ボッタルガ ピスタチオの香り

6月27日 ············(P.196)
夏野菜のラザーニャ

11月27日 ············(P.356)
赤ワインでゆがいたパッケリ 仔羊のラグー

12月16日 ············(P.377)
全粒粉の香り、ラグーの旨味、
ゴルゴンゾーラの刺激

12月21日 ············(P.382)
ブルーチーズとピスタチオのペンネッティ

● チョコレート
2月14日 ············(P.57)
三田牛テールのチョコレート煮込みを
パッケリに合わせて

● トマト
1月1日 ············(P.12)
スパゲッティ・アッラ・プッタネスカ

1月11日 ············(P.22)
自家製サルシッチャと
黒オリーブのスパゲットーニ

1月17日 ············(P.28)
ヤリイカのスミ煮のスパゲッティーニ、
北海道産生ウニ添え

1月18日 ············(P.29)
スパゲッティ・アッラ・カッレッティエラ

1月23日 ············(P.34)
カラマーリの田舎風

1月24日 ············(P.35)
ブカティーニ・アマトリチャーナ
モダンなスタイル

1月31日 ············(P.42)
スパゲティーニ ンドゥヤ、
白インゲンのトマトソース

2月2日 ············(P.45)
ペンネ リッシェ
ペンネアラビアータのイメージで

2月8日 ············(P.51)
ヒイカのリングイーネ

2月9日 ············(P.52)
パーネフラッタウ

2月11日 ············(P.54)
スパゲッティ、フレッシュのトマトソース

2月17日 ············(P.60)
近江牛赤センマイのカザレッチ

3月1日 ············(P.74)
カーニバルのラザニア

3月5日 ············(P.78)
トマトソースのスパゲッティ

3月9日 ……………………………(P.82)	5月17日 ……………………………(P.154)
ホタルイカと菜の花のニョッキ	ブシャーテ タコラグーとセロリ風味
3月10日 ……………………………(P.83)	5月19日 ……………………………(P.156)
マグロとミントのリガトーニ	キタッラ マーレ エ モンテ風
3月12日 ……………………………(P.85)	5月25日 ……………………………(P.162)
鯵のマリネと天然クレソン ボッタルガのスパゲッティーニ ヴェルガモットの香り	キタッラ スーゴ・フィント
	5月26日 ……………………………(P.163)
	佐島のウニと庭のカルチョーフィの ニョケッティサルディオリスターノ風
3月15日 ……………………………(P.88)	
リングイネ、黒オリーブ入りトマトソース、 イワシのパン粉焼き添え	5月29日 ……………………………(P.166)
	セロリを練り込んだガルガネッリ 牛テールの煮込み
4月10日 ……………………………(P.115)	
イカスミを練り込んだタリオリーニ 〜サクラエビとカチュッコ和え	6月7日 ……………………………(P.176)
	自家製ソーセージ、 サフランと軽いトマトソースのマロレッドゥス
4月11日 ……………………………(P.116)	
スパゲッティ・アル・ポモドーロ	6月11日 ……………………………(P.180)
4月13日 ……………………………(P.118)	イカスミのフィデワ
ガルガネッリのウサギもも肉と 春野菜のラグー和え	6月12日 ……………………………(P.181)
	タッコーニ マーレ・エ・モンテ
4月14日 ……………………………(P.119)	6月25日 ……………………………(P.194)
甘エビとオレンジのバヴェッティーニ	貝類とチェリートマトのフレーグラ
4月17日 ……………………………(P.122)	6月26日 ……………………………(P.195)
ロリギッタス サルシッチャとナスのトマトソース	海の幸とフルーツトマトの冷製スパゲッティーニ
4月23日 ……………………………(P.128)	6月29日 ……………………………(P.198)
プーリア州サレントの螺旋形パスタサーニェ ンカンヌラーテ豚と内臓のラグーと春の豆	スパゲッティ・アル・ポモドーロ
	7月4日 ……………………………(P.205)
4月24日 ……………………………(P.129)	カペッリーニ 冷たいトマトソースとブッラータ
手長海老とアーティーチョークのパッケリ リコッタチーズのクレマ	7月5日 ……………………………(P.206)
	穴子と枝豆のアマトリチャーナ リングイネ
4月26日 ……………………………(P.131)	7月8日 ……………………………(P.209)
クルルジョネス	牛トリッパのトマト煮込みと ゴーヤのファルファッレ
4月29日 ……………………………(P.134)	
カサレッチェ仔羊肉のボロネーズ ゴルゴンゾーラ風味	7月11日 ……………………………(P.212)
	ペペロンチーノを練り込んだ ビーゴリ仔羊と夏野菜のラグーソース
5月1日 ……………………………(P.138)	
スモークしたメカジキのタリオリーニ	7月18日 ……………………………(P.219)
5月5日 ……………………………(P.142)	赤エビとルッコラのスパゲッティ
キタッラの仔羊のラグー	7月23日 ……………………………(P.224)
5月10日 ……………………………(P.147)	夏ピーマンと唐辛子を練り込んだタリオリーニ
オレキエッテ タコのラグーソース セロリのせ	7月25日 ……………………………(P.226)
	毛ガニのカペッリーニ、ガスパチョ仕立て
5月13日 ……………………………(P.150)	8月3日 ……………………………(P.236)
ロートロ 花ズッキーニ、プロシュット・コット、 プロヴォローネ花ズッキーニのフリットを添えて	フルーツトマトと桃のカッペリーニ、焼き鱧添え
	8月5日 ……………………………(P.238)
5月16日 ……………………………(P.153)	フジッリブカーティ ムール貝とアサリのラグー
アマトリチャーナソースを詰めこんだパッケリ ペコリーノロマーノの 泡自家製ラルドの塩気とともに	

8月9日 ……………………（P.242）
海の幸たっぷりの冷たいフェデリーニ

8月20日 …………………（P.253）
オリーブを練り込んだコルテッツィ
帆立とフレッシュトマトの
ソースリグーリアの思い出

8月25日 …………………（P.258）
スパゲッティ ムール貝のラグー
シシリア産マグロのからすみ添え

8月30日 …………………（P.263）
ジャガ芋のニョッキとトマト

9月2日 ……………………（P.267）
フェデリーニ 蛸のミンチソース

9月8日 ……………………（P.273）
鶏肉とパプリカのローマ風煮込みのマファルデ

9月12日 …………………（P.277）
トマトソーススパゲッティのナス包み
オーブン焼き

9月15日 …………………（P.280）
ガルガネッリ、焼きナスのピュレ和え

9月16日 …………………（P.281）
ズワイ蟹のタリアテッレ
旨味たっぷりのトマトソース

9月23日 …………………（P.288）
ズィーティの靴磨き職人風

9月24日 …………………（P.289）
ポルチーニのトロンケッティ

10月1日 …………………（P.298）
スパゲッティ・アル・ポモドーロ

10月2日 …………………（P.299）
フレッシュトマトと唐辛子のピーチ

10月3日 …………………（P.300）
スパゲッティ、シンプルなトマトソース

10月4日 …………………（P.301）
ブカティーニ アッラ マトリチャーナ

10月5日 …………………（P.302）
トマトとバジリコのスパゲッティ

10月6日 …………………（P.303）
トマトソースのスパゲッティ

10月7日 …………………（P.304）
トマトソースのピリ辛スパゲッティ

10月8日 …………………（P.305）
ピーチのトマトソース、
燻製したリコッタチーズがけ

10月9日 …………………（P.306）
ブカティーニのアマトリチャーナ

10月10日 …………………（P.307）
スパゲッティ・アル・ポモドーロ

10月11日 …………………（P.308）
発酵トマトのカレッティエーラ

10月12日 …………………（P.309）
ピンチのアリオーネ

10月13日 …………………（P.310）
ひよこ豆のニョケッティ
北海道産の蛸とひよこ豆のストゥファート

10月18日 …………………（P.315）
ブシアーティ マグロホホ肉の軽いラグー和え

10月19日 …………………（P.316）
ニョッキと毛ガニのラグー

10月20日 …………………（P.317）
少し変わったボスカイオーラ

10月23日 …………………（P.320）
フジッリ 焼き野菜のラグー オレガノ風味

10月27日 …………………（P.324）
ヴェネト風ビーゴリ

10月29日 …………………（P.326）
栗粉のキタッラ 野キジとアサツキのソース

11月12日 …………………（P.341）
キタッラ、干ダラとポルチーニ

11月18日 …………………（P.347）
ラヴィオリアペルト ノルマ風

11月21日 …………………（P.350）
鰺のたたきを冷たいカッペリーニで
ウィキョウとミカンの香り

11月24日 …………………（P.353）
ビゴリのブーザラ風味

11月26日 …………………（P.355）
タヤリン、甲殻類のスーゴ和え

12月6日 …………………（P.367）
鰯のポルペッティーネと野菜のガルガネッリ

12月8日 …………………（P.369）
ニョッキを詰めたムール貝
南イタリアのマンマの味で

12月15日 …………………（P.376）
ピーチ、トマトソースのアマトリチャーナ

12月18日 …………………（P.379）
バッカラとヒヨコ豆のロリギッタス

12月19日 …………………（P.380）
蟹とミモレット 青大豆のディタリーニ

● 見出し

1月19日 ……………………(P.30)
ホロホロ鳥の内臓のスパゲッティ

9月26日 ……………………(P.291)
クリスタイアーテ ペーザロ風トリッパとヒヨコ豆

12月9日 ……………………(P.370)
ラザーニャ アルバ風

● ナッツ

2月24日 ……………………(P.67)
リッチョリ・アッラ・エガティ

7月22日 ……………………(P.223)
ブロンテ産ピスタチオと海老のマッケローニ

9月25日 ……………………(P.290)
アラブ風ペーストのブジアーテ

10月22日 ……………………(P.319)
ピスタチオペーストのリングイネ

10月30日 ……………………(P.327)
うにとピスタチオのスパゲティ

● バジリコペースト

5月7日 ……………………(P.144)
コンキリオーニ、尾鷲産サザエのバジリコソース

6月2日 ……………………(P.171)
ブロデットを詰めたラビオリ
尾鷲産魚介とバジリコのソース

6月16日 ……………………(P.185)
黒鯛のカマ肉とズッキーニのマファルディーネ、
バジリコ風味

9月14日 ……………………(P.279)
アワビと肝、アンチョビとケイパーのスパゲッティ

● バター

1月12日 ……………………(P.23)
カーチョ・エ・ペペ

1月16日 ……………………(P.27)
ウサギとサルシッチャのトルテッリ
黒トリュフ添え

1月30日 ……………………(P.41)
スパゲッティ松の実とトレヴィスの
アンチョビバターソース

2月5日 ……………………(P.48)
フォアグラの脂でソテーした
黒キャベツのピーゴリ

2月16日 ……………………(P.59)
鮑と海老を詰めたラヴィオリ

3月18日 ……………………(P.91)
カリアータを詰めたトルテッリと
グリーンアスパラガス、ヘーゼルナッツ風味

4月1日 ……………………(P.106)
秋田産仔兎ウサギを詰めたアニョロッティ
セージバターの香り

4月6日 ……………………(P.111)
レモンを練り込んだフェットチーネ
スカンピのレモンバター風味

4月7日 ……………………(P.112)
鳩と筍のトルテッリ

4月28日 ……………………(P.133)
カチョエ・ペペ

5月8日 ……………………(P.145)
蝦夷豚サルシッチャと
ホワイトアスパラのピチ 黒トリュフ添え

5月18日 ……………………(P.155)
タヤリンとホワイトアスパラガス、モリーユ茸

6月19日 ……………………(P.188)
干し草の香りで包んだアニョロッティ ダル プリン

7月21日 ……………………(P.222)
アニョロッティ ダル プリン

7月30日 ……………………(P.231)
ジャガイモのラヴィオリ 豚のラグー添え
サマートリュフの香り

8月4日 ……………………(P.237)
熟成ポテトのピューレを詰めた
カッペレッティオーヴォリ茸のソース

8月24日 ……………………(P.257)
タヤリンの夏のトリュフがけ

9月3日 ……………………(P.268)
岩城のレモンのスパゲッティ

9月30日 ……………………(P.295)
じゃがいものメッザルーナ、
ノッチョーラの香りのパスタで包んで

10月28日 ……………………(P.325)
ビーツのラビオリ ケシの実のソース

11月1日 ……………………(P.330)
ジャガイモのラビオリ 黒トリュフがけ

11月13日 ……………………(P.342)
タヤリンとキノコのラグー

11月16日 ……………………(P.345)
五郎島金時のチャンベリーニ
ハモンイベリコ・デ・ベジョータ
"ホセリート"と丹波栗のローストと共に

461

11月25日 ……… (P.354)
シナモンを練り込んだカッペレッティ
かぼちゃとタレッジョのリピエーノ

12月7日 ……… (P.368)
鱈とじゃがいものリグーリア風煮込みの
コルゼッティ

12月11日 ……… (P.372)
タリオリーニ、自家製生カラスミと
ヤリイカのティエービド

● フルーツ

3月16日 ……… (P.89)
イワシ・ウイキョウ・みかん・カラスミ・
ペコリーノの冷製パスタ

5月4日 ……… (P.141)
生しらすの冷たいカペッリーニ
葉山の夏みかんと新生姜の香り

6月17日 ……… (P.186)
紅さやかと二色のバラ
佐渡産南蛮エビのスパゲッティーニ

7月14日 ……… (P.215)
かぼちゃのニョッキ
白桃のズッパとピーチティーのジュレ添え

7月15日 ……… (P.216)
宮崎マンゴーと鴨の冷たいスパゲッティーニ

7月19日 ……… (P.220)
白桃とグリーントマトの冷製スパゲッティーニ

7月27日 ……… (P.228)
タヤリン、白桃とレモンのクリームソース

8月13日 ……… (P.246)
桃のスパゲッティーニ

10月26日 ……… (P.323)
鴨のオレンジソース
生ハムとフレッシュトマトのアクセント

12月1日 ……… (P.362)
とちおとめの冷たいカペリーニ

● ブロード

2月12日 ……… (P.55)
大鰐シャモロックと
ジャージー乳自家製モッツァレッラの
クレスペッレ

5月21日 ……… (P.158)
ホロホロ鳥のパッパルデッレ

9月4日 ……… (P.269)
タヤリン 干し草の香り

12月28日 ……… (P.389)
ジャガイモのニョッキ、黒トリュフ風味

● ラグー

1月2日 ……… (P.13)
ペンネ・リガーテ
牛尾の煮込み ソース・ヴァチナーラ

1月5日 ……… (P.16)
地の魚介のラグーと庭のバジルのピーチ

1月9日 ……… (P.20)
セダニーニのボロネーゼ

1月13日 ……… (P.24)
ニョケッティ・サルディ 信州和牛のミートソース

1月22日 ……… (P.33)
ピーゴリ、ホロホロ鳥の内臓とうずら豆のラグー

1月26日 ……… (P.37)
クリスタイアーテ
兎腿肉とタジャスカオリーヴのソース

2月1日 ……… (P.44)
ガルガネッリ、キャベツと豚バラ肉のラグー

2月10日 ……… (P.53)
クロワゼ鴨のラグー和えキタッラ
軽いじゃがいものクレマ

2月13日 ……… (P.56)
松原河内鴨もも肉と河内蓮根のラグー
カカオ風味のパッパルデッレ

2月15日 ……… (P.58)
カカオ風味のガルガネッリ 仔羊のラグーソース

2月21日 ……… (P.64)
ヴァンデ産仔鳩の煮込みのタヤリン
トリュフ風味

2月22日 ……… (P.65)
ピーチのフィノッキオーナのソース

2月23日 ……… (P.66)
イベリコ豚スペアリブの塩漬け
黒豚豚足のマファルデ

2月26日 ……… (P.69)
フジッローネ 鴨とオレンジのラグー

2月28日 ……… (P.71)
ラカン産鳩のラグーボロネーゼ ガルガネッリ

3月21日 ……… (P.94)
スパゲッティ
ふきのとうとンドゥイヤのプッタネスカ

3月27日 ……… (P.100)
ピーチ、馬ハラミと山葵のラグー

4月4日 ……… (P.109)
丹波産イノシシのラグー
吉野産ヨモギのマルタリアーティ

4月18日 ……… (P.123)
グラミーニャ 仔羊ラグーとアーティチョーク

5月2日 ……………………………… (P.139)
新じゃがのラヴィオリ鳩の煮込みと
カルチョフィのソース

6月20日 ……………………………… (P.189)
パッションフルーツのスパッツェレ
サルシッチャのラグー、ミント風味

6月23日 ……………………………… (P.192)
アブルッツォ風キタッラ、
仔羊と赤ピーマンのラグー和え

6月24日 ……………………………… (P.193)
ルマコーニ
カタツムリのラグーとインカのめざめ

6月28日 ……………………………… (P.197)
濃厚卵で練ったパッパルデッレ
丹波黒地鶏のラグーソース炭火焼き
内臓と湯河原産天然クレソン添え

8月10日 ……………………………… (P.243)
フェットチーネ、トウモロコシのソース、
馬肉のラグー、自家製ブルーチーズ添え

9月5日 ……………………………… (P.270)
ガルガネッリ、牛ほほ肉のラグー

9月9日 ……………………………… (P.274)
タリアテッレ仔牛の内臓のマルサラ風味

9月18日 ……………………………… (P.283)
ライ麦のビーゴリー
去勢鶏とトランペットジロールのラグー

9月22日 ……………………………… (P.287)
トルッキエッティ、
和牛とジャガイモと生ハムのマドニエ風

11月4日 ……………………………… (P.333)
ミートソースとキノコのタリアテッレ

11月5日 ……………………………… (P.334)
ポルチーニを練り込んだウンブリッチ
マルサラ風味の仔鳩のラグー

11月9日 ……………………………… (P.338)
京都美山産アライグマとポルチーニ茸のラグー
蓮根を練り込んだビーゴリ
マイクロコリアンダーの繊細な香り

11月17日 ……………………………… (P.346)
直江津産アミ漁の真鴨のラグーのピンチ

11月20日 ……………………………… (P.349)
タヤリン ピエモンテ風鴨のラグーとキクイモ

11月22日 ……………………………… (P.351)
ジャガイモと栗粉のニョッキ
ホロホロ鳥のラグー和え

11月29日 ……………………………… (P.358)
タヤリンと蝦夷鹿のラグー

11月30日 ……………………………… (P.359)
タラのトマトソース オレガノ風味のリガトーニ

12月2日 ……………………………… (P.363)
パッパルデッレ ウサギのスーゴで

12月5日 ……………………………… (P.366)
猪のラグーのピーチ ルーコラを添えて

12月12日 ……………………………… (P.373)
村上農場 男爵のニョッキ
ホロホロ鳥とリードヴォーのラグー
熟成モンヴィーゾ

12月13日 ……………………………… (P.374)
アミアータ風のピンチ

12月14日 ……………………………… (P.375)
牛テール赤ワイン煮込みのヌイユ

12月17日 ……………………………… (P.378)
カカオを練り込んだタリアテッレ
ホロホロ鳥とオリーヴ、干しブドウのブラザート

12月26日 ……………………………… (P.387)
ビーゴリのホロホロ鳥のラグー

12月31日 ……………………………… (P.392)
猪のラグーとそば粉のニョッキ ショウガの甘み

●リゾット

1月3日 ……………………………… (P.14)
リゾット イゾラーナ

1月14日 ……………………………… (P.25)
リゾーニ サフランのリゾット仕立て
牛の脊髄添え サルサ・グレモラータ

8月18日 ……………………………… (P.251)
カルナローリ米を使った
赤玉葱のリゾットニノ ヴェルジェーゼ風

●野菜

1月25日 ……………………………… (P.36)
いんちきジェノヴェーゼ

2月4日 ……………………………… (P.47)
温かい海老芋のソースと冷たい春菊のパウダー、
カラスミ、北寄貝と芽キャベツのキタッラ

3月2日 ……………………………… (P.75)
アマトリチャーナ・ヴェルデ

3月8日 ……………………………… (P.81)
ジャガ芋生地の菜の花詰めカッペッレッティ
えんどう豆のスープ アサリと緑野菜

3月22日 ……………………………… (P.95)
カリフラワーのリングイネッテ

3月31日 ……………………(P.104)
冷製パスタ
ホタルイカと春野菜のパッパルデッレ
新玉ネギのエキス

4月2日 ……………………(P.107)
ガーリック・アンチョヴィーオイルで和えた
冷たいピーチ
桜海老のフリット
フレッシュトマトと赤ピーマンのパッサート

4月5日 ……………………(P.110)
地ハマグリとふきのとうのリングイネ

4月9日 ……………………(P.114)
春野菜の"タヤリン"

4月12日 ……………………(P.117)
ソラマメとペコリーノで和えたタリオリーニ
タルト仕立て

4月19日 ……………………(P.124)
イワシとウイキョウのペンネ

4月27日 ……………………(P.132)
ビーゴリの玉ネギとアンチョビのソース

5月12日 ……………………(P.149)
ウンブリチェッリ
アーティチョークと空豆のソース

5月31日 ……………………(P.168)
季節のグリーン野菜のソース オレキエッテ

6月1日 ……………………(P.170)
塩漬け鮎のオイルコンフィと茴香のキタッラ
茴香の花とうるかを添えて

6月6日 ……………………(P.175)
タヤリンパスタ
カエルのブロード ういきょうピュレ添え

6月10日 ……………………(P.179)
ピサレイ カルチョーフィのピュレとフリット添え

6月14日 ……………………(P.183)
しっかり味を含ませたトゥベッティ
本マグロと2種類の空豆
自家製本マグロ節を削って

6月21日 ……………………(P.190)
セロリとタコのトロフィエ セロリのジェノベーゼ

6月22日 ……………………(P.191)
毛ガニと茨城県産柔甘ねぎの冷製カッペリーニ
毛ガニの泡

7月12日 ……………………(P.213)
ガルガネッリ、
但馬牛の生ハムとインゲン豆のソース

8月10日 ……………………(P.243)
フェットチーネ、トウモロコシのソース、
馬肉のラグー、自家製ブルーチーズ添え

8月17日 ……………………(P.250)
幻のトマトの冷製カッペリーニ

8月22日 ……………………(P.255)
イカスミを練り込んだタリオリーニ
オマール海老入りズッキーニのペースト

8月27日 ……………………(P.260)
いろいろトマトの冷製カペッリーニ

9月7日 ……………………(P.272)
赤タマネギのタリオリーニ
パルミジャーノのクロッカンテ

10月17日 ……………………(P.314)
ラディッキオと丹波の黒枝豆で和えた
ペンネとフォワグラ、バルサミコソース、
スカモルツァチーズの香り

10月31日 ……………………(P.328)
パスタ入りカボチャの煮込み

11月15日 ……………………(P.344)
真ダコと天王寺カブのオレキエッテ

12月4日 ……………………(P.365)
フォアグラとブロッコリー、
アーモンドのパッパルデッレ

12月20日 ……………………(P.381)
里芋のニョッキ 根菜ソース

索引
―主素材別―

●赤ネギ

12月10日 ……………………… (P.371)
鱈の白子と群馬産赤ネギのスパゲッティーニ
黒トリュフのスライス

12月30日 ……………………… (P.391)
コルデッレの鴨コンフィとネギのソース

●赤玉ネギ

8月18日 ……………………… (P.251)
カルナローリ米を使った赤玉葱の
リゾットニノ ヴェルジェーゼ風

9月7日 ……………………… (P.272)
赤タマネギのタリオリーニ
パルミジャーノのクロッカンテ

●アサリ

1月5日 ……………………… (P.16)
地の魚介のラグーと庭のバジルのピーチ

2月27日 ……………………… (P.70)
赤ワインを練り込んだオンブリケッリ
浅利とトレヴィスの軽いラグー

3月8日 ……………………… (P.81)
ジャガ芋生地の菜の花詰めカッペレッティ
えんどう豆のスープ アサリと緑野菜

5月7日 ……………………… (P.144)
コンキリオーニ、尾鷲産サザエのバジリコソース

6月25日 ……………………… (P.194)
貝類とチェリートマトのフレーグラ

8月1日 ……………………… (P.234)
ビーゴリ 伊勢海老、イカ、岩ガキ、ムール貝、
アサリとポルチーニで

8月5日 ……………………… (P.238)
フジッリブカーティ ムール貝とアサリのラグー

8月12日 ……………………… (P.245)
海鞘とアサリのボンゴレ・ビアンコ

9月11日 ……………………… (P.276)
ビーゴリのカッソ・ピーパ

9月29日 ……………………… (P.294)
カラスミのフェットゥチーネ

●アジ

3月12日 ……………………… (P.85)
鯵のマリネと天然クレソン ボッタルガの
スパゲッティーニ ヴェルガモットの香り

3月17日 ……………………… (P.90)
バジルを練り込んだトロフィエッテ
活け鯵とドライトマト タジャスカのソース

7月1日 ……………………… (P.202)
真鯵のスパゲッティ

11月21日 ……………………… (P.350)
鯵のたたきを冷たいカッペーリーニで
ウィキョウとミカンの香り

●アスパラガス

2月25日 ……………………… (P.68)
リングイーネ 生ハムのクリームソース

3月2日 ……………………… (P.75)
アマトリチャーナ・ヴェルデ

3月4日 ……………………… (P.77)
マッケロンチーニ
春の野菜と蒸しアワビ、その肝のソース

3月18日 ……………………… (P.91)
カリアータを詰めたトルテッリと
グリーンアスパラガス、ヘーゼルナッツ風味

3月24日 ……………………… (P.97)
ホワイトアスパラのクリームを詰めた
全粒粉のカッペレッティヨモギ風味のスープ
筍と芹

4月9日 ……………………… (P.114)
春野菜の"タヤリン"

4月25日 ……………………… (P.130)
タヤリンのチーズフォンデュ仕立て
バッサーノのホワイトアスパラガス

5月8日 ……………………… (P.145)
蝦夷豚サルシッチャとホワイトアスパラのピチ
黒トリュフ添え

5月18日 ……………………… (P.155)
タヤリンとホワイトアスパラガス、モリーユ茸

5月20日 ……………………… (P.157)
ガルガネッリ、ナスとグリーンアスパラの
アーリオ・オーリオ風、リコッタを添えて

465

5月28日 ······(P.165)
中国の香りのするキタッラ、スパゲッティ
アッラ カルボナーラのイメージで

10月16日 ······(P.313)
ストロッツァプレティ 豚耳とアスパラ、小松菜

●アナゴ
3月30日 ······(P.103)
穴子の焼きリゾッティーニ、
グリーンピースのラグ

7月5日 ······(P.206)
穴子と枝豆のアマトリチャーナ リングイネ

●甘トウガラシ
6月3日 ······(P.172)
スパゲッティ、小柱と甘長とうがらしの
アーリオ・オーリオ・ペペロンチーノ、からすみがけ

7月23日 ······(P.224)
夏ピーマンと唐辛子を練り込んだタリオリーニ

●アユ
6月1日 ······(P.170)
塩漬け鮎のオイルコンフィと茴香のキタッラ
茴香の花とうるかを添えて

6月13日 ······(P.182)
鮎と獅子唐、茗荷のカヴァテッリ カラスミ添え

7月17日 ······(P.218)
鮎のコンフィとサラミ
胡瓜入りジェノベーゼのトレネッテ

7月26日 ······(P.227)
ウイキョウを詰めたラヴィオリ
鮎とそのインテリオーラソース

7月31日 ······(P.232)
タヤリン、鮎とクレソンのソース

8月19日 ······(P.252)
万願寺唐辛子と天然鮎のキタッラ

8月31日 ······(P.264)
鬼怒川の鮎と農園野菜のペペロンチーノ
サルディーニャ仕込みの自家製カラスミがけ

●アライグマ
11月9日 ······(P.338)
京都美山産アライグマとポルチーニ茸のラグー
蓮根を練り込んだピーゴリ
マイクロコリアンダーの繊細な香り

●アワビ
1月8日 ······(P.19)
鮑とその肝で和えたスパゲッティーニ、
ケイパー風味

2月16日 ······(P.59)
鮑と海老を詰めたラヴィオリ

3月4日 ······(P.77)
マッケロンチーニ
春の野菜と蒸しアワビ、その肝のソース

3月6日 ······(P.79)
アワビとふきのとうのタリオリーニ

4月15日 ······(P.120)
キタッラ "ロ・スコーリオ"

7月3日 ······(P.204)
"潮"のスパゲッティ

7月24日 ······(P.225)
千葉県柏産米粉で練ったトロフィエ
石井さんのハーブとドライトマトのソース
鮑とサザエ、サマーポルチーニ茸のソテー添え

9月14日 ······(P.279)
アワビと肝、アンチョビとケイパーのスパゲッティ

●アンコウ
11月14日 ······(P.343)
アンコウと能勢原木椎茸のケッパー風味
長居春菊のストロッツァプレティ

●アーティチョーク
4月18日 ······(P.123)
グラミーニャ 仔羊ラグーとアーティチョーク

4月24日 ······(P.129)
手長海老とアーティーチョークのパッケリ
リコッタチーズのクレマ

5月1日 ······(P.138)
スモークしたメカジキのタリオリーニ

5月2日 ······(P.139)
新じゃがのラヴィオリ
鳩の煮込みとカルチョフィのソース

5月6日 ······(P.143)
タヤリンのカルチョフィソース

5月12日 ······(P.149)
ウンブリチェッリ
アーティチョークと空豆のソース

5月23日 ······(P.160)
フェットチーネ カルチョフィのコンフィと
ボッタルガ ピスタチオの香り

5月26日 ……(P.163)
佐島のウニと庭のカルチョーフィの
ニョケッティサルディ オリスターノ風

5月27日 ……(P.164)
カサレッチェ
山田さんが育てた濃厚卵のカルボナーラ
石井さんのカルチョーフィのフリット添え

6月4日 ……(P.173)
トロフィエ マグロのボッタルガ・ムシャーメ・
心臓の塩漬けと
アーティチョーク・アマドコロ・レモン

6月10日 ……(P.179)
ピサレイ カルチョーフィのピュレとフリット添え

●アーモンド
9月25日 ……(P.290)
アラブ風ペーストのブジアーテ

●イカ
1月5日 ……(P.16)
地の魚介のラグーと庭のバジルのピーチ

1月17日 ……(P.28)
ヤリイカのスミ煮のスパゲッティーニ、
北海道産生ウニ添え

2月8日 ……(P.51)
ヒイカのリングイーネ

3月14日 ……(P.87)
イカスミのオリジナル縮れ麺と生のアオリイカ、菜花

4月15日 ……(P.120)
キタッラ "ロ・スコーリオ"

4月21日 ……(P.126)
カラマレッティとチーマ・ディ・ラーパ、
ガシラ、オリーブ、サフラン風味

6月2日 ……(P.171)
ブロデットを詰めたラビオリ
尾鷲産魚介とバジリコのソース

6月11日 ……(P.180)
イカスミのフィデワ

7月3日 ……(P.204)
"潮"のスパゲッティ

7月29日 ……(P.230)
リングイネ
やりイカとドライトマトのペペロンチーノ

8月1日 ……(P.234)
ピーゴリ 伊勢海老、イカ、岩ガキ、ムール貝、
アサリとポルチーニで

8月26日 ……(P.259)
香草を打ち込んだタリオリーニ
ムギイカとズッキーニ和え

9月6日 ……(P.271)
イカ墨のスパゲッティ

10月21日 ……(P.318)
ミルクとドライバジリコを練り込んだ
"シャラティエッジ" スカンピと魚介類の
クロスターチ リストランテの風景

12月11日 ……(P.372)
タリオリーニ、
自家製生カラスミとヤリイカのティエーピド

●イセエビ
1月5日 ……(P.16)
地の魚介のラグーと庭のバジルのピーチ

5月19日 ……(P.156)
キタッラ マーレ エ モンテ風

7月13日 ……(P.214)
パヴェッティ 千倉産房州海老と
斎藤さんのフルーツトマトのソース

8月1日 ……(P.234)
ピーゴリ 伊勢海老、イカ、岩ガキ、ムール貝、
アサリとポルチーニで

9月1日 ……(P.266)
セダニーニ 伊勢海老 ボッタルガ オレンジ

11月26日 ……(P.355)
タヤリン、甲殻類のスーゴ和え

●イチゴ
12月1日 ……(P.362)
とちおとめの冷たいカペリーニ

●イノシシ肉
4月4日 ……(P.109)
丹波産イノシシのラグー
吉野産ヨモギのマルタリアーティ

12月5日 ……(P.366)
猪のラグーのピーチ ルッコラを添えて

12月31日 ……(P.392)
猪のラグーとそば粉のニョッキ ショウガの甘み

●イワシ
3月15日 ……(P.88)
リングイネ、ケイパーと黒オリーブ入り
トマトソース、イワシのパン粉焼き添え

3月16日 ……(P.89)
イワシ・ウイキョウ・みかん・カラスミ・
ペコリーノの冷製パスタ

4月19日 ……(P.124)
イワシとウイキョウのペンネ

5月14日 ……………………… (P.151)
リングイネ、シコイワシの
アリオ・エ・オーリオ ペコリーノ風味

6月15日 ……………………… (P.184)
フェンネルとチポロッティの鰯、
オリーブのコルツェッティ

8月23日 ……………………… (P.256)
ヴィチドーミニの長いスパゲッティの冷製うにと
スカンピのアーリオ・オーリオ ペペロンチーノ

12月6日 ……………………… (P.367)
鰯のポルペッティーネと野菜のガルガネッリ

12月29日 ……………………… (P.390)
ビーゴリ、真イワシと黒キャベツのマントヴァ風

●ウイキョウ
3月16日 ……………………… (P.89)
イワシ・ウイキョウ・みかん・カラスミ・
ペコリーノの冷製パスタ

4月19日 ……………………… (P.124)
イワシとウイキョウのペンネ

6月1日 ……………………… (P.170)
塩漬け鮎のオイルコンフィと茴香のキタッラ
茴香の花とうるかを添えて

6月6日 ……………………… (P.175)
タヤリンパスタ カエルのブロード
ういきょうピュレ添え

6月15日 ……………………… (P.184)
フェンネルとチポロッティの鰯、
オリーブのコルツェッティ

6月27日 ……………………… (P.196)
夏野菜のラザーニャ

7月26日 ……………………… (P.227)
ウイキョウを詰めたラヴィオリ
鮎とそのインテリオーラソース

10月18日 ……………………… (P.315)
ブシアーティ マグロホホ肉の軽いラグー和え

11月21日 ……………………… (P.350)
鯵のたたきを冷たいカペッリーニで
ウィキョウとミカンの香り

●ウサギ肉
1月16日 ……………………… (P.27)
ウサギとサルシッチャのトルテッリ
黒トリュフ添え

1月26日 ……………………… (P.37)
クリスタイアーテ
兎腿肉とタジャスカオリーヴのソース

4月13日 ……………………… (P.118)
ガルガネッリのウサギもも肉と
春野菜のラグー和え

7月21日 ……………………… (P.222)
アニョロッティ ダル プリン

6月19日 ……………………… (P.188)
干し草の香りで包んだ
アニョロッティ ダル プリン

12月2日 ……………………… (P.363)
パッパルデッレ ウサギのスーゴで

●ウナギ
7月20日 ……………………… (P.221)
天然うなぎのオレキエッテ

8月28日 ……………………… (P.261)
山山椒を練り込んだタヤリンに
鰻と胡瓜を合わせて

11月19日 ……………………… (P.348)
赤ワインを練り込んだキタッラ
鰻と玉ネギのソース

●ウニ
1月17日 ……………………… (P.28)
ヤリイカのスミ煮のスパゲッティーニ、
北海道産生ウニ添え

2月7日 ……………………… (P.50)
マッコと和えたルンゲッティうにのマリネのせ

2月24日 ……………………… (P.67)
リッチョリ・アッラ・エガディ

5月11日 ……………………… (P.148)
生ウニと葉ニンニクの
アーリオ・オーリオ・エ・ペペロンチーノ

5月26日 ……………………… (P.163)
佐島のウニと庭のカルチョーフィの
ニョケッティサルディ オリスターノ風

6月26日 ……………………… (P.195)
海の幸とフルーツトマトの冷製スパゲッティーニ

8月16日 ……………………… (P.249)
積丹産海水うにのカルボナーラ仕立て

8月23日 ……………………… (P.256)
ヴィチドーミニの長いスパゲッティの冷製
うにとスカンピの
アーリオ・オーリオ・ペペロンチーノ

9月17日 ……………………… (P.282)
新鮮なうにのスパゲッティ

10月30日 ……………………… (P.327)
うにとピスタチオのスパゲティ

●エビ
1月10日 ……(P.21)
ファルファッレ リコッタチーズと小エビのソース

2月16日 ……(P.59)
鮑と海老を詰めたラヴィオリ

3月7日 ……(P.80)
スカンピとペコリーノであわせた
マッケロンチーニ イカスミのグリッシーニ添え

4月3日 ……(P.108)
タヤリンのスカンピと空豆のソース、カラスミ和え

4月6日 ……(P.111)
レモンを練り込んだフェットチーネ
スカンピのレモンバター風味

4月14日 ……(P.119)
甘エビとオレンジのバヴェッティーニ

4月15日 ……(P.120)
キタッラ "ロ・スコーリオ"

4月24日 ……(P.129)
手長海老とアーティーチョークのパッケリ
リコッタチーズのクレマ

5月3日 ……(P.140)
近海でとれた海老と
マスカルポーネチーズのフェットチーネ

5月15日 ……(P.152)
白エビとチコリのタリオリーニ

6月2日 ……(P.171)
ブロデットを詰めたラビオリ
尾鷲産魚介とバジリコのソース

6月12日 ……(P.181)
タッコーニ マーレ・エ・モンテ

6月17日 ……(P.186)
紅さやかと二色のバラ
佐渡産南蛮エビのスパゲッティーニ

6月26日 ……(P.195)
海の幸とフルーツトマトの冷製スパゲッティーニ

7月3日 ……(P.204)
"潮" のスパゲッティ

7月9日 ……(P.210)
イカスミを練り込んだタリオリーニ
甲殻類のラグー和え

7月10日 ……(P.211)
魚介のスープで炊いたリゾット

7月18日 ……(P.219)
赤エビとルッコラのスパゲッティ

7月22日 ……(P.223)
ブロンテ産ピスタチオと海老のマッケローニ

8月9日 ……(P.242)
海の幸たっぷりの冷たいフェデリーニ

8月23日 ……(P.256)
ヴィチドーミニの長いスパゲッティの冷製
うにと スカンピの
アーリオ・オーリオ ペペロンチーノ

10月21日 ……(P.318)
ミルクとドライバジリコを練り込んだ
"シャラティエッリ" スカンピと魚介類の
クロスターチ リストランテの風景

10月22日 ……(P.319)
ピスタチオペーストのリングイネ

11月23日 ……(P.352)
ラザニエッテ 赤エビソース ラルド風味
レモンのマルメラータ添え

●エビイモ
2月4日 ……(P.47)
温かい海老芋のソースと冷たい春菊のパウダー、
カラスミ、北寄貝と芽キャベツのキタッラ

●エリンギ
10月15日 ……(P.312)
ブラウンマッシュルームのスパゲッティーニ、
トリュフ添え

10月23日 ……(P.320)
フジッリ 焼き野菜のラグー オレガノ風味

11月7日 ……(P.336)
キタッラ きのこのラグー

11月10日 ……(P.339)
きのこのペーストのクリームソーススパゲッティ

●エンドウ豆
3月8日 ……(P.81)
ジャガ芋生地の菜の花詰めカッペレッティ
えんどう豆のスープ アサリと緑野菜

4月9日 ……(P.114)
春野菜の "タヤリン"

4月23日 ……(P.128)
プーリア州サレントの螺旋形パスタ
サーニェ ンカンヌラーテ
豚と内臓のラグーと春の豆

●オクラ
8月7日 ……(P.240)
オクラのパッケリ

8月14日 ……(P.247)
焼きなすと丸さやオクラの
冷たい米粉スパゲッティ

12月23日 ……………………………（P.384）
尾長鴨のトルテッリーニ・イン・ブロード
白トリュフと九条ねぎ 1860年のマルサラ風味

● オニオコゼ
3月20日 ……………………………（P.93）
活メオニオコゼと花ワサビのスパゲッティーニ

● オマールエビ
1月20日 ……………………………（P.31）
リコッタチーズのトルテッリ
オマール海老の香り高いクリームソース

7月9日 ……………………………（P.210）
イカスミを練り込んだタリオリーニ
甲殻類のラグー和え

7月10日 ……………………………（P.211）
魚介のスープで炊いたリゾット

8月15日 ……………………………（P.248）
ローストトマトと赤ピーマン、
雲丹を詰めたラヴィオリ
ブルターニュ産オマール海老のソースとレンズ豆

8月22日 ……………………………（P.255）
イカスミを練り込んだタリオリーニ
オマール海老入りズッキーニのペースト

9月11日 ……………………………（P.276）
ビーゴリのカッソ・ピーパ

11月24日 ……………………………（P.353）
ビゴリのブーザラ風味

11月26日 ……………………………（P.355）
タヤリン、甲殻類のスーゴ和え

● カエル
6月6日 ……………………………（P.175）
タヤリンパスタ カエルのブロード
ういきょうピュレ添え

● 牡蠣
8月1日 ……………………………（P.234）
ビーゴリ 伊勢海老、イカ、岩ガキ、ムール貝、
アサリとポルチーニで

10月14日 ……………………………（P.311）
牡蠣と黒キャベツのスパゲットーニ
カブラのピュレ

12月22日 ……………………………（P.383）
蛎と水菜のスパゲッティ、
ゆずとボッタルガのアクセント

● カニ
4月15日 ……………………………（P.120）
キタッラ "ロ・スコーリオ"

6月22日 ……………………………（P.191）
毛ガニと茨城県産柔甘ねぎの
冷製カッペリーニ 毛ガニの泡

7月25日 ……………………………（P.226）
毛ガニのカペッリーニ、ガスパチョ仕立て

8月21日 ……………………………（P.254）
フレッシュポルチーニと毛がにのラザニエッテ

9月16日 ……………………………（P.281）
ズワイ蟹のタリアテッレ
旨味たっぷりのトマトソース

10月19日 ……………………………（P.316）
ニョッキと毛ガニのラグー

11月26日 ……………………………（P.355）
タヤリン、甲殻類のスーゴ和え

12月19日 ……………………………（P.380）
蟹とミモレット 青大豆のディタリーニ

● カボチャ
7月14日 ……………………………（P.215）
かぼちゃのニョッキ
白桃のズッパとピーチティーのジュレ添え

10月31日 ……………………………（P.328）
パスタ入りカボチャの煮込み

11月25日 ……………………………（P.354）
シナモンを練り込んだカッペレッティ
かぼちゃとタレッジョのリピエーノ

● 鴨
2月4日 ……………………………（P.47）
温かい海老芋のソースと冷たい春菊のパウダー、
カラスミ、北寄貝と芽キャベツのキタッラ

2月10日 ……………………………（P.53）
クロワゼ鴨のラグー和えキタッラ
軽いじゃがいものクレマ

2月13日 ……………………………（P.56）
松原河内鴨もも肉と河内蓮根のラグー
カカオ風味のパッパルデッレ

2月19日 ……………………………（P.62）
豚バラと芽キャベツのウンブリチェッリ

2月26日 ……………………………（P.69）
フジッローネ 鴨とオレンジのラグー

4月30日 ……………………………（P.135）
カラマレッティ、ジロール茸のクリームソース、
鴨の燻製とモストコット、
グリュイエールのパスタ添え

5月31日 ……………………………（P.168）
季節のグリーン野菜のソース オレキエッテ

6月5日 ……………………………（P.174）
鴨とフォアグラのトルテッリーニ

大和肉鶏とアミガサ茸のブロード仕立て

7月15日 ……………………………（P.216）
宮崎マンゴーと鴨の冷たいスパゲッティーニ

10月26日 ……………………………（P.323）
鴨のオレンジソース
生ハムとフレッシュトマトのアクセント

11月17日 ……………………………（P.346）
直江津産アミ漁の真鴨のラグーのピンチ

11月20日 ……………………………（P.349）
タヤリン ピエモンテ風鴨のラグーとキクイモ

12月30日 ……………………………（P.391）
コルデッレの鴨コンフィとネギのソース

●カリフラワー

3月22日 ……………………………（P.95）
カリフラワーのリングイネッテ

10月23日 ……………………………（P.320）
フジッリ 焼き野菜のラグー オレガノ風味

●キジ

10月29日 ……………………………（P.326）
栗粉のキタッラ 野キジとアサツキのソース

●キノコ

5月19日 ……………………………（P.156）
キタッラ マーレ エ モンテ風

10月15日 ……………………………（P.312）
ブラウンマッシュルームのスパゲッティーニ、
トリュフ添え

11月4日 ……………………………（P.333）
ミートソースとキノコのタリアテッレ

11月7日 ……………………………（P.336）
キタッラ きのこのラグー

●キャベツ

2月1日 ……………………………（P.44）
ガルガネッリ、キャベツと豚バラ肉のラグー

3月3日 ……………………………（P.76）
蛤、春野菜、サルディーニャ産ボッタルガの
カサレッチェ

6月9日 ……………………………（P.178）
マッケロンチーニのカルボナーラ ローマ風

8月2日 ……………………………（P.235）
キャベツ畑のスパゲッティ

9月5日 ……………………………（P.270）
ガルガネッリ、牛ほほ肉のラグー

●牛肉

1月9日 ……………………………（P.20）
セダニーニのボロネーゼ

1月13日 ……………………………（P.24）
ニョケッティ・サルディ 信州和牛のミートソース

3月1日 ……………………………（P.74）
カーニバルのラザニア

6月9日 ……………………………（P.178）
マッケロンチーニのカルボナーラ ローマ風

7月21日 ……………………………（P.222）
アニョロッティ ダル プリン

9月22日 ……………………………（P.287）
トルッキエッティ、和牛とジャガイモと
生ハムのマドニエ風

11月4日 ……………………………（P.333）
ミートソースとキノコのタリアテッレ

12月13日 ……………………………（P.374）
アミアータ風のピンチ

●牛の内臓・そのほか

1月2日 ……………………………（P.13）
ペンネ・リガーテ 牛尾の煮込み
ソース・ヴァチナーラ

1月14日 ……………………………（P.25）
リゾーニ サフランのリゾット仕立て
牛の脊髄添え サルサ・グレモラータ

1月29日 ……………………………（P.40）
和牛牛頬肉の赤ワイン煮とクリーミーな
自家製リコッタを詰めたドッピオラヴィオリ、
百合根、パルメザンチーズとカヌレの旨味と苦味

2月2日 ……………………………（P.45）
ペンネ リッシェ ペンネアラビアータのイメージで

2月17日 ……………………………（P.60）
近江牛赤センマイのカザレッチ

2月14日 ……………………………（P.57）
三田牛テールのチョコレート煮込みを
パッケリに合わせて

5月29日 ……………………………（P.166）
セロリを練り込んだガルガネッリ
牛テールの煮込み

7月8日 ……………………………（P.209）
牛トリッパのトマト煮込みとゴーヤのファルファッレ

9月5日 ……………………………（P.270）
ガルガネッリ、牛ほほ肉のラグー

11月28日 ……………………………（P.357）
トリッパ

12月14日 ……………………………（P.375）
牛テール赤ワイン煮込みのヌイユ

● 黒キャベツ
2月5日 ……………………… (P.48)
フォアグラの脂でソテーした
黒キャベツのピーゴリ

10月14日 ……………………… (P.311)
牡蠣と黒キャベツのスパゲットーニ
カブラのピュレ

12月29日 ……………………… (P.390)
ピーゴリ、真イワシと黒キャベツのマントヴァ風

● グリーンピース
3月2日 ……………………… (P.75)
アマトリチャーナ・ヴェルデ

3月3日 ……………………… (P.76)
蛤、春野菜、サルディーニャ産ボッタルガの
カサレッチェ

3月19日 ……………………… (P.92)
ラ パスタ ビコローレ "バリア フィエーノ"
グリーンピースと生ハムのクリームソース

3月30日 ……………………… (P.103)
穴子の焼きリゾッティーニ、
グリーンピースのラグー

4月28日 ……………………… (P.133)
カチョ・エ・ペペ

5月31日 ……………………… (P.168)
季節のグリーン野菜のソース オレキエッテ

6月12日 ……………………… (P.181)
タッコーニ マーレ・エ・モンテ

7月2日 ……………………… (P.203)
タリオリーニ 砕いたグリーンピースと
明石ダコのラグーソース

● クレソン
3月12日 ……………………… (P.85)
鯵のマリネと天然クレソン
ボッタルガのスパゲッティーニ
ヴェルガモットの香り

6月28日 ……………………… (P.197)
濃厚卵で練ったパッパルデッレ
丹波黒地鶏のラグーソース
炭火焼き内臓と湯河原産天然クレソン添え

7月31日 ……………………… (P.232)
タヤリン、鮎とクレソンのソース

● 仔ウサギ
4月1日 ……………………… (P.106)
秋田産仔兎ウサギを詰めたアニョロッティ
セージバターの香り

● 仔牛肉
1月3日 ……………………… (P.14)
リゾット イゾラーナ

● 仔牛の内臓
2月2日 ……………………… (P.45)
ペンネ リッシェ ペンネアラビアータのイメージで

3月28日 ……………………… (P.101)
鯵ヶ沢ジャージー仔牛レヴァーと
ジャージー乳自家製チーズのWラヴィオリ

6月19日 ……………………… (P.188)
干し草の香りで包んだ
アニョロッティ・ダル・プリン

9月9日 ……………………… (P.274)
タリアテッレ 仔牛の内臓のマルサラ風味

9月26日 ……………………… (P.291)
クリスタイアーティ ベーザロ風トリッパとヒヨコ豆

12月9日 ……………………… (P.370)
ラザーニャ アルバ風

12月12日 ……………………… (P.373)
村上農場 男爵のニョッキ
ホロホロ鳥とリードヴォーのラグー
熟成モンヴィーゾ

● 仔羊
2月15日 ……………………… (P.58)
カカオ風味のガルガネッリ 仔羊のラグーソース

4月16日 ……………………… (P.121)
シガリーニ
乳飲み仔羊とチーマ・ディ・ラーパのラグー

4月18日 ……………………… (P.123)
グラミーニャ 仔羊ラグーとアーティチョーク

4月29日 ……………………… (P.134)
カサレッチェ
仔羊肉のボロネーズ ゴルゴンゾーラ風味

5月5日 ……………………… (P.142)
キタッラの仔羊のラグー

6月23日 ……………………… (P.192)
アブルッツォ風キタッラ、
仔羊と赤ピーマンのラグー和え

7月11日 ……………………… (P.212)
ペペロンチーノを練り込んだピーゴリ
仔羊と夏野菜のラグーソース

11月27日 ……………………… (P.356)
赤ワインでゆがいたパッケリ 仔羊のラグー

● 仔鳩
11月5日 ················(P.334)
ポルチーニを練り込んだウンブリッチ
マルサラ風味の仔鳩のラグー

2月21日 ················(P.64)
ヴァンデ産仔鳩の煮込みのタヤリン トリュフ風味

● ゴルゴンゾーラ
12月16日 ················(P.377)
全粒粉の香り、ラグーの旨味、
ゴルゴンゾーラの刺激

12月21日 ················(P.382)
ブルーチーズとピスタチオのペンネッティ

● サクラエビ
1月10日 ················(P.21)
ファルファッレ リコッタチーズと小エビのソース

4月2日 ················(P.107)
ガーリック・アンチョヴィーオイルで和えた
冷たいピーチ 桜海老のフリット
フレッシュトマトと赤ピーマンのパッサート

4月10日 ················(P.115)
イカスミを練り込んだタリオリーニ
〜サクラエビとカチュッコ和え

● サクランボ
6月17日 ················(P.186)
紅さやかと二色のバラ
佐渡産南蛮エビのスパゲッティーニ

● サザエ
4月8日 ················(P.113)
サザエさんとふきのとうのタリオリーニ

4月21日 ················(P.126)
カラマレッティとチーマ・ディ・ラーパ、
ガシラ、オリーブ、サフラン風味

5月7日 ················(P.144)
コンキリオーニ、尾鷲産サザエのバジリコソース

7月24日 ················(P.225)
千葉県柏産米粉で練ったトロフィエ
石井さんのハーブとドライトマトのソース
鮑とサザエ、サマーポルチーニ茸のソテー添え

● サツマイモ
11月16日 ················(P.345)
五郎島金時のチャンベリーニ
ハモンイベリコ・デ・ベジョータ
"ホセリート"と丹波栗のローストと共に

● サヤインゲン
1月15日 ················(P.26)
リングイネのジェノヴェーゼ

2月17日 ················(P.60)
近江牛赤センマイのカザレッチ

5月31日 ················(P.168)
季節のグリーン野菜のソース オレキエッテ

7月12日 ················(P.213)
ガルガネッリ、
但馬牛の生ハムとインゲン豆のソース

● サルシッチャ
1月11日 ················(P.22)
自家製サルシッチャと黒オリーブのスパゲットーニ

1月16日 ················(P.27)
ウサギとサルシッチャのトルテッリ
黒トリュフ添え

3月1日 ················(P.74)
カーニバルのラザニア

4月17日 ················(P.122)
ロリギッタス サルシッチャとナスのトマトソース

5月8日 ················(P.145)
蝦夷豚サルシッチャと
ホワイトアスパラのピチ 黒トリュフ添え

12月9日 ················(P.370)
ラザーニャ アルバ風

● 山菜
3月27日 ················(P.100)
ピーチ、馬ハラミと山蕗のラグー

3月31日 ················(P.104)
冷製パスタ ホタルイカと春野菜の
パッパルデッレ 新タマネギのエキス

4月20日 ················(P.125)
モエナ風チャロンチェ ラーナのフリット
"白神山地より" 山菜の香り

● シイタケ
10月15日 ················(P.312)
ブラウンマッシュルームのスパゲッティーニ、
トリュフ添え

11月10日 ················(P.339)
キノコのペーストのクリームソーススパゲッティ

11月14日 ················(P.343)
アンコウと能勢原木椎茸のケッパー風味
長居春菊のストロッツァプレティ

●鹿肉
11月29日 ········· (P.358)
タヤリンと蝦夷鹿のラグー

●ジャガイモ
1月15日 ········· (P.26)
リングイネのジェノヴェーゼ

1月23日 ········· (P.34)
カラマーリの田舎風

4月22日 ········· (P.127)
農民風パスタ・エ・パターテ

4月26日 ········· (P.131)
クルルジョネス

5月2日 ········· (P.139)
新じゃがのラヴィオリ
鳩の煮込みとカルチョフィのソース

6月24日 ········· (P.193)
ルマコーニ
カタツムリのラグーとインカのめざめ

7月30日 ········· (P.231)
ジャガイモのラヴィオリ 豚のラグー添え
サマートリュフの香り

8月4日 ········· (P.237)
熟成ポテトのピューレを詰めた
カッペレッティ オーヴォリ茸のソース

9月22日 ········· (P.287)
トルッキエッティ、
和牛とジャガイモと生ハムのマドニエ風

9月30日 ········· (P.295)
じゃがいものメッザルーナ、
ノッチョーラの香りのパスタで包んで

11月1日 ········· (P.330)
ジャガイモのラビオリ 黒トリュフがけ

12月7日 ········· (P.368)
鱈とじゃがいものリグーリア風煮込みの
コルゼッティ

12月25日 ········· (P.386)
ジャガイモと
クレーマ・ディ・ラルド・ディ・チンギアーレの
トルテッリーニ

●シャンピニオン・ド・パリ
8月11日 ········· (P.244)
スパゲッティ
とかちマッシュルームのクリームソース
燻製をかけたフォワグラを削りかけて

11月7日 ········· (P.336)
キタッラ きのこのラグー

11月13日 ········· (P.342)
タヤリンとキノコのラグー

●白子
1月28日 ········· (P.39)
白子と九条ねぎのバヴェッテ、黄ゆずの香り

3月29日 ········· (P.102)
タイの白子のカルボナーラ

12月10日 ········· (P.371)
鱈の白子と群馬産赤ネギのスパゲッティーニ
黒トリュフのスライス

●シラス
5月4日 ········· (P.141)
生しらすの冷たいカペッリーニ
葉山の夏みかんと新生姜の香り

●白インゲン豆
1月31日 ········· (P.42)
スパゲティーニ
ンドゥヤ、白インゲンのトマトソース

2月3日 ········· (P.46)
4種の豆のロッリ モディカ風

2月23日 ········· (P.66)
イベリコ豚スペアリブの塩漬け
黒豚豚足のマファルデ

10月16日 ········· (P.313)
ストロッツァプレティ 豚耳とアスパラ、小松菜

●ズッキーニ
5月21日 ········· (P.158)
ホロホロ鳥のパッパルデッレ

5月31日 ········· (P.168)
季節のグリーン野菜のソース オレキエッテ

6月8日 ········· (P.177)
野菜のタヤリン

6月16日 ········· (P.185)
黒鯛のカマ肉とズッキーニのマファルディーネ、
バジリコ風味

6月27日 ········· (P.196)
夏野菜のラザーニャ

7月3日 ········· (P.204)
"潮"のスパゲッティ

7月6日 ········· (P.207)
キタッラの菜園風

8月22日 ········· (P.255)
イカスミを練り込んだタリオリーニ
オマール海老入りズッキーニのペースト

8月26日 ························(P.259)
香草を打ち込んだタリオリーニ
ムギイカとズッキーニ和え

10月23日 ·······················(P.320)
フジッリ 焼き野菜のラグー オレガノ風味

●砂肝
9月27日 ························(P.292)
砂肝とニラのスパゲッティ

●スナップエンドウ
4月23日 ························(P.128)
プーリア州サレントの螺旋形パスタ
サーニェ ンカンヌラーテ
豚と内臓のラグーと春の豆

5月31日 ························(P.168)
季節のグリーン野菜のソース オレキエッテ

●セリ
1月7日 ·························(P.18)
セリのアーリオ・オーリオ

●セロリ
5月17日 ························(P.154)
ブシャーテ タコラグーとセロリ風味

6月21日 ························(P.190)
セロリとタコのトロフィエ セロリのジェノベーゼ

●ソラ豆
4月3日 ·························(P.108)
タヤリンのスカンピと空豆のソース、からすみ和え

4月12日 ························(P.117)
ソラマメとペコリーノで和えたタリオリーニ
タルト仕立て

5月12日 ························(P.149)
ウンブリチェッリ アーティチョークと空豆のソース

6月14日 ························(P.183)
しっかりと味を含ませたトゥベッティ
本マグロと2種類の空豆
自家製本マグロ節を削って

●タケノコ
3月24日 ························(P.97)
ホワイトアスパラのクリームを詰めた
全粒粉のカッペレッティ
ヨモギ風味のスープ 筍と芹

3月25日 ························(P.98)
ホタルイカとグリルしたタケノコの
冷製フェデリーニ、木の芽のペースト和え

4月7日 ·························(P.112)
鳩と筍のトルテッリ

●タコ
5月10日 ························(P.147)
オレキエッテ タコのラグーソース セロリのせ

5月17日 ························(P.154)
ブシャーテ タコラグーとセロリ風味

6月21日 ························(P.190)
セロリとタコのトロフィエ セロリのジェノベーゼ

7月2日 ·························(P.203)
タリオリーニ
砕いたグリーンピースと明石ダコのラグーソース

9月2日 ·························(P.267)
フェデリーニ 蛸のミンチソース

10月13日 ·······················(P.310)
ひよこ豆のニョッケッティ
北海道産の蛸とひよこ豆のストゥファート

11月15日 ·······················(P.344)
真ダコと天王寺カブのオレキエッテ

●タチウオ
9月21日 ························(P.286)
太刀魚と賀茂ナスのバヴェッティーニ

●卵
2月9日 ·························(P.52)
パーネフラッタウ

3月1日 ·························(P.74)
カーニバルのラザニア

5月22日 ························(P.159)
カチョ・エ・ペペのスパゲッティ 温泉玉子のせ

8月8日 ·························(P.241)
昔のカルボナーラ

12月3日 ·······················(P.364)
塩漬け玉子とトリュフのスパゲッティーニ

●タマゴ茸
8月4日 ·························(P.237)
熟成ポテトのピューレを詰めたカッペレッティ
オーヴォリ茸のソース

11月2日 ························(P.331)
タマゴ茸とスカモルツァ・アッフミカートの
フジッリ・ルンギ

●タラ
11月12日 ·······················(P.341)
キタッラ、干ダラとポルチーニ

11月30日 ……………………(P.359)
タラのトマトソース オレガノ風味のリガトーニ

12月7日 ……………………(P.368)
鱈とじゃがいものリグーリア風煮込みの
コルゼッティ

12月18日 ……………………(P.379)
バッカラとヒヨコ豆のロリギッタス

● チコリ
5月15日 ……………………(P.152)
白エビとチコリのタリオリーニ

● チョコレート
2月14日 ……………………(P.57)
三田牛テールのチョコレート煮込みを
パッケリに合わせて

● チリメンキャベツ
7月28日 ……………………(P.229)
キタッラ風マカロニ、
アンチョビとチリメンキャベツ、
イベリコ豚の舌、サマートリュフがけ

● チーマ・ディ・ラーパ
1月21日 ……………………(P.32)
ラルドでソテーした葉ブロッコリーと
短く折ったリングイーネのミネストラ

4月16日 ……………………(P.121)
シガリーニ
乳飲み仔羊とチーマ・ディ・ラーパのラグー

4月21日 ……………………(P.126)
カラマレッティとチーマ・ディ・ラーパ、
ガシラ、オリーブ、サフラン風味

● トコブシ
9月20日 ……………………(P.285)
とこぶしとハーブのタリオリーニ

● ドライトマト
2月18日 ……………………(P.61)
ドライトマトのもどし汁と
E.V. オリーブオイルで和えたジリ

3月17日 ……………………(P.90)
バジルを練り込んだトロフィエッテ
活け鯵とドライトマト タジャスカのソース

10月27日 ……………………(P.324)
ヴェネト風ビーゴリ

● 鶏肉
2月12日 ……………………(P.55)
大鰐シャモロックと

ジャージー乳自家製モッツァレッラのクレスペッレ

6月9日 ……………………(P.178)
マッケロンチーニのカルボナーラ ローマ風

6月28日 ……………………(P.197)
濃厚卵で練ったパッパルデッレ
丹波黒地鶏のラグーソース
炭火焼き内臓と湯河原産天然クレソン添え

9月8日 ……………………(P.273)
鶏肉とパプリカのローマ風煮込みのマファルデ

9月18日 ……………………(P.283)
ライ麦のビーゴリ
去勢鶏とトランペットジロールのラグー

● トリュフ
2月21日 ……………………(P.64)
ヴァンデ産仔鳩の煮込みのタヤリン トリュフ風味

5月8日 ……………………(P.145)
蝦夷豚サルシッチャとホワイトアスパラのピチ
黒トリュフ添え

5月24日 ……………………(P.161)
ジャガイモのニョッキ
小柱とフォンドゥータのソース
ビアンケット・トリフ添え

5月30日 ……………………(P.167)
タヤリンのカルボナーラ、野生のアスパラガス添え

6月9日 ……………………(P.178)
マッケロンチーニのカルボナーラ ローマ風

7月28日 ……………………(P.229)
キタッラ風マカロニ、
アンチョビとチリメンキャベツ、イベリコ豚の舌、
サマートリュフがけ

7月30日 ……………………(P.231)
ジャガイモのラヴィオリ 豚のラグー添え
サマートリュフの香り

8月21日 ……………………(P.254)
フレッシュポルチーニと毛がにのラザニエッテ

8月24日 ……………………(P.257)
タヤリンの夏のトリュフがけ

8月29日 ……………………(P.262)
夏トリュフのバヴェッティーニ

10月15日 ……………………(P.312)
ブラウンマッシュルームのスパゲッティーニ、
トリュフ添え

11月1日 ……………………(P.330)
ジャガイモのラビオリ 黒トリュフがけ

12月10日 ……………………(P.371)
鱈の白子と群馬産赤ネギのスパゲッティーニ
黒トリュフのスライス

12月28日 ……………………… (P.389)
ジャガイモのニョッキ、黒トリュフ風味

●トリ貝
8月9日 ……………………… (P.242)
海の幸たっぷりの冷たいフェデリーニ

●トレヴィス
1月30日 ……………………… (P.41)
スパゲッティ
松の実とトレヴィスのアンチョビバターソース

2月27日 ……………………… (P.70)
赤ワインを練り込んだオンブリケッリ
浅利とトレヴィスの軽いラグー

10月17日 ……………………… (P.314)
ラディッキオと丹波の黒枝豆で和えた
ペンネとフォワグラ、バルサミコソース、
スカモルツァチーズの香り

●ナス
1月23日 ……………………… (P.34)
カラマーリの田舎風

2月24日 ……………………… (P.67)
リッチョリ・アッラ・エガディ

3月27日 ……………………… (P.100)
ピーチ、馬ハラミと山葵のラグー

4月17日 ……………………… (P.122)
ロリギッタス サルシッチャとナスのトマトソース

5月20日 ……………………… (P.157)
ガルガネッリ、ナスとグリーンアスパラの
アーリオ・オーリオ風、リコッタを添えて

6月18日 ……………………… (P.187)
カサゴとナスのパッケリ

6月27日 ……………………… (P.196)
夏野菜のラザーニャ

8月14日 ……………………… (P.247)
焼きなすと丸さやオクラの
冷たい米粉スパゲッティ

9月12日 ……………………… (P.277)
トマトソーススパゲッティのナス包み
オーブン焼き

9月15日 ……………………… (P.280)
ガルガネッリ、焼きナスのピュレ和え

9月21日 ……………………… (P.286)
太刀魚と賀茂ナスのバヴェッティーニ

10月17日 ……………………… (P.314)
ラディッキオと丹波の黒枝豆で和えた
ペンネとフォワグラ、バルサミコソース、
スカモルツァチーズの香り

10月23日 ……………………… (P.320)
フジッリ 焼き野菜のラグー オレガノ風味

11月18日 ……………………… (P.347)
ラビオリアペルト ノルマ風

●ナノハナ
3月2日 ……………………… (P.75)
アマトリチャーナ・ヴェルデ

3月3日 ……………………… (P.76)
蛤、春野菜、サルディーニャ産ボッタルガの
カサレッチェ

3月4日 ……………………… (P.77)
マッケロンチーニ 春の野菜と蒸しアワビ、
その肝のソース

3月8日 ……………………… (P.81)
ジャガ芋生地の菜の花詰めカッペレッティ
えんどう豆のスープ アサリと緑野菜

3月9日 ……………………… (P.82)
ホタルイカと菜の花のニョッキ

3月13日 ……………………… (P.86)
オレッキエッテ、高杉馬肉サルスィッチャと
菜の花、自家製リコッタ・アッフミカータ風味

3月14日 ……………………… (P.87)
イカスミのオリジナル縮れ麺と生のアオリイカ、菜花

3月31日 ……………………… (P.104)
冷製パスタ ホタルイカと春野菜の
パッパルデッレ 新タマネギのエキス

5月21日 ……………………… (P.158)
ホロホロ鳥のパッパルデッレ

5月31日 ……………………… (P.168)
季節のグリーン野菜のソース オレキエッテ

●生ハム
8月6日 ……………………… (P.239)
ガルガネッリ 生ハムとイチジク、フルーツトマト

11月16日 ……………………… (P.345)
五郎島金時のチャンベリーニ
ハモンイベリコ・デ・ベジョータ
"ホセリート"と丹波栗のローストと共に

●ニンジン
1月25日 ……………………… (P.36)
いんちきジェノヴェーゼ

6月8日 ……………………… (P.177)
野菜のタヤリン

12月20日 ……………………… (P.381)
里芋のニョッキ 根菜ソース

477

●鳩
2月28日 ……………………（P.71）
ラカン産鳩のラグーボロネーゼ ガルガネッリ

4月7日 ……………………（P.112）
鳩と筍のトルテッリ

●花ズッキーニ
5月13日 ……………………（P.150）
ロートロ 花ズッキーニ、プロシュット・コット、
プロヴォローネ花ズッキーニのフリットを添えて

●馬肉
3月27日 ……………………（P.100）
ピーチ、馬ハラミと山蔵のラグー

3月13日 ……………………（P.86）
オレッキエッテ、高杉馬肉サルスィッチャと
菜の花、自家製リコッタ・アップミカータ風味

8月10日 ……………………（P.243）
フェットチーネ、トウモロコシのソース、
馬肉のラグー、自家製ブルーチーズ添え

●パプリカ
6月27日 ……………………（P.196）
夏野菜のラザーニャ

7月23日 ……………………（P.224）
夏ピーマンと唐辛子を練り込んだタリオリーニ

10月23日 ……………………（P.320）
フジッリ 焼き野菜のラグー オレガノ風味

●ハマグリ
3月3日 ……………………（P.76）
蛤、春野菜、サルディーニャ産
ボッタルガのカサレッチェ

4月5日 ……………………（P.110）
地ハマグリとふきのとうのリングイネ

4月15日 ……………………（P.120）
キタッラ"ロ・スコーリオ"

5月7日 ……………………（P.144）
コンキリオーニ、尾鷲産サザエのバジリコソース

●ハモ
6月30日 ……………………（P.199）
淡路産鱧と鱧子、夏野菜のピーチ

7月7日 ……………………（P.208）
鱧をタリアテッレで、紫蘇をタリアテッレに

8月3日 ……………………（P.236）
フルーツトマトと桃のカッペリーニ、焼き鱧添え

8月9日 ……………………（P.242）
海の幸たっぷりの冷たいフェデリーニ

9月13日 ……………………（P.278）
シソを練り込んだジャガイモのニョッキ
活け鱧と焼きもろこしのソース
茗荷のアクセントで

●ピスタチオ
7月22日 ……………………（P.223）
ブロンテ産ピスタチオと海老のマッケローニ

10月22日 ……………………（P.319）
ピスタチオペーストのリングイネ

10月30日 ……………………（P.327）
うにとピスタチオのスパゲティ

12月21日 ……………………（P.382）
ブルーチーズとピスタチオのペンネッティ

●ヒヨコ豆
2月3日 ……………………（P.46）
4種の豆のロッリ モディカ風

9月26日 ……………………（P.291）
クリスタイアーティ ペーザロ風
トリッパとヒヨコ豆

10月13日 ……………………（P.310）
ひよこ豆のニョケッティ
北海道産の蛸とひよこ豆のストゥファート

12月18日 ……………………（P.379）
バッカラとヒヨコ豆のロリギッタス

●ビーツ
3月26日 ……………………（P.99）
ビーツのシュペッツリ、アンチョビのクレーマ、
卵黄の燻製、シュペックのパウダー

10月28日 ……………………（P.325）
ビーツのラビオリ ケシの実のソース

●フォワグラ
2月5日 ……………………（P.48）
フォアグラの脂でソテーした
黒キャベツのピーゴリ

6月5日 ……………………（P.174）
鴨とフォアグラのトルテッリーニ
大和肉鶏とアミガサ茸のブロード仕立て

10月17日 ……………………（P.314）
ラディッキオと丹波の黒枝豆で和えた
ペンネとフォワグラ、バルサミコソース、
スカモルツァチーズの香り

12月4日 ……………………（P.365）
フォアグラとブロッコリー、
アーモンドのパッパルデッレ

●フキノトウ

3月6日 .... (P.79)
アワビとふきのとうのタリオリーニ

3月21日 .... (P.94)
スパゲッティ
ふきのとうとンドゥイヤのプッタネスカ

4月5日 .... (P.110)
地ハマグリとふきのとうのリングイネ

4月8日 .... (P.113)
サザエさんとふきのとうのタリオリーニ

4月20日 .... (P.125)
モエナ風チャロンチェ ラーナのフリット
"白神山地より" 山菜の香り

●豚肉

1月3日 .... (P.14)
リゾット イゾラーナ

1月6日 .... (P.17)
トルテリーニ・イン・ブロード

2月19日 .... (P.62)
豚バラと芽キャベツのウンブリチェッリ

2月22日 .... (P.65)
ピーチのフィノッキオーナのソース

2月23日 .... (P.66)
イベリコ豚スペアリブの塩漬け
黒豚豚足のマファルデ

3月1日 .... (P.74)
カーニバルのラザニア

4月23日 .... (P.128)
プーリア州サレントの螺旋形パスタ
サーニェ ンカンヌラーテ
豚と内臓のラグーと春の豆

6月7日 .... (P.176)
自家製ソーセージ、
サフランと軽いトマトソースのマロレッドゥス

6月20日 .... (P.189)
パッションフルーツのスパッツェレ
サルシッチャのラグー、ミント風味

7月21日 .... (P.222)
アニョロッティ ダル プリン

7月30日 .... (P.231)
ジャガイモのラヴィオリ 豚のラグー添え
サマートリュフの香り

9月10日 .... (P.275)
サルデーニャ風湘南豚とフィリンドゥのスープ

11月4日 .... (P.333)
ミートソースとキノコのタリアテッレ

12月16日 .... (P.377)
全粒粉の香り、ラグーの旨味、
ゴルゴンゾーラの刺激

●豚の内臓・そのほか

2月23日 .... (P.66)
イベリコ豚スペアリブの塩漬け
黒豚豚足のマファルデ

4月23日 .... (P.128)
プーリア州サレントの螺旋形パスタ
サーニェ ンカンヌラーテ
豚と内臓のラグーと春の豆

6月19日 .... (P.188)
干し草の香りで包んだアニョロッティ・ダル・プリン

7月28日 .... (P.229)
キタッラ風マカロニ、
アンチョビとチリメンキャベツ、イベリコ豚の舌、
サマートリュフがけ

10月16日 .... (P.313)
ストロッツァプレティ 豚耳とアスパラ、小松菜

●プチトマト

6月27日 .... (P.196)
夏野菜のラザーニャ

9月23日 .... (P.288)
ズィーティの靴磨き職人風

10月10日 .... (P.307)
スパゲッティ・アル・ポモドーロ

●ブッラータ

7月4日 .... (P.205)
カペッリーニ 冷たいトマトソースとブッラータ

●プティヴェール

5月31日 .... (P.168)
季節のグリーン野菜のソース オレキエッテ

●ブルーチーズ

8月10日 .... (P.243)
フェットチーネ、トウモロコシのソース、
馬肉のラグー、自家製ブルーチーズ添え

●フルーツトマト

2月1日 .... (P.44)
ガルガネッリ、キャベツと豚バラ肉のラグー

4月2日 .... (P.107)
ガーリック・アンチョヴィーオイルで和えた
冷たいピーチ 桜海老のフリット
フレッシュトマトと赤ピーマンのパッサート

7月25日 ……………………… (P.226)
毛ガニのカペッリーニ、ガスパチョ仕立て

8月3日 ……………………… (P.236)
フルーツトマトと桃のカッペリーニ、焼き鱧添え

8月6日 ……………………… (P.239)
ガルガネッリ 生ハムとイチジク、フルーツトマト

● ブロッコリー
5月31日 ……………………… (P.168)
季節のグリーン野菜のソース オレキエッテ

10月23日 ……………………… (P.320)
フジッリ 焼き野菜のラグー オレガノ風味

10月24日 ……………………… (P.321)
まぐろカラスミとブロッコリーのスパゲッティ

12月4日 ……………………… (P.365)
フォアグラとブロッコリー、
アーモンドのパッパルデッレ

● プンタレッラ
10月16日 ……………………… (P.313)
ストロッツァプレティ 豚耳とアスパラ、小松菜

● ペコリーノ
1月27日 ……………………… (P.38)
マッケローニ アッラ カルボナーラ

4月26日 ……………………… (P.131)
クルルジョネス

3月7日 ……………………… (P.80)
スカンピとペコリーノであわせた
マッケロンチーニ イカスミのグリッシーニ添え

3月16日 ……………………… (P.89)
イワシ・ウイキョウ・みかん・カラスミ・
ペコリーノの冷製パスタ

1月12日 ……………………… (P.23)
カーチョ・エ・ペペ

1月24日 ……………………… (P.35)
ブカティーニ・アマトリチャーナ モダンなスタイル

2月6日 ……………………… (P.49)
ピーチのオリーブオイルとペコリーノ・トスカーノ

5月16日 ……………………… (P.153)
アマトリチャーナソースを詰めこんだパッケリ
ペコリーノロマーノの泡
自家製ラルドの塩気とともに

● ホウレンソウ
2月17日 ……………………… (P.60)
近江牛赤センマイのカザレッチ

6月19日 ……………………… (P.188)
干し草の香りで包んだ
アニョロッティ・ダル・プリン

● ホタテ
7月9日 ……………………… (P.210)
イカスミを練り込んだタリオリーニ
甲殻類のラグー和え

8月20日 ……………………… (P.253)
オリーブを練り込んだコルテッツィ
帆立とフレッシュトマトのソースリグーリアの思い出

9月11日 ……………………… (P.276)
ビーゴリのカッソ・ピーパ

● ホタルイカ
3月9日 ……………………… (P.82)
ホタルイカと菜の花のニョッキ

3月25日 ……………………… (P.98)
ホタルイカとグリルしたタケノコの
冷製フェデリーニ、木の芽のペースト和え

3月31日 ……………………… (P.104)
冷製パスタ ホタルイカと春野菜の
パッパルデッレ 新タマネギのエキス

● ホッキ貝
2月4日 ……………………… (P.47)
温かい海老芋のソースと冷たい春菊のパウダー、
カラスミ、北寄貝と芽キャベツのキタッラ

● ボッタルガ
3月12日 ……………………… (P.85)
鯵のマリネと天然クレソン
ボッタルガのスパゲッティーニ
ヴェルガモットの香り

9月1日 ……………………… (P.266)
セダニーニ 伊勢海老 ボッタルガ オレンジ

12月22日 ……………………… (P.383)
蛎と水菜のスパゲッティ、
ゆずとボッタルガのアクセント

● ホヤ
8月12日 ……………………… (P.245)
海鞘とアサリのボンゴレ・ビアンコ

● ポルチーニ
1月19日 ……………………… (P.30)
ホロホロ鳥の内臓のスパゲッティ

2月1日 ……………………… (P.44)
ガルガネッリ、キャベツと豚バラ肉のラグー

6月9日 ……(P.178)
マッケロンチーニのカルボナーラ ローマ風

6月12日 ……(P.181)
タッコーニ マーレ・エ・モンテ

7月16日 ……(P.217)
スパゲッティ・アッラ・マーレ・エ・モンテ

7月24日 ……(P.225)
千葉県柏産米粉で練ったトロフィエ
石井さんのハーブとドライトマトのソース
鮑とサザエ、サマーポルチーニ茸のソテー添え

7月30日 ……(P.231)
ジャガイモのラヴィオリ 豚のラグー添え
サマートリュフの香り

8月1日 ……(P.234)
ビーゴリ 伊勢海老、イカ、岩ガキ、ムール貝、
アサリとポルチーニで

8月21日 ……(P.254)
フレッシュポルチーニと毛がにのラザニエッテ

9月19日 ……(P.284)
ポルチーニ茸のラビオリ なめらかなムース添え

9月24日 ……(P.289)
ポルチーニのトロンケッティ

11月3日 ……(P.332)
ポルチーニのとろみスープで茹でた
茨城産塩鳩の炭火焼きとポルチーニのラビオリ
マンジマップ産黒トリュフの香り

11月9日 ……(P.338)
京都美山産アライグマとポルチーニ茸のラグー
蓮根を練り込んだビーゴリ
マイクロコリアンダーの繊細な香り

11月12日 ……(P.341)
キタッラ、干ダラとポルチーニ

12月12日 ……(P.373)
村上農場 男爵のニョッキ
ホロホロ鳥とリードヴォーのラグー
熟成モンヴィーゾ

12月13日 ……(P.374)
アミアータ風のピンチ

● ホロホロ鳥

1月6日 ……(P.17)
トルテリーニ・イン・ブロード

5月21日 ……(P.158)
ホロホロ鳥のパッパルデッレ

11月22日 ……(P.351)
ジャガイモと栗粉のニョッキ
ホロホロ鳥のラグー和え

12月12日 ……(P.373)
村上農場 男爵のニョッキ
ホロホロ鳥とリードヴォーのラグー
熟成モンヴィーゾ

12月26日 ……(P.387)
ビーゴリのホロホロ鳥のラグー

1月19日 ……(P.30)
ホロホロ鳥の内臓のスパゲッティ

1月22日 ……(P.33)
ビーゴリ、ホロホロ鳥の内臓とうずら豆のラグー

1月27日 ……(P.38)
マッケローニ アッラ カルボナーラ

12月17日 ……(P.378)
カカオを練り込んだタリアテッレ
ホロホロ鳥とオリーヴ、干しブドウのブラザート

● マイタケ

11月7日 ……(P.336)
キタッラ きのこのラグー

11月8日 ……(P.337)
フェデリーニ舞茸のバルサミコクリームソース

11月10日 ……(P.339)
キノコのペーストのクリームソーススパゲッティ

● マグロ

3月10日 ……(P.83)
マグロとミントのリガトーニ

4月15日 ……(P.120)
キタッラ"ロ・スコーリオ"

6月4日 ……(P.173)
トロフィエ マグロのボッタルガ・ムシャーメ・
心臓の塩漬けとアーティチョーク・
アマドコロ・レモン

6月14日 ……(P.183)
しっかり味を含ませたトゥベッティ
本マグロと2種類の空豆
自家製本マグロ節を削って

10月18日 ……(P.315)
ブシアーティ マグロホホ肉の軽いラグー和え

10月24日 ……(P.321)
まぐろカラスミとブロッコリーのスパゲッティ

● マッシュルーム

8月29日 ……(P.262)
夏トリュフのバヴェッティーニ

10月15日 ……(P.312)
ブラウンマッシュルームのスパゲッティーニ、
トリュフ添え

11月6日 ……(P.335)
ブラウンマッシュルームのスパゲッティーニ

11月11日 ……… (P.340)
ピーチのマッシュルームのラグー

● マンゴー
7月15日 ……… (P.216)
宮崎マンゴーと鴨の冷たいスパゲッティーニ

● ミカン
3月16日 ……… (P.89)
イワシ・ウイキョウ・みかん・カラスミ・
ペコリーノの冷製パスタ

11月21日 ……… (P.350)
鯵のたたきを冷たいカッペリーニで
ウィキョウとミカンの香り

● ムール貝
6月25日 ……… (P.194)
貝類とチェリートマトのフレーグラ

7月16日 ……… (P.217)
スパゲッティ・アッラ・マーレ・エ・モンテ

8月1日 ……… (P.234)
ビーゴリ 伊勢海老、イカ、岩ガキ、ムール貝、
アサリとポルチーニで

8月5日 ……… (P.238)
フジリッリカーティ ムール貝とアサリのラグー

8月25日 ……… (P.258)
スパゲッティ ムール貝のラグー
シシリア産マグロのからすみ添え

9月11日 ……… (P.276)
ビーゴリのカッソ・ピーパ

9月29日 ……… (P.294)
カラスミのフェットゥチーネ

10月21日 ……… (P.318)
ミルクとドライバジリコを練り込んだ
"シャラティエッリ" スカンピと魚介類の
クロスターチ リストランテの風景

12月8日 ……… (P.369)
ニョッキを詰めたムール貝
南イタリアのマンマの味で

● メカジキ
5月1日 ……… (P.138)
スモークしたメカジキのタリオリーニ

● 芽キャベツ
2月4日 ……… (P.47)
温かい海老芋のソースと冷たい春菊のパウダー、
カラスミ、北寄貝と芽キャベツのキタッラ

2月19日 ……… (P.62)
豚バラと芽キャベツのウンブリチェッリ

5月31日 ……… (P.168)
季節のグリーン野菜のソース オレキエッテ

● メバル
3月11日 ……… (P.84)
メバルとオカヒジキ、菜花のスパゲッティーニ

● モッツァレッラ
2月12日 ……… (P.55)
大鰐シャモロックとジャージー乳
自家製モッツァレッラのクレスペッレ

3月1日 ……… (P.74)
カーニバルのラザニア

3月8日 ……… (P.81)
ジャガ芋生地の菜の花詰めカッペレッティ
えんどう豆のスープ アサリと緑野菜

5月8日 ……… (P.145)
蝦夷豚サルシッチャとホワイトアスパラのピチ
黒トリュフ添え

● モモ
7月14日 ……… (P.215)
かぼちゃのニョッキ
白桃のズッパとピーチティーのジュレ添え

7月19日 ……… (P.220)
白桃とグリーントマトの冷製スパゲッティーニ

7月27日 ……… (P.228)
タヤリン、白桃とレモンのクリームソース

8月3日 ……… (P.236)
フルーツトマトと桃のカッペリーニ、焼き鱧添え

8月13日 ……… (P.246)
桃のスパゲッティーニ

● モリーユ茸
5月18日 ……… (P.155)
タヤリンとホワイトアスパラガス、モリーユ茸

● ヨモギ
4月4日 ……… (P.109)
丹波産イノシシのラグー
吉野産ヨモギのマルタリアーティ

● ラディッキオ
5月5日 ……… (P.142)
キタッラの仔羊のラグー

● リコッタ
1月10日 ……… (P.21)
ファルファッレ リコッタチーズと小エビのソース

1月20日 ·· (P.31)
リコッタチーズのトルテッリ
オマール海老の香り高いクリームソース

1月29日 ·· (P.40)
和牛牛頬肉の赤ワイン煮とクリーミーな
自家製リコッタを詰めたドッピオラヴィオリ、
百合根、パルメザンチーズとカヌレの旨味と苦味

3月16日 ·· (P.89)
イワシ・ウイキョウ・みかん・カラスミ・
ペコリーノの冷製パスタ

4月20日 ·· (P.125)
モエナ風チャロンチェ ラーナのフリット
"白神山地より" 山菜の香り

5月20日 ·· (P.157)
ガルガネッリ、ナスとグリーンアスパラの
アーリオ・オーリオ風、リコッタを添えて

7月6日 ·· (P.207)
キタッラの菜園風

9月3日 ·· (P.268)
岩城のレモンのスパゲッティ

1月31日 ·· (P.42)
スパゲティーニ
ンドゥヤ、白インゲンのトマトソース

● レモン

4月6日 ·· (P.111)
レモンを練り込んだフェットチーネ
スカンピのレモンバター風味

7月27日 ·· (P.228)
タヤリン、白桃とレモンのクリームソース

9月3日 ·· (P.268)
岩城のレモンのスパゲッティ

● レンコン

2月13日 ·· (P.56)
松原河内鴨もも肉と河内蓮根のラグー
カカオ風味のパッパルデッレ

● ンドゥイヤ

1月31日 ·· (P.42)
スパゲティーニ ンドゥヤ、
白インゲンのトマトソース

3月21日 ·· (P.94)
スパゲッティ
ふきのとうとンドゥイヤのプッタネスカ

本書にご協力くださった料理人

浅井卓司◎イ・ヴェンティチェッリ
大阪府大阪市西区京町堀 1-7-18
アンジュ京町堀 2F
☎ 06-6443-8088

浅井 努◎トム クリオーザ
大阪府大阪市北区堂島 1-2-15
浜村サンプラザビル 2F
☎ 050-3188-6885

浅井信之
大阪府豊中市新千里東町 1-5-1
千里阪急 5F SENRI ガーデンテラス
※取材時は「ラ・フォーリア」シェフ。
現在は SENRI ガーデンテラスにて料理顧問を務める。

鮎田淳治◎ラ・コメータ
東京都港区麻布十番 1-7-2
☎ 03-3470-5105

有馬邦明◎パッソ・ア・パッソ
東京都江東区深川 2-6-1
☎ 03-5245-8645

伊沢浩久◎アンビグラム
東京都港区南麻布 4-12-4
プラチナコート広尾 1F
☎ 03-3449-7722

石川 勉
◎トラットリア・シチリアーナ・ドンチッチョ
東京都渋谷区渋谷 2-3-6
☎ 03-3498-1828

伊藤延吉
◎リストランテ・ラ・バリック・トウキョウ
東京都文京区水道 2-12-2
☎ 03-3943-4928

井上裕一
◎アンティカ ブラチェリア ベッリターリア
東京都港区芝 5-20-22 1F
☎ 03-6412-8251

今井雅博◎アルチェッポ
東京都港区白金 1-25-32
J&Kビル白金 2F
☎ 03-5424-1231

岩坪 滋◎イル ブレージョ
東京都渋谷区上原 1-17-7
フレニティハウス 2F
☎ 03-6407-1271

植村慎一郎
◎ラ・クチーナ・イタリアーナ・ダル・マテリアーレ
東京都渋谷区富ヶ谷 1-2-11
代々木ヘキサビル 1F
☎ 03-3460-0655

江部敏史◎リストランテ コルテジーア
東京都港区南青山 5-4-24
ALACROCE B1F
☎ 03-5468-6481

岡尾岳史◎オステリア エルベッタ
兵庫県宝塚市梅野町 2-38
☎ 0797-78-8655

岡野健介◎リストランテ カシーナ カナミッラ
東京都目黒区青葉台 1-23-3
青葉台東和ビル 2F
☎ 03-3715-4040

岡谷文雄◎ロッシ
東京都千代田区六番町 1-2 B1F
☎ 03-5212-3215

奥村忠士◎アカーチェ
東京都港区南青山 4-1-15
アルテカ・ベルテプラザ B1F
☎ 03-3478-0771

落合 務◎ラ・ベットラ・ダ・オチアイ
東京都中央区銀座 1-21-2
☎ 03-3567-5656

片岡 護◎リストランテ アルポルト
東京都港区西麻布 3-24-9
上田ビル B1F
☎ 03-3403-2916

京 大輔◎コルニーチェ
東京都世田谷区奥沢 2-25-2
メゾン・ド緑ヶ丘 1F
☎ 03-5731-3738

倉谷義成◎クラッティーニ
東京都中央区銀座 3-12-19 楽心ビル B1F
☎ 03-6278-7339

黒羽 徹◎リストランテ プリマヴェーラ
※閉店

小池教之
◎オステリア・デッロ・スクード サポーリ アンティキ
東京都新宿区若葉 1-1-19
Shuwa house101
☎ 03-6380-1922

小谷聡一郎◎トラットリア ピッツェリア チーロ
兵庫県明石市本町 1-17-3
ゑびや第二ビル 1F
☎ 078-912-9400

小西達也◎オマッジオ ダ コニシ
島根県松江市東朝日町 214-1 2F
☎ 080-3892-6739

小林寛司◎ヴィラ・アイーダ
和歌山県岩出市川尻 71-5
☎ 0736-63-2227

小林幸司
◎フォリオリーナ・デッラ・ポルタ・フォルトゥーナ
長野県北佐久郡軽井沢町長倉 2147-689
☎ 0267-41-0612

小林省吾◎トルナヴェント
東京都港区西麻布 3-21-14
覚張ビル B1F
☎ 03-5775-2355

小松岳史◎レストラン san
埼玉県さいたま市大宮区仲町 1-119-1
☎ 048-788-3234

権田雅康◎ペルバッコ イタリアーノ
東京都中野区東中野 3-10-3 1F
☎ 03-5937-4439

斎藤智史◎プリズマ
東京都港区南青山 6-4-6
青山 ALLEY 1F
☎ 03-3406-3050

笹森通彰◎オステリア エノテカ ダ・サスィーノ
青森県弘前市本町 56-8
グレイス本町 2F
☎ 0172-33-8299

佐竹 弘◎リストランテ レーネア
※閉店

佐藤 護◎トラットリア ビコローレ ヨコハマ
神奈川県横浜市西区平沼 1-40-17
モンテベルデ横浜 101
☎ 045-312-0553

重 康彦◎アチェート
京都府宮津市字新浜 1968
☎ 0772-25-1010

芝先康一◎リストランテ シーヴァ
※閉店

菅沼 恒◎弘屋
大阪府大阪市北区堂島 1-3-1
二葉ビル 3F
☎ 06-6348-5455

杉原一禎◎オステリア・オ・ジラソーレ
兵庫県芦屋市宮塚町 15-6
キューブ芦屋 1F
☎ 0797-35-0847

鈴木浩治◎ラ・ルッチョラ
大阪府大阪市福島区福島 5-7-3
☎ 06-6458-0199

鈴木弥平◎ピアット・スズキ
東京都港区麻布十番 1-7-7
はせべやビル 4F
☎ 03-5414-2116

平 雅一◎ドンブラボー
東京都調布市国領町 3-6-43
☎ 042-482-7378

髙師宏明◎アルベラータ
東京都新宿区神楽坂 3-6
鶴田ビル 1F
☎ 03-5225-3033

髙橋直史◎イル・ジョット
東京都世田谷区駒沢 5-21-9
☎ 03-6805-9229

田村 崇◎オステリア イル・カント・デル・マッジョ
京都府京都市中京区堺町通蛸薬師下ル菊屋町 512-2
☎ 075-211-7768

他谷憲司◎ワイン食堂 トキワ
熊本県熊本市中央区坪井 2-4-28 2F
☎ 096-240-5252

辻 大輔◎コンヴィーヴィオ
東京都渋谷区千駄ヶ谷 3-17-12
カミムラビル 1F
☎ 03-6434-7907

辻 智一◎リストランテ オッツィオ
東京都江東区有明 3-1-15
東京ベイコート倶楽部 ホテル＆スパリゾート 1F
☎ 03-6700-0210

筒井光彦◎キメラ
京都府京都市東山区祇園町南側 504 番地
☎ 075-525-4466

中村嘉倫◎ロッツォシチリア
東京都港区白金 1-1-12
内野マンション 1F
☎ 03-5447-1955

仲本章宏◎リストランテ ナカモト
京都府木津川市木津南垣外 122-1
☎ 0774-26-5504

中本敬介◎ビーニ
京都府京都市中京区東洞院通丸太町下ル 445-1
☎ 075-203-6668

西口大輔◎ヴォーロ・コズィ
東京都文京区白山 4-37-22
☎ 03-5319-3351

西山哲平◎センプリチェ
※下記に移転。新店名は熙怡（Kii）
京都府京都市下京区烏丸通仏光寺西入釘隠町 242
☎ 090-7098-4392

沼尻芳彦◎トラットリア ダディーニ
東京都文京区白山 5-2-7
フォーエムビル 1F
☎ 03-6801-5022

馬場圭太郎◎タロス
東京都渋谷区道玄坂 1-5-2
渋谷 SEDE ビル 1F
☎ 03-3464-8211

濱﨑龍一◎リストランテ濱﨑
東京都港区南青山 4-11-13
☎ 03-5772-8520

濱本直希◎フェリチェリーナ
東京都目黒区青葉台 1-15-2
AK-3building 2-A
☎ 03-6416-1731

林 冬青◎acca
岡山県瀬戸内市牛窓町牛窓 496
牛窓国際交流ヴィラ内
☎ 090-7997-4586

林 亨◎トルッキオ
東京都千代田区九段南 2-1-32
第 3 青葉ビル B1F
☎ 03-3556-0531

樋口敬洋◎ロットチェント
東京都中央区日本橋小網町 11-9
ザ・パークレックス小網町第 2 ビル 1F
☎ 03-6231-0831

平井正人◎ダルマット西麻布本店
東京都港区西麻布 1-10-8
☎ 03-3470-9899

ファロ資生堂
東京都中央区銀座 8-8-3
東京銀座資生堂ビル 10F
☎ 03-3572-3911
※店名は取材時のもの。
2018 年 10 月に「FARO」として、
コンセプトを新たにオープン。

藤田政昭◎ラチェルバ
大阪府大阪市北区堂島浜 1-2-1
新ダイビル 2F
☎ 06-6136-8089

藤原哲也◎Fujiya1935
大阪府大阪市中央区鎗屋町 2-4-14
☎ 06-6941-2483

古田 剛◎オステリア アバッキオ
※下記に移転。新店名はアバッキオ
大阪府大阪市中央区谷町 6-11-34
☎ 06-7503-1015

星 誠◎オステリア アッサイ
東京都渋谷区松濤 2-14-12
ジャンボール松濤 107
☎ 03-6407-9979

星山英治◎ヴィルゴラ
大阪府大阪市中央区久太郎町 4-2-3
☎ 06-6224-0357

堀江純一郎◎リストランテ イ・ルンガ
東京都世田谷区玉川 3-13-7
柳小路南角 1F
http://i-lunga.jp

本多哲也◎リストランテ・ホンダ
東京都港区北青山 2-12-35
小島ビル 1F
☎ 03-5414-3723

松橋ひらく◎ラ ピッタ
※閉店

宮川圭輔◎ラピ
愛媛県松山市大街道 3-6-4 2F
☎ 089-913-8880

宮根正人◎オストゥ
東京都渋谷区代々木 5-67-6
代々木松浦ビル 1F
☎ 03-5454-8700

村山太一◎ラッセ
東京都目黒区目黒 1-4-15
ヴェローナ目黒 B1F
☎ 03-6417-9250

百瀬幸治◎バンディエラ
東京都文京区関口 1-5-9
ドーム関口 1F
☎ 03-6228-1091

八木康介◎リストランテ ヤギ
東京都渋谷区鉢山町 15-2
プラザ 1000 代官山 B1F
☎ 03-6809-0434

八島淳次◎ダ ジュンジーノ
※閉店

山田直喜◎リストランテ カステッロ
千葉県佐倉市臼井 1567-2
☎ 043-489-8951

山本久典◎一花 icca NYC
20 Warren St New York, NY 10007 USA
☎ 646-649-3415

湯本昌克◎シエロ アズッロ
東京都足立区千住 2-65
☎ 03-3870-0432

横井拓広
◎トラットリア イルフィーコディンディア
神奈川県厚木市旭町 1-24-16
☎ 046-265-0297

横江直紀◎ラパルタメント ディ ナオキ
※ 2021 年 6 月より紹介制にて営業。
　住所・電話番号非公開

吉岡正和◎祇園 245
京都府京都市東山区新門前通
花見小路東入中之町 245-1
☎ 075-533-8245

吉川敏明◎ホスタリア エル・カンピドイオ
東京都世田谷区桜丘 1-17-11
☎ 03-3420-7432

ルカ・ファンティン◎
ブルガリ イル・リストランテ ルカ・ファンティン
東京都中央区銀座 2-7-12
ブルガリ銀座タワー 9F
☎ 03-6362-0555

渡辺 明◎イル・リフージョ・ハヤマ
神奈川県三浦郡葉山町一色 2179
☎ 046-875-1515

渡辺武将◎カ・デルヴィアーレ
京都府京都市中京区西ノ京千本三条西入ル北側
☎ 075-812-2366

渡邊雅之◎ヴァッカ・ロッサ
東京都港区赤坂 6-4-11
ドミエメロード 1F
☎ 03-6435-5670

渡辺陽一◎パルテノペ
東京都渋谷区恵比寿 1-22-20
☎ 080-8144-8832

日めくりパスタ

プロのパスタアイデア 12ヵ月 365品

初版発行　2019年3月31日
2版発行　2021年6月15日

編者©　柴田書店
発行者　丸山兼一
発行所　株式会社　柴田書店
　　　　東京都文京区湯島3-26-9　イヤサカビル　〒113-8477
　　　　電話　営業部　03-5816-8282（注文・問合せ）
　　　　　　　書籍編集部　03-5816-8260
　　　　URL　https://www.shibatashoten.co.jp/

印刷・製本　シナノ書籍印刷株式会社

本書掲載内容の無断掲載・複写（コピー）・
引用・データ配信等の行為は固く禁じます。
乱丁・落丁本はお取替えいたします。

ISBN 978-4-388-06304-8
Printed in Japan
©Shibatashoten 2019